国内税法与税收协定的衔接

Interaction between Domestic Law and Tax Treaty

高金平/著

中国财经出版传媒集团
中国财政经济出版社

图书在版编目（CIP）数据

国内税法与税收协定的衔接 / 高金平著. --北京：
中国财政经济出版社，2020.6
ISBN 978-7-5095-9810-8

Ⅰ.①国… Ⅱ.①高… Ⅲ.①税法－研究－中国 ②国
际税收－经济协定－研究 Ⅳ.①D922.220.4 ②F810.42

中国版本图书馆CIP数据核字（2020）第077814号

责任编辑：陆宗祥　　责任印制：党　辉
责任校对：张　凡　　封面设计：孙俪铭

中国财政经济出版社 出版
URL：http：//www.cfeph.cn
E-mail：cfeph @cfemg.cn

社址：北京市海淀区阜成路甲28号　邮政编码：100142
营销中心电话：010-88191537
北京时捷印刷有限公司印装　各地新华书店经销
787×1092毫米　16开　28印张　568 000字
2020年7月第1版　2020年7月北京第1次印刷
定价：136.00元
ISBN 978-7-5095-9810-8
（图书出现印装问题，本社负责调换）
本社质量投诉电话：010-88190744
打击盗版举报热线：010-88191661　QQ：2242791300

前言

国际税收管理特别是税收协定执行是基层税收工作的难点，也是税收教学中的重点。我国已与111个国家和地区（含内地与香港特别行政区、澳门特别行政区的税收安排；为便于叙述，本书中的“国”“来源国”“缔约国”等均指含“地区”，或不再标注，签署了税收协定，实务中涉及在我国有纳税义务的非居民纳税人大多数都是缔约国（地区）居民，意味着适用税收协定的跨境业务普遍存在。因此，对税收协定的理解与执行是国际税收管理人员的必备技能。

从调研情况来看，国际税收实务中主要存在以下几方面问题：一是对非居民纳税人来源于我国境内的收入采用国内税法进行税务处理，忽略了税收协定的适用，除非纳税人主动要求享受或选择放弃协定待遇。二是在适用税收协定时，忽略了国内法的规定。例如，税收协定明确来源国具有税收管辖权，而国内法对此有免税规定，可享受免税优惠。三是在适用税收协定时，对规定理解有偏差，如将应适用营业利润条款征税的事项误按预提所得税规定征收。四是反避税方面，过分依赖行政力量实施反避税，在证据理解及定性、税法的理解及适用方面不足以让纳税人心悦诚服，或者对跨国公司利用避税港、滥用组织形式、滥用税收协定等方式实施避税，税务人员因慑于执法风险，忽略了实质重于形式原则的运用。

这些问题的存在与对税收协定理解不到位，或是将税收协定与国内税法割裂现实状况息息相关，因此，将国内税法与税收协定进行有效衔接十分重要。税务管理的基本思路是：首先，根据国内税法的规定，分析收入的性质及收入来源地的判定；其次，对属于我国税法征税范围的事项，结合税收协定确定是否适用不征、免征或限制税率等协定待遇；最后，按照国内税法规定的程序依法征缴或享受协定待遇，以及追究纳税人、扣缴义务人的相关责任。涉及反避税的，按照规定的程序进行；涉及对协定条款理解不同或可能导致重复征税的事项可以启动国际协商机制。对非居民纳税人或扣缴义务人而言，通常是先根据税收协定判断税收管辖权，在来源国征税的情况下，按照“协定优先、优惠优先”原则依据国内税法的具体规定进行税务处理。

鉴于此，专门编写了一本研究国内税法与税收协定衔接办法的教材，帮助基层税务人员和纳税人准确理解税收协定条款及国内相关法律条文，促进税收协定执行工作的有序开展，已成当务之急。本书按照协定条款的顺序，结合国内税法的规定，系统讲解了协定的适用与执行，并通过案例诠释每一章最难理解的部分。在本书的最后，笔者根据税务系统业务能力测试大纲的要求，针对税收协定的部分编撰了100道测试题，题型包括单选、多选、判断、主观题，并附有参考答案和解题思路或政策依据，供读者学习时参考。

本书的创新之处在于将国内税法与税收协定有机结合，体现了国际税收知识体系的完整性，实务问题应对的全面性和针对性，因而具有较强的操作性。理论层面，对于进一步拓宽国际视野，以及对所得税专业的深层次探索具有指引作用。

希望本书的出版能够使读者在适用税收协定时多一份“税收确定”，少一份“模棱两可”；希望税务人员在反避税管理时大胆探索，对非居民纳税人的特殊安排，勇于开展税收目的测试，让一般反避税的达摩克利斯之剑高悬，令避税筹划者少一份侥幸，多几份遵从。

本书的不足之处在于，没有对我国对外签订的所有协定条款的规定进行归纳和分类。本书以税收协定适用的一般原则和特殊规定作为重点，并以某个具体协定为例作深入、细致解读，书中的案例并非来源于实际，而是为诠释协定条款而设定的不同视角下的特定场景，部分综合性案例理解起来可能有一定难度。

为避免给避税筹划者拓宽新思路，在本书写作过程中，已尽量减少对税收政策的探讨，但对税收政策及其操作问题，仍然以难点、疑点作为本书写作的重点。本书引用的税收协定及国内税收政策截止日为2020年4月30日，此后若有新的变化，以新的规定为准。

本书主要适用于税务机关从事国际税收管理的人员、在境内取得收入的非居民企业以及“走出去”企业，亦可供税务机关企业所得税、个人所得税政策管理岗位人员，大企业管理人员、从事纳税综合服务的工作人员，开展国际税收咨询业务的税务咨询师，财经院校税收专业学员等参阅。

虽已尽力，但难免有不尽如人意之处，诚望读者批评指正，更愿读者把本书的优点告诉大家，把缺点告诉我，以便在后期再版时改进。

本书写作过程中，得到了我院韩凌宇、宋兴义两位老师的大力支持，我们就协定执行中的难点问题多次探讨，直至形成共识，在此表示深深的谢意！

特别感谢中国财政经济出版社陆宗祥编审担任本书责任编辑。这是我在中国财政经济出版社出版的第二十本专著。出版社的优质服务和工作效率令我感动，编校同志们的专业精神激励、陪伴着作者孜孜不倦地写作。

最后，我要代表广大读者感谢我的爱人赵清女士。我的每一部作品都凝聚了她辛勤的劳动。她帮助我整理资料、校对书稿、复核数据。没有赵老师的支持，就不会有本书的面世。

学无止境，求索无涯。

朝夕不怠，税业昌兴。

春花又烂漫，山河安无恙。

煮酒说天地，论税聚扬州。

高金平

2020年4月18日

目录

第一章

税收协定概述

国际税收协定一般是指国与国之间签订的避免对所得和资本双重征税和防止偷漏税的协定，以及对外签署的航空协定税收条款、海运协定税收条款、汽车运输协定税收条款、互免国际运输收入税收协议或换函。国际税收协定（本书以下均简称“税收协定”）的作用有四点：一是可以弥补国内税法单边解决国际重复征税问题存在的缺陷；二是兼顾居住国和来源国的税收利益，确保避免双重征税的机制得以长期而有效地落实；三是推动国与国之间的协调配合，共同打击跨境偷避税问题；四是促进跨国经济、技术交流和贸易、资金、人员往来，避免税收因素对国家间经济交往形成障碍。

目前，各国在签订税收协定时主要参照《经济合作和发展组织税收协定范本》（简称OECD范本）和《联合国关于发达国家与发展中国家间双重征税的协定范围》（简称UN范本）。两个范本的整体框架基本相同，大致由以下几部分组成：协定的适用范围，概念的定义，缔约双方对各种所得和财产的征税权划分，避免双重征税的方法，一些特别条款，生效和终止的规定等。两个范本内容的差异在于前者注重居民管辖权，后者注重来源国管辖权。

截至2019年12月31日，我国已对外正式签署109个避免双重征税协定，同时签署有内地与香港特别行政区、澳门特别行政区避免双重征税的安排（本书统称“税收协定”），祖国大陆与台湾省的税收协议。

第一节 国内税法与税收协定的关系及衔接办法

国内税法与税收协定的关系，可概括为“两优先”原则，即税收协定优先和税收优惠优先。关于税收协定优先，我国《税收征收管理法》和《企业所得税法》有所体现。《税收征收管理法》第九十一条规定：“中华人民共和国同外国缔结的有关税收的条约、协定同本法有不同规定的，依照条约、协定的规定办理。”《企业所得税法》第五十八条规定：“中华人民共和国政府同外国政府订立的有关税收的协定与本法有不同规定的，依照协定的规定办理。”税收待遇方面，应遵循“税收协定与国内法孰优”原则，如《国家税务总局关于〈内地和香港特别行政区关于对所得避免双重征税和防止偷漏税的安排〉有关条文解释和执行问题的通知》（国税函〔2007〕403号）第一条规定：“关于《安排》与税收法规的关系，《安排》是协调划分两地税收管辖权并对两地纳税人共同适用的法律规范。在税收法规与《安排》规定不一致时，应以《安排》为准。但当税收法规所规定的待遇优于《安排》时，可以按照税收法规处理。”需要强调的是，税收协定主要是对税收管辖权在居民国和非居民国之间进行划分和限制，根据税收协定划分管辖权后，具有税收管辖权的缔约国一方是否征税，还应遵从其国内税法。税收协定优先原则和税收优惠优先原则，贯穿于国内税法和税收协定执行的全过程。

关于国内税法与税收协定的衔接办法，按照下列步骤执行：

第一步，根据国内税法判断纳税义务。首先，判断企业类型，确定是居民企业还是非居民企业，并以此为依据，确定我国对该企业具有居民管辖权还是仅有来源地管辖权；其次，判断所得类型，确定非居民企业取得的收入是营业利润，还是股息、利息、特许权使用费、财产租赁或财产转让收入等；再次，判断收入来源地，根据所得类型，确定非居民企业的收入来源地是否为国内所得；再再次，判断非居民企业是否构成机构场所，确定企业取得的收入是否应按机构场所征税；最后，判断非居民企业应在国内缴纳税款的所得，是否可以享受减税、免税或递延纳税等税收优惠政策。

第二步，根据税收协定划分税收管辖权，并进一步确定纳税义务。首先，在第一步判定完毕的基础上，按照税收协定的规定，进行协定居民身份和非居民身份的判定，如果同时被认定为缔约国双方的居民，则需要通过双方协商来处理。其次，根据国内税法确定的所得类型，查找税收协定中对应的条款。比如，非居民企业取得的机器设备租赁收入，对应税收协定中的特许权使用费所得条款。再次，将第一步确认为在我国构成机构场所的非居民企业，再按照税收协定的规定，判断其是否构成协定上的常设机构，同时对常设机构进行利润归属确定。最后，如果税收协定对某类收益的征税权有所限制，还需将其与国内税法的税收优惠进行比较，确定孰优。以股权转让所得为例，国内税法通常对此类收入作征税处理，但是《中新税收协定》对财产收益条款作了征税权限制，不动产占比或股权占比超过一定比重的，收入来源地才有征税权，否则居民国有征税权。

第三步，根据国内税法实现税收管辖权的实施。纳税人（扣缴义务人）按国内法规定的所得类型、相应程序进行自行申报或扣缴申报，税务机关按照国内法的相关规定进行征收管理。同时按照孰优原则，当非居民纳税人自行判定可享受税收协定待遇时，采取“自行判断、申报享受、相关资料留存备查”的方式办理。非居民纳税人自行判断符合享受税收协定待遇条件的，可在纳税申报时，或通过扣缴义务人在扣缴申报时，自行享受协定待遇，同时按照《非居民纳税人享受协定待遇管理办法》（国家税务总局公告2019年第35号）的规定归集和留存相关资料备查，并接受税务机关后续管理。

【例1–1】新加坡居民甲公司在我国境内有提供劳务的场所并提供建筑工程劳务，工程施工时间为200天。根据国内税法及《中新协定》，纳税义务判定及税收管理流程如下：

第一步，根据国内税法作判定。甲公司在境外注册且实际管理机构不在我国境内，由此判定其为从我国取得所得的非居民企业，只能执行收入来源地管辖权；根据其劳务发生地确认所得来源于我国境内，从而确定我国有税收管辖权；因甲公司在我国境内有提供劳务的场所，构成国内税法意义上的机构场所；根据国内税法，判定此项所得适用的税收优惠条款。

第二步，根据《中新税收协定》作划分。根据协定，甲公司是新加坡的居民企业，是我国的非居民企业，此项判断与国内税法的认定一致；根据国内税法确定的劳务所得类型，判定在中新税收协定中，劳务所得对应的是营业利润条款，同时根据协定中常设机构条款，因其提供工程劳务天数达到6个月的条款要求，依据协定优先原则，判定其到工程型常设机构的标准，应当在我国缴纳企业所得税。

第三步，根据国内税法进行日常税收管理。按照国内税法关于承包工程和提供劳务税收管理的相关规定，甲公司在我国提供劳务的场所，构成国内税法意义上的机构场所。因此，甲公司需要在规定时间内办理相关的税务登记和扣缴登记，并进行据实申报，或由税务机关进行核定征收管理。

第二节　税收协定的适用范围

一、人的范围

（一）适用主体方面

协定适用于缔约国一方或者同时为双方居民的人。具体包括三层含义：一是协定的适用对象是“人”；二是这些人必须是居民；三是这些身为居民的人必须属于缔约国一方或双方。关于“人”的定义范围，我国与各国签订的税收协定存在着差别，在具体执行时要查阅该协定条文的具体内容。这里以《中新协定》为例，“人”一语包括个人、公司和其他团体；“公司”一语是指法人团体或者在税收上视同法人团体的实体；这里所说的“其他团体”具有广泛的含义，包括各种协会、基金会等。如果缔约国一方国内法把信托视为该国的税收居民，则“其他团体”也包括在缔约国一方建立的信托。

将协定的适用范围限于缔约国的居民，是因为只有一国的居民才对本国负有无限纳税义务，需要就其来源于境内外的所得向该国征税。当居民纳税人取得来源于缔约国对方的所得时，如果存在税收管辖权的重叠，就会产生双重征税问题。当纳税人不为一方或双方的居民纳税人时，在缔约国双方之间就不存在税收管辖权的重叠，因而也就不存在双重征税问题。因此，协定适用于为缔约国一方负有居民纳税义务的人。

为防止协定滥用，对通过人为安排构成缔约国居民来享受税收协定待遇的情形，如设立导管公司（壳公司），可根据国内的一般反避税规定和税收协定的防止滥用协定条款予以否定。不仅如此，部分协定直接规定缔约国另一方居民从本国取得的利息、股息、特许权使用费享受协定待遇，还必须具备受益所有人身份。

（二）关于合伙企业及其他类似实体如何适用税收协定问题

OECD认为，当合伙企业被视为公司或按与公司相同的方式课税，它就属于第四条规定的税收居民，有资格享受协定的待遇；但当合伙企业被一国视为税收虚体（透明实体）时，它就会被拒绝享受协定的待遇，这种情况下，合伙人应有资格就他们在合伙企业所得中的份额，享受合伙人为居民居住国所缔结的协定优惠，只要合伙人的居民国在税收上将合伙企业所得分配给合伙人。

我国执行税收协定采用了与OECD一致的原则。《国家税务总局关于税收协定执行若干问题的公告》（国家税务总局公告2018年第11号）规定，有关合伙企业及其他类似实体（以下简称“合伙企业”）适用税收协定的问题，应按以下原则执行：

1.依照中国法律在中国境内成立的合伙企业，其合伙人为税收协定缔约对方居民的，该合伙人在中国负有纳税义务的所得被缔约对方视为其居民的所得的部分，可以在中国享受协定待遇。

2.依照外国（地区）法律成立的合伙企业，其实际管理机构不在中国境内，但在中国境内设立机构、场所的，或者在中国境内未设立机构、场所，但有来源于中国境内所得的，是中国企业所得税的非居民企业纳税人。除税收协定另有规定的以外，只有当该合伙企业是缔约对方居民的情况下，其在中国负有纳税义务的所得才能享受协定待遇。该合伙企业根据《非居民纳税人享受税收协定待遇管理办法》（国家税务总局公告2019年第35号发布）第七条报送的由协定缔约对方税务主管当局开具的证明非居民纳税人取得所得的当年度或上一年度税收居民身份的税收居民身份证明，应能证明其根据缔约对方国内法，因住所、居所、成立地、管理机构所在地或其他类似标准，在缔约对方负有纳税义务。

税收协定另有规定的情况是指，税收协定规定，当根据缔约对方国内法，合伙企业取得的所得被视为合伙人取得的所得，则缔约对方居民合伙人应就其从合伙企业取得所得中分得的相应份额享受协定待遇。

比如，《中法税收协定》关于合伙企业、合伙人的协定适用有较为详尽的约定，具体分以下几种情形：

（1）一项所得、利润或收益：

①如果是通过在缔约国一方设立的合伙企业、团体或其他类似实体从缔约国另一方取得；并且

②在该缔约国一方的税收法律中被视为该合伙企业、团体或其他类似实体的受益人、合伙人、成员或参与者的所得；

应有资格享受本协定的待遇，就像是该合伙企业、团体或其他类似实体中作为该缔约国一方居民的受益人、合伙人、成员或参与者直接取得一样，前提是该受益人、合伙人、成员或参与者是该缔约国一方居民，且满足本协定规定的任何其他条件，不论该所得在缔约国另一方的税收法律中是否被视为该受益人、合伙人、成员或参与者的所得。

（2）一项所得、利润或收益：

①如果是通过在缔约国一方设立的合伙企业、团体或其他类似实体从缔约国另一方取得；并且

②在该缔约国一方的税收法律中被视为该合伙企业、团体或其他类似实体的所得；

应有资格享受本协定的待遇，就像给予该缔约国一方居民的协定待遇一样，前提是该合伙企业、团体或其他类似实体是该缔约国一方居民，且满足本协定规定的任何其他条件，不论该所得在缔约国另一方的税收法律中是否被视为该合伙企业、团体或其他类似实体的所得。

（3）一项所得、利润或收益：

①如果是通过在缔约国一方设立的合伙企业、团体或其他类似实体从该缔约国一方取得；并且

②在缔约国另一方的税收法律中被视为该合伙企业、团体或其他类似实体的受益人、合伙人、成员或参与者的所得；以及

③在该缔约国一方的税收法律中被视为该合伙企业、团体或其他类似实体的所得；

可以被不受限制地按照该缔约国一方的税收法律征税。

（4）一项所得、利润或收益：

①如果是通过在缔约国一方设立的合伙企业、团体或其他类似实体从该缔约国一方取得；并且

②在缔约国另一方的税收法律中被视为该合伙企业、团体或其他类似实体

的所得；

没有资格享受本协定的待遇。

（5）一项所得、利润或收益：

①如果是通过在缔约国双方之外的国家设立的合伙企业、团体或其他类似实体从缔约国一方取得；并且

②在缔约国另一方和该实体设立地国家的税收法律中被视为该合伙企业、团体或其他类似实体的受益人、合伙人、成员或参与者的所得；

应有资格享受本协定的待遇，就像是该合伙企业、团体或其他类似实体中作为该缔约国另一方居民的受益人、合伙人、成员或参与者直接取得一样，前提是该受益人、合伙人、成员或参与者是该缔约国另一方居民，且满足本协定规定的任何其他条件，不论该所得在该缔约国一方的税收法律中是否被视为该受益人、合伙人、成员或参与者的所得，但条件是该合伙企业、团体或其他类似实体的设立地国家与缔约国双方签有包括旨在防止偷漏税的信息交换条款的协议。

（6）一项所得、利润或收益：

①如果是通过在缔约国双方之外的国家设立的合伙企业、团体或其他类似实体从缔约国一方取得；并且

②在缔约国另一方的税收法律中被视为该合伙企业、团体或其他类似实体的所得；

没有资格享受本协定的待遇。

结合《财政部、国家税务总局关于合伙企业合伙人所得税问题的通知》（财税〔2018〕159号）规定，我国境内的合伙企业从被投资方取得的股息红利，合伙人为缔约国居民的，可适用协定第十条“股息”条款确定企业所得税或个人所得税纳税义务。合伙企业的经营所得，合伙人为缔约国居民的，适用协定第七条“营业利润”确认企业所得税纳税义务或按照“经营所得”确认个人所得税纳税义务。如果外国合伙企业为缔约国居民，则该合伙企业从境内取得的各项所得，可享受协定待遇。如果缔约国国内法规定，合伙企业取得的所得视为合伙人取得，则应适用穿透原则，由缔约国居民合伙人享受协定待遇。

2018年第11号公告针对合伙企业及其他类似实体，这里的“其他类似实体”，笔者理解为集合投资工具（资管计划），如果缔约国将其视为虚体，只要集合投资工具的投资人为缔约国居民，一般认为，应当给予通过集合投资工具进行投资与直接投资相同或基本相同的税收待遇。如果协定规定缔约国居民取得利息、股息、特许权使用费必须具有受益所有人身份的，还必须满足受益所有人身份方可享受协定待遇。

（三）一般来说，除具体条款另有规定外，协定不能适用于任何第三方居民

（四）执行双边协定时涉及第三国居民的情况

如果在适用税收协定时涉及第三国，总的原则就是常设机构（含分支机构）是设立该常设机构的企业的组成部分与之属于同一法律实体，其居民身份与该

企业的居民身份一致；而子公司具有独立的法人地位和居民身份，如果子公司在异国设立，往往与母公司的居民身份不一致。具体执行口径如下：

1.缔约国对方的居民公司设在第三国的常设机构，从中国取得的所得，可以享受其总公司所在国与中国之间的税收协定待遇，但设在第三国的子公司不能享受其母公司所在国与中国的税收协定待遇。

2.中国居民企业设在第三国的常设机构或分公司从缔约国对方取得的所得，可以适用中国与该缔约国签订的税收协定。

3.中国居民企业设在缔约国对方的常设机构，从第三国取得的所得，涉及缴纳第三国税款时，应适用中国与该第三国之间的税收协定。

基于上述原则，《国家税务总局关于境内机构向我国银行的境外分行支付利息扣缴企业所得税有关问题的公告》（国家税务总局公告2015年第47号）明确，境外分行（指我国银行在境外设立的不具备所在国家或地区法人资格的分行）作为中国居民企业在境外设立的分支机构，与其总机构属于同一法人。境外分行开展境内业务，并从境内机构取得的利息，为该分行的收入，计入分行的营业利润，按《财政部、国家税务总局关于企业境外所得税收抵免有关问题的通知》（财税〔2009〕125号）的相关规定，与总机构汇总缴纳企业所得税。境内机构向境外分行支付利息时，不代扣代缴企业所得税。如果境外分行从境内取得的利息属于代收性质，据以产生利息的债权属于境外非居民企业，境内机构向境外分行支付利息时，应代扣代缴企业所得税。

如前所述，常设机构不是所在国的税收居民，而是其总机构所在国的居民，因此，对于常设机构和他国进行的交易，适用其总机构所在国与其进行交易的国家的税收协定，但这一原则有两个例外，即利息或特许权使用费的支付人无论是否为缔约国一方的居民，只要其在缔约国一方拥有常设机构或固定基地，并且支付的利息或特许权使用费由该常设机构或固定基地负担，则认为利息或特许权使用费来源地应是该常设机构或固定基地所在缔约国。此种情况下，尽管该常设机构是其总机构所在国的税收居民，但该常设机构或固定基地支付的利息或特许权使用费，不适用总机构所在国与利息或特许权使用费取得人所在国的税收协定，而是适用该常设机构或固定基地所在地与利息或特许权使用费取得人所在国之间的税收协定。我国与绝大多数国家的税收协定采用了上述表述。

举例说明，新加坡居民企业A在中国设立的分公司，从日本国居民企业取得利息收入，日本国对利息收入征收所得税时，适用新加坡与日本国之间的协定。

如果新加坡居民企业A在中国设立的分公司，向日本国居民企业支付利息，我国对利息收入征收所得税时，应适用中日协定，而不是新加坡与日本国之间的协定。

执行税收协定时涉及第三国居民个人的情况，也按照居民所在国与业务往来国之间的税收协定执行。第三国居民到某与中国签有税收协定国家从事经营活动，对其执行税收协定时要判定该个人的永久性居民身份。如其要求享受中国与其所从事经营活动所在国双边协定待遇时，应要求其提供对方国家税务当局开具的负有居民纳税义务的证明。对个别情况不清，或者来自第三国或本身为第三国人，确定无从判断，还需要享受协定待遇的，可以要其提供对方国家税务当局开具的负有居民纳税义务的证明。不能提供证明的，不得享受协定待遇。

缔约国居民到第三国从事经营活动时，应根据情况判断是否适用相关协定。例如，国税发〔2010〕75号文件明确，新加坡个人到第三国从事劳务活动，凡依照第三国税收法律以及第三国与新加坡之间的税收协定已构成第三国居民的，其在第三国从事劳务活动时如与中国发生业务往来并从中国取得的所得则不再适用《中新税收协定》规定，应适用该第三国与中国的税收协定的规定。如果该第三国与中国没有税收协定，则适用中国国内法规定。

二、税种范围

关于税种范围由缔约国双方按照对等原则商定，总体原则是，把那些属于同一征税客体，由于国家间税收管辖权重叠可能存在重复征税的税种，列入协定的税种范围。因此，税收协定主要适用于对所得征收的税种，对财产税、流转税鲜有涉及。因此，除税收协定有特别约定外，财产税、流转税主要适用国内法。如果协定规定以船舶或飞机从事国际运输业务取得的收入在中国适用协定时，除所得税外还包括增值税。

以所得税类为税种范围的协定，名称是《关于对所得避免双重征税和防止偷漏税的协定（安排）》；除所得税类外还包括财产税类税种范围的协定，名称是《关于对所得和财产避免双重征税和防止偷漏税的协定》。

税种范围在协定的第二条，一般为4款，主要内容包括税种适用范围、所得税和财产税的定义、适用现行税种和未来税种变化等。

OECD范本第二条："一、本协定适用于缔约国任何一方或其政治附属国或其地方政府无论以任何形式对所得和资本征收的税种；二、可以是对总所得、总资本、所得和资本的各要素征收的税种，包括从动产和不动产中获得的资本利得税，和对企业支付的工资薪金总额征收的税种，以及对资产增值征收的税种；三、协定中所指的税种专门是：（a）A国的____________________，（b）B国的____________________；四、范本还适用于在协定签署之后开征的或替代当前税种的其他任何相同或相似的税种。缔约国双方应该通知对方本国税法的显著变动。"

本条规定了协定适用的税种应该满足的条件，即它必须是对所得（和财产）征收的税收，而且必须是由政府（包括地方政府）征收的。一般来说，有关收费，如与个人福利有直接联系的社会保险费等，不应视为对所得征收的税收。

为了避免在适用协定时产生不必要的歧义，缔约双方通常会在协定中将协定在各自国家适用的税种明确列举出来。例如，我国在对外签署的税收协定中会明确规定，本协定在中国适用的现行税种是个人所得税和企业所得税。

本条最后一款通常规定，协定也应适用于协定签署之后缔约一方增加的或替代性税种，但应该是与协定规定的税种相同或实质相似的税种。此外应注意，本款还规定，如果缔约一方的税法发生变化（当然应包括税种名称的变化），这一方有义务及时将相关变化通知对方。

这里特别说明一下财产税。由于我国没有实行全面性的财产税制度，只对居民在我国境内位于城市、县城、建制镇和工矿区范围内的房产征收房产税，对其设在我国境外的房产不征税。因此，目前我国对外签订的协定中大多不含财产税。我国与德国、奥地利、挪威、保加利亚、科威特等国之间的协定涉及的财产税条款内容基本相同，大致的原则是，缔约国一方居民所拥有并且坐落在缔约国另一方，可以在缔约国另一方征税；缔约国一方企业设在缔约国另一方常设机构营业财产部分的动产，或者缔约国一方居民设在缔约国另一方从事独立个人劳务的固定基地的动产，可以在该缔约国另一方征税；从事国际运输的船舶、飞机以及经营上述船舶、飞机的动产，应仅在该企业总机构（即实际管理机构）所在的缔约国征税；缔约国一方居民的其他所有财产，应仅在该缔约国征税。

三、地理范围

协定中关于国家的定义在第三条，主要确定协定适用的地理范围。例如，在我国对外签署的税收协定中，“中国”是这样定义的：“‘中国’一语是指中华人民共和国；用于地理概念时，是指所有适用中国有关税收法律的中华人民共和国领土，包括领海，以及根据国际法和国内法，中华人民共和国拥有勘探和开发海床和底土及其上覆水域资源主权权利的领海以外的区域。”国家的定义是严肃的主权问题，因此在谈签协定时，这个概念的表述都力求准确、严谨，通常由各国的外交部门掌握和确定。

四、防止税收协定的滥用

为防止税收协定被滥用，协定中通常约定反避税条款。例如，《中新协定》中关于股息条款中明确，如果予以支付股息的股份或其他权利的产生或分配，是由任何人以取得本条利益为主要目的而安排的，则本条规定不适用。利息、特许权使用费亦有类似条款。税基侵蚀及利润转移（BEPS）项目第6项“防止税收协定优惠的不当授予”，针对择协避税以及其他试图规避协定限制的情形，设计了反滥用规则，例如在协定中加入利益限制条款（LOB规则）、主要目的测试（PPT规则）。国内税法方面，为防止协定滥用，财政部、国家税务总局先后出台了资本弱化、受益所有人、非居民企业间接转让应税财产等规定，具体内容将在后续章节中详述。

第二章

国内税法与税收居民条款的衔接

居民是税收协定中一个十分重要的基本概念，因为判断一个纳税人是否具有本国的税收居民身份，是对其实施税收管辖权和给予其享受税收协定待遇的前提。享受协定待遇的非居民纳税人是指按照税收协定居民条款规定为缔约对方税收居民的纳税人。一共有两类，一类是仅为缔约对方税收居民的纳税人；另外一类是缔约对方税收居民同时按我国税收法律规定为我国税收居民，但按照税收协定居民条款规定应为缔约对方税收居民的纳税人。

第一节 协定对居民的定义

税收协定中的“居民”是税法上的一个概念，指的是“税收居民”，是以缔约国国内法上的居民定义为基础的。但是，缔约国的居民未必就是税收协定上的居民。具有缔约国双方居民身份的个人或法人，将根据税收协定被视为其中一方在协定上的居民，在另一方则将被视为协定上的非居民。前者应就来源于境内外的所得向本国纳税，负有无限纳税义务；后者仅就来源于本国的所得纳税，负有有限的纳税义务，但不排除可以享受协定待遇。因此，对居民进行明确的定义，并列出具体的判断标准和冲突协调规范，具有重要意义。

居民条款主要解决三个问题：一是确定协定对人的适用范围；二是解决因双重居民身份而引起的双重征税问题；三是解决因居民国和收入来源国或财产坐落国征税而引起的双重征税问题。

关于居民的定义及判定标准，两个范本表述基本一致。OECD范本（2017年版）第四条第一款规定：“‘缔约国一方居民’是指按照该缔约国法律，由于住所、居所、管理机构所在地，或者其他类似性质的标准，在该缔约国负有纳税义务的人，也包括该缔约国本身及其所属行政区或地方当局，以及该缔约国的被认可退休基金。但是，这一用语不包括仅因来源于该缔约国的所得或位于该缔约国的财产而在该缔约国负有纳税义务的人。”我国对外签署的协定也基本采用这样的表述，以《中新协定》为例，第四条第一款规定：“在本协定中，‘缔约国一方居民’一语是指按照该缔约国法律，由于住所、居所、管理机构所在地、总机构所在地、注册地或任何其他类似标准，在该缔约国负有纳税义务的人，也包括该缔约国、地方当局或法定机构。”该款说明“居民”的定义应遵从缔约国国内税收法律规定，并应从以下几个方面理解：

第一，居民应是在一国负有全面纳税义务的人，这是判定居民身份的必要条件。这里所指的“纳税义务”并不等同于事实上的征税。例如，符合一定条件的基金会、慈善组织可能被一国免予征税，但他们如果属于该国税法规定的纳税义务范围，受该国税法的规范，则仍被认为负有纳税义务，可视为协定意义上的居民。

第二，在一国负有纳税义务的人未必都是该国居民。例如，某新加坡公民因工作需要，来中国境内工作产生了中国个人所得税纳税义务，但不应仅因其负有纳税义务而判定该个人为中国居民，而应根据协定关于个人居民的判定标准进一步确定其居民身份。

第三，本款特别说明，缔约国一方居民也包括“该缔约国、地方当局或法定机构”。其中“法定机构”一语是按新加坡方面的要求根据新加坡国内法的规定列入的，指依照新加坡议会法案设立，并执行政府职能的机构，如“新加坡经济发展局”和“新加坡旅游局”等机构。

第二节　自然人居民身份判定标准与协调规范

各国税法对税收居民的定义可能存在差异，从而造成同一个纳税人具有双重居民身份的可能，导致被重复征税。因此，明确自然人居民身份判断标准显得十分重要。

一、各国对自然人居民身份判定的一般标准

各国对自然人的居民身份判定通常遵循住所或居所标准。“住所”一般是指一个人固定的或永久性的居住地。“居所”通常是指一个人连续居住了较长时间但又不准备永久居住的居住地点。与住所相比居所有两个特点：一是构成了居住时间较长的事实；二是没有永久居住的意愿。

二、我国个人所得税法对居民身份的判断标准

我国《个人所得税法》将纳税人划分为居民纳税人和非居民纳税人，居民纳税人负有无限纳税义务，非居民纳税人负有限纳税义务。《个人所得税法》第一条规定：“在中国境内有住所，或者无住所而一个纳税年度内在中国境内居住累计满一百八十三天的个人，为居民个人。”“在中国境内无住所又不居住，或者无住所而一个纳税年度内在中国境内居住累计不满一百八十三天的个人，为非居民个人。”

《个人所得税法实施条例》第二条规定：“《个人所得税法》所称在中国境内有住所，是指因户籍、家庭、经济利益关系而在中国境内习惯性居住。”《国家税务总局关于印发〈征收个人所得税若干问题的规定〉的通知》（国税发〔1994〕089号）第一条规定：“所谓习惯性居住，是判定纳税义务人是居民或非居民的一个法律意义上的标准，不是指实际居住或在某一个特定时期内的居住地。如因学习、工作、探亲、旅游等而在中国境外居住的，在其原因消除之后，必须回到中国境内居住的个人，则中国即为该纳税人习惯性居住地。”

三、自然人双重居民身份的协调办法

由于各国法律差异，有可能出现一个自然人同时被两个国家认定为税收居民的情况。为解决这一问题，中国与绝大多数国家的税收协定采用“加比规则”并“永久性住所、重要利益中心、习惯性居所、国籍、协商解决”的顺序来判

定此人究竟为哪一国税收居民。《中新协定》采用了加比规则，执行中应注意这些规则的使用是按降序排列的。也就是说，只有在使用前一标准无法解决问题时，才使用后一标准。这些顺序排列的标准包括：

1.永久性住所。

永久性住所包括任何形式的住所，如由个人租用的住宅或公寓、租用的房间等，但该住所必须具有永久性，即个人已安排长期居住，而不是为了某些原因（如旅游、商务考察等）临时逗留。

2.重要利益中心。

重要利益中心要参考个人家庭和社会关系、职业、政治、文化和其他活动、营业地点、管理财产所在地等因素综合评判。其中特别注重的是个人的行为，即个人一直居住、工作并且拥有家庭和财产的国家通常为其重要利益中心之所在。

3.习惯性居处。

在出现以下两种情况之一时，应采用习惯性居处的标准来判定个人居民身份的归属：一是个人在缔约国双方均有永久性住所且无法确定重要经济利益中心所在国；二是个人的永久性住所不在缔约国任何一方，比如该个人不断地穿梭于缔约国一方和另一方旅馆之间。第一种情况下对习惯性居处的判定，要注意其在双方永久性住所的停留时间，同时还应考虑其在同一个国家不同地点停留的时间；第二种情况下对习惯性居处的判定，要将此人在一个国家所有的停留时间加总考虑，而不问其停留的原因。

4.国籍。

如果该个人在缔约国双方都有或都没有习惯性居处，应以该人的国籍作为判定居民身份的标准。

当采用上述标准依次判断仍然无法确定其身份时，可由缔约国双方主管当局按照协定第二十四条规定的程序，通过相互协商解决。

第三节　法人居民身份判定标准与协调规范

一、税收协定对方居民的判定标准

税收居民身份是执行税收协定的前提，主要适用各国国内税制的规定，协定中都会确定相关的认定标准和程序。

比如，《国家税务总局关于印发〈中华人民共和国政府和新加坡共和国政府关于对所得避免双重征税和防止偷漏税的协定〉及议定书条文解释的通知》（国税发〔2010〕75号）规定，对新加坡居民身份的判定，应按照新加坡的法律确定的标准进行。新加坡税务当局开具的居民身份证明为信函方式。信函使用的样式可参见《国家税务总局关于印发部分国家（地区）税收居民证明样式的通知》（国税函〔2009〕395号）。但如新加坡税务当局开具证明时间是年末（11月以后），其信函表述则与样式略有不同，较样式简单，但确认性更强。各地在执行时，如对纳税人提供的证明有疑问，导致确认居民身份困难，可层报税务总局向对方国家主管当局确认。

又如，《国家税务总局关于〈内地和香港特别行政区关于对所得税避免双重征税和防止偷漏税的安排〉有关条文解释和执行问题的通知》（国税函〔2007〕403号）规定，香港法人居民，是指在香港成立的法团公司（包括具有法团地位的公司）；或在香港以外成立的，但通常实际管理或控制中心在香港的法团公司，即公司整体日常业务营运的管理或实施管理层决策，或由董事会制定管理决策等在香港进行。按照该规定，如果一家在开曼设立的主体在香港联交所上市，若实际管理控制地在香港，则属于香港居民企业。

二、我国税法对居民身份的判断标准

我国对法人居民身份采取注册地与实际管理控制地双重标准。《企业所得税法》第二条：企业分为居民企业和非居民企业。居民企业，是指依法在中国境内成立，或者依照外国（地区）法律成立但实际管理机构在中国境内的企业；非居民企业，是指依照外国（地区）法律成立且实际管理机构不在中国境内，但在中国境内设立机构、场所的，或者在中国境内未设立机构、场所，但有来源于中国境内所得的企业。

居民企业不包括个人独资企业、合伙企业。非居民企业包括境外注册的个人独资企业、合伙企业，缔约国个人独资企业、合伙企业，如果同时满足以下三个条件，并能够提供所在国居民身份证明，可享受协定居民企业待遇：一是协定意义上的人；二是负有居民纳税义务的人；三是纳税义务是由住所、居所、管理机构场所这类居住性质的法律事实标准而引起的。

对于由中国内地企业或企业集团作为主要控股投资者，在中国内地以外国家或地区（含中国的香港、澳门、台湾）注册成立的企业，如果实际管理机构在中国境内可认定为中国居民企业。境外注册中资控股居民企业应当按照《中华人民共和国企业所得税法》及其实施条例和相关管理规定的要求，履行居民企业所得税纳税义务，并在向非居民企业支付《企业所得税法》第三条第三款规定的款项时，依法代扣代缴企业所得税。

境外注册中资控股居民企业的认定标准、认定程序及管理办法件参见《国家税务总局关于境外注册中资控股企业依据实际管理机构标准认定为居民企业有关问题的通知》（国税发〔2009〕82号）、《境外注册中资控股居民企业所得税管理办法（试行）》（国家税务总局公告2011年第45号）、《国家税务总局关于依据实际管理机构标准实施居民企业认定有关问题的公告》（国家税务总局公告2014年第9号）。

三、法人双重居民身份协调办法

1.除个人以外（即公司和其他团体），因缔约国双方国内法对居民身份的认定标准不同导致同时为缔约国双方居民的人，应认为仅是其“实际管理机构”所在国家的居民。

《企业所得税法实施条例》第四条规定，实际管理机构是指“对企业的生产经营、人员、财务、财产等实施实质性全面管理和控制的机构”。国税发〔2009〕82号文件规定，在境外注册的中资控股企业，只有其最高决策机构（如董事会）和日常经营管理机构（如高层管理部门）同时在中国境内的，才属于实际管理机构设在中国境内的居民企业。具体而言：

（1）企业负责实施日常生产经营管理运作的高层管理人员及其高层管理部门履行职责的场所主要位于中国境内；

（2）企业的财务决策（如借款、放款、融资、财务风险管理等）和人事决策（如任命、解聘和薪酬等）由位于中国境内的机构或人员决定，或需要得到位于中国境内的机构或人员批准；

（3）企业的主要财产、会计账簿、公司印章、董事会和股东会议纪要档案等位于或存放于中国境内；

（4）企业1/2（含1/2）以上有投票权的董事或高层管理人员经常居住于中国境内。

判定税收居民身份的管理程序包括两方面内容：一是为我国居民开具居民身份证明，按照《国家税务总局关于开具〈中国税收居民身份证明〉有关事项的公告》（国家税务总局公告2016年第40号）和《国家税务总局关于调整〈中国税收居民身份证明〉有关事项的公告》（国家税务总局公告2019年第17号）执行；二是判定外国税收居民身份，按照《国家税务总局关于发布〈非居民纳税人享受税收协定待遇管理办法〉的公告》（国家税务总局公告2019年第35号）执行。

2.如果缔约国双方因判定实际管理机构的标准不同而不能达成一致意见的，应由缔约国双方主管当局按照协定规定的程序，通过相互协商解决。

三、法人双重居民身份协调办法

[illegible]

第三章

常设机构的类型及判定标准

常设机构条款是税收协定的重要条款，常设机构条款与营业利润条款相结合，构成对缔约一方所取得营业利润的征税规则，以限制所得来源国的征税权，实现避免双重征税的目的。

常设机构对股息、利息、特许权使用费、非独立个人劳务等条款的适用也具有重要影响，在处理本条与其他条款关系时，通常应遵循常设机构条款优先原则。

《中华人民共和国企业所得税法》（以下或称“企业所得税法”）第三条规定，非居民企业在中国境内设立的机构、场所来源于中国境内的所得，以及发生在中国境外但与其所设机构、场所有实际联系的所得，应当依法缴纳企业所得税。根据《中华人民共和国企业所得税法》第五十八条等规定，如果我国政府同外国政府订立的有关税收的协定与国内法有不同规定的，依照协定的规定办理；如果税收协定比国内法规定了更为优惠的税收待遇，纳税人可以按要求享受税收协定待遇。按照国际通行规则，非居民企业在我国境内设立的机构、场所只有构成常设机构，中国才拥有征税权。

税收协定对常设机构的范围、认定条件等内容都有具体规定。常设机构条款通常包括一般定义、常设机构列举、建筑工程项目、劳务活动、不构成常设机构的情况、非独立代理人、独立代理人、子公司等条款。其中一般定义和常设机构列举为常设机构的一般性规定，其余条款为特殊规定。

我国与缔约国签订的税收协定中常设机构条款内容大致相同，但也会根据国情的不同进行适当调整。实务中，需对照具体协定内容进行判定。本章以《中新税收协定》(以下或称“中新协定”)为例，解析常设机构的定义及判定标准。

第一节　常设机构的定义及特征

根据《中新税收协定》规定，常设机构是指“企业进行全部或部分营业的固定营业场所”。对常设机构的理解可以概括为“一个营业场所”和“三个基本特征”。

一、营业场所

关于“营业场所”的概念通常应从以下几个方面进行理解：

首先，“营业场所”一语包括企业用于从事营业活动的任何房屋场地、设施和设备，而不管这房屋场地、设施或设备是否完全用于这个目的。该解释有三层含义：一是营业场所不要求有完整性，没有规模或范围上的限制，市场中的一个摊位、一幢大厦中的某个房间，或一间生产车间中的某台设备等都可以构成营业场所，且不论是否为企业自用或租用，也不论房屋、场地、设施或设备是否有一部分被用于其他活动；二是企业必须对此场所拥有支配能力；三是构成营业场所的必须是用于营业活动的、重要的有形物体，轻便的、可携带的机器、设备、工具不构成营业场所。

其次，全部或部分营业活动是通过该营业场所进行的。即，一方企业通过在另一方设立常设机构进行营业活动，将其全部或部分活动延伸到另一方，不包括其在常设机构之外的地方直接从事的活动。如果一方企业通过在另一方的常设机构在另一方不同地点进行营业活动，则应判定其只有单一常设机构存在，且应将不同地点的营业活动产生的利润归属于该常设机构。如果一方企业在另一方不同地点直接从事营业活动，则该一方企业有可能在另一方不同地点构成多个常设机构。例如，英国居民企业生产并销售设备给我国，该英国居民在我国设立分支机构负责境内客户的售后服务。该英国居民销售设备的收入与分支机构无关，销售利润不属于分支机构的营业活动。分支机构对在我国不同省份的客户提供登门服务，虽然营业活动分布在不同营业地点，但售后服务收入均归属于该分支机构。如果英国居民未在我国境内成立分支机构，而是直接派遣雇员为我国境内不同省份的客户提供售后服务，若每一个客户售后服务时间符合劳务型常设机构条件，则构成多个常设机构。

再次，“营业”一语的实际含义不仅仅包括生产经营活动，还包括非营利机构从事的业务活动，但此等非营利机构在中国的常设机构是否获得“营业利润”，则需要根据《中新协定》第七条“营业利润”条款的规定再做判断。

最后，“通过”该营业场所进行活动应作广义理解，包括企业在其可支配的地点从事活动的任何情形。例如，某道路修筑企业应被认为“通过”修筑行为发生地从事营业活动。当新加坡企业与中国不同城市的客户直接订立合同，如果合同是由新方企业设在中方的营业场所履行的，应认为该新方企业“通过”

该场所从事营业活动。另外，如果该场所为新方企业与中方企业形成客户关系做出实质贡献，即使合同是两个企业直接订立的，也应认为该新方企业“通过”该场所从事营业活动。

二、三个基本特征

（一）固定性

固定性是指营业场所要相对固定。固定的营业场所包括缔约国一方企业在缔约国另一方从事经营活动经登记注册设立的办事处、分支机构等固定场所，也包括为缔约国一方企业提供服务而使用的办公室或其他类似的设施，如在某酒店长期租用的房间。

对某些经常在相邻地点之间移动的营业活动，虽然营业场所看似不固定，但如果这种在一定区域内的移动是该营业活动的固有性质，一般可认定为存在单一固定场所。比如，某办事处根据需要在一个宾馆内租用不同的房间，或租用不同的楼层，该宾馆可被视为一个营业场所；又如，某商人在同一个商场或集市内的不同地点设立摊位，该商场或集市也可构成该商人的营业场所。

（二）持续性

判断营业场所的持续性时，既要考虑设立营业场所的目的，也要考虑其实际存续的时间。如果某一营业场所是基于短期使用目的而设立，事实上也如此，那么就不构成常设机构，但实际存在时间超出了临时性的范围，则可构成固定场所并可追溯性地构成常设机构。反之，一个以持久性为目的的营业场所如果发生特殊情况，比如投资失败提前清算，即使实际只存在了一段很短的时间，同样可以判定为自其设立起就构成常设机构。

（三）经营性

只有经营性的营业场所才有可能构成常设机构，准备性、辅助性的营业场所不应被视为常设机构。《国家税务总局关于税收协定常设机构认定等有关问题的通知》（国税发〔2006〕35号）对“经营性”的判断方法作出了明确规定：一是固定基地或场所的业务性质与总机构一致；二是固定基地或场所不仅为总机构服务，也为其他人服务；三是固定基地或场所的业务属于总机构业务的重要组成部分。只要具备上述条件之一，即可判断为具有经营性。

判断机构场所是否具有经营性，应遵循实质重于形式原则，下列情形应认定为常设机构：

1.某非居民企业的主营业务是为客户提供采购服务并收取服务费，该企业在中国设立办事处，为其在中国进行采购活动。这种情况下，该中国办事处的采购活动看似属于“专为本企业采购货物或商品”所设的固定营业场所，但由于该办事处业务性质与该企业总部的业务性质完全相同，则说明该办事处的活动具有经营性，而不是准备性或辅助性。

2. 某非居民企业在中国境内设立固定场所，维修、保养该企业销售给中国客户的机器设备，或专为中国客户提供零配件。这种情况下，因其从事的活动是企业总部为客户服务的基本及重要组成部分，则说明该固定场所的活动具有经营性，而不是准备性或辅助性。

3. 某非居民企业在中国设立从事宣传活动的办事处，该办事处不仅为本企业进行业务宣传，同时也为其他企业进行业务宣传。这种情况下，该办事处的活动应判定为具有经营性，而不是准备性或辅助性。

此外，如果某固定场所既从事“准备性、辅助性”不构成常设机构的活动，也从事构成常设机构的活动，则应视其构成常设机构，并对这两项营业活动的所得合并征税。比如，企业用于交付货物的仓库同时也兼营商品销售，应判定为常设机构并征税。

三、专设准备性或辅助性固定场所不构成常设机构

缔约国一方企业在缔约国另一方仅由于仓储、展览、采购及信息收集等活动目的而设立的具有准备性或辅助性的固定场所，不应被认定为常设机构。

《中新税收协定》第五条第四款规定，“虽有本条上述规定，‘常设机构’一语应认为不包括：

（一）专为储存、陈列或者交付本企业货物或者商品的目的而使用的设施；

（二）专为储存、陈列或者交付的目的而保存本企业货物或者商品的库存；

（三）专为另一企业加工的目的而保存本企业货物或者商品的库存；

（四）专为本企业采购货物或者商品，或者搜集情报的目的所设的固定营业场所；

（五）专为本企业进行其他准备性或辅助性活动的目的所设的固定营业场所；

（六）专为本款第（一）项至第（五）项活动的结合所设的固定营业场所，如果由于这种结合使该固定营业场所的全部活动属于准备性质或辅助性质。”

在判定固定场所是否属于专设准备性或辅助性固定场所时，应注意“准备性、辅助性”活动的场所通常具备以下特点：一是该场所不独立从事经营活动，且其活动也不构成企业整体活动基本的或重要的组成部分；二是该场所进行仓储、展览、采购及信息收集等活动时，仅为本企业服务，不为其他企业服务；三是其职责限于事务性服务，且不起直接营利作用。

BEPS行动计划以后，对准备性和辅助性标准有了更严格的解释，需要考量该服务是不是企业核心营利活动的一部分。例如，OECD范本中认为仓储是准备性辅助性质的，但对于电子商务企业来说，仓储就不能认定为准备性辅助性质，因此这个标准的判定需要根据具体情况分析判断。

四、案例分析

设备出租方提供安装服务，如何适用税收协定？

【基本案情】

新加坡居民企业A以经营租赁方式向我国境内居民企业B出租一台大型设备，租赁期3年，年租金120万元，合计360万元，租金按月支付，租赁期限从设备安装完成达到预定可使用状态的当月起算。该设备由A公司派其雇员负责安装，安装时间8个月（自2018年1月4日至2018年9月3日），租期从2018年9月1日起至2021年8月31日止。安装不另外收费。

【争议焦点】

关于A公司在我国的纳税义务有三种观点：

观点一：安装时间超过6个月，构成常设机构，应将所有租金全部作为常设机构的收入，按营业利润征收企业所得税。

观点二：安装时间超过6个月，构成常设机构，应将360万元分拆为设备租金和安装费，其中归属于常设机构的安装费收入按营业利润征收企业所得税，租金按照特许权使用费征收企业所得税。

观点三：尽管安装时间超过6个月，但安装是为出租设备而发生的前期准备，B公司向A公司支付报酬只是为了取得设备的使用权，A公司的安装具有“准备性、辅助性”特征，不具营利性。因此，尽管安装时间超过6个月，不应将安装活动认定为常设机构，应就全部租金收入按特许权使用费征企业所得税。

【分析】

如果把租金归属于常设机构征税，那么租金与常设机构必须要有实际联系。按照《企业所得税法》实施条例第八条的表述，实际联系，是指非居民企业在中国境内设立的机构、场所拥有据以取得所得的股权、债权，以及拥有、管理、控制据以取得所得的财产等。这里的常设机构是安装服务形成的，安装完成后，该常设机构即消失。租赁收入在安装完成后才形成，出租设备的拥有者是A公司，管理、控制该设备的主体也是A公司，因此，新加坡A公司对该设备的出租在中国境内没有常设机构。显然，观点一不能成立。

关于安装活动是否属于“准备性或辅助性”活动，要结合常设机构的定义和特征以及“准备性或辅助性固定场所”的解释进行判断。第一，常设机构是企业进行全部或部分营业的固定营业场所。“营业场所”一语包括企业用于从事营业活动的任何房屋场地、设施和设备，因此设备可以构成营业场所，且A公司对设备具有支配能力，而且设备是用于营业活动的重要的有形物体。第二，安装是出租的前提，由此可判断安装活动具有经营性，且安装期间营业场所符合固定性、持续性。第三，准备性或辅助性的固定场所通常是缔约国一方企业在缔约国另一方仅由于仓储、展览、采购及信息收集等活动目的的设立的固定场所，该场所不构成企业整体活动基本或重要的组成部分，而且准备性或辅助性场所的职责通常仅限于事务性服务，不起直接营利作用。事实上，安装活动是出租设备的前提，是A公司出租活动的重要组成部分。换句话说，如果A公司将设备租给B公司，由B公司自己负责安装，那么，A公司的租金收入将相应减少，由此不难看出，A公司向B公司取得的收入包括安装费和租金。显然，A公司的安装活动应排除在“准备性或辅助性”活动之外。第四，安装活动持续8个月，构成常设机构标准。由此可见，观点三理解不对。

本例中，由于合同主要目的是出租设备，应参照特许权使用费和劳务的混合合同的处理。依据《国家税务总局关于执行税收协定特许权使用费条款有关问题的通知》(国税函〔2009〕507号)、《国家税务总局关于税收协定有关条款执行问题的通知》(国税函〔2010〕46号)中“如果技术许可方派遣人员到技术使用方为转让的技术提供服务，构成了常设机构的情况下，归属于常设机构的服务所得应适用税收协定营业利润条款的规定；对未构成常设机构的或未归属于常设机构的服务收入仍按特许权使用费规定处理”之规定，应将360万元合理划分为安装费收入和租金收入，分别计算企业所得税。

综上，观点二正确。

本例中，如果新加坡A公司将安装劳务分包给我国境内居民企业C，安装费由A支付给C，其他条件不变。这种情况下，安装的义务和风险仍是由A承担的，A向B收取的价款仍然是安装费和租金，因此A公司所得税纳税义务不变。

第二节 常设机构的分类及认定标准

根据常设机构的定义及特征，常设机构分为一般形式的常设机构和特殊形式的常设机构。特殊形式的常设机构包括工程型常设机构、劳务型常设机构、代理型常设机构。

一、一般型常设机构

常设机构的一般形式主要包括：管理场所、分支机构、办事处、工厂、作业场所，以及矿场、油井或气井、采石场或者其他开采自然资源的场所。其中：

“管理场所”是指代表企业负有部分管理职责的办事处或事务所等场所，不同于总机构，也不同于作为判定居民公司标准的“实际管理机构”。

“矿场、油井或气井、采石场或者其他开采自然资源的场所”是指经过投资，拥有开采经营权或与之相关的合同权益，并从事生产经营的场所。至于为勘探或开发上述矿藏资源的承包工程作业，则应根据作业持续的时间是否超过6个月来判断其是否构成工程型常设机构。

需要注意的是，常设机构的一般形式只是列举了在通常情况下构成常设机构的场所，而这些列举并非是穷尽的，对未在列举范围内的其他场所则需按照常设机构的定义及特征进行常设机构判定。

二、工程型常设机构

工程型常设机构是指建筑工地，建筑、装配或安装工程，或者与其有关的监督管理活动，但仅以该工地或工程连续工作6个月以上的为限。未达到该规定时间的，则不构成常设机构。操作要点如下：

1.建筑工地，建筑、装配或安装工程，或者与其有关的监督管理活动，仅以时间标准判定是否构成常设机构。

2.确定上述活动的起止日期，可以按其所签订的合同从实施合同（包括一切准备活动）开始之日起，至作业（包括试运行作业）全部结束交付使用之日止进行计算。凡上述活动时间持续6个月以上的（不含6个月，跨年度的应连续计算），应视该企业在活动所在国构成常设机构。执行口径如下：

（1）“从实施合同（包括一切准备活动）开始之日起”，应理解为从境内实施合同开始之日，如果准备活动在境外进行，则境外准备活动的天数不计算在内；

（2）只要工程作业项目未终止，即使境外人员离境，也不扣减离境天数；

（3）“作业时间连续6个月以上”中的“6个月”是指自然月，如2019年8月1日至2020年1月31日，又如2019年8月20日至2020年2月19日。

3.“与其有关的监督管理活动”是指伴随建筑工地，建筑、装配或安装工程发生的监督管理活动，既包括在项目分包情况时，由分承包商进行作业，总承包商负责指挥监督的活动；也包括独立监理企业从事的监督管理活动。对由总承包商负责的监督管理活动，其时间的计算与整个工地、工程的持续时间一致；对由独立监理企业承包的监督管理活动，应视其为独立项目，并根据其负责监理的工地、工程或项目的持续时间进行活动时间的判定。

缔约国一方企业通过雇员或其他人员在缔约国另一方提供与销售或者出租机器设备有关的劳务活动，如果销售或出租机器设备的缔约国一方企业对在缔约国另一方的整个工程项目拥有指导权或负有全面的技术责任，应视为从事“与其有关的监督管理活动”，连续超过6个月的构成常设机构。在具体执行中，该项销售或出租具有以下特征的，应判定为从事监督管理活动：

（1）缔约国一方企业销售或出租的是成套机器设备；

（2）该缔约国一方企业在缔约国另一方提供从土建设计、工程设计和机器设备的安装、调试直到试车等的全面指导，保证该项工程和机器设备验收合格并正常设入使用。

此外，要注意与提供销售或出租机器设备有关的咨询劳务与监督管理活动的区别。与销售或出租机器设备有关的咨询活动应当是不附带硬件的纯咨询劳务性质的活动。这些活动包括：对工程建设或企业现有生产技术的改造、经营管理的改进和技术选择、投资项目的可行性分析以及设计方案的选择提供咨询等。

4.如果非居民企业在中国一个工地或同一工程连续承包两个及两个以上作业项目，应从第一个项目作业开始至最后完成的作业项目止计算其在中国进行工程作业的连续日期，不以每个工程作业项目分别计算。所谓为一个工地或同一工程连续承包两个及两个以上作业项目，是指在商务关系和地理上是同一整体的几个合同项目，不包括该企业承包的或者是以前承包的与本工地或工程没有关联的其他作业项目。比如，一个建筑工地从商务关系和地理位置上形成不可分割的整体时，即使分别签订几个合同，该建筑工地仍为单一的整体。实务中的例子，如一家工厂的几栋厂房分别就每栋厂房签订工程承包合同，应作为一个整体看待。再如，一些修建公路、挖掘河道、安装水管、铺设管道等活动，其工程作业地点是随工程进展不断改变或迁移的，虽然在某一特定地点工作时间连续未达到规定时间，但要从整体工程看是否达到构成常设机构的时间。一般来说，同一企业在同一工地上承包的项目可认为是商务关系相关联的项目。

5.对工地、工程或者与其有关的监督管理活动开始计算其连续日期以后，因故（如设备、材料未运到或季节气候等原因）中途停顿作业，但工程作业项目并未终止或结束，人员和设备物资等也未全部撤出，应持续计算其连续日期，不得扣除中间停顿作业的日期。

6.如果企业将承包工程作业的一部分转包给其他企业，分包商在建筑工地施工的时间应算作总包商在建筑工程上的施工时间。如果分包商实施合同的日期在前，可自分包商开始实施合同之日起计算该企业承包工程作业的连续日期。同时，不影响分包商就其所承担的工程作业单独判定其是否构成常设机构。

【例3-1】新加坡居民企业A为中国境内居民企业B提供厂房、办公楼、相关配套（食堂、职工宿舍等）的土建及装饰服务，工程承包总价15亿元，预计施工期18个月，A公司将装饰工程分包给新加坡居民企业C，分包款2亿元，装修期预计9个月。A公司与B公司的工程承包合同于2017年8月1日签署，9月1日派人来境内作前期施工准备，实施动工时间为2019年10月10日，竣工验收日期为2021年5月12日。C公司的装饰工程承包合同于2018年10月签署，2019年3月9日派人来境内作前期施工准备，实际动工时间为2019年5月8日，装饰工程竣工验收日期为2021年4月30日。

本例中，A公司工程作业起止时间为：2017年9月1日至2021年5月12日，C公司工程作业起止时间为：2019年3月9日至2021年4月30日，A公司、C公司在境内的施工活动均构成常设机构。

本例中，如果新加坡A公司将工程全部分包给若干个境外企业，且每个境外企业在境内的作业时间均不构成常设机构，但只要总合同的作业起止时间超过6个月，应认定为A公司在境内的活动构成工程型常设机构。

三、劳务型常设机构

缔约国一方企业派其雇员或其雇用的其他人员到缔约对方提供劳务，仅以任何12个月内这些人员为从事劳务活动在对方停留连续或累计超过183天的，构成常设机构。操作要点如下：

1.“雇员或雇用的其他人员”是指本企业的员工，或者该企业聘用的在其控制下按照其指示向缔约对方提供劳务的个人。本企业员工包括“以国际劳务雇用”方式聘请的，按照《国家税务总局关于税收协定中有关确定雇主问题的通知》（国税发〔1997〕124号）规定被判定为雇员的员工。例如，新加坡居民企业A通过境外中介机构B聘用人员来我国为其从事有关劳务活动，如果受聘人员工作所产生的责任和风险由A企业承担，而不是中介机构B承担，应认为新加坡居民企业A为上述受聘人员的实际雇员。

2.劳务活动，指从事工程、技术、管理、设计、培训、咨询等专业服务活动。比如，对工程作业项目的实施提供技术指导、协助、咨询等服务（不负责具体的施工和作业）；对生产技术的使用和改革、经营管理的改进、项目可行性分析以及设计方案的选择等提供的服务；在企业经营、管理等方面提供的专业服务等。

3.同一企业从事的有商业相关性或连贯性的若干个项目应视为“同一项目或相关联的项目”。这里所说的“商业相关性或连贯性”，需视具体情况而定，在判断若干个项目是否为关联项目时，应考虑的因素包括：这些项目是否被包含在同一个总合同里；如果这些项目分属于不同的合同，这些合同是否与同一人或相关联的人所签订，且前一项目的实施是否是后一项目实施的必要条件；这些项目的性质是否相同；这些项目是否由相同的人员实施等。

【例3-2】新加坡居民公司A与我国境内B公司签订协议，A公司为B公司在我国境内拓展客户，按照B公司与A公司介绍的客户签订合同金额的5%收取佣金，服务期暂定3年。虽然每一笔佣金的服务时间不构成常设机构，但由于每一笔佣金项目都包含在一个总合同中，而合同约定的服务期为3年，故应认定为A在境内的劳务活动构成常设机构。

此外，还应注意同一项目或两个相关联的项目分别签订合同的情况，比如缔约国对方居民企业向我国居民企业提供劳务，将劳务合同拆分为劳务合同和咨询合同，其中劳务合同构成常设机构，咨询合同约定咨询在所在国提供，不构成常设机构。对类似的合同审核首先要看咨询合同的名称与内容是否相符，服务内容能否在境外完成；其次要看咨询内容与劳务合同是否相关联。如果属于同一个客户的两个相关联的项目，应将不构成常设机构和构成常设机构合并征税。

4.对劳务活动在任何12个月中连续或累计超过183天的规定，应从以下几个方面掌握：

（1）若非居民企业为中国境内某项目提供劳务（包括咨询劳务），以该企业派其雇员为实施服务项目第一次抵达中国之日起至完成并交付服务项目的日期止作为计算期间，计算相关人员在中国境内的停留天数。对停留天数的计算，若新加坡企业派其雇员来我国境内实施服务项目，在第一次抵达中国之日至完成并交付服务项目之日的这段时间，如果境外雇员离境，应扣减在中国境内停留的天数。

《国家税务总局关于税收协定执行若干问题的公告》（2018年第11号）明确：从2018年4月1日起，凡是协定常设机构条款中关于劳务活动构成常设机构的表述为“在任何12个月中连续或累计超过6个月”的，按照“在任何12个月中连续或累计超过183天”的表述执行。”

（2）具体计算时，应按所有雇员为同一个项目提供劳务活动不同时期在中国境内连续或累计停留的时间来掌握，对同一时间段内的同一批人员的工作时间不分别计算。比如，非居民企业派遣10名员工为某项目在中国境内工作3天，这些员工在中国境内的工作时间为3天，而不是按每人3天共30天来计算。

（3）如果同一个项目历经数年，非居民企业只在某一个“12个月”期间派雇员来中国境内提供劳务超过183天，而在其他期间内派人到中国境内提供劳务未超过183天，仍应判定该企业在中国构成常设机构。常设机构是针对该企业在中国境内为整个项目提供的所有劳务而言，而不是针对某一个“12个月”期间内提供的劳务。所以，在整个项目进行中，如果非居民企业于其中一个“12个月”期间在中国境内提供劳务超过183天，则应认为该企业在中国构成常设机构。

（4）如果非居民企业向中国客户转让专有技术使用权的同时，也委派人员到中国境内为该项技术的使用提供有关支持、指导等服务并收取服务费，无论其服务费是单独收取还是包括在技术价款中，该服务费均应视为特许权使用费，适用《企业所得税法》第三条第三款及《中新税收协定》第十二条“特许权使用费”条款。但如果上述人员提供的服务是通过该非居民企业设在中国的某固定场所进行的或通过其他场所进行，且服务时间达到协定规定构成常设机构的时间标准的，则构成常设机构，对归属于常设机构部分的服务所得，中国有权对此征税，适用《企业所得税法》第三条第二款及《中新税收协定》第七条“营业利润”条款。

实务中，应注意非居民企业利用常设机构的规定采取“二对一”交易模式避税的情形。

【例3-3】香港居民企业A持有境内公司B的100%股权，境内B公司向境内C公司采购一笔原材料，原材料金额为1亿元。为说明问题，不考虑增值税，香港A公司与境内C公司签订咨询或居间合同，收取佣金500万元，同时将B公司与C公司的原材料交易价格调整为10 500万元。因咨询合同或居间合同的在我国境内的服务时间不构成常设机构标准，不征企业所得税，同时，香港企业仅对来源于香港的利润征收利得税，来源于香港域外的利润不征利得税，而B公司原材料成本增加，从而减少了企业所得税125万元（500×25%）。对此类业务，B公司主管税务机关应重点关注原材料价格是否明显偏高，C公司主管税务机关应注重咨询合同是否真实，咨询内容是否为B公司生产经营所必需，咨询合同的服务方式是什么，咨询费定价是否公允，咨询合同与销售合同是否相关联。必要时，启动一般反避税程序。

四、代理型常设机构

代理型常设机构又称“非独立代理人常设机构”。缔约国一方企业通过非独立代理人在另一方进行活动，如果代理人有权并经常行使这种权力以该企业的名义签订合同，则该企业在缔约国另一方构成常设机构。执行要点如下：

1.代理人的活动使一方企业在另一方构成常设机构的代理人，通常被称为“非独立代理人”。非独立代理人可以是个人，也可以是办事处、公司或其他任何形式的组织，不一定被企业正式授予代表权，也不一定是企业的雇员或部门。此外，非独立代理人不一定是代理活动所在国家的居民，也不一定在该国拥有营业场所。

2.对“以该企业的名义签订合同”应做广义理解，包括不是以企业名义签订合同，但其所签合同仍对企业具有约束力的情形。“签订”不仅指合同的签署行为本身，也包括代理人有权代表被代理企业参与合同谈判，商定合同条文等。

3.“合同”是指与被代理企业经营活动本身相关的业务合同。如果代理人有权签订的是仅涉及企业内部事务的合同，比如，以企业名义聘用员工以协助代理人为企业工作等，则不能仅凭此认定其构成企业的常设机构。

4.对于“经常”一语并无精确、统一的标准，要结合合同性质、企业的业务性质以及代理人相关活动的频率等综合判断。在某些情况下，企业的业务性质决定了其交易数量不大，但合同签订的相关工作却要花费大量时间，如飞机、巨型轮船或其他高价值商品的销售。如果代理人为这类企业在一国境内寻找买商、参与销售谈判等，即使该人仅代表企业签订了一单销售合同，也应认为该代理人满足“经常”标准，构成企业的非独立代理人。

5.所谓“行使”权力，应以实质重于形式的原则来理解。如果代理人在该缔约国另一方进行合同细节谈判等各项与合同签订相关的活动，且对企业有约束力，即使该合同最终由其他人在企业所在国或其他国家签订，也应认为该代理人在该缔约国另一方行使合同签署权力。

6.如果代理人在缔约国另一方的活动仅限于仓储、展览、采购及信息收集等“准备性、辅助性”范围，则不构成企业的非独立代理人（或常设机构）。

7.判断一方企业是否通过非独立代理人在另一方构成常设机构时，不受常设机构关于时间要求的限制。

需要注意的是，缔约国一方企业通过独立代理人在缔约国另一方进行营业时，不应因此视其代理的企业在缔约国另一方构成常设机构。独立代理人不仅为某一个企业代理业务，也为其他企业提供代理服务。经纪人、中间商等一般佣金代理人均属于独立代理人。为防止独立代理人条款被滥用（比如，某些企业自身的代理人自称为独立代理人以避免构成常设机构），协定执行中要对代理人身份或代理人地位是否独立进行判定。如果代理人的活动全部或几乎全部代表被代理企业，并且该代理人和企业之间在商业和财务上有密切及依附关系，则不应认定该代理人为独立代理人。

代理人的活动同时符合下列两个条件的，才属于独立代理人，即不构成被代理企业的常设机构。

（1）该代理人在法律上和经济上独立于被代理企业。在判定独立性时，可考虑如下几个因素：

①代理人商务活动的自由度。如果代理人在被代理企业的具体指导和全面控制下为企业进行商务活动，而不是自行决定工作方式，那么该代理人一般不具有独立地位。

②代理人商务活动的风险由谁承担。如果由被代理企业承担而非由代理人承担，则该代理人一般不能被认为具有独立地位。

③代理人代表的企业的数量。如果在相当长一段经营期或时间内，代理人全部或几乎全部仅为一家企业进行活动，该代理人很可能不是独立代理人。

④被代理企业对代理人专业知识的依赖程度。一般来说，独立代理人具备独立从事商务活动的专门知识或技术，不需要依赖被代理企业的帮助。

（2）独立代理人在代表企业进行活动时，一般按照常规进行自身业务活动，不从事其他经济上归属于被代理企业的活动。比如，某销售代理人以自己的名义出售某企业的货物或商品，这一行为是销售代理人的常规经营业务。如果该销售代理人在从事上述活动的同时，还经常作为企业有权签约的代理人进行活动，那么因为这些活动已在自身贸易或营业常规之外，代理人将被视为被代理企业的非独立代理人而构成企业的常设机构。

实务中，经常有这样一种现象：国内居民个人为境内外客户提供境内股权转让的居间服务，为规避个人所得税，国内居民个人以自己或亲属名义在香港注册公司，由香港公司与境内客户签订居间协议，由于提供居间服务的时间不超过183天，不构成常设机构，以此规避所得税纳税义务。对此，由于香港公司只是个“空壳”公司，该个人可代表香港公司签订合同，应将该个人认定为香港公司在境内的非独立代理人，不受常设机构时间要求的限制，香港公司从境内客户取得的佣金需要缴纳企业所得税。

五、母公司与子公司互派人员常设机构的判定

母公司通过投资设立子公司，拥有子公司股权等形成的控制或被控制关系，仅凭此项事实不会使子公司构成母公司的常设机构。从税收角度看，子公司本身是一个独立的法人实体，即使它在业务上受母公司管理，也不应仅凭此而被视为母公司的常设机构。反之亦然，母公司不会因为母子公司之间的投资与被投资关系这一事项而被认定为子公司的常设机构。但是，由于母子公司之间的特殊关系，现实经济活动中，两者之间常存在较为复杂的跨境人员及业务往来。这种情况下，母公司在子公司的活动是否导致母公司在子公司所在国构成常设机构，可按照下列标准予以判断：

1.应子公司要求，由母公司派人员到子公司为子公司工作，这些人员受雇于子公司，子公司对其工作有指挥权，工作责任及风险与母公司无关，由子公司承担，那么，这些人员的活动不导致母公司在子公司所在国构成常设机构。此种情况下，子公司向此类人员支付的费用，不论是直接支付还是通过母公司转支付，都应视为子公司内部人员收入分配，对支付的人员费用予以列支，其所支付的人员费用应为个人所得，按子公司所在国有关《个人所得税法》的相关规定，以及协定相关规定征收个人所得税。

2.母公司派人员到子公司工作时，符合下列标准之一时，可判断这些人员为母公司工作：

（1）母公司对上述人员（含国际劳务雇佣人员）的工作拥有指挥权，并承担风险和责任。

（2）被派往子公司工作的人员的数量和标准由母公司决定。

（3）上述人员的工资由母公司负担。

（4）母公司因派人员到子公司从事活动而从子公司获取利润。此种情况下，母公司向子公司收取有关服务费时，应按独立企业公平交易原则，确认母子公司上述费用的合理性后，再对子公司上述费用予以列支。如果上述活动使母公司在子公司所在国构成常设机构，则该子公司所在国可对母公司向子公司收取的费用征收企业所得税。需要注意的是，在判定母公司派员到子公司为母公司工作是否构成劳务型常设机构时还需符合183天时间的规定。

3.子公司有权并经常以母公司名义签订合同，符合上述“非独立代理人”条件的，子公司构成母公司的常设机构。

六、防止人为规避构成常设机构

为防止税基侵蚀与利润转移，BEPS制定第7项行动计划——“防止人为规避构成常设机构”，主要包括以下方面：

（一）通过佣金代理人或类似安排人为规避构成常设机构

佣金代理人安排可以笼统定义为，一个人以自身的名义在某国代表一家外国企业销售该外国企业拥有的产品。通过该安排，该外国企业可以在某国销售其产品，但技术上不在该国构成常设机构，因而销售利润不会因归属于在该国的常设机构而在该国征税。由于从事销售活动的人并不拥有其销售的货物，上述国家无法就销售利润对该人征税，而仅能就其提供服务取得的报酬（一般为佣金）征税。

【例3-4】X公司为X国居民公司，主要从事医药产品的销售。2000年之前，X公司通过Y公司向Y国的诊所和医院销售医药产品。Y公司是Y国的居民公司。X公司和Y公司都是同一家跨国集团的成员。2000年，Y公司与X公司签订了佣金代理人合同。由此变为X公司的佣金代理人。根据合同，Y公司向X公司转让其固定资产、存货和客户关系，并同意在Y国以其自身名义销售X公司的产品，但责任和风险由X公司承担。根据上述安排，Y公司在Y国的应税利润显著减少。

在许多情况下，佣金代理人安排或者类似安排主要是为了侵蚀销售发生国的税基。为了应对这类安排导致的税基侵蚀与利润转移问题，需要对协议范本第5条第5款及第6款的表述进行修改。

比较合理的规则是，若某中介在某国开展的活动是为了经常性订立由境外企业履行的合同，则应认定该境外企业在该国构成应税机构场所，除非该中介所开展的活动是其独立经营的一部分。

（二）通过适用特定活动豁免条款规避构成常设机构

根据经合组织税收协议模板第5条第4款关于特定活动豁免构成常设机构的规定，符合豁免条款的活动一般被认为属于准备性质或辅助性的活动。但豁免条款发布至今，企业开展经营活动的方式发生了显著的变化，以往被认为仅仅是准备性或辅助性的活动，现在可能属于核心业务活动。另外，由于跨国企业可以通过改变架构轻易获取税收利益，有必要明确企业不能将整体商业运营拆分成不同的业务，使得每个业务满足准备性或辅助性的要求，从而豁免构成常设机构。对于紧密关联方之间的活动拆分，行动计划设计了新反拆分规则，即，在第5条加入新拟定的第4.1款："如果某企业适用或设有固定营业场所，而该企业或其紧密关联企业在该场所或位于同一缔约国的另一场所开展经营活动，并且：

1.按照本条规定该，该场所或另一场所构成该企业或紧密关联企业的常设机构；或者

2.该企业或其紧密关联企业在同一场所或两个场所开展活动的结合，使得整体活动不属于准备性质或辅助性质，

如果该企业或其紧密关联企业在同一场所或两个场所开展的营业活动，构成整体营业活动中构成互为补充的部分，则不适用第4款的规定。"

（三）人为规避构成常设机构的其他安排

主要有合同拆分、在一国销售保险规避构成常设机构的安排。

【例3-5】R公司是R国的居民公司。R公司成功地对S公司的某个发电站建设项目进行了投标。S公司是S国的居民公司，且与R公司相互独立。该建设项目预计将持续22个月。在合同谈判过程中，该项目被分拆成两个合同，每个合同持续11个月。第一份合同由R公司签订，第二份合同由一家由R公司近期在R国设立的子公司签订。S公司希望从法律上确保R公司对两份合同的履行情况负责，因此要求在两份合同安排中明确，R公司的子公司履行其与S公司之间的合同义务时，R公司负有连带责任。

本例中，若无导致不同结论的其他事实与情况，有理由认为分开签署合同、

使R公司的子公司参与部分工程项目的主要目的之一是为了让R公司与其子公司分别享受R国和S国税收协议第5条第3款的协定优惠。在上述情况下，授予协议优惠将违背该款的目的和意图，因为该款规定的时间期限将变得没有任何意义。

第三节 常设机构的特殊问题

协定中关于常设机构的定义、特征和分类为判定常设机构提供了一般的标准和依据，但这些标准和依据并不能解释所有的业务，我国对外签署的协定中常设机构的规定也有所不同。基于双方理解的不同，有些特殊业务还需要在国际税收实践中进一步探索和协商。以下列举一些特殊业务的具体做法。

一、保险业务

我国同突尼斯、墨西哥、芬兰、文莱、斯里兰卡、摩洛哥、印度尼西亚、尼泊尔、埃及、巴基斯坦、泰国的协议中增加了有关保险行业构成常设机构的内容。一般采用以下规定：缔约国一方的保险行企业，除再保险外，如果不是通过适用第七款的独立地位代理人而在缔约国另一方领域内收取保费或对位于该国领域内的风险进行保险，应认为在缔约国另一方构成常设机构。

二、互联网服务器

互联网服务器提供商将服务器出租给互联网服务商，互联网服务商通过互联网平台销售货物或者为买卖双方交易的完成提供综合服务，或者兼而有之。OECD对电子商务活动中如何判定构成常设机构提出了自己的判定标准，认为储存网站并为之提供访问服务的服务器是具有有形存在的设备，可构成营运服务器的企业的“固定营业场所”，当此类服务器满足第一款的要求，就构成常设机构，互联网服务商不应构成网站所属企业的代理人，因此也就不构成该企业的常设机构。

但这个问题没有定论，各国的理解不同。笔者认为，服务器提供商收取的不是租金，而是服务费，因为服务器需要人来操控，纯粹的租赁是不含服务的。虽然服务器可以构成“固定营业场所”，但构成常设机构必须以主体为前提，即是谁提供服务，在哪里服务，这个服务地才是真正的“固定营业场所”。毫无疑问，服务器的所有者是提供服务的主体，关键是服务地在哪里。如果服务器提供商在新加坡，服务器的操控部门在新加坡公司所在地，而服务器在美国，互联网服务商在中国，因为服务在新加坡完成，故不构成中国的常设机构。

三、其他不构成常设机构的情形

1.与日本、保加利亚、罗马尼亚、奥地利的议定书明确，提供与销售或出租机器设备有关的咨询劳务，不作为常设机构。

2.与法国的议定书规定，对销售工业、商业设备或器材的企业提供的为装配或安装该设备或器材的监督管理活动，如这起监督管理费用少于销售总金额的5%，应认为附属于该项销售，不构成常设机构。

3.与瑞士的议定书规定，如果一方企业通过雇员和其他人员在另一方提供与销售或出租机器或设备有关的咨询劳务，不构成常设机构；咨询劳务费包括对机器或设备安装的指导、技术资料的咨询、人员培训以及相关的设计劳务。

4.中挪税收协定单独设立了“近海活动”条款，对缔约国一方居民在缔约国另一方从事近海活动，应视为是通过设在该缔约国另一方的常设机构或固定基地进行营业活动，但下面两种情况除外：

（1）当在任何12个月中所从事的活动累计不超过30天；

（2）缔约国一方居民向在缔约国另一方从近海上活动的场所或两个场所之间运送物资、人员或者辅助上述活动用拖船和其他运输工具的经营活动。

四、案例分析

常设机构的判定：新加坡Y公司的综合案例

【基本案情】

新加坡一家环保公司Y，主营楼宇空气净化系统设备装置生产销售、空气质量检测服务、家居空气净化处理等业务。Y公司在深圳成立了办事处，主要负责搜集中国区潜在客户的名单和联系方式，以及Y公司高管人员的商务接待和国内行程安排等内部事务。为便于中国地区客户的设备销售及安装，Y公司在上海自贸区长期租用仓库，用于存放各类小型家用空气净化设备、楼宇净化系统设备和零部件。Y公司在上海设立全资子公司A，主要负责向Y公司的中国客户及代理商提供业务咨询、产品培训等有偿服务。Y公司2019年在我国境内发生的业务如下：

1.Y公司与我国某酒店集团公司签署合作框架协议，Y公司为该酒店集团在各地的50家子公司提供空气净化系统设备并负责安装，享受市场价格的95折优惠。2019年Y公司实际完成了两笔业务：2019年2月1日至6月30日，Y公司为该酒店集团的北京子公司实施设备安装工程，设备销售及安装合同由Y公司与北京酒店签署，项目如期完工；2019年8月1日至11月30日，Y公司为该酒店集团的哈尔滨子公司实施设备安装工程，设备销售及安装合同由Y公司与哈尔滨酒店签署，项目如期完工。哈尔滨酒店聘请新加坡R公司提供工程监理服务，

R公司自2019年8月1日入场监督安装过程并检测空气净化效果，于2019年12月15日完成各项检测后撤离。

2.Y公司于2019年派驻工程师甲、乙分别为我国各省几十家大型医院、展馆、学校提供空气质量环境检测与咨询，每个客户检测与咨询大约需要1周时间，合同分别由Y公司与各客户签订。工程师甲于2019年累计在华提供检测服务100天，工程师乙2019年累计在华提供检测服务90天，其中，工程师乙有一次以旅游签证入华，停留时间10天。

3.随着人们对于家居空气质量的要求日益提高，近几年Y公司研发生产的小型家用空气净化设备在中国地区的销售量与日俱增。为进一步拓展中国市场，Y公司与上海X销售公司（非关联方）签订独家代理协议，约定由X公司负责中国地区小型家用空气净化设备的销售，具体模式为：X公司向Y公司进口设备，并以X公司的名义对外销售，货物由Y公司在上海自贸区的仓库发出，X公司的销售价格执行Y公司确定的标准，未经Y公司书面许可，X公司不得擅自进行折扣等促销活动，如涉及质量问题方面的违约责任，由Y公司负责质量检修及退换货。X公司除代理Y公司空气净化设备外，还代理其他两家外国品牌水处理设备在中国地区的销售，X公司2019年90%以上的收入来源于Y公司的设备销售。

4.Y公司与上海A公司签订咨询服务协议，并派遣员工丙担任上海A公司高级技术顾问。Y公司每季度向A公司收取服务费40万元。2019年每月20日至30日，丙员工在上海工作，其他时间在新加坡工作；Y公司每月支付丙工资薪金6万元，2019年12月末，Y公司根据丙员工当年的工作绩效支付年终奖10万元。

【要求】

根据上述资料，分析判断Y公司在我国境内的上述经营活动是否构成常设机构。

1.Y公司在深圳成立的办事处、在上海自贸区租用的仓库是否构成固定场所型常设机构?

2.Y公司为北京酒店、哈尔滨酒店进行空气净化系统设备安装活动是否构成工程型常设机构?

3.Y公司派驻工程师为我国境内几十家医院、展馆等场所提供空气质量环境检测与咨询服务，是否构成劳务型常设机构?

4.上海X销售公司是否构成非独立代理人常设机构?

5.Y公司派遣丙员工担任上海全资子公司高级技术顾问，是否构成劳务型常设机构?

【分析】

1.深圳办事处及上海自贸区仓库是否构成固定场所型常设机构？

根据《〈中华人民共和国政府和新加坡共和国政府关于对所得避免双重征税和防止偷漏税的协定〉及议定书条文解释》（国税发〔2010〕75号），常设机构包括办事处，但不包括缔约国一方企业在缔约国另一方仅由于仓储、展览、采购及信息收集等活动的目的设立的具有准备性或辅助性的固定场所。从事“准备性或辅助性”活动的场所通常具备以下特点：一是该场所不独立从事经营活动，并其活动也不构成企业整体活动基本的或重要的组成部分；二是该场所进行第四款列举的活动时，仅为本企业服务，不为其他企业服务；三是其职责限于事务性服务，且不起直接营利作用。

Y公司在深圳设立的办事处，主要负责搜集国内潜在客户的名单和联系方式，以及Y公司高管人员的商务接待和在我国境内的行程安排等内部事务。办事处只为本企业服务，其业务性质与总机构不同，也不构成总机构业务的重要组成部分，办事处的活动不具备“经营性”。办事处虽然构成为本企业提供服务的固定营业场所，但这些服务活动对Y公司的利润贡献可忽略不计，难以将任何利润归属于这些活动。因此应将办事处定性为“为本企业提供的准备性或辅助性活动的固定营业场所”，不构成常设机构。

同样，Y公司在上海自贸区长期租用的仓库，仅为本企业在中国地区销售的设备、零部件等发挥储存功能，其活动具备“准备性或辅助性”，不具有“经营性”，不构成常设机构。

2.Y公司空气净化系统设备安装及R公司监理活动是否构成工程型常设机构?

关于Y公司为某酒店集团旗下两家子公司提供空气净化系统设备安装是否构成常设机构，观点一认为，为北京店与哈尔滨店的安装虽不在一个工地施工，但均属于一个酒店集团的项目，而且Y公司与酒店集团签订了合作框架协议，应视为一项工程。从北京项目起始时间2月1日起至哈尔滨项目结束时间11月30日止，工程连续时间已超过6个月，因此，构成我国境内的常设机构，Y公司需就取得安装所得在我国缴纳企业所得税。观点二认为，Y公司在我国境内实施的空气净化系统设备安装是否属于一个工程，关键看北京项目与哈尔滨项目在商务关系和地理位置上是否属于不可分割的整体，是否具有相关联性。鉴于Y公司的设备安装工程分别与该酒店集团的北京子公司与哈尔滨子公司签署，两个项目是独立的，其中任何一个工程的施工情况均不影响另一个工程，两者在地理位置与商务关系上均不具有相关性。Y公司与酒店集团签署的合作框架协议，Y公司并非合同义务的主体，实际执行应以Y公司与北京公司、哈尔滨公司签署的合同为依据。因此，应将两笔安装业务视为两个独立的工程作业。因每个工程作业连续时间均未超过6个月，故不构成我国境内的常设机构。

依据《中新协定》及议定书解释，工程型常设机构是指建筑工地，建筑、装配或安装工程，或者与其有关的监督管理活动，但仅以该工地或工程连续工作6个月以上的为限。如果新加坡企业在中国一个工地或同一工程连续承包两个及两个以上作业项目，应从第一个项目作业开始至最后完成的作业项目止计算其在中国进行工程作业的连续日期，不以每个工程作业项目分别计算。所谓为一个工地或同一工程连续承包两个及两个以上作业项目，是指在商务关系和地理上是同一整体的几个合同项目，不包括该企业承包的或者是以前承包的与本工地或工程没有关联的其他作业项目。比如，一个建筑工地从商务关系和地理位置上形成不可分割的整体时，即使分别签订几个合同，该建筑工地仍为单一的整体。由此可见，观点二正确。

新加坡R公司属于独立的监理企业，其监督管理活动需视为独立的项目，根据《中新协定》，对于缔约国一方企业在缔约对方的建筑工地，建筑、装配或安装工程，或者与其有关的监督管理活动，仅在此类工地、工程或活动持续时间为6个月以上的，构成常设机构。未达到该规定时间的则不构成常设机构。R公司为哈尔滨酒店提供监理活动的持续时间未超过6个月，因此，不构成常设机构。

3.空气质量环境检测与咨询服务是否构成劳务型常设机构?

根据《中新协定》，缔约国一方企业派其雇员或其雇佣的其他人员到缔约对方提供劳务，仅以任何12个月内这些人员为从事劳务活动在对方停留连续或累计超过183天的，构成常设机构。在判断若干个项目是否为关联项目时，应考虑的因素包括：这些项目是否被包含在同一个总合同里；如果这些项目分属于不同的合同，这些合同是否与同一人或相关联的人所签订，且前一项目的实施是否是后一项目实施的必要条件；这些项目的性质是否相同；这些项目是否由相同的人员实施，等等。

鉴于Y公司为境内各场所提供的空气质量环境检测和咨询服务，合同与客户分别签订，且不在一个总合同里。虽然服务内容相同，且由相同的人员实施，但客户之间不具有关联性，每个合同的实施与否均不影响其他合同的履行，因此每一份合同均应作为一个独立的项目。由于每个项目的服务时间仅为一周左右，故不构成常设机构。

此外，对于工程师乙以旅游签证入华，如果其在华期间仍以为客户提供空气检测与咨询服务为主，则需计入Y公司派遣人员在华提供劳务的累计时间。

4.X销售公司是否构成Y公司的非独立代理人常设机构?

根据《中新协定》，缔约国一方企业通过非独立代理人在另一方进行活动，如果代理人有权并经常行使这种权力以该企业的名义签订合同，则该企业在缔约国另一方构成常设机构。缔约国一方企业通过独立代理人在缔约国另一方进行营业时，不应因此视其代理的企业在缔约国另一方构成常设机构。关于X销售公司是否构成Y公司的非独立代理人问题，税务机关一种观点认为，X公司向Y公司采购设备并以自己的名义对外销售，且同时代理其他水处理品牌在中国地区的销售，X公司的利润来自商品价差，并非佣金收入。虽然X公司对外签署的销售合同的定价、违约责任均是按照Y公司的要求签署的，但承担合同义务的主体是X公司而不是Y公司，如果产品质量出了问题，客户只能要求X公司承担责任，而不能直接要求Y公司承担责任。因此，不能将X公司对外签署的合同理解为“以Y公司名义签订”，X公司不符合非独立代理人身份，不能认定为Y公司的常设机构。

税务机关另一种观点认为，根据《中新协定》及议定书解释，对“以该企业的名义签订合同”应做广义理解，包括不是以企业名义签订合同，但其所签合同仍对企业具有约束力的情形。X公司与客户签订的销售合同、销售价格等均由Y公司确定，未经Y公司书面许可，X公司不得擅自进行折扣等促销活动，这意味着Y公司对于X公司所签合同的重要条款均具有决定权。另外，X公司所销售的空气净化设备如涉及质量问题方面的违约责任，均由Y公司负责质量检修及退换货等，意味着X公司对外签署的合同对Y公司具有约束力。X公司虽然还代理另两家水处理设备在中国地区的销售，但其90%以上的收入来源于代理Y公司的设备销售，意味着X公司的活动几乎全部代表Y公司，X公司与Y公司在商业和财务上有密切及依附关系。以上事实表明，X公司的代理人身份不具有独立性，应认定为Y公司的常设机构，X公司的商品价差应理解为Y公司通过X公司在境内实现的利润的扣除项，鉴于Y公司的其他营业成本在境外，可采取核定利润率方式计算企业所得税。

Y公司认为，X公司在法律上和经济上独立于Y公司。第一，X公司的商务活动具有较大自由度，X公司通过自身的努力招揽客户，Y公司对X公司对外销售价格的约定，只是为了维护其产品市场价格的稳定，Y公司并无派遣人员在X公司任职，Y公司对X公司的日常经营不存在全面控制；第二，X公司商务活动的风险由X公司承担，X公司如果卖不出商品却发生了较大的管理费用、营销费用导致亏损，Y公司不承担补偿责任；第三，虽然X公司主要代理Y公司产品销售，并且X公司主要收入来源于代理Y公司产品的销售，但Y公司并不反对X公司经销其他公司的产品；第四，X公司对Y公司专业知识的依赖程度不高，其涉及的专门知识或技术只是Y公司向市场公开的产品说明书；第五，X公司对外签订的合同及其他商务活动均以X公司自己名义，无需征求Y公司意见，Y公司除授权X公司在中国境内独家代理销售产品外，并未授权X公司代表Y公司对外签约。

基于Y公司的上述观点，税务机关重新审核了Y公司与X公司的代理合同、Y公司与X公司的销售合同、X公司与客户的销售合同，进一步核实了X公司的股东及高管人员与Y公司无关联关系，调阅了X公司的章程、内控制度，并通过抽查有关原始凭证进一步了解X公司的决策程序，认为Y公司反映的情况真实，最终认定X公司符合独立代理人，不构成Y公司的常设机构。

5.Y公司派遣人员到子公司工作是否构成劳务型常设机构?

根据《中新协定》及议定书解释，母公司通过投资设立子公司，拥有子公司股权等形成的控制或被控制关系，仅凭此项事实不会使子公司构成母公司的常设机构。但母公司派遣人员到子公司工作，符合下列标准之一时，可判断这些人员为母公司工作，构成母公司在境内的常设机构：

（1）母公司对上述人员的工作拥有指挥权，并承担风险和责任；

（2）被派往子公司工作的人员的数量和标准由母公司决定；

（3）上述人员的工资由母公司负担；

（4）母公司因派人员到子公司从事活动而从子公司获取利润。

Y公司派遣员工丙至上海子公司A兼任高级技术顾问，Y公司从子公司取得服务收入，Y公司负责考核评估丙的工作业绩，并承担丙员工薪酬，这些事实表明丙员工为Y公司服务，因此，如果丙员工在境内停留时间在任何12个月中连续或累计超过183天的，员工丙的服务活动构成Y公司在境内的常设机构。

【启示】

常设机构以固定性、持续性、经营性为基本特征，一般性常设机构（或称“固定场所型常设机构”）相对简单，对于为工程项目提供劳务与承包工程作业的区分关键看是否承担施工作业。对工程和劳务型常设机构的判定，应根据缔约国居民企业在境内开展业务的实质，分析工程劳务是否具有相关性，是否需整合为一个项目进行考量，重点关注企业是否通过合同拆分、机构场所的辅助性功能定位等方式来规避常设机构的判定。实务中，独立代理人的判断是一个难点，不能局限于合同等形式要素，要结合代理人与被代理人的权利、义务、风险责任等实质性内容分析代理人是否具有独立性。

第四章

国内税法与营业利润条款的衔接

根据《企业所得税法》第三条第二款规定，非居民企业在中国境内设立机构、场所的，应当就其所设机构、场所取得的来源于中国境内的所得，以及发生在中国境外但与其所设机构、场所有实际联系的所得，缴纳企业所得税。我国对外签署税收协定中“营业利润”条款的一般规定，非居民企业在我国设立的机构、场所只有在构成常设机构的前提下，我国才能对其营业利润征收企业所得税。常设机构条款解决的是税收管辖权问题，而营业利润条款解决的是如何对营业利润征税问题。本章以《中新税收协定》为例解析“营业利润”条款及税务管理办法。需要注意的是，我国与各国签署的营业利润条款内容不尽相同，实务中需要按照具体协定的规定执行。

第一节 营业利润条款解读及执行

《中新税收协定》规定，对缔约国居民在我国设立的机构、场所的所得征税须遵循下列原则：

一、常设机构原则

《中新协定》第七条第一款规定：“缔约国一方企业的利润应仅在该缔约国征税，但该企业通过设在缔约国另一方的常设机构在该缔约国另一方进行营业的除外。”该款明确了常设机构原则，即缔约国一方企业的经营活动只有在缔约国另一方构成常设机构的情况下，缔约国另一方才能对其利润征税。反之，如果不构成常设机构，利润来源国不拥有征税权，只能由其居民国行使征税权。

需要说明的是，常设机构原则仅针对企业所得税，按照我国增值税法的规定，非居民企业向境内的单位或个人销售服务，除了服务完全发生在境外不征增值税外，其他情形均需缴纳增值税。

二、常设机构优先原则

在处理常设机构与其他相关条款的关系时，通常应遵循“常设机构优先原则”。即，若据以支付股息（第十条）、利息（第十一条）、特许权使用费（第十二条）、不动产所得（第六条）、财产收益（第十三条）的股权、债权、权利或财产等与常设机构有实际联系，有关所得应该归属于常设机构的利润征税。反之，非居民企业直接从境内取得的各项所得（与机构、场所）无关，应分别适用协定各相关条款规定的征税原则。

我国《企业所得税法》作出了与常设机构优先原则一致的规定。《企业所得税法》第三条第二款规定：“非居民企业在中国境内设立机构、场所的，应当就其所设机构、场所取得的来源于中国境内的所得，以及发生在中国境外但与其所设机构、场所有实际联系的所得，缴纳企业所得税。”对于机构、场所的所得适用营业利润征税规定的，由纳税人自行申报缴纳企业所得税。

《企业所得税法》第三条第三款规定：“非居民企业在中国境内未设立机构、场所的，或者虽设立机构、场所但取得的所得与其所设机构、场所没有实际联系的，应当就其来源于中国境内的所得缴纳企业所得税。”对于非居民企业取得直接来源于境内的所得适用预提所得税的规定，税款由支付人负责源泉扣缴。《企业所得税法实施条例》第八条规定，《企业所得税法》第三条所称“实际联系”，是指非居民企业在中国境内设立的机构、场所拥有据以取得所得的股权、债权，以及拥有、管理、控制据以取得所得的财产等。

比如，《国家税务总局关于税收协定有关条款执行问题的通知》（国税函〔2010〕46号）规定，转让专有技术使用权涉及的技术服务活动应视为转让技术的一部分，由此产生的所得属于税收协定特许权使用费范围。但根据协定关于特许权使用费受益所有人通过在特许权使用费发生国设立的常设机构进行营业，并且据以支付该特许权使用费的权利与常设机构有实际联系的相关规定，如果技术许可方派遣人员到技术使用方为转让的技术提供服务，且提供服务时间已达到按协定常设机构规定标准，在构成了常设机构的情况下，对归属于常设机构部分的服务收入应执行协定第七条“营业利润”条款的规定，对提供服务的人员执行“协定非独立个人劳务”条款的相关规定；对未构成常设机构的或未归属于常设机构的服务收入仍按特许权使用费规定处理。为便于操作，46号文进一步规定，如果技术受让方在合同签订后即支付费用，包括技术服务费，即事先不能确定提供服务时间是否构成常设机构，可暂执行特许权使用费条款的规定；待确定构成常设机构，且认定有关所得与该常设机构有实际联系后，按协定相关条款的规定，对归属常设机构利润征收企业所得税及对相关人员征收个人所得税时，应将已按特许权使用费条款规定所做的处理作相应调整。

又如，《国家税务总局关于非居民企业所得税管理若干问题的公告》（国家税务总局公告2011年第24号）规定：“非居民企业在中国境内未设立机构、场所而转让中国境内土地使用权，或者虽设立机构、场所但取得的土地使用权转让所得与其所设机构、场所没有实际联系的，应以其取得的土地使用权转让收入总额减除计税基础后的余额作为土地使用权转让所得计算缴纳企业所得税，并由扣缴义务人在支付时代扣代缴。”该文同时规定：“非居民企业出租位于中国境内的房屋、建筑物等不动产，对未在中国境内设立机构、场所进行日常管理的，以其取得的租金收入全额计算缴纳企业所得税，由中国境内的承租人在每次支付或到期应支付时代扣代缴。如果非居民企业委派人员在中国境内或者委托中国境内其他单位或个人对上述不动产进行日常管理的，应视为其在中国境内设立机构、场所，非居民企业应在税法规定的期限内自行申报缴纳企业所得税。”

需要说明的是，对于以船舶或飞机从事国际运输业务取得所得，若是通过缔约国另一方的常设机构（如分支机构）进行，不适用常设机构优先原则，而应适用《中新协定》第八条“海运和空运”的特别规定。我国签订的大多数税收协定中，国际运输所得均采用居民国独占征税权原则，或者总机构、实际管理机构所在国独占征税权原则，仅有少数协定给予来源国部分征税权。

三、常设机构利润归属原则

《中新协定》第七条第一款进一步明确了常设机构利润归属原则：“如果该企业通过设在该缔约国另一方的常设机构在该缔约国另一方进行营业，其利润可以在该缔约国另一方征税，但应仅以属于该常设机构的利润为限。”应当注意的是，“归属于该常设机构的利润”不仅包括该常设机构取得的来源于其所在国家的利润，也包括其在该国境外取得的与其有实际联系的各类所得，还包括股息、利息和特许权使用费等。这里所说的实际联系一般是指对股份、债权、知识产权等具有直接拥有关系或实际经营管理关系，其含义与《企业所得税法》实施条例第八条的解释相同，即“实际联系，是指非居民企业在中国境内设立的机构、场所拥有据以取得所得的股权、债权，以及拥有、管理、控制据以取得所得的财产等”。

适用利润归属原则时还应注意，如果某一机构仅为本企业采购商品或货物，符合“准备性、辅助性”特征，不应认定为常设机构。既从事其他经营活动，又为本企业从事采购活动的常设机构，对常设机构为本企业采购货物和商品的行为，不视为常设机构在采购活动中取得利润，不应按利润归属的方法计算或核定常设机构在采购活动中获得利润。与此相对应，在计算常设机构的应纳税所得时，也不应列支其上述采购活动发生的费用。

四、常设机构独立企业原则

独立企业原则，即在确定常设机构的利润时，应将其视作一个独立、分设的实体，并在综合分析其所承担的职能、风险以及所需资产的基础上，确定其应该分得的利润。常设机构与总机构或其他常设机构以及关联企业之间的业务往来，均应按照独立企业原则，以公平交易价格为依据计算常设机构的利润。在确定常设机构利润适用的独立企业原则，与关联企业之间进行转让定价调整时适用的独立企业原则是一致的。

五、合理计算原则

营业利润条款是对缔约国一方企业在缔约国另一方开展营业利润产生的利润划分征税权的规定，明确缔约国一方企业在缔约国另一方的营业活动只有在构成常设机构前提下，缔约国另一方才能征税，并且只能就归属于常设机构的利润征税。常设机构优先原则、常设机构利润归属原则、常设机构独立企业原则都是计算营业利润的原则性规定，在具体计算常设机构的利润时，还需贯彻合理性原则。

《中新协定》第三款规定，在计算常设机构利润时，对该常设机构发生的费用，不论发生于何处，都应允许扣除，包括有些不是直接体现为常设机构实际发生的费用，如总机构向常设机构分摊的行政和一般管理费用等。但这些费用必须是因常设机构发生的且分摊比例应在合理范围内。实际执行中，企业应提供费用汇集范围、费用定额、分配依据和方法等资料，以证明费用的合理性。

一般情况下，如果常设机构的独立账目可以真实反映其利润水平，应该按照该账目计算归属常设机构的利润。然而，某些情况下，很难以独立账目为基础确定属于常设机构的利润。当常设机构利润不能通过账目进行核算时，可以依据公式分配企业的总利润，从而确定归属常设机构的利润。这类公式通常根据资产、营业额、职工人数等因素确定。为确保纳税人税收待遇的连续性和稳定性，一旦确定使用了某种利润分配方法，就不应该仅因为在某一特定年度其他方法会产生更有利于税收的结果而改变既定方法。这种方法与按独立账目计算的结果会有差异，并且在采用公式及分配方法时都涉及如何计算及确认企业总利润问题。因此，协定虽有此规定，但一般适用于长期以来习惯用这种方法的缔约国，而且居民国认可在来源国缴纳的所得税可给予相应的抵免。

我国与荷兰、巴基斯坦、马耳他、印度签订的协定营业利润条款还有一些特殊规定，实务中应参照具体协定的规定执行。

六、税收优惠的适用

非居民企业在境内构成常设机构，就其取得的利润征税时，符合税收优惠条件的，可以适用《中华人民共和国企业所得税法》及实施条例规定的各项优惠，如国债利息收入免税优惠等。实务中，非居民企业在境内的机构场所不属于法人，因此，不可能适用创投企业投资抵免等优惠。关于非居民企业是否享受《企业所得税法》规定的对小型微利企业的税收优惠政策问题，《国家税务总局关于非居民企业不享受小型微利企业所得税优惠政策问题的通知》（国税函〔2008〕650号）明确，《企业所得税法》第二十八条规定的小型微利企业是指企业的全部生产经营活动产生的所得均负有我国企业所得税纳税义务的企业。因此，仅就来源于我国所得、负有我国纳税义务的非居民企业，不适用该条规定的对符合条件的小型微利企业减按20%税率征收企业所得税的政策。

七、委托境内营业代理人取得营业利润纳税义务问题

《中华人民共和国企业所得税法实施条例》第五条明确："《企业所得税法》第二条第三款所称机构、场所，是指在中国境内从事生产经营活动的机构、场所。非居民企业委托营业代理人在中国境内从事生产经营活动的，包括委托单位或者个人经常代其签订合同，或者储存、交付货物等，该营业代理人视为非居民企业在中国境内设立的机构、场所。"对于非居民企业委托营业代理人从事生产经营取得的所得，需结合税收协定判断非居民企业的纳税义务。

非居民企业甲委托境内代理人乙企业在境内销售货物，纳税义务分析如下：

第一，甲企业委托乙代理人在境内销售货物，属于在境内构成机构、场所，销售货物的交易活动发生地通常是销售企业的营业机构所在地，此例中即为代理人机构、场所所在地，因此，销售货物取得的所得为来源于境内的所得，甲企业委托乙企业在境内销售货物取得的所得，需要在我国申报缴纳企业所得税，具体计算时，需扣除与货物销售收入对应的成本费用。如果支付代理人乙企业

佣金的，佣金作为费用扣除。境内代理人乙企业就取得的佣金确认收入。

第二，如果甲企业申请适用税收协定，只有在代理人乙企业构成其常设机构的情况下，即乙企业为非独立代理人时，我国对乙企业在境内取得的货物销售所得有征税权，应纳税所得额的具体计算同上。

第三，如果甲企业申请适用税收协定，且境内代理人乙企业属于独立代理人，即不构成常设机构时，我国对甲企业在境内取得的销售货物所得无征税权，乙企业就取得的佣金确认收入。

第四，如果甲企业未在境内委托代理人，直接向境内销售货物，因销售货物的交易活动发生地在境外，我国对其销售利润无征税权。

第五，在个人作为代理人的情况下，征税权与非居民企业所得确认的分析同上，区别在于个人代理人需就取得的佣金缴纳个人所得税（非企业所得税）。个人与非居民企业有雇用关系的，按工资薪金所得缴纳个人所得税；没有雇佣关系的，按劳务报酬缴纳个人所得税。

第二节　我国对非居民企业境内机构场所的征收管理

非居民企业在境内的机构、场所，应当按照《税收征管法》及有关法律法规设置账簿，根据合法、有效凭证记账，进行核算，并应按照其实际履行的功能与承担的风险相匹配的原则，准确计算应纳税所得额，据实申报缴纳企业所得税。这类机构、场所通常是具备独立核算的分支机构、外国常驻代表机构等，但对于工程型常设机构、劳务型常设机构、代理型常设机构等机构、场所，其成本费用在企业总部列支，很难准确计算营业利润，因此税法规定，如果非居民企业属于会计账簿不健全、资料残缺难以查账，或者其他原因不能准确计算并据实申报其应纳税所得额的，税务机关有权采取核定征收方式计算应纳税所得额。

为规范非居民企业境内机构、场所的税务处理，国家税务总局于2009年1月20日颁布了《非居民承包工程作业和提供劳务税收管理暂行办法》（国家税务总局令第19号），并于2010年2月20日颁布了《外国企业常驻代表机构税收管理暂行办法》（国税发〔2010〕18号）、《非居民企业所得税核定征收管理办法》（国税发〔2010〕19号）、《国家税务总局、财政部、中国人民银行关于非居民企业机构场所汇总缴纳企业所得税有关问题的公告》（国家税务总局公告2019年第12号）等文件，国税发〔2010〕19号文件适用于除外国企业常驻代表机构之外的机构、场所。分述如下：

一、外国常驻代表机构税收管理办法

外国企业常驻代表机构，是指按照国务院有关规定，在工商行政管理部门登记或经有关部门批准，设立在中国境内的外国企业（包括港澳台企业）及其

他组织的常驻代表机构（以下简称“代表机构”)。代表机构应当就其归属所得依法申报缴纳企业所得税，就其应税收入依法申报缴纳增值税。

（一）税务登记管理

代表机构应当自领取工商登记证件（或有关部门批准）之日起30日内，持以下资料，向其所在地主管税务机关申报办理税务登记：

1.工商营业执照副本或主管部门批准文件的原件及复印件。

2.组织机构代码证书副本原件及复印件。

3.注册地址及经营地址证明（产权证、租赁协议）原件及其复印件；如为自有房产，应提供产权证或买卖契约等合法的产权证明原件及其复印件；如为租赁的场所，应提供租赁协议原件及其复印件，出租人为自然人的还应提供产权证明的原件及复印件。

4.首席代表（负责人）护照或其他合法身份证件的原件及复印件。

5.外国企业设立代表机构的相关决议文件及在中国境内设立的其他代表机构名单（包括名称、地址、联系方式、首席代表姓名等）。

6.税务机关要求提供的其他资料。

代表机构税务登记内容发生变化或者驻在期届满、提前终止业务活动的，应当按照《税收征管法》及相关规定，向主管税务机关申报办理变更登记或者注销登记；代表机构应当在办理注销登记前，就其清算所得向主管税务机关申报并依法缴纳企业所得税。

（二）会计核算及纳税申报

代表机构账证健全，能够准确计算其应税收入和应纳税所得额的，在季度终了之日起15日内向主管税务机关据实申报缴纳企业所得税，并按照《中华人民共和国增值税暂行条例》及其实施细则等规定的纳税期限，向主管税务机关据实申报缴纳增值税。

（三）核定征收方式

对账簿不健全，不能准确核算收入或成本费用，以及无法按照查账征收方式据实申报的代表机构，税务机关有权采取以下两种方式核定其应纳税所得额：

1.按经费支出换算收入。

按经费支出换算收入，适用于能够准确反映经费支出但不能准确反映收入或成本费用的代表机构。计算公式如下：

应纳税所得额=本期经费支出额/（1-核定利润率）×核定利润率

代表机构的经费支出额包括在中国境内、外支付给工作人员的工资薪金、奖金、津贴、福利费、物品采购费（包括汽车、办公设备等固定资产）、通讯费、差旅费、房租、设备租赁费、交通费、交际费、其他费用等。其中：

（1）购置固定资产所发生的支出，以及代表机构设立时或者搬迁等原因所发生的装修费支出，应在发生时一次性作为经费支出额换算收入计税；

（2）利息收入不得冲抵经费支出额；

（3）发生的交际应酬费，以实际发生数额计入经费支出额；

（4）以货币形式用于我国境内的公益、救济性质的捐赠、滞纳金、罚款，以及为其总机构垫付的不属于其自身业务活动所发生的费用，不应作为代表机构的经费支出额；

（5）其他费用包括：为总机构从中国境内购买样品所支付的样品费和运输费用，国外样品运往中国发生的中国境内的仓储费用、报关费用，总机构人员来华访问聘用翻译的费用，总机构为中国某个项目投标由代表机构支付的购买标书的费用，等等。

2.按收入总额核定应纳税所得额。

按收入总额核定应纳税所得额，适用于可以准确反映收入但不能准确反映成本费用的代表机构。计算公式如下：

应纳企业所得税额=收入总额×核定利润率×企业所得税税率

代表机构的核定利润率不应低于15%。采取核定征收方式的代表机构，如能建立健全会计账簿，准确计算其应税收入和应纳税所得额，报主管税务机关备案，可调整为据实申报方式。

3.享受税收协定待遇备案管理。

代表机构需要享受税收协定待遇，应依照税收协定以及《非居民纳税人享受税收协定待遇管理办法》（国家税务总局公告2019年第35号）的有关规定办理，并在季度终了之日起15日内向主管税务机关办理纳税申报事宜。

二、非居民企业核定征收管理办法

非居民企业应当按照《税收征管法》及有关法律法规设置账簿，根据合法、有效凭证记账，进行核算，并应按照其实际履行的功能与承担的风险相匹配的原则，准确计算应纳税所得额，据实申报缴纳企业所得税。非居民企业因会计账簿不健全，资料残缺难以查账，或者其他不能准确计算并据实申报其应纳税所得额的，税务机关有权采取核定征收方式计算应纳税所得额。

（一）计算公式

1.按收入总额核定应纳税所得额。

按收入总额核定应纳税所得额，适用于能够正确核算收入或通过合理方法推定收入总额，但不能正确核算成本费用的非居民企业。计算公式如下：

应纳税所得额=收入总额×经税务机关核定的利润率

需要提请读者注意的是，在施工企业分包的工程业务，属于总包方的成本，在以收入总额核定应纳税所得额的方式下，可能产生重复征税。

【例4-1】新加坡居民A施工企业承包我国境内B公司建筑工程，工程总价1亿元，全部分包给新加坡居民C公司施工，分包额9 800万元，施工时间超过

6个月。

本例中，无论分包方在境外还是境内，其施工时间应计算在总包方的施工时间之内，由此A公司在我国境内构成常设机构。

如果A、C公司均采用核定征收方式计算企业所得税，A公司的收入不得扣除分包额，这样会导致重复征税。因此，A公司应当严格按照《非居民承包工程作业和提供劳务税收管理暂行办法》（国家税务总局令第19号）做好税务备案登记管理，并将常设机构作为独立的会计主体，规范核算工程收入工程成本（分包额）、期间费用，按照查账征收方式计算、申报企业所得税。

2.成本费用核定应纳税所得额。

按成本费用核定应纳税所得额，适用于能够正确核算成本费用，但不能正确核算收入总额的非居民企业。计算公式如下：

应纳税所得额=成本费用总额/（1-经税务机关核定的利润率）×经税务机关核定的利润率

3.按经费支出换算收入核定应纳税所得额。

按经费支出换算收入核定应纳税所得额，适用于能够正确核算经费支出总额，但不能正确核算收入总额和成本费用的非居民企业。计算公式如下：

应纳税所得额=本期经费支出额/（1-核定利润率）×核定利润率

（二）核定利润率

税务机关可按照以下标准确定非居民企业的利润率：

1.从事承包工程作业、设计和咨询劳务的，利润率为15%~30%。

2.从事管理服务的，利润率为30%~50%。

3.从事其他劳务或劳务以外经营活动的，利润率不低于15%。

税务机关有根据认为非居民企业的实际利润率明显高于上述标准的，可以按照比上述标准更高的利润率核定其应纳税所得额。

（三）境内外劳务收入划分原则

非居民企业为中国境内客户提供劳务取得的收入，凡其提供的服务全部发生在中国境内的，应全额在中国境内申报缴纳企业所得税。凡其提供的服务同时发生在中国境内、外的，应以劳务发生地为原则划分其境内外收入，并就其在中国境内取得的劳务收入申报缴纳企业所得税。税务机关对其境内、外收入划分的合理性和真实性有疑义的，可以要求非居民企业提供真实有效的证明，并根据工作量、工作时间、成本费用等因素合理划分其境内、外收入；如非居民企业不能提供真实有效的证明，税务机关可视同其提供的服务全部发生在中国境内，确定其劳务收入并据以征收企业所得税。

（四）混合定价劳务收入划分原则

非居民企业与中国居民企业签订机器设备或货物销售合同，同时提供设备安装、装配、技术培训、指导、监督服务等劳务，其销售货物合同中未列明提供上述劳务服务收费金额，或者计价不合理的，主管税务机关可以根据实际情况，参照相同或相近业务的计价标准核定劳务收入。无参照标准的，以不低于销售货物合同总价款的10%为原则，确定非居民企业的劳务收入。

（五）兼营不同性质的劳务收入的税务处理办法

采取核定征收方式征收企业所得税的非居民企业，在中国境内从事适用不同核定利润率的经营活动，并取得应税所得的，应分别核算并适用相应的利润率计算缴纳企业所得税；凡不能分别核算的，应从高适用利润率，计算缴纳企业所得税。

（六）对应纳税所得额的特别规定

税务机关发现非居民企业采用核定征收方式计算申报的应纳税所得额不真实，或者明显与其承担的功能风险不相匹配的，有权予以调整。

（七）核定征收方式鉴定办法

根据《国家税务总局关于修改〈非居民企业所得税核定征收管理办法〉等文件的公告》（国家税务总局公告2015年第22号）规定，主管税务机关应及时向非居民企业送达“非居民企业所得税征收方式鉴定表”（以下简称“鉴定表”），非居民企业应在收到鉴定表后10个工作日内，完成鉴定表的填写并送达主管税务机关，主管税务机关在受理鉴定表后20个工作日内，完成该项征收方式的确认工作。

（八）指定扣缴义务人及纳税地点

根据《企业所得税法》第三十八条、第三十九条、第五十一条及《企业所得税法实施条例》第一百〇六条规定，对非居民企业在中国境内取得工程作业和劳务所得应缴纳的所得税，县级以上税务机关可以指定工程价款或者劳务费的支付人为扣缴义务人，并同时告知扣缴义务人所扣税款的计算依据、计算方法、扣缴期限和扣缴方式。可以指定扣缴义务人的情形，包括：①预计工程作业或者提供劳务期限不足一个纳税年度，且有证据表明不履行纳税义务的；②没有办理税务登记或者临时税务登记，且未委托中国境内的代理人履行纳税义务的；③未按照规定期限办理企业所得税纳税申报或者预缴申报的。

三、非居民承包工程作业和提供劳务的增值税及企业所得税管理

为规范对非居民在中国境内承包工程作业和提供劳务的税收征收管理，国家税务总局于2009年1月20日发布了《非居民承包工程作业和提供劳务税收管理暂行办法》（国家税务总局令第19号），从2009年3月1日起施行。

承包工程作业，是指在中国境内承包建筑、安装、装配、修缮、装饰、勘

探及其他工程作业。提供劳务是指在中国境内从事加工、修理修配、交通运输、仓储租赁、咨询经纪、设计、文化体育、技术服务、教育培训、旅游、娱乐及其他劳务活动。

（一）登记备案管理

1.非居民企业在中国境内承包工程作业或提供劳务的，应当自项目合同（或协议，下同）签订之日起30日内，向项目所在地主管税务机关办理税务登记手续。依照法律、行政法规规定负有税款扣缴义务的境内机构和个人，应当自扣缴义务发生之日起30日内，向所在地主管税务机关办理扣缴税款登记手续。

2.境内机构和个人向非居民发包工程作业或劳务项目的，应当自项目合同签订之日起30日内，向主管税务机关报送“境内机构和个人发包工程作业或劳务项目报告表”，并附送非居民的税务登记证、合同、税务代理委托书复印件或非居民对有关事项的书面说明等资料。

3.非居民企业在中国境内承包工程作业或提供劳务的，应当在项目完工后15日内，向项目所在地主管税务机关报送项目完工证明、验收证明等相关文件复印件，并依据《税务登记管理办法》的有关规定申报办理注销税务登记。

4.境内机构和个人向非居民发包工程作业或劳务项目合同发生变更的，发包方或劳务受让方应自变更之日起10日内向所在地主管税务机关报送“非居民项目合同变更情况报告表”。

5.境内机构和个人向非居民发包工程作业或劳务项目，从境外取得的与项目款项支付有关的发票和其他付款凭证，应在自取得之日起30日内向所在地主管税务机关报送“非居民项目合同款项支付情况报告表”及付款凭证复印件。

6.境内机构和个人不向非居民支付工程价款或劳务费的，应当在项目完工开具验收证明前，向其主管税务机关报告非居民在项目所在地的项目执行进度、支付人名称及其支付款项金额、支付日期等相关情况。

7.境内机构和个人向非居民发包工程作业或劳务项目，与非居民的主管税务机关不一致的，应当自非居民申报期限届满之日起15日内向境内机构和个人的主管税务机关报送非居民申报纳税证明资料复印件。

（二）税源信息管理

税务机关应当建立税源监控机制，获取并利用发展改革委、建设、外汇管理、商务、教育、文化、体育等部门关于非居民在中国境内承包工程作业和提供劳务的相关信息，并可根据工作需要，将信息使用情况反馈给有关部门。

（三）申报征收

1.企业所得税。

（1）非居民企业在中国境内承包工程作业或提供劳务项目的，企业所得税按纳税年度计算、分季预缴，年终汇算清缴，并在工程项目完工或劳务合同履行完毕后结清税款。

（2）非居民企业进行企业所得税纳税申报时，应当如实报送纳税申报表，并附送的资料包括：工程作业（劳务）决算（结算）报告或其他说明材料；参与工程作业或劳务项目外籍人员姓名、国籍、出入境时间、在华工作时间、地点、内容、报酬标准、支付方式、相关费用等情况的书面报告；财务会计报告或财务情况说明；非居民企业依据税收协定在中国境内未构成常设机构，需要享受税收协定待遇的，应提交“非居民企业承包工程作业和提供劳务享受税收协定待遇报告表”，并附送居民身份证明及税务机关要求提交的其他证明资料。

非居民企业未按上述规定提交报告表及有关证明资料，或因项目执行发生变更等情形不符合享受税收协定待遇条件的，不得享受税收协定待遇，应依照《企业所得税法》规定缴纳税款。

（3）工程价款或劳务费的支付人所在地县（区）以上主管税务机关根据“境内机构和个人发包工程作业或劳务项目报告表”及非居民企业申报纳税证明资料或其他信息，确定符合《企业所得税法实施条例》第一百〇六条所列指定扣缴的三种情形之一的，可指定工程价款或劳务费的支付人为扣缴义务人，并将“非居民企业承包工程作业和提供劳务企业所得税扣缴义务通知书”送达被指定方。

（4）指定扣缴义务人应当在申报期限内向主管税务机关报送扣缴企业所得税报告表及其他有关资料。

（5）扣缴义务人未依法履行扣缴义务或无法履行扣缴义务的，由非居民企业在项目所在地申报缴纳。主管税务机关应自确定未履行扣缴义务之日起15日内通知非居民企业在项目所在地申报纳税。

（6）非居民企业逾期仍未缴纳税款的，项目所在地主管税务机关应自逾期之日起15日内，收集该非居民企业从中国境内取得其他收入项目的信息，包括收入类型，支付人的名称、地址，支付金额、方式和日期等，并向其他收入项目支付人（以下简称“其他支付人”）发出“非居民企业欠税追缴告知书”，并依法追缴税款和滞纳金。

非居民企业从中国境内取得其他收入项目，包括非居民企业从事其他工程作业或劳务项目所得，以及《企业所得税法》第三条第二、三款规定的其他收入项目。非居民企业有多个其他支付人的，项目所在地主管税务机关应根据信息准确性、收入金额、追缴成本等因素确定追缴顺序。

（7）其他支付人主管税务机关应当提供必要的信息，协助项目所在地主管税务机关执行追缴事宜。

2.增值税。

（1）非居民在中国境内发生增值税应税行为，在中国境内设立经营机构的，应自行申报缴纳增值税。

（2）非居民在中国境内发生增值税应税行为而在境内未设立经营机构的，以代理人为增值税的扣缴义务人；没有代理人的，以发包方、劳务受让方或购买方为扣缴义务人。

工程作业发包方、劳务受让方或购买方，在项目合同签订之日起30日内，未能向其所在地主管税务机关提供“非居民纳税人境内机构和个人的工商登记和税务登记证明复印件及其从事经营活动的证明资料”“非居民委托境内机构和个人代理事项委托书及受托方的认可证明”的，应履行增值税扣缴义务。

（3）非居民进行增值税纳税申报，应当如实填写报送纳税申报表，并附送的资料包括：工程（劳务）决算（结算）报告或其他说明材料；参与工程或劳务作业或提供加工、修理修配的外籍人员的姓名、国籍、出入境时间、在华工作时间、地点、内容、报酬标准、支付方式、相关费用等情况；主管税务机关依法要求报送的其他有关资料。

（四）跟踪管理

1.主管税务机关应当按项目建档、分项管理的原则，建立非居民承包工程作业和提供劳务项目的管理台账和纳税档案，及时准确掌握工程和劳务项目的合同执行、施工进度、价款支付、对外付汇、税款缴纳等情况。

2.境内机构和个人从境外取得的付款凭证，主管税务机关对其真实性有疑义的，可要求其提供境外公证机构或者注册会计师的确认证明，经税务机关审核认可后，方可作为计账核算的凭证。

3.主管税务机关应对非居民享受协定待遇进行事后管理，审核其提交的报告表和证明资料的真实性和准确性，对其不构成常设机构的情形进行认定。对于不符合享受协定待遇条件且未履行纳税义务的情形，税务机关应该依法追缴其应纳税款、滞纳金及罚款。

4.税务机关应当利用售付汇信息，包括境内机构和个人向非居民支付服务贸易款项的历史记录，以及当年新增发包项目付款计划等信息，对承包工程作业和提供劳务项目实施监控。对于付汇前有欠税情形的，应当及时通知纳税人或扣缴义务人缴纳，必要时可以告知有关外汇管理部门或指定外汇支付银行依法暂停付汇。

5.主管税务机关应对非居民参与国家、省、地市级重点建设项目，包括城市基础设施建设、能源建设、企业技术设备引进等项目中涉及的承包工程作业或提供劳务，以及其他有非居民参与的合同金额超过5 000万元人民币的，实施重点税源监控管理；对承包方和发包方是否存在关联关系、合同实际执行情况、常设机构判定、境内外劳务收入划分等事项进行重点跟踪核查，对发现的问题，可以实施情报交换、反避税调查或税务稽查。

6.省（自治区、直辖市和计划单列市）税务机关应当于年度终了后45日内，将“非居民承包工程作业和提供劳务重点建设项目统计表”，以及项目涉及的企业所得税、增值税、印花税、个人所得税等税收收入和税源变动情况的分析报告报送国家税务总局（国际税务司）。

7.主管税务机关可根据需要对非居民承包工程作业和提供劳务的纳税情况实施税务审计。

8.主管税务机关在境内难以获取涉税信息时，可以制作专项情报，由国家税务总局（国际税务司）向税收协定缔约国对方提出专项情报请求；非居民在中国境内未依法履行纳税义务的，主管税务机关可制作自动或自发情报，提交国家税务总局依照有关规定将非居民在中国境内的税收违法行为告知协定缔约国对方主管税务当局；对非居民承包工程作业和提供劳务有必要进行境外审计的，可根据税收情报交换有关规定，经国家税务总局批准后组织实施。

9.欠缴税款的非居民企业法定代表人或非居民个人在出境前未按照规定结清应纳税款、滞纳金又不提供纳税担保的，税务机关可以通知出入境管理机关阻止其出境。

10.对于非居民工程或劳务项目完毕，未按期结清税款并已离境的，主管税务机关可制作“税务事项告知书”，通过信函、电子邮件、传真等方式，告知该非居民限期履行纳税义务，同时通知境内发包方或劳务受让者协助追缴税款。

（五）法律责任

1.非居民、扣缴义务人或代理人实施承包工程作业和提供劳务有关事项存在税收违法行为的，税务机关应按照《税收征管法》及其实施细则的有关规定处理。

2.境内机构或个人发包工程作业或劳务项目，未按本办法第五条、第七条、第八条、第九条规定向主管税务机关报告有关事项的，由税务机关责令限期改正，可以处2 000元以下的罚款；情节严重的，处2 000元以上10 000元以下的罚款。

（六）指定扣缴义务人承担税款问题

实务中，对于非居民企业在中国境内取得工程作业和劳务所得一般会要求支付人承担一切税费，合同中仅列明税后收入。税务机关指定工程价款或者劳务费的支付人为扣缴义务人的，在具体扣缴税款时，通常会采取核定征收方式计算非居民企业在境内取得工程作业和劳务所得需缴纳的企业所得税。居民企业为非居民企业代扣代缴的非居民企业所得税，其纳税义务人是境外非居民企业，与支付方的生产经营无关，不得在企业所得税税前扣除。但是，如果非居民企业将实际取得的不含税收入换算为含税收入作为扣缴企业所得税等税款的计税基数，居民企业可以按含税价作税前扣除。

【例4-2】境内居民企业M与境外非居民企业L签订管理咨询服务合同，合同价款为260万元，约定业务中涉及的增值税、城市维护建设税、教育费附加和企业所得税均由居民企业承担。假设税务机关核定该项咨询服务合同的利润率为30%，不考虑税收协定待遇和其他税种，增值税税率为6%、城市维护建设税税率为7%、教育费附加征收率为3%。

设包含增值税及附加、企业所得税的总价款为X，则：

$X-X\div1.06\times6\%\times(1+7\%+3\%)-X\div1.06\times30\%\times25\%=2\,600\,000.00$

X=2 998 911.86（元）

不含增值税价款=2 998 911.86 ÷ 1.06=2 829 162.13（元）

应纳增值税=2 829 162.13 × 6%=169 749.73（元）

应纳城建税及附加=169 749.73 ×（7%+3%）=16 974.97（元）

应纳企业所得税=2 829 162.13 × 30% × 25%=212 187.16（元）

M公司扣缴的增值税可作进项税额抵扣，M公司可以按照不含增值税价款2 829 162.13元计入管理费用在税前扣除。

四、非居民企业机构场所汇总缴纳企业所得税管理

为进一步深化行政审批制度改革，深入推进简政放权、放管结合、优化服务，对非居民企业在境内设立两个或者两个以上机构、场所汇总缴纳企业所得税，取消税务机关审批核准，符合国务院税务主管部门规定条件的，自2018年12月29日起，可以选择由其主要机构、场所汇总缴纳企业所得税。根据《国家税务总局、财政部、中国人民银行关于非居民企业机构场所汇总缴纳企业所得税有关问题的公告》（国家税务总局公告2019年第12号），具体内容如下：

（一）汇总纳税非居民企业需符合的条件

汇总纳税的非居民企业应在汇总纳税的年度中持续符合下列所有条件：

1.汇总纳税的各机构、场所已在所在地主管税务机关办理税务登记，并取得纳税人识别号。

2.主要机构、场所符合《企业所得税法实施条例》第一百二十六条规定（即，对其他各机构、场所的生产经营活动负有监督管理责任；同时设有完整的账簿、凭证，能够准确反映各机构、场所的收入、成本、费用和盈亏情况），汇总纳税的各机构、场所不得采用核定方式计算缴纳企业所得税。

3.汇总纳税的各机构、场所能够按照本公告规定准确计算本机构、场所的税款分摊额，并按要求向所在地主管税务机关办理纳税申报。

（二）汇总纳税计算

汇总纳税的各机构、场所实行“统一计算、分级管理、就地预缴、汇总清算、财政调库”的企业所得税征收管理办法，具体比照居民企业汇总缴纳企业所得税的规定执行。符合汇总纳税条件的机构、场所不具有主体生产经营职能，不从纳入汇总缴纳企业所得税的其他机构、场所之外取得营业收入，仅具有内部辅助管理或服务职能的，可以纳入汇总计算缴纳企业所得税的范围，但不就地分摊缴纳企业所得税。

（三）资料报送

1.首次办理。

汇总纳税的各机构、场所应在首次办理汇总缴纳企业所得税申报时，向所在地主管税务机关报送以下信息资料：

（1）主要机构、场所名称及纳税人识别号；

（2）全部被汇总机构、场所名称及纳税人识别号；

（3）符合汇总缴纳企业所得税条件的财务会计核算制度安排。

已按上款规定报送的信息资料发生变更的，汇总纳税的各机构、场所应在发生变更后首次办理汇总缴纳企业所得税申报时，向所在地主管税务机关报告变化情况。

2.预缴申报。

在办理季度预缴申报时，汇总纳税的各机构、场所应向所在地主管税务机关报送以下资料：

（1）非居民企业所得税申报表；

（2）季度财务报表（限于按实际利润预缴企业所得税的情形）。

3.汇缴申报。

在办理年度汇算清缴申报时，汇总纳税的各机构、场所应向所在地主管税务机关报送以下资料：

（1）非居民企业所得税申报表；

（2）年度财务报表。

五、相关申报表单

为进一步深入贯彻“放管服”，精简企业所得税申报表单，《国家税务总局关于发布〈中华人民共和国非居民企业所得税预缴申报表（2019年版）〉等报表的公告》（国家税务总局公告2019年第16号）对非居民企业预缴申报表、年度纳税申报表、扣缴企业所得税报告表等表单均作了修订，并取消原《中华人民共和国非居民企业所得税季度和年度纳税申报表（适用于核定征收企业）/（不构成常设机构和国际运输免税申报）》。

第五章

国内税法与不动产所得条款的衔接

不动产所得条款明确了不动产所得的征税权问题，主要内容包括不动产的定义、不动产所得税收管辖权的划分、不动产所得的范围，对不动产项目进行了列举。

我国对外签订的税收协定并未对“不动产”进行单独定义，而是赋予缔约国国内法对“不动产”这一用词的解释权。同时，明确规定了某些附属于不动产的财产或权利也应当包含在不动产的含义中。

不动产所得条款解决的是税收协定缔约国之间对不动产所得的征税权划分问题，但并不预先确定国内法对不动产所得的征税方式。我国签订的税收协定与OECD范本和UN范本关于不动产所得征税权的划分原则规定相同：即不动产所在国（来源国）对不动产所得拥有优先征税权。

不动产所得是因使用（包括直接使用、出租或其他形式使用）不动产所产生的所得，在这种情况下，不动产的所有权并未发生转移。如果不动产所有权发生了转让，由此所产生的转让收益，应适用“财产收益”条款的规定。需要说明的是，按照本条规定赋予不动产所在国对不动产所得的优先征税权，除少数协定有不同规定外，一般适用于企业的不动产所得以及用于进行独立个人劳务的不动产所得。

我国《企业所得税法》将不动产所得和动产租金（对应于税收协定“特许权使用费”条款中“使用或有权使用工业、商业、科学设备取得的所得，但不包括设备所有权最终转移给用户的有关融资租赁协议涉及的支付款项中被认定为利息的部分”）全部纳入租金所得进行税务处理。本章以中新协定为例解析不动产所得条款适用及税收征管办法。

第一节 不动产所得条款解释与执行

一、不动产所得征税权划分原则

《中新协定》第六条第一款规定，“缔约国一方居民从位于缔约国另一方的不动产取得的所得（包括农业或林业所得），可以在该缔约国另一方征税”。本条明确了不动产所得征税权划分的原则，不动产所得首先由其来源国，即不动产坐落地国家，行使征税权。居民国在对本国居民从来源国取得的不动产所得进行征税时，对该项所得在来源国已纳税款可给予抵免。

二、不动产的定义

我国签订的税收协定没有对“不动产”单独定义，而是赋予缔约国国内法对“不动产”这一用语的解释权。但无论财产所在国国内法如何解释，在执行协定时“不动产”应包括协定中关于不动产的列明的项目。《中新协定》第六条第二款规定：“‘不动产’一语应当具有财产所在地的缔约国的法律所规定的含义。该用语在任何情况下应包括附属于不动产的财产，农业和林业所使用的牲畜和设备，有关地产的一般法律规定所适用的权利，不动产的用益权以及由于开采或有权开采矿藏、水源和其他自然资源取得的不固定或固定收入的权利。船舶和飞机不应视为不动产。”

三、不动产所得的适用范围

《中新协定》第六条第三款规定：“第一款的规定应适用于从直接使用、出租或者任何其他形式使用不动产取得的所得。”该款明确了不动产所得是指因使用不动产而产生的所得，包括直接使用、出租或者任何其他形式的使用。所谓“直接使用”是指产权所有人使用自有的不动产从事经营，如使用自有房屋开办饭店、剧院等；所谓“任何其他形式使用”，包括聘用代理人为其进行经营而使用该不动产。

四、不动产所得与营业利润的划分方法

依据《中新协定》第六条第三款的规定，产权所有人使用自有不动产从事经营活动，当经营活动构成常设机构的情况下，该项不动产所得属于营业利润的范围，应当按照营业利润条款的规定征税；如果未构成常设机构，不动产所

在国仍然对该项不动产所得拥有征税权。

关于不动产所得与营业利润的划分方法，国内法有更清晰的规定。《国家税务总局关于非居民企业所得税管理若干问题的公告》（国家税务总局公告2011年第24号）第四条规定："非居民企业出租位于中国境内的房屋、建筑物等不动产，对未在中国境内设立机构、场所进行日常管理的，以其取得的租金收入全额计算缴纳企业所得税，由中国境内的承租人在每次支付或到期应支付时代扣代缴。如果非居民企业委派人员在中国境内或者委托中国境内其他单位或个人对上述不动产进行日常管理的，应视为其在中国境内设立机构、场所，非居民企业应在税法规定的期限内自行申报缴纳企业所得税。"对于协定国非居民企业则需构成常设机构，方可按营业利润征税；如果未构成常设机构，则按不动产所得征税。

适用该款还需注意，"使用不动产"是指不动产的所有权未发生转移。因不动产所有权发生转移而产生的所得适用"财产收益"条款。此外，有一些所得的取得尽管与不动产有关，但不属于此款"不动产所得"的范围。比如，来源于房地产抵押的利息收入应适用协定"利息"条款。

此外，《中新协定》第六条第四款规定："第一款和第三款的规定也适用于企业的不动产所得和用于进行独立个人劳务的不动产所得。"该款进一步明确了不动产所在国的优先征税权。即在这两种情况下，该条的适用优先于营业利润和独立个人劳务条款，强调了来源国的优先征税权。这里需要特别注意，不动产所得条款解决的是协定缔约国之间对不动产所得的征税权划分问题，但并不预先确定国内法对不动产所得的征税方式，具体要征收企业所得税还是个人所得税、按什么方法征税，需要按照税收协定的其他条款或国内法规定执行。

第二节　不动产所得的征收管理

如前所述，不动产所得视不动产使用方式可划分为租金和营业利润，并分别适用不同的管理办法。如果直接使用不动产从事经营或聘用代理人为其进行经营，而使用该不动产又构成常设机构的，适用"营业利润"征管办法，具体内容参见本书第四章。如果不动产仅仅用于出租，则按照我国税法关于租金所得的有关规定予以征税并进行相应的征收管理。

一、租金的定义

按照《企业所得税法实施条例》第十九条规定，《企业所得税法》所称的"租金收入"，是指企业提供固定资产、包装物或者其他有形资产的使用权取得的收入。由此可见，非居民企业出租位于我国境内的不动产，应适用我国《企业所得税法》租金收入的征税规定。

二、纳税人和扣缴义务人

根据《企业所得税法》第三条第三款及《企业所得税法》实施条例第六条规定，取得来源于中国境内租金所得的非居民企业为企业所得税的纳税人。

依据《企业所得税法》第三十七条规定，对非居民企业取得《企业所得税法》第三条第三款规定的租金所得应缴纳的所得税，实行源泉扣缴，以支付人为扣缴义务人。税款由扣缴义务人在每次支付或者到期应支付时，从支付或者到期应支付的款项中扣缴。

《国家税务总局关于非居民企业所得税源泉扣缴有关问题的公告》（国家税务总局公告2017年第37号）第二条规定，《企业所得税法实施条例》第一百〇四条规定的支付人自行委托代理人或指定其他第三方代为支付相关款项，或者因担保合同或法律规定等原因由第三方保证人或担保人支付相关款项的，仍由委托人、指定人或被保证人、被担保人承担扣缴义务。

《国家税务总局关于非居民企业所得税管理若干问题的公告》（国家税务总局公告2011年第24号）规定，非居民企业出租位于中国境内的房屋、建筑物等不动产，如果非居民企业委派人员在中国境内或者委托中国境内其他单位或个人对上述不动产进行日常管理的，应视为其在中国境内设立机构、场所，非居民企业应在税法规定的期限内自行申报缴纳企业所得税。

三、应纳税额

（一）应纳税额计算公式

应纳税额=应纳税所得额 × 适用税率

根据《企业所得税法》第十九条的有关规定，非居民企业取得的来源于中国境内的租金所得，以收入全额为应纳税所得额。《国家税务总局关于营业税改征增值税试点中非居民企业缴纳企业所得税有关问题的公告》（国家税务总局公告2013年第9号）规定："营业税改征增值税试点中的非居民企业，取得《中华人民共和国企业所得税法》第三条第三款规定的所得，在计算缴纳企业所得税时，应以不含增值税的收入全额作为应纳税所得额。"根据上述规定，租金收入在我国境内缴纳的城市维护税、教育费附加、地方教育附加、房产税，以及在我国境内签订的租赁合同缴纳的印花税在计算应纳税所得额时不得扣除。

税收协定对不动产所得只明确税收管辖权，具体适用税率适用国内法，目前我国税法规定的适用税率为10%。

（二）外币折算

国家税务总局2017年第37号公告规定，扣缴义务人支付或者到期应支付的款项以人民币以外的货币支付或计价的，分别按以下情形进行外币折算：

1.扣缴义务人扣缴企业所得税的，应当按照扣缴义务发生之日人民币汇率中间价折合成人民币，计算非居民企业应纳税所得额。

2.取得收入的非居民企业在主管税务机关责令限期缴纳税款前自行申报缴纳应源泉扣缴税款的，应当按照填开税收缴款书之日前一日人民币汇率中间价折合成人民币，计算非居民企业应纳税所得额。

3.主管税务机关责令取得收入的非居民企业限期缴纳应源泉扣缴税款的，应当按照主管税务机关作出限期缴税决定之日前一日人民币汇率中间价折合成人民币，计算非居民企业应纳税所得额。

（三）不含税收入换算

国家税务总局2017年第37号公告规定，扣缴义务人与非居民企业签订与《企业所得税法》第三条第三款规定的所得有关的业务合同时，凡合同中约定由扣缴义务人实际承担应纳税款的，应将非居民企业取得的不含税所得换算为含税所得计算并解缴应扣税款。

【例5-1】非居民企业甲将其境内一层写字楼出租给居民企业乙，每年税后租金收入100万元，合同约定相关税费均由乙企业承担。已知增值税税率6%、城市维护建设税税率7%、教育费附加征收率3%、地方教育附加征收率2%、预提所得税税率10%。

设含税价为X，则：

X–X/1.06×［10%+6%+6%×（7%+3%+2%）］=1 000 000.00

X=1 187 275.99（元）

其中，应扣缴增值税=1 187 275.99/1.06×6%=67 204.30（元）;

应扣缴城建税及附加=67 204.30×（7%+3%+2%）=8 064.52（元）;

应扣缴企业所得税=1 187 275.99/1.06×10%=112 007.17（元）。

乙企业分录如下：

借：管理费用	1 120 071.69	
应缴税费——应缴增值税——进项税额	67 204.30	
贷：银行存款		1 000 000.00
应缴税费——代扣代缴增值税		67 204.30
应缴税费——代扣代缴城建税及附加		8 064.52
应缴税费——代扣代缴企业所得税		112 007.17

乙企业允许在企业所得税税前扣除的租金为1 120 071.69元，此金额包括城建税及附加和企业所得税。

四、征收管理

（一）纳税地点

1.扣缴申报地点。根据国家税务总局2017年37号公告第七条有关规定，扣缴义务人应当向扣缴义务人所在地主管税务机关申报和解缴代扣税款。

2.纳税人自行申报地点按照《企业所得税法》第三十七条规定应当扣缴的税款，扣缴义务人应扣未扣的，非居民企业纳税人应自行向所得发生地主管税务机关申报缴纳未扣缴税款。

特别需要注意的是，不动产出租与不动产转让的所得发生地主管税务机关不同。根据国家税务总局2017年37号公告第十六条规定，不动产转让所得发生地主管税务机关为不动产所在地主管税务机关，而不动产租金所得发生地主管税务机关为负担、支付所得的单位或个人的所得税主管税务机关。

（二）纳税期限

1.扣缴义务发生时间。

《企业所得税法》第三十七条的规定，非居民企业取得本法第三条第三款规定的租金所得应源泉扣缴的所得税，由扣缴义务人在每次支付或者到期应支付时，从支付或者到期应支付的款项中扣缴。

根据国家税务总局2017年37号公告第四条规定，扣缴义务发生日，即“相关款项实际支付或者到期应支付之日”按照实际支付时间、合同约定的支付时间、计入成本费用且已作税前扣除的企业所得税纳税申报时间三者孰先原则确定。操作要点如下：

（1）如果企业在合同或协议约定的支付日期之前支付租金的，应在实际支付时按照《企业所得税法》有关规定代扣代缴企业所得税。

（2）扣缴义务人未按合同约定时间支付租金的，按照国家税务总局公告2011年第24号第一条执行，即中国境内企业（以下称为“企业”）和非居民企业签订与租金所得有关的合同或协议，如果未按照合同或协议约定的日期支付租金，或者变更或修改合同或协议延期支付，但已计入企业当期成本、费用，并在企业所得税年度纳税申报中作税前扣除的，应在企业所得税年度纳税申报时按照《企业所得税法》有关规定代扣代缴企业所得税。

需要注意的是，扣缴义务人对于支付的租金在税前扣除时遵循权责发生制原则，与代扣代缴税款的计税基数可能存在差异。

【例5-2】非居民企业甲将其位于境内的不动产出租给居民企业乙，租赁期从2019年7月1日至2020年6月30日，租金每月10万元人民币（不考虑增值税），双方约定乙企业需在2019年12月31日前向甲企业支付全部租金120万元。假设乙企业于2019年12月31日向甲企业支付120万元租金，代扣代缴企业所得税12万元（120×10%），乙企业根据权责发生制原则，2019年度可在税前扣除的租金为60万元（120÷12×6）。

本例中，假设合同约定的租金支付时间为2020年6月30日，且实际支付时间为2020年6月30日。依据《企业所得税法实施条例》第九条规定的权责发生制原则，乙企业2019年度企业所得税汇算清缴时允许扣除的租金为60万元，计算预提所得税的基数为60万元，而非120万元。

2.扣缴申报。

根据《中华人民共和国税收征收管理法实施细则》（以下简称《税收征管法实施细则》）第十三条有关规定，扣缴义务人应当自扣缴义务发生之日起30日内，向所在地的主管税务机关申报办理扣缴税款登记。国家税务总局2017年第37号公告依据《企业所得税法》第四十条规定，扣缴义务人应当自扣缴义务发生之日起7日内向扣缴义务人所在地主管税务机关申报和解缴代扣税款，并向所在地的税务机关报送扣缴企业所得税报告表。根据2017年37号公告第八条规定，扣缴义务人在申报和解缴应扣税款时，应填报"中华人民共和国扣缴企业所得税报告表"。扣缴义务人可以在申报和解缴应扣税款前报送有关申报资料；已经报送的，在申报时不再重复报送。

3.纳税自行申报。

按照《企业所得税法》第三十七条规定应当扣缴的所得税，扣缴义务人未依法扣缴或者无法履行扣缴义务的，取得所得的非居民企业应当按照《企业所得税法》第三十九条规定，向所得发生地主管税务机关申报缴纳未扣缴税款，并填报"中华人民共和国扣缴企业所得税报告表"。非居民企业未按照《企业所得税法》第三十九条规定申报缴纳税款的，税务机关可以责令限期缴纳，非居民企业应当按照税务机关确定的期限申报缴纳税款；非居民企业在税务机关责令限期缴纳前自行申报缴纳税款的，视为已按期缴纳税款。

4.资料报送。

除自主选择在申报和解缴应扣税款前报送有关申报资料的外，扣缴义务人不再需要办理该项合同备案手续。鉴于"中华人民共和国扣缴企业所得税报告表"栏目内容已经包含相关合同信息，为避免重复填报信息，除特定情形外，不再普遍要求报送合同资料。特定情形限于《国家税务总局 国家外汇管理局关于服务贸易等项目对外支付税务备案有关问题的公告》（国家税务总局 国家外汇管理局公告2013年第40号）第二条和本公告第十一条规定需要提供相关合同资料的情形。参见本书第二十章。

（三）账簿管理

根据《税收征管法实施细则》第二十五条、国家税务总局2017年37号公告第十一条有关规定，扣缴义务人应当自税收法律、行政法规规定的扣缴义务发生之日起10日内按照所代扣、代收的税种，分别设立代扣代缴税款账簿和合同资料档案，准确记录非居民企业所得税扣缴情况。根据征管需要，主管税务机关可以要求纳税人、扣缴义务人和其他知晓情况的相关方提供与应扣缴税款有关的合同和其他相关资料。

（四）暂停支付

根据《税收征管法实施细则》第九十四条、《国家税务总局关于贯彻〈中华人民共和国税收征收管理法〉及其实施细则若干具体问题的通知》（国税发

〔2003〕47号）第二条的有关规定，因非居民企业拒绝代扣税款的，扣缴义务人应当暂停支付相当于应纳税款的款项，并在1日之内向主管税务机关报告。

（五）税款追征

根据《企业所得税法》第三十九条有关规定，纳税人未依法缴纳的，税务机关可以从该纳税人在中国境内其他收入项目的支付人应付的款项中，追缴该纳税人的应纳税款。根据国家税务总局2017年37号公告第十三条有关规定，税务机关在追缴非居民企业应纳税款时，可以采取以下措施：

1. 责令该非居民企业限期申报缴纳应纳税款。

2. 收集、查实该非居民企业在中国境内其他收入项目及其支付人的相关信息，并向该其他项目支付人发出“税务事项通知书”，从该非居民企业其他收入项目款项中依照法定程序追缴欠缴税款及应缴的滞纳金。

（六）税收法律责任

1. 纳税人法律责任。

根据《税收征管法》第六十八条有关规定，纳税人在规定期限内不缴或者少缴应纳或者应解缴的税款，经税务机关责令限期缴纳，逾期仍未缴纳的，税务机关除依照《税收征管法》第四十条的规定采取强制执行措施追缴其不缴或者少缴的税款外，可以处不缴或者少缴的税款百分之五十以上五倍以下的罚款。

根据《税收征管法实施细则》第九十四条规定，纳税人拒绝代扣、代收税款的，扣缴义务人应当向税务机关报告，由税务机关直接向纳税人追缴税款、滞纳金；纳税人拒不缴纳的，依照《税收征管法》第六十八条的规定执行。

根据国家税务总局2017年37号公告第十二条有关规定，扣缴义务人应扣未扣税款，需要向纳税人追缴税款的，由所得发生地主管税务机关依法执行。

2. 扣缴义务人法律责任。

（1）不同情形的区分。国家税务总局根据2017年37号公告第十四条规定，应当源泉扣缴税款的款项已经由扣缴义务人实际支付，但未在规定的期限内解缴应扣税款，并具有以下情形之一的，应作为税款已扣但未解缴情形，按照有关法律、行政法规规定处理：

①扣缴义务人已明确告知收款人已代扣税款的；

②已在财务会计处理中单独列示应扣税款的；

②已在其纳税申报中单独扣除或开始单独摊销扣除应扣税款的；

④其他证据证明已代扣税款的。

除上述规定情形外，应该源泉扣缴的税款未在规定的期限内解缴入库的，均作为应扣未扣税款情形，按照有关法律、行政法规规定处理。

（2）已扣未解缴法律责任。根据《税收征管法》第三十二条和第六十八条的有关规定，扣缴义务人未按照规定期限解缴税款的，税务机关除责令限期缴纳外，从滞纳税款之日起，按日加收滞纳税款万分之五的滞纳金；扣缴义务人在规定期限内不缴或者少缴应解缴的税款，经税务机关责令限期缴纳，逾期仍未缴纳的，税务机关除依照《税收征管法》第四十条的规定采取强制执行措施追缴其不缴或者少缴的税款外，可以处不缴或者少缴的税款百分之五十以上五倍以下的罚款。

（3）应扣未扣法律责任。根据2017年37号公告第十二条有关规定，扣缴义务人应扣缴税款未扣的，由扣缴义务人所在地主管税务机关依照《中华人民共和国行政处罚法》第二十三条规定责令扣缴义务人补扣税款，并依法追究扣缴义务人责任；需要向纳税人追缴税款的，由所得发生地主管税务机关依法执行。根据《税收征管法》第六十九条规定，扣缴义务人应扣未扣税款的，对扣缴义务人处应扣未扣、应收未收税款百分之五十以上三倍以下的罚款。

此外，根据《税务登记管理办法》第四十四条规定，扣缴义务人未按照规定办理扣缴税款登记的，税务机关应当自发现之日起3日内责令其限期改正，并可处以1 000元以下的罚款。

需要强调的是，适用《税收征管法》第六十九条时应当注意：

①扣缴义务人未按规定代扣代缴税款，但纳税人（非居民企业）在税务机关责令限期缴纳前自行申报缴纳税款的，视为已按期缴纳税款，无需加收滞纳金，亦不适用《税收征管法》第六十九条，不对扣缴义务人处以罚款。

②根据《国家税务总局关于行政机关应扣未扣个人所得税问题的批复》（国税函〔2004〕1199号）对《税收征管法》第六十九条的解释，扣缴义务人应扣未扣税款，税务机关向纳税人追缴税款时，不得向纳税人或扣缴义务人加收滞纳金。

③《税收征管法》第三十二条规定："纳税人未按照规定期限缴纳税款的，扣缴义务人未按照规定期限解缴税款的，税务机关除责令限期缴纳外，从滞纳税款之日起，按日加收滞纳税款万分之五的滞纳金。"

综合上述规定，纳税人在税法的期限内主动补交税款，不得加收滞纳金；税务机关责令纳税人在规定的期限内补交税款的，不得加收滞纳金；税务机关责令纳税人限期缴纳税款，期限届满仍未缴纳的，除补缴税款外，应从税务机关规定的期限届满之次日起加收滞纳金。

第六章

国内税法与国际运输条款的衔接

OECD税收协定范本第八条“海运和空运”对以船舶或飞机从事国际运输业务（海运、内河运输、空运）取得所得的征税权进行了划分。我国签订的大多数税收协定中，国际运输所得均采用居民国独占征税权原则，或者总机构或实际管理机构所在国独占征税权原则，仅有少数协定给予来源国部分征税权。

除菲律宾外，其他所有与我国有税收协定的国家（地区）签署的避免双重征税协定（安排）、航空或海运税收协定条款、税收协定议定书、税收协议或换函中“海运和空运”条款均与OECD税收协定范本第八条内容基本一致。为统一和规范我国政府对外签署的避免双重征税协定的执行，《国家税务总局关于税收协定执行若干问题的公告》（国家税务总局公告2018年第11号）对《中华人民共和国政府和新加坡共和国政府关于对所得避免双重征税和防止偷漏税的协定》及议定书（以下简称《中新协定》）第八条“海运和空运”条款进行了解释，并明确规定该解释适用于所有与《中新协定》“海运和空运”一致的内容。

第一节 国际运输条款解读与执行

一、国际运输的定义

关于国际运输的定义，《中新协定》采取了与OECD税收协定范本一致的口径。"'国际运输'一语是指缔约国一方企业以船舶或飞机经营的运输，不包括仅在缔约国另一方各地之间以船舶或飞机经营的运输。"陆地接壤的缔约国（地区）双方其国际运输方式除水运、空运外，还可能涉及陆运。例如，《内地和香港特别行政区关于对所得避免双重征税和防止偷漏税的安排》第三条对国际运输定义为："'海运、空运和陆运'一语是指一方企业以船舶、飞机或陆运车辆经营的运输，不包括仅在另一方各地之间以船舶、飞机或陆运车辆经营的运输。"

依据国税发〔2010〕75号文件，"国际运输"一语的定义表明，缔约国一方企业从事以船舶和飞机经营的运输，除了企业经营运输的航程仅在缔约国境内各地之间以外，其余应作为国际运输。作为国际运输同一航程的一部分，在缔约国一方境内各地之间的运输部分也属于"国际运输"的范围。例如，新加坡航空公司的飞机从新加坡飞抵上海，然后作为同一航程的一部分，继续飞行至北京，那么这两段航程都应属于"国际运输"的范围。

对于转让从事国际运输的船舶、飞机、从事内河运输的船只或附属于经营上述船舶、飞机或船只的动产取得的收益，不属于国际运输收入。

二、缔约国征税原则

缔约国一方企业以船舶或飞机从事国际运输业务从缔约国另一方取得的收入，在缔约国另一方免予征税。该规定也适用于参加合伙经营、联合经营或参加国际经营机构取得的收入。对于多家公司联合经营国际运输业务的税务处理，应由各参股或合作企业就其分得利润分别在其所属居民国纳税。

三、国际运输业务收入涵盖的范围

从事国际运输业务取得的收入，是指企业以船舶或飞机经营客运或货运取得的收入，以及以程租、期租形式出租船舶或以湿租形式出租飞机（包括所有设备、人员及供应）取得的租赁收入。非专门从事国际运输业务的企业，以其拥有的船舶或飞机经营国际运输业务取得的收入属于国际运输收入。

程租业务，是指运输企业为租船人完成某一特定航次的运输任务并收取租赁费的业务。

期租业务，是指运输企业将配备有操作人员的船舶承租给他人使用一定期限，承租期内听候承租方调遣，不论是否经营，均按天向承租方收取租赁费，发生的固定费用均由船东负担的业务。

湿租业务，是指航空运输企业将配备有机组人员的飞机承租给他人使用一定期限，承租期内听候承租方调遣，不论是否经营，均按一定标准向承租方收取租赁费，发生的固定费用均由承租方承担的业务。

国际运输收入还包括与国际运输业务紧密相关的附属收入。

1.“附属”是指与国际运输业务有关且服务于国际运输业务，属于支持和附带性质。下列与国际运输业务紧密相关的附属收入通常应作为国际运输收入的一部分：

（1）为其他国际运输企业代售客票取得的收入；

（2）从市区至机场运送旅客取得的收入；

（3）通过货车从事货仓至机场、码头或者后者至购货者间的运输，以及直接将货物发送至购货者取得的运输收入；

（4）企业仅为其承运旅客提供中转住宿而设置的旅馆取得的收入。

2.企业从事以光租形式出租船舶或以干租形式出租飞机，以及使用、保存或出租用于运输货物或商品的集装箱（包括拖车和运输集装箱的有关设备）等租赁业务取得的收入不属于国际运输收入，而应按照租赁所得（适用《中新协定》“特许权使用费”条款）的有关规定征税，但附属于国际运输业务的上述租赁业务收入应视同国际运输收入，在其所属居民国征税。

光租业务，是指运输企业将船舶在约定的时间内出租给他人使用，不配备操作人员，不承担运输过程中发生的各项费用，只收取固定租赁费的业务活动。

干租业务，是指航空运输企业将飞机在约定的时间内出租给他人使用，不配备机组人员，不承担运输过程中发生的各项费用，只收取固定租赁费的业务活动。

3.企业就其从事附属于国际运输业务的上述租赁业务取得的收入享受海运和空运条款协定待遇，应满足以下三个条件：

（1）企业工商登记及相关凭证资料能够证明企业主营业务为国际运输；

（2）企业从事的附属业务是其在经营国际运输业务时，从事的对主营业务贡献较小但与主营业务联系非常紧密、不能作为一项单独业务或所得来源的活动；

（3）在一个会计年度内，企业从事附属业务取得的收入占其国际运输业务总收入的比例原则上不超过10%。

4.国际运输收入孳生的利息收入应作为附属收入归属于国际运输收入。缔约国双方从事国际运输业务的海运或空运企业，从对方取得的运输收入存于对方产生的利息，因其附属于以船舶或飞机经营国际运输业务，故不将其作为利息所得征税，应视为国际运输业务附带发生的收入，在来源国免予征税。

四、与“非独立个人劳务”条款的衔接

《中新协定》第十五条“非独立个人劳务”第三款规定，对于在缔约国一方企业经营国际运输的船舶或飞机上，或在从事内河运输的船只上从事受雇活动取得的报酬，在该企业实际管理机构所在的缔约国纳税。这一规定与国际运输收入的税收管辖权原则一致。需要注意的是，适用此条款的人员必须在船舶或飞机上工作，如机长、空乘人员等；对于机场地勤人员则不适用此条款。例如，新加坡航空公司驻我国北京机场的地勤人员（新加坡居民个人），在境内工作期间取得的所得，需按《中新协定》第十五条“非独立个人劳务”第一、第二款规定判断征税权，并依据《个人所得税法》及实施条例具体计算境内应纳税额。

五、与“财产收益”条款的衔接

缔约国一方居民转让从事国际运输的船舶或飞机，或者转让属于经营上述船舶、飞机的动产取得的收益，应适用《中新协定》第十三条“财产收益”条款，仅在该企业实际管理机构所在的缔约国纳税。这一规定与国际运输收入的税收管辖权原则一致。

第二节　非居民企业国际运输业务的所得税管理

缔约国居民从事国际运输收入从我国境内取得收入需要享受税收协定待遇的，按照《非居民纳税人享受协定待遇管理办法》（国家税务总局公告2019年第35号）执行。具体操作方法参见本书第二十二章税收协定待遇管理。

《非居民企业从事国际运输业务税收管理暂行办法》（国家税务总局公告2014年第37号）规定，自2014年8月1日起施行，非居民企业从事国际运输业务，无论是入境还是出境，均视为在我国境内提供劳务，依据《企业所得税法》第三条第二款征收企业所得税。由于缔约国居民从事国际运输业务在居民所在国征税，因此国家税务总局2014年第37号公告主要适用于非我国缔约国（或地区）的非居民企业。

一、税务登记管理

1.非居民企业应自有关部门批准其经营资格或运输合同、协议签订之日起30日内，自行或委托代理人选择向境内一处业务口岸所在地主管税务机关办理税务登记，并同时提供经营资格证书、经营航线资料、相关业务合同以及境内联系人等相关信息。非居民企业选择境内一处口岸办理税务登记后，应当在其

他业务口岸发生业务时向所在地主管税务机关报送税务登记资料、运输合同及其他相关资料的复印件。

2.非居民企业已经办理税务登记的，应当按照《税收征管法》及有关法律、法规设置账簿，根据合法、有效凭证记账，进行核算，准确计算应纳税所得额，自行或委托代理人向税务登记所在地主管税务机关依法申报缴纳企业所得税。

二、应纳企业所得税额的计算

1.非居民企业从事国际运输业务取得的所得应根据《企业所得税法》的规定，从收入总额中减除实际发生并与取得收入有关、合理的支出后的余额确定应纳税所得额。

2.收入总额是指非居民企业运载旅客、货物或者邮件等进出中国境内口岸所取得的客运收入、货运收入的总和。客运收入包括客票收入以及逾重行李运费、餐费、保险费、服务费和娱乐费等；货运收入包括基本运费以及各项附加费等。

3.非居民企业不能准确计算并据实申报其应纳税所得额的，由主管税务机关按照《国家税务总局关于印发〈非居民企业所得税核定征收管理办法〉的通知》(国税发〔2010〕19号)的规定核定其应纳税所得额。

三、指定支付人为扣缴义务人情形

非居民企业从事国际运输业务未办理税务登记或未据实申报的，支付人所在地主管税务机关应按照《非居民承包工程作业和提供劳务税收管理暂行办法》(国家税务总局令第19号)第十四条规定的程序，指定支付人为扣缴义务人。支付人包括：

1.向非居民企业或其境内子公司、分公司或代表机构，或者有权代表非居民企业收取款项的境内外代理人支付款项的单位或个人。

2.通过其境外关联方或有特殊利益联系的第三方支付款项的单位或个人。

3.其他符合《企业所得税法》规定的单位或个人。

支付人每次代扣代缴税款时，应向其主管税务机关报送“中华人民共和国扣缴企业所得税申报表”及相关资料，并自代扣之日起7日内将税款缴入国库。

四、跟踪管理

1.主管税务机关应当按照逐户建档、按户管理的原则，建立非居民企业从事国际运输业务的管理台账和纳税档案，及时、准确掌握其收取运费及相关款项、税款缴纳、享受税收协定待遇等情况。

2.主管税务机关应对非居民企业享受税收协定待遇情况进行跟踪管理，对有税收疑点的业务可抽查指定扣缴义务人留存备查资料，对于不符合享受税收协定待遇条件且未履行纳税义务的情形，应按照《税收征管法》有关规定处理。

3. 主管税务机关应与港务、航管、海关、商检、海监、外汇管理、商务等部门加强合作，获取相关税源信息，对非居民企业进出境内口岸、履行纳税义务、收取运费及相关款项等情况实施监控。

4. 主管税务机关在境内难以获取涉税信息时，可以制作专项情报，由国家税务总局向缔约国对方提出专项情报请求。

五、非居民企业国际运输所得征税特殊问题

《中华人民共和国企业所得税法》第三条及其实施条例第七条规定，非居民企业仅就来源于中国境内的所得计算缴纳企业所得税。对提供国际运输劳务的非居民企业，以劳务发生地作为认定所得来源地标准。原《国家税务总局关于非居民企业船舶、航空运输收入计算征收企业所得税有关问题的通知》（国税函〔2008〕952号）文件规定，国际运输劳务发生地为飞机、船舶起运地。《非居民企业从事国际运输业务税收管理暂行办法》（国家税务总局公告2014年第37号）废止了国税函〔2008〕952号文件，同时明确“收入总额是指非居民企业运载旅客、货物或者邮件等进出中国境内口岸所取得的客运收入、货运收入的总和”。根据该规定，国际运输劳务发生地标准扩大至起运地和目的地。即只要国际运输服务起运地或目的地之一在中国境内就属于在中国境内提供劳务，其取得的收入均属于来源中国境内的所得，需要缴纳企业所得税。37号公告同时明确税务机关可指定支付人为扣缴义务人，此政策变化自2014年8月1日起施行。

由此将产生下列问题：非缔约国居民从事国际运输业务，无论起运地在境内还是境外，如果负担、支付运输费用的企业在境外，因不涉及付汇，将导致我国无法征税。笔者建议，在国际运输业务收入来源地明确为起运地或目的地在境内的前提下，对负担、支付所得的企业或机构、场所（不含我国居民企业在境外设立的机构、场所）在境外的，给予免征企业所得税优惠。给予免税待遇的理由除便于征管外，另一个原因是我国未承担此笔运费，运费支出未侵蚀我国所得税税基，要求在我国征收所得税不尽合理。对于非居民企业适用税收协定待遇则不涉及此问题。

第三节　国际运输业务的增值税管理

税收协定主要是对所得税避免双重征税的一系列规定。关于国际运输业务增值税的税务处理适用国内法——《营业税改征增值税试点实施办法》（财税〔2016〕36号附件一）、《跨境应税行为适用增值税零税率和免税政策的规定》（财税〔2016〕36号附件四）。

一、国际运输的增值税征税范围

国际运输服务特指以下三种情形：①在境内载运旅客或者货物出境；②在境外载运旅客或者货物入境；③在境外载运旅客或者货物。

国际运输服务不包括航天运输。《营业税改征增值税跨境应税行为增值税免税管理办法（试行）》（国家税务总局公告2016年第29号）第三条规定："纳税人向国内海关特殊监管区域内的单位或者个人销售服务、无形资产，不属于跨境应税行为，应照章征收增值税。"

二、境外的单位或个人提供国际运输服务不征或免征增值税

根据《营业税改征增值税试点实施办法》第十三条规定，境外的单位或个人向境内单位或者个人销售完全在境外发生的运输服务，不属于在境内销售服务，不征增值税。据此，境外的单位或个人向境内的单位或个人提供运输服务，如果起运地和目的地都在境外（通常是转口贸易），因为运输服务"完全在境外发生"，故不征增值税。但如果起运地在境外目的地在境内，或者起运地在境内目的地在境外，则属于增值税征收范围。按照国际通行规则，各国对从事国际运输业务的企业一般都会在税收上给予支持，即对对方国家从事国际运输的企业从本国取得的国际运输收入免征包括流转税在内的所有税收。我国一般是通过税收协定及其议定书、双边专项国际运输互免税协议、双方税务主管当局换函、其他部门（如民航总局、交通运输部）对外签署的民航协定及海运协定中的税收条款、其他部门主管当局通过互换函方式就海运收入或空运收入互免税的确认等几种形式加以明确。例如，我国与智利签订的《关于修订〈中华人民共和国政府和智利共和国政府对所得避免双重征税和防止逃避税的协定〉的议定书》（国家税务总局公告2020年第7号）第一条规定，缔约国一方企业以船舶或飞机在缔约国另一方从事国际运输业务，应在该缔约国另一方免征增值税。按照该规定，我国将对智利企业以船舶或飞机在我国从事国际运输业务取得的收入免征增值税，智利也将给予我国国际运输企业对等待遇。

《国家税务总局关于在境外提供建筑服务等有关问题的公告》（国家税务总局公告2016年第69号）规定，享受国际运输服务免征增值税政策的境外单位和个人，需提供纳税人基本情况和业务介绍的说明，以及依据的税收协定或国际运输协定复印件到主管税务机关办理免税备案。

此外，《营业税改征增值税试点过渡政策的规定》（财税〔2016〕36号附件三）第一条规定，台湾航运公司、航空公司从事海峡两岸海上直航、空中直航业务在大陆取得的运输收入免征增值税。其中，"台湾航运公司"，是指取得交通运输部颁发的"台湾海峡两岸间水路运输许可证"且该许可证上注明的公司登记地址在台湾的航运公司；"台湾航空公司"，是指取得中国民用航空局颁发

的“经营许可”或者依据《海峡两岸空运协议》和《海峡两岸空运补充协议》规定，批准经营两岸旅客、货物和邮件不定期（包机）运输业务，且公司登记地址在台湾的航空公司。

三、境内的单位和个人适用增值税零税率的国际运输服务

我国境内的单位和个人适用增值税零税率的国际运输服务范围如下：

1.按照国家有关规定应取得相关资质的国际运输服务项目，纳税人取得相关资质的，适用增值税零税率政策，未取得的，适用增值税免税政策。

2.境内的单位或个人提供程租服务，如果租赁的交通工具用于国际运输服务和港澳台运输服务，由出租方按规定申请适用增值税零税率。

3.境内的单位和个人向境内单位或个人提供期租、湿租服务，如果承租方利用租赁的交通工具向其他单位或个人提供国际运输服务和港澳台运输服务，由承租方适用增值税零税率。境内的单位或个人向境外单位或个人提供期租、湿租服务，由出租方适用增值税零税率。

4.境内单位和个人以无运输工具承运方式提供的国际运输服务，由境内实际承运人适用增值税零税率；无运输工具承运业务的经营者适用增值税免税政策。

5.境内的单位和个人销售适用增值税零税率的国际运输服务，可以放弃适用增值税零税率，选择免税或按规定缴纳增值税。放弃适用增值税零税率后，36个月内不得再申请适用增值税零税率。

境内的单位和个人适用增值税零税率的国际运输退（免）税操作办法，参见《适用增值税零税率应税服务退（免）税管理办法》（国家税务总局公告2014年第11号）、《国家税务总局关于〈适用增值税零税率应税服务退（免）税管理办法〉的补充公告》（国家税务总局公告2015年第88号）、《国家税务总局关于出口退（免）税申报有关问题的公告》（国家税务总局公告2018年第16号）。

四、境内的单位和个人适用增值税免税的国际运输服务

《营业税改征增值税跨境应税行为增值税免税管理办法（试行）》（国家税务总局公告2016年第29号）规定，属于以下情形的国际运输服务免征增值税：

1.以无运输工具承运方式提供的国际运输服务。

2.以水路运输方式提供国际运输服务但未取得“国际船舶运输经营许可证”的。

3.以公路运输方式提供国际运输服务但未取得“道路运输经营许可证”或者“国际汽车运输行车许可证”，或者“道路运输经营许可证”的经营范围未包括“国际运输”的。

4.以航空运输方式提供国际运输服务但未取得“公共航空运输企业经营许可证”，或者其经营范围未包括“国际航空客货邮运输业务”的。

5.以航空运输方式提供国际运输服务但未持有“通用航空经营许可证”，或

者其经营范围未包括“公务飞行”的。

6.符合零税率政策但适用简易计税方法或声明放弃适用零税率选择免税的国际运输服务。

纳税人发生上述免税范围1~5种情形的，应在首次享受免税的纳税申报期内或在各省、自治区、直辖市和计划单列市税务局国家税务局规定的申报征期后的其他期限内，到主管税务机关办理跨境应税行为免税备案手续，需提交备案的材料包括：《跨境应税行为免税备案表》、国际运输服务合同原件及复印件、向境外单位提供国际运输服务购买方的机构所在地在境外的证明材料，以及国家税务总局规定的其他资料。

纳税人发生上述免税范围第6种情形的，应在首次享受免税的纳税申报期内或在各省、自治区、直辖市和计划单列市税务局国家税务局规定的申报征期后的其他期限内，到主管税务机关办理跨境应税行为免税备案手续，需提交“已向办理增值税免抵退税或免退税的主管税务机关备案的‘放弃适用增值税零税率声明’”，以及该项应税行为享受零税率到主管税务机关办理增值税免抵退税或免退税申报时需报送的材料和原始凭证。

五、案例分析

一份期租合同涉及两项内容如何适用协定条款？

【基本案情】

中国香港特别行政区一单船公司（船东A）拥有一艘运输船，委托船舶运营管理公司B对船舶进行专门的运营管理。内地C公司与船东A签订船舶定期租船合同（TCP），并将发生的运输费用直接支付给船东A（包含船舶运营管理公司B向船东A收取的相关费用）。合同中明确，实际支付的运输费由资本（购买船只的自有资金）、债务（购买船只的借款）、运营（支付给B公司的运营费用）和坞修（用于支付船只未来的维修费用）4部分组成，其中运营部分、坞修部分的金额超过运输费总额的10%。TCP合同基本租期为25年，基本租期期满时，C公司须向船东A支付相关于船东A船舶买价的65%的价款并拥有船舶的所有权。

在进口环节，海关将C公司支付给船东A的运输费计入C公司进口货物的海关完税价格，计征进口环节增值税，C公司将支付的运输费计入进口货物采购成本，在销售进口货物时结转成本，并作企业所得税税前扣除处理。C公司认为船东A取得的租金收入可享受《内地和香港特别行政区关于对所得避免双重征税和防止偷漏税的安排》（以下简称《内地和香港双边安排》）中国际运输条款的免征企业所得税待遇。

关于A公司取得收入的税务处理，C公司的主管税务机关经初步调研后认为，A公司的收入应按融资租赁和特许权使用费分别处理。理由如下：

1.船舶定期租船合同中约定承租人应在租期届满之后向船东支付船舶65%

的价款，并取得船舶的所有权。结合运输费的构成，上述船舶运输符合《企业会计准则——租赁》中融资租赁的定义，应被认定为融资租赁行为，运费中资本部分和债务部分的支付实质为融资租赁的利息。

2.运输船的船舶运营管理公司B和船东A不是同一家公司，因此船东A提供的是光租服务，运费中的运营部分和坞修部分应被认定为租金（特许权使用费）。船东A取得的全部收入中，租金占其总收入的比例超过10%，因此上述期租合同不得视为国际海运附属收入免征企业所得税。

3.C公司支付运费中的坞修部分系按照船舶状况按期计提并预先支付，支付时并未实际发生，因此未发生的部分不得在企业所得税税前扣除，需作纳税调增处理，待实际坞修费时据实扣除。

【要求】

请根据上述资料，分析上述观点是否正确？

【分析】

1.TCP合同中约定承租人应在租期期满之后向船东A支付船舶65%的价款，并取得船舶的所有权，与融资租赁的定义不符。理由如下：第一，融资租赁的基本特征是分期付款购买固定资产，不涉及运输服务，而船东A与C公司的协议是“先运输再转让”。第二，融资租赁的承租人支付的租金基本涵盖租赁物的全部价值，租赁期满无需支付价或只需支付相当于租赁物残值的价款即取得所有权。本案例中，船舶使用了25年之后，仍然按照船东A买价的65%支付，基本可以判断是按公允价值转让的，故该行为属于财产转让。

2.虽然船舶运营管理公司B和船东A不是同一家公司，但B公司的费用是由船东A支付，所以船东A向C公司提供租赁服务符合“出租人配备船员”，故应按期租对待。《国家税务总局关于发布〈非居民企业从事国际运输业务税收管理暂行办法〉的公告》（国家税务总局公告2014年第37号）规定，非居民企业以程租、期租、湿租的方式出租船舶、飞机取得收入的经营活动属于国际运输业务。

基于以上事实，C公司与船东A的协议包括两部分内容：期租和财产转让。租赁期间按期租处理，船东A取得的租金收入适用内地和香港双边安排第八条“海运、空运和陆运”的规定，由其居民国（中国香港特别行政区）征收企业所得税，来源国不征收企业所得数，即免征企业所得税，但对起运地和目的地均在大陆境内的运输业务，不属于国际运输，应当在内地缴纳企业所得税。租赁期满后船东A向C公司转让船舶，对于船东A取得的转让收入，适用内地和香港双边安排第十三条“财产收益”条款，即一方企业转让从事海运、空运和陆运的船舶或飞机或陆运车辆，或者转让属于经营上述船舶、飞机、陆运车辆的动产取得的收益，应仅在该一方征税，故船东A在内地免征企业所得税。

3.由于坞修费用是由船东A承担的，C公司支付的运费中的坞修部分，属于运输费用的一部分，应按《企业所得税法实施条例》第九条规定的权责发生制原则，在企业所得税税前扣除。

综上，A公司取得的收入应划分为期租和财产转让两笔业务进行税务处理。

第七章

国内税法与关联企业条款的衔接

联属企业（即关联企业）一般为税收协定第九条，共两款，主要内容是关联关系认定和关联交易利润调整，以及对相应调整的有关规定。我国对外签订的税收协定中一般都包括关联企业条款，只有极个别协定如保加利亚和俄罗斯的协定没有此条款，但在与俄罗斯的协定中，关联企业的规定包括在第七条营业利润条款中。大多数协定本条的内容基本与OECD范本第九条的内容一致。协定只对纳税调整作原则性规定，具体调整方法适用国内法规定。本章以《中新协定》为例解读关联企业条款，并重点讲解国内法关于纳税调整方法及相互协商程序。

第一节 关联企业条款解读与执行

《中新协定》第九条第一款规定："在下列任何一种情况下：（一）缔约国一方企业直接或者间接参与缔约国另一方企业的管理、控制或资本，或者（二）相同的人直接或者间接参与缔约国一方企业和缔约国另一方企业的管理、控制或资本，两个企业之间商业或财务关系的构成条件不同于独立企业之间商业或财务关系的构成条件，并且由于这些条件的存在，导致其中一个企业没有取得其本应取得的利润，则可以将这部分利润计入该企业的所得，并据以征税。"

第一款首先明确了构成关联企业的情况：如果缔约国一方企业参与缔约国另一方企业的管理、控制或资本，或者这两个企业同时在某一方面受控于同一人，则这两个企业构成关联关系。由于这种关系的存在，其中一个企业取得的利润不同于与其他没有关联关系的企业进行交易所应取得的利润，则税务机关有权对其利润进行调整。这是在国际法层面对转让定价调整的规定，至于如何进行调整，协定未做进一步规定，通常由国内法解决。特别纳税调整的范围包括关联企业转让定价、预约定价安排、成本分摊协议、受控外国企业、资本弱化以及一般反避税等事项，具体内容将在第二节分述。

如果缔约国一方按照第一款的规定对本国居民企业的利润进行调整，而缔约国另一方企业的利润不做改动，则可能造成对不同纳税人的同一笔所得的重复征税。为解决这一问题，第二款规定："缔约国一方将缔约国另一方已征税的企业利润——在两个企业之间的关系是独立企业之间关系的情况下，这部分利润本应由该缔约国一方企业取得——包括在该缔约国一方企业的利润内征税时，缔约国另一方应对这部分利润所征收的税额加以调整，条件是该缔约国另一方认为调整是正当的。在确定调整时，应对本协定其他规定予以注意。如有必要，缔约国双方主管当局应相互协商。"即如果缔约国一方按照独立交易原则对本应由其征税的利润进行征税，而缔约国另一方已对该笔利润征税的情况下，缔约国另一方应当做出相应调整。这种情况下，缔约国双方可能就是否应当调整和调整数额存在不同意见，需要经过相互协商进行解决。

第二节 关联申报和同期资料管理

近年来我国积极参与国际税收规则制定，特别是深度参与BEPS行动计划，代表发展中国家提出意见与建议，很多建议被最终成果所采纳。2015年10月，BEPS项目15项行动计划顺利完成，并发布成果报告，这标志着BEPS行动计划步入成果转化、具体实施的新阶段。根据BEPS行动计划要求，同期资料和国别报告是增强税企间信息透明度的重要举措，也是各参与国必须完成的四项最低标准之一。为促进BEPS成果在我国的落实，我们结合多年反避税工作实践，于2016年6月29日发布了《国家税务总局关于完善关联申报和同期资料管理有关事项的公告》(国家税务总局公告2016年第42号，以下称“42号公告”)，明确同期资料和国别报告的相关要求，同时对关联申报的内容加以细化。

一、关联关系的判定

关联关系包括股权关联、借贷资金关联、高级管理人员关联、特许权控制、购销控制、劳务控制、其他共同经济利益关系（包括家族、亲属关系）等七大类。42号公告对关联关系给出了具体的判定标准。

企业与其他企业、组织或者个人具有下列关系之一的，构成本公告所称关联关系：

1.一方直接或者间接持有另一方的股份总和达到25%以上；双方直接或者间接同为第三方所持有的股份达到25%以上。

如果一方通过中间方对另一方间接持有股份，只要其对中间方持股比例达到25%以上，则其对另一方的持股比例按照中间方对另一方的持股比例计算。

两个以上具有夫妻、直系血亲、兄弟姐妹以及其他抚养、赡养关系的自然人共同持股同一企业，在判定关联关系时持股比例合并计算。

【例7-1】甲公司持有乙公司股权比例40%，乙公司持有丙公司股权比例30%，虽然甲公司间接持有丙公司股权比例为12%，但由于甲公司持有乙公司股权比例达到30%，在判定关联股权比例时，应视为甲公司持有丙公司股权比例30%，因此甲公司与丙公司构成关联方关系。

【例7-2】丈夫和妻子分别持股甲公司20%、10%，同时丈夫和其兄分别持股乙公司15%、16%，由于丈夫和妻子均为自然人且共同持有甲公司股权，在判定关联股权比例时，应将股权比例合并计算，即，丈夫持有甲公司股权比例为30%，同理，丈夫持有乙公司股权比例为31%，可理解为甲、乙公司共同为第三方（丈夫）持有股权比例达到25%，因而甲、乙公司构成关联关系。

【例7-3】丈夫和妻子分别持股甲公司20%、10%；同时丈夫的兄长和妻子的兄长分别持股乙公司15%、16%，因丈夫和丈夫的兄长、妻子和妻子的兄长未共同持股同一企业，因此，甲、乙公司不构成关联关系。

2.双方存在持股关系或者同为第三方持股，虽持股比例未达到本条第（一）项规定，但双方之间借贷资金总额占任一方实收资本比例达到50%以上，或者一方全部借贷资金总额的10%以上由另一方担保（与独立金融机构之间的借贷或者担保除外）。

借贷资金总额占实收资本比例=年度加权平均借贷资金/年度加权平均实收资本，其中：

年度加权平均借贷资金=i笔借入或者贷出资金账面金额 ×i笔借入或者贷出

资金年度实际占用天数/365

年度加权平均实收资本=i笔实收资本账面金额 ×i笔实收资本年度实际占用天数/365

以借贷资金为标准判定关联关系时必须以双方持有关系为前提，且持股比例低于25%，此外，年度加权平均借贷资金如果存在反向借贷应合并计算。

【例7–4】甲公司3月1日借给乙公司500万元，同年7月31日归还，9月1日乙公司借给甲公司900万元，次年归还。年度加权平均借贷资金=500×152/365+900×121/365=208.22+298.36=506.58（万元）

3.双方存在持股关系或者同为第三方持股，虽持股比例未达到本条第（一）项规定，但一方的生产经营活动必须由另一方提供专利权、非专利技术、商标权、著作权等特许权才能正常进行。

4.双方存在持股关系或者同为第三方持股，虽持股比例未达到本条第（一）项规定，但一方的购买、销售、接受劳务、提供劳务等经营活动由另一方控制。

上述控制是指一方有权决定另一方的财务和经营政策，并能据以从另一方的经营活动中获取利益。

5.一方半数以上董事或者半数以上高级管理人员（包括上市公司董事会秘书、经理、副经理、财务负责人和公司章程规定的其他人员）由另一方任命或者委派，或者同时担任另一方的董事或者高级管理人员；或者双方各自半数以上董事或者半数以上高级管理人员同为第三方任命或者委派。

6.具有夫妻、直系血亲、兄弟姐妹以及其他抚养、赡养关系的两个自然人分别与双方具有本条第1~5项关系之一。

即，具有夫妻、直系血亲、兄弟姐妹以及其他抚养、赡养关系的两个自然人分别与待判定是否构成关联关系的双方因持股关系、资金借贷关系、生产经营需依赖特定特许权交易、控制关系以及董事或高级管理人员的任职构成关联关系的，待判定的双方也构成关联关系。例如，丈夫与甲公司构成关联关系，妻子与乙公司构成关联关系，则甲公司和乙公司构成关联关系。

7.双方在实质上具有其他共同利益。

【例7–5】张先生持有甲公司股权比例为75%，李先生持有乙公司股权比例为25%，如果有确凿证据表明李先生持有乙公司25%的股权是为张先生代持，则应认为甲、乙公司共同受张先生持股比例达25%，因此甲、乙公司构成关联关系。

42号公号强调，除本条第（二）项规定外，上述关联关系年度内发生变化的，关联关系按照实际存续期间认定。

考虑到关联关系年度内可能发生变化，因此除借贷资金关联情形按年度确认外，其他六类关联关系按照实际存续期间认定的规定。

【例7–6】2015年1月1日至3月31日，甲公司拥有乙公司50%的股权，但甲公司在2015年4月1日向丙公司出售其拥有的乙公司的30%的股权，丙公司持有该股权至2015年12月31日。在这种情况下，不考虑其他可能构成关联关系的情形，甲公司与乙公司在2015年1月1日至3月31日期间构成关联关系，丙公司与乙公司在2015年4月1日至2015年12月31日期间构成关联关系。

需要注意的是，仅因国家持股或者由国有资产管理部门委派董事、高级管理人员而存在上述第1~5项关系的，不构成本公告所称关联关系。

二、关联交易的类型

关联交易主要有五大类型主要包括：

1.有形资产使用权或者所有权的转让。有形资产包括商品、产品、房屋建筑物、交通工具、机器设备、工具器具等。

2.金融资产的转让。金融资产包括应收账款、应收票据、其他应收款项、股权投资、债权投资和衍生金融工具形成的资产等。

3.无形资产使用权或者所有权的转让。无形资产包括专利权、非专利技术、商业秘密、商标权、品牌、客户名单、销售渠道、特许经营权、政府许可、著作权等。

4.资金融通。资金包括各类长短期借贷资金（含集团资金池）、担保费、各类应计息预付款和延期收付款等。

5.劳务交易。劳务包括市场调查、营销策划、代理、设计、咨询、行政管理、技术服务、合约研发、维修、法律服务、财务管理、审计、招聘、培训、集中采购等。

实务中应注意，关联方之间股权及债权转让属于关联交易的范围，但42号公告未将股息分配视为关联交易。我国《公司法》第三十四条规定："股东按照实缴的出资比例分取红利；公司新增资本时，股东有权优先按照实缴的出资比例认缴出资。但是，全体股东约定不按照出资比例分取红利或者不按照出资比例优先认缴出资的除外。"第一百六十六条规定："股份有限公司按照股东持有的股份比例分配，但股份有限公司章程规定不按持股比例分配的除外。"第二百一十七条规定："外商投资的有限责任公司和股份有限公司适用本法；有关外商投资的法律另有规定的，适用其规定。"

现行《外商投资法》（从2020年1月1日起执行）对利润分配方法无明确规定，涉及利润分配的条款只有第二十一条，即"外国投资者在中国境内的出资、利润、资本收益、资产处置所得、知识产权许可使用费、依法获得的补偿或者赔偿、清算所得等，可以依法以人民币或者外汇自由汇入、汇出"。原《中外合资经营企业法》（2016年修正）涉及利润分配的条款只有第十一条，即"外国合营者在履行法律和协议、合同规定的义务后分得的净利润，在合营企业期满或者中止时所分得的资金以及其他资金，可按合营企业合同规定的货币，按外汇管理条例汇往国外"。由此可见，中外合资企业的利润分配方法并无明确规定，应适用我国《公司法》第三十四条或第一百六十六条。

如果非居民企业与境内子公司共同持有境内居民企业股权的情况下，有可能通过调整分配比例以达到不交或递延缴纳预提所得税之目的。因此，宜将股息分配列为关联交易的第六大类型。

三、关联业务往来申报

实行查账征收的居民企业和在中国境内设立机构、场所并据实申报缴纳企业所得税的非居民企业向税务机关报送年度企业所得税纳税申报表时，应当就其与关联方之间的业务往来进行关联申报，附送《中华人民共和国企业年度关联业务往来报告表（2016年版）》。

关联业务往来报告表（2016年版）采取以企业会计核算为基础，对企业关联业务往来进行填报的方式。其主要特点有：

（一）架构合理

新版报告表围绕主表进行填报，主表数据全部从附表生成，既可以电子填报，又可以手工填写。在电子填报情况下，可实现部分表格由企业日常电子表格台账自动导入功能，表间数据信息共享。既能独立体现各类关联业务往来类型，又与主表相互关联，层级分明，内容清晰，填报便捷。

（二）信息丰富

新版报告表中既有关联业务往来信息，又有会计报表信息，同时还包括国别报告等信息，便于进行关联业务往来税收风险分析时提取信息、数据。

（三）繁简适度

新版报告表虽有22张，但纳税人可以根据自身的业务情况选择填报，充分考虑不同纳税人规模、业务情况，大部分企业可能仅填报9张表以内，与原报告表相近。有3张表第一年填报后，以后年度大部分信息可共享，比之前填报更加简化、便捷。

（四）信息共享

新版报告表作为企业所得税年度申报附送表，将与企业所得税年度申报表电子申报系统整合，实现与企业所得税年度申报表信息的共享，大部分信息前后年度可以共享，避免企业重复填报。

四、国别报告的报送主体和报送内容

国别报告是BEPS第13项行动计划《转让定价文档和国别报告》中的一项重要内容。42号公告将国别报告作为“中华人民共和国企业年度关联业务往来报告表”的附表，在年度企业所得税申报时一并报送。

1.报送主体为我国居民企业，具体分为两类情形：

一是该居民企业为跨国企业集团的最终控股企业，且其上一会计年度合并财务报表中的各类收入金额合计超过55亿元。这里的最终控股企业是指能够合并其所属跨国企业集团所有成员实体财务报表的，且不能被其他企业纳入合并财务报表的企业。上述成员实体包括：

（1）实际已被纳入跨国企业集团合并财务报表的任一实体。

（2）跨国企业集团持有该实体股权且按公开证券市场交易要求应被纳入但实际未被纳入跨国企业集团合并财务报表的任一实体。

（3）仅由于业务规模或者重要性程度而未被纳入跨国企业集团合并财务报表的任一实体。

（4）独立核算并编制财务报表的常设机构。

二是该居民企业被跨国企业集团指定为国别报告的报送企业。

2.国别报告主要通过“国别报告——所得、税收和业务活动国别分布表”、“国别报告——跨国企业集团成员实体名单”和“国别报告——附加说明表”三张表单披露最终控股企业所属企业集团所有成员实体的全球所得、税收和业务活动的国别分布情况。

3.最终控股企业为中国居民企业的跨国企业集团，其信息涉及国家安全的，可以按照国家有关规定，豁免填报部分或者全部国别报告。

4.国别报告应当以中、英文双语填写，税务机关可以按照我国对外签订的协定、协议或者安排将使用英文填写的国别报告信息与其他税务主管当局进行交换。

5.税务机关可以在实施特别纳税调查时要求以下被调查企业提供国别报告：

（1）跨国企业集团未向任何国家提供国别报告；

（2）虽然跨国企业集团已向其他国家提供国别报告，但我国与该国尚未建立国别报告信息交换机制；

（3）虽然跨国企业集团已向其他国家提供国别报告，且我国与该国已建立国别报告信息交换机制，但国别报告实际未成功交换至我国。

五、同期资料准备要求

企业应当依据《企业所得税法实施条例》第一百一十四条的规定，按纳税年度准备并按税务机关要求提供其关联交易的同期资料。企业依照有关规定进行关联申报、提供同期资料及有关资料的，税务机关实施特别纳税调查补征税款时，可以依据《企业所得税法实施条例》第一百二十二条的规定，按照税款所属纳税年度中国人民银行公布的与补税期间同期的人民币贷款基准利率加收利息。

同期资料包括主体文档、本地文档和特殊事项文档。企业只要满足其中一种文档的准备条件就需要准备该种同期资料，存在企业需要准备多种文档的可能性。

企业仅与境内关联方发生关联交易的，可以不准备主体文档、本地文档和特殊事项文档。企业执行预约定价安排的，可以不准备预约定价安排涉及关联交易的本地文档和特殊事项文档，且关联交易金额不计入准备本地文档条件的关联交易金额范围。

同期资料应当使用中文，并标明引用信息资料的出处来源，同时同期资料应当加盖企业印章，并由法定代表人或者法定代表人授权的代表签章。

主体文档应当在企业集团最终控股企业会计年度终了之日起12个月内准备完毕；本地文档和特殊事项文档应当在关联交易发生年度次年6月30日之前准备完毕。同期资料应当自税务机关要求之日起30日内提供。企业因不可抗力无法按期提供同期资料的，应当在不可抗力消除后30日内提供同期资料。

同期资料应当自税务机关要求的准备完毕之日起保存10年。企业合并、分立的，应当由合并、分立后的企业保存同期资料。

（一）主体文档

1.符合下列条件之一的企业，应当准备主体文档：

（1）年度发生跨境关联交易，且合并该企业财务报表的最终控股企业所属企业集团已准备主体文档。

（2）年度关联交易总额超过10亿元。

2.主体文档主要披露最终控股企业所属企业集团的全球业务整体情况，包括以下内容：

（1）组织架构。以图表形式说明企业集团的全球组织架构、股权结构和所有成员实体的地理分布。成员实体是指企业集团内任一营运实体，包括公司制企业、合伙企业和常设机构等。

（2）企业集团业务情况。内容包括：企业集团业务描述，包括利润的重要价值贡献因素；企业集团营业收入前5位以及占营业收入超过5%的产品或者劳务的供应链及其主要市场地域分布情况，供应链情况可以采用图表形式进行说明；企业集团除研发外的重要关联劳务及简要说明，说明内容包括主要劳务提供方提供劳务的胜任能力、分配劳务成本以及确定关联劳务价格的转让定价政策；企业集团内各成员实体主要价值贡献分析，包括执行的关键功能、承担的重大风险，以及使用的重要资产；企业集团会计年度内发生的业务重组，产业结构调整，集团内企业功能、风险或者资产的转移；企业集团会计年度内发生的企业法律形式改变、债务重组、股权收购、资产收购、合并、分立等。

（3）无形资产。内容包括：企业集团开发、应用无形资产及确定无形资产所有权归属的整体战略，包括主要研发机构所在地和研发管理活动发生地及其主要功能、风险、资产和人员情况；企业集团对转让定价安排有显著影响的无形资产或者无形资产组合，以及对应的无形资产所有权人；企业集团内各成员实体与其关联方的无形资产重要协议清单，重要协议包括成本分摊协议、主要研发服务协议和许可协议等；企业集团内与研发活动及无形资产相关的转让定价政策；企业集团会计年度内重要无形资产所有权和使用权关联转让情况，包括转让涉及的企业、国家以及转让价格等。

（4）融资活动。内容包括：企业集团内部各关联方之间的融资安排以及与非关联方的主要融资安排；企业集团内提供集中融资功能的成员实体情况，包括其注册地和实际管理机构所在地；企业集团内部各关联方之间融资安排的总体转让定价政策。

（5）财务与税务状况。内容包括：企业集团最近一个会计年度的合并财务报表；企业集团内各成员实体签订的单边预约定价安排、双边预约定价安排以及涉及国家之间所得分配的其他税收裁定的清单及简要说明；报送国别报告的企业名称及其所在地。

3. 主体文档提供及管理办法。

根据《国家税务总局关于明确同期资料主体文档提供及管理有关事项的公告》（国家税务总局公告2018年第14号）规定，企业只要同时符合以下条件即可简并提供主体文档：一是符合《国家税务总局关于完善关联申报和同期资料管理有关事项的公告》（国家税务总局公告2016年第42号）中主体文档的准备条件；二是集团内企业分属两个以上税务机关管辖；三是企业主动提供主体文档。需要注意的是，“主动提供”是指在税务机关实施特别纳税调查前企业提供主体文档的情形。

简并提供主体文档，是指需要准备主体文档的企业集团，可以选择任一企业主管税务机关主动提供主体文档。集团内其他企业被主管税务机关要求提供主体文档时，在向主管税务机关书面报告集团主动提供主体文档情况后，可免于提供。

如果集团内一家企业被税务机关实施特别纳税调查并已按主管税务机关要求提供主体文档，集团内其他企业不能免于提供主体文档，但集团仍然可以选择其他任一企业适用前款规定。

根据企业集团内各企业的属地情况，税务机关管理主体文档的流程分两种情况：一是企业集团内各企业均属一个省、自治区、直辖市、计划单列市税务机关管辖的，收到主体文档的主管税务机关需层报至省税务机关，由省税务机关负责主体文档管理，统一组织协调，按需求提供给集团内各企业主管税务机关使用。二是企业集团内各企业分属两个或者两个以上省、自治区、直辖市、计划单列市税务机关管辖的，收到主体文档的主管税务机关需层报至国家税务总局，由国家税务总局负责主体文档管理，统一组织协调，按需求提供给集团内各企业主管税务机关使用。

（二）本地文档

1. 年度关联交易金额符合下列条件之一的企业，应当准备本地文档：

（1）有形资产所有权转让金额（来料加工业务按照年度进出口报关价格计算）超过2亿元。

（2）金融资产转让金额超过1亿元。

（3）无形资产所有权转让金额超过1亿元。

（4）其他关联交易金额合计超过4 000万元。

需要注意的是，《特别纳税调查调整及相互协商程序管理办法》（国家税务总局公告2017年第6号）第二十八条规定，企业为境外关联方从事来料加工或者进料加工等单一生产业务，或者从事分销、合约研发业务，原则上应当保持合理的利润水平。上述企业如出现亏损，无论是否达到《国家税务总局关于完善关联申报和同期资料管理有关事项的公告》（国家税务总局公告2016年第42号）中的同期资料准备标准，均应当就亏损年度准备同期资料本地文档。税务机关应当重点审核上述企业的本地文档，加强监控管理。上述企业承担由于决策失误、开工不足、产品滞销、研发失败等造成的应当由关联方承担的风险和损失的，税务机关可以实施特别纳税调整。

2.本地文档主要披露企业关联交易的详细信息，包括以下内容：

（1）企业概况：

①组织结构，包括企业各职能部门的设置、职责范围和雇员数量等。

②管理架构，包括企业各级管理层的汇报对象以及汇报对象主要办公所在地等。

③业务描述，包括企业所属行业的发展概况、产业政策、行业限制等影响企业和行业的主要经济和法律问题，主要竞争者等。

④经营策略，包括企业各部门、各环节的业务流程，运营模式，价值贡献因素等。

⑤财务数据，包括企业不同类型业务及产品的收入、成本、费用及利润。

⑥涉及本企业或者对本企业产生影响的重组或者无形资产转让情况，以及对本企业的影响分析。

（2）关联关系：

①关联方信息，包括直接或者间接拥有企业股权的关联方，以及与企业发生交易的关联方，内容涵盖关联方名称、法定代表人、高级管理人员的构成情况、注册地址、实际经营地址，以及关联个人的姓名、国籍、居住地等情况。

②上述关联方适用的具有所得税性质的税种、税率及相应可享受的税收优惠。

③本会计年度内，企业关联关系的变化情况。

（3）关联交易：

①关联交易概况。具体内容为：关联交易描述和明细，包括关联交易相关合同或者协议副本及其执行情况的说明，交易标的的特性，关联交易的类型、参与方、时间、金额、结算货币、交易条件、贸易形式，以及关联交易与非关联交易业务的异同等；关联交易流程，包括关联交易的信息流、物流和资金流，与非关联交易业务流程的异同；功能风险描述，包括企业及其关联方在各类关联交易中执行的功能、承担的风险和使用的资产；交易定价影响要素，包括关

联交易涉及的无形资产及其影响，成本节约、市场溢价等地域特殊因素。地域特殊因素应从劳动力成本、环境成本、市场规模、市场竞争程度、消费者购买力、商品或者劳务的可替代性、政府管制等方面进行分析；关联交易数据，包括各关联方、各类关联交易涉及的交易金额。分别披露关联交易和非关联交易的收入、成本、费用和利润，不能直接归集的，按照合理比例划分，并说明该划分比例的依据。

②价值链分析。具体内容为：企业集团内业务流、物流和资金流，包括商品、劳务或者其他交易标的从设计、开发、生产制造、营销、销售、交货、结算、消费、售后服务、循环利用等各环节及其参与方；上述各环节参与方最近会计年度的财务报表；地域特殊因素对企业创造价值贡献的计量及其归属；企业集团利润在全球价值链条中的分配原则和分配结果。

③对外投资情况。具体内容为：对外投资基本信息，包括对外投资项目的投资地区、金额、主营业务及战略规划；对外投资项目概况，包括对外投资项目的股权架构、组织结构，高级管理人员的雇用方式，项目决策权限的归属；对外投资项目数据，包括对外投资项目的营运数据。

④关联股权转让情况。具体内容为：股权转让概况，包括转让背景、参与方、时间、价格、支付方式，以及影响股权转让的其他因素；股权转让标的的相关信息，包括股权转让标的所在地，出让方获取该股权的时间、方式和成本，股权转让收益等信息；尽职调查报告或者资产评估报告等与股权转让相关的其他信息。

⑤关联劳务情况。具体内容为：关联劳务概况，包括劳务提供方和接受方，劳务的具体内容、特性、开展方式、定价原则、支付形式，以及劳务发生后各方受益情况等；劳务成本费用的归集方法、项目、金额、分配标准、计算过程及结果等；企业及其所属企业集团与非关联方存在相同或者类似劳务交易的，还应当详细说明关联劳务与非关联劳务在定价原则和交易结果上的异同。

⑥与企业关联交易直接相关的，中国以外其他国家税务主管当局签订的预约定价安排和作出的其他税收裁定。

（4）可比性分析：

①可比性分析考虑的因素，包括交易资产或者劳务特性，交易各方功能、风险和资产，合同条款，经济环境，经营策略等。

②可比企业执行的功能、承担的风险以及使用的资产等相关信息。

③可比对象搜索方法、信息来源、选择条件及理由。

④所选取的内部或者外部可比非受控交易信息和可比企业的财务信息。

⑤可比数据的差异调整及理由。

（5）转让定价方法的选择和使用：

①被测试方的选择及理由。

②转让定价方法的选用及理由，无论选择何种转让定价方法，均须说明企

业对集团整体利润或者剩余利润所做的贡献。

③确定可比非关联交易价格或者利润的过程中所做的假设和判断。

④运用合理的转让定价方法和可比性分析结果，确定可比非关联交易价格或者利润。

⑤其他支持所选用转让定价方法的资料。

⑥关联交易定价是否符合独立交易原则的分析及结论。

（三）特殊事项文档

特殊事项文档包括成本分摊协议特殊事项文档和资本弱化特殊事项文档。企业签订或者执行成本分摊协议的，应当准备成本分摊协议特殊事项文档。企业关联债资比例超过标准比例需要说明符合独立交易原则的，应当准备资本弱化特殊事项文档。

1.成本分摊协议特殊事项文档。成本分摊协议特殊事项文档包括以下内容：

（1）成本分摊协议副本。

（2）各参与方之间达成的为实施成本分摊协议的其他协议。

（3）非参与方使用协议成果的情况、支付的金额和形式，以及支付金额在参与方之间的分配方式。

（4）本年度成本分摊协议的参与方加入或者退出的情况，包括加入或者退出的参与方名称、所在国家和关联关系，加入支付或者退出补偿的金额及形式。

（5）成本分摊协议的变更或者终止情况，包括变更或者终止的原因、对已形成协议成果的处理或者分配。

（6）本年度按照成本分摊协议发生的成本总额及构成情况。

（7）本年度各参与方成本分摊的情况，包括成本支付的金额、形式和对象，作出或者接受补偿支付的金额、形式和对象。

（8）本年度协议预期收益与实际收益的比较以及由此作出的调整。

（9）预期收益的计算，包括计量参数的选取、计算方法和改变理由。

2.资本弱化特殊事项文档。资本弱化特殊事项文档包括以下内容：

（1）企业偿债能力和举债能力分析。

（2）企业集团举债能力及融资结构情况分析。

（3）企业注册资本等权益投资的变动情况说明。

（4）关联债权投资的性质、目的及取得时的市场状况。

（5）关联债权投资的货币种类、金额、利率、期限及融资条件。

（6）非关联方是否能够并且愿意接受上述融资条件、融资金额及利率。

（7）企业为取得债权性投资而提供的抵押品情况及条件。

（8）担保人状况及担保条件。

（9）同类同期贷款的利率情况及融资条件。

（10）可转换公司债券的转换条件。

（11）其他能够证明符合独立交易原则的资料。

第三节　特别纳税调整内部工作规程

特别纳税调整是指税务机关对企业的转让定价、预约定价安排、成本分摊协议、受控外国企业、资本弱化以及一般反避税等事项的管理。国家税务总局于2016年9月14日发布了《特别纳税调整内部工作规程》（税总发〔2016〕137号）。《特别纳税调整内部工作规程》的实施，为进一步规范各级税务机关在特别纳税调整工作中的相应职责和工作流程，完善内控机制提供了操作指引。

一、特别纳税调整的组织机构

各级税务机关应当明确专业机构和人员，对本地区特别纳税调整工作实施集中统一管理。税源比较集中的地区，省级税务机关可以建立省、市一体化管理机制，成立专业化特别纳税调整管理团队，集中开展案源监控、选案分析、案件调查、结案审核等工作。

二、特别纳税调整信息资料库建设

各省级税务机关应当结合本地实际，利用内部征管信息，海关、银行、工商、统计、证券、商务、外汇管理等其他政府部门信息，以及外购信息等，建立健全特别纳税调整信息资料库。各省级税务机关应当构建跨境关联交易风险模型和指标体系，通过分析纳税人历年报送的年度所得税申报信息、关联申报信息以及其他涉税信息，对纳税人的生产经营、关联交易等情况进行综合评估，识别特别纳税调整风险，对不同风险等级的纳税人实施相应的应对策略。

三、特别纳税调整一般程序

（一）调查对象的确定

1.税务机关发现纳税人存在特别纳税调整风险的，应当采取集体研究讨论的方式确定调查对象；未确定为调查对象的，主管税务机关可以向纳税人提示其存在特别纳税调整风险，并送达“税务事项通知书”。

主管税务机关提示纳税人存在特别纳税调整风险，纳税人自行调整的，主管税务机关应当将纳税人自行调整情况通过案件管理系统层报税务总局备案。

纳税人拒绝自行调整，或者自行调整不合理的，主管税务机关可以将其确定为调查对象。

2.税务机关发现纳税人存在的特别纳税调整风险涉及全国其他省（市）的，

应当及时层报税务总局，由税务总局确定特别纳税调整联查案件。

3.对于税务总局确定的特别纳税调整联查案件，主管税务机关应当将联查范围内的纳税人确定为调查对象。

（二）立案程序

1.调查对象确定后，主管税务机关应当填制“特别纳税调整立案审核表”，并附立案报告以及有关资料，通过案件管理系统层报省级税务机关进行审核。

2.属于全国联查案件和一般反避税管理案件的，省级税务机关审核后，应当及时通过案件管理系统呈报税务总局审核。税务总局审核同意后，将“特别纳税调整立案审核表”以及有关资料转发给主管税务机关；税务总局审核后不同意立案或者需进一步补充相关资料的，应当及时通过案件管理系统将意见转发给主管税务机关。

3.除全国联查案件和一般反避税管理以外的特别纳税调整案件，省级税务机关审核后同意立案的，应当及时通过案件管理系统呈报税务总局备案，并将“特别纳税调整立案审核表”以及有关资料转发给主管税务机关，主管税务机关应当组成办案小组实施调查；省级税务机关审核后不同意立案或者需进一步补充相关资料的，应当及时通过案件管理系统将意见转发给主管税务机关。

4.涉及全国联查案件的，税务总局牵头从相关省（市）抽调专业人员组成联查办案小组实施调查，集体研究讨论，统一确定调查调整方案。

（三）资料收集

1.涉及全国联查案件的，联查过程中需要收集的相关资料，由联查办案小组确定收集资料清单，由税务总局指定税务机关统一送达纳税人。

被联查纳税人各成员单位所在地主管税务机关特别是总部所在地主管税务机关，应当积极配合收集相关资料并提供给联查办案小组。

2.主管税务机关需要收集属于其他省（市）税务机关管辖的被调查纳税人关联方或可比对象相关资料的，应当填写“特别纳税调整工作联系单（适用于协查）”，层报省级税务机关，由省级税务机关转发办理。

主管税务机关需要获取中央各部委有关信息资料的，应当层报税务总局，由税务总局审核后按规定程序办理；需要通过境外税务主管当局获取境外有关信息资料的，应当层报税务总局，由税务总局审核后根据我国对外签订的协定、协议或者安排的有关规定与境外税务主管当局开展信息交换。

（四）结案程序

1.主管税务机关办案小组应当集体研究讨论形成案件初步调整方案或不予调整的意见和理由，填制“特别纳税调整结案审核表”，并附结案报告以及有关资料，通过案件管理系统层报省级税务机关，由省级会审小组集体审核。

2.属于全国联查案件的重大案件，由主管税务机关填制“特别纳税调整结案审核表”，并附结案报告以及有关资料通过案件管理系统层报税务总局，按照有关规定由全国会审小组集体审核，无需经过省级会审小组集体审核。

3.除全国联查案件以外的重大案件，经省级会审小组审核同意后，通过案件管理系统呈报税务总局，按照有关规定由全国会审小组集体审核。

全国会审小组集体审核案件时，可以听取办案小组成员和省级会审小组成员对案件调查具体情况的汇报，共同讨论、评议案件。

全国会审小组或者省级会审小组各成员采取无记名投票的方式出具审核意见。各成员投票一致同意调整方案的，会审小组应当作出同意调整方案的最终意见；各成员投票一致不同意或者意见不一致的，会审小组应当作出修改调整方案或者进一步补充相关资料的意见。办案小组修改调整方案或者进一步补充相关资料后，会审小组应当在综合各方意见的基础上，就是否同意调整方案形成最终会审意见。

属于非重大案件的，省级会审小组形成的最终会审意见，应当通过案件管理系统转发给主管税务机关，同时呈报税务总局备案，税务总局通过抽查等方式实施案件质量管理。

属于重大案件的，全国会审小组形成的最终会审意见，应当通过案件管理系统转发给主管税务机关。

重大案件包括：全国联查案件；转让定价调查初步调整方案单案补税金额1 000万元以上的案件；涉及成本分摊管理的案件；涉及受控外国企业管理的案件；涉及资本弱化管理的案件；涉及一般反避税管理的案件；其他税务总局确定的案件。

会审工作程序按照《特别纳税调整重大案件会审工作规程（试行）》（国税发〔2012〕16号）的有关规定执行。

4.主管税务机关应当根据最终会审意见，分以下情况进行处理：

（1）同意不予调整意见的，向被调查纳税人送达“特别纳税调查结论通知书”。

（2）不同意不予调整意见或初步调整方案的，按照修改或者补充资料的意见完善后，再次层报审核。

（3）同意初步调整方案的，向被调查纳税人送达“特别纳税调查初步调整通知书”。

5.被调查纳税人收到“特别纳税调查初步调整通知书”后，在规定时限内未提出异议的，或者提出异议后又拒绝协商的，主管税务机关应当以初步调整方案作为最终调整方案，向纳税人送达“特别纳税调查调整通知书”。

被调查纳税人收到“特别纳税调查初步调整通知书”后，在规定时限内提出异议，办案小组集体审核后，认为不应采纳的，应当将被调查纳税人的异议以及不应采纳的意见和理由再次层报审核。会审小组集体审核后同意办案小组意见的，主管税务机关应当以初步调整方案作为最终调整方案，向纳税人送达“特别纳税调查调整通知书”；会审小组集体审核后不同意办案小组意见的，办案小组应当修改调整方案。

被调查纳税人收到“特别纳税调查初步调整通知书”后，在规定时限内提出异议，办案小组或者会审小组集体审核后认为确需对调整方案进行修改的，办案小组应当将修改后的调整方案再次层报审核。经会审小组审核形成最终调整方案的，主管税务机关应当向纳税人送达“特别纳税调查调整通知书”。

（五）后续管理

1. 主管税务机关应当及时跟踪特别纳税调整补征税款和预约定价安排、相互协商协议的执行以及补（退）税款情况，并在纳税人实际补（退）税款之日起10日内，将补（退）税款、加收利息和滞纳金情况填制“特别纳税调整补征税款情况统计表”“预约定价安排补（退）税款情况统计表”“相互协商协议补（退）税款情况统计表”，通过案件管理系统层报税务总局备案。

2. 主管税务机关应当在对纳税人实施特别纳税调整工作结束后，将工作过程中形成的文书、工作底稿、证据等资料，按有关规定集中归档。税务机关内部需要调阅的，应当严格执行档案转出、接收和调阅手续。

3. 各地国家税务局和地方税务局应当加强特别纳税调整工作的协调配合，涉及对方税务机关管辖税种的，应当向对方发出“特别纳税调整工作联系单（适用于信息交换）”；同时涉及双方管辖税种的，可以联合开展特别纳税调查调整。

四、预约定价内部工作程序

1. 单边预约定价安排仅涉及一个省、自治区、直辖市、计划单列市国家税务局或者地方税务局的，由主管税务机关负责谈签相关工作，或者由省级税务机关统一组织协调谈签相关工作。

2. 税务机关在预备会谈期间和纳税人达成一致意见的，主管税务机关应当填制“单边预约定价安排受理谈签意向审核表”，附预备会谈报告以及有关资料，通过案件管理系统层报省级税务机关审核。省级税务机关审核后同意的，应当及时呈报税务总局备案，并由主管税务机关向纳税人送达同意其提交谈签意向的“税务事项通知书”。

税务机关经分析评估后与纳税人开展预约定价安排协商并达成一致的，主管税务机关应当填制“单边预约定价安排签署审核表”，附单边预约定价安排文本、分析评估报告以及有关资料，经省级会审小组集体审核后通过案件管理系统呈报税务总局，由全国会审小组集体审核。经审核同意后，由主管税务机关与纳税人签署单边预约定价安排。

主管税务机关应当在签署单边预约定价安排之日起10日内，填制“单边预约定价安排信息交换表（中文）”和“单边预约定价安排信息交换表（英文）”，并通过案件管理系统层报税务总局。

3. 单边预约定价安排同时涉及两个或者两个以上省、自治区、直辖市和计划单列市税务机关的，或者同时涉及国家税务局和地方税务局的，由税务总局统一组织协调，税务总局或者税务总局指定的税务机关负责谈签相关工作。

税务总局或者指定的税务机关在预备会谈期间和纳税人达成一致意见的，由指定的税务机关填制“单边预约定价安排受理谈签意向审核表”，附预备会谈报告以及有关资料，通过案件管理系统层报税务总局审核。经审核同意后，由指定的税务机关向纳税人送达同意其提交谈签意向的“税务事项通知书”。

税务总局或者指定的税务机关经分析评估后与纳税人开展预约定价安排协商并达成一致的，由指定的税务机关填制“单边预约定价安排签署审核表”，附单边预约定价安排文本、分析评估报告以及有关资料，通过案件管理系统层报税务总局，参照本规程第九条第一款的有关规定，由全国会审小组集体审核。经审核同意后，由税务总局或者指定的税务机关与纳税人统一签署单边预约定价安排，并转发各主管税务机关执行，也可以由各主管税务机关与纳税人分别签署单边预约定价安排。

指定的税务机关应当在签署单边预约定价安排之日起10日内，填制“单边预约定价安排信息交换表（中文）”和“单边预约定价安排信息交换表（英文）”，并通过案件管理系统层报税务总局。

五、特别纳税调整年度考核

省级税务机关应当加强本地区特别纳税调整工作的统筹协调，税务总局对省级税务机关特别纳税调整工作进行年度考核的内容包括：专业人员管理和培训；跨境关联交易风险模型和指标体系的运用，包括风险监控、风险提示及纳税人自行调整情况；立案、调查、资料收集、审核、结案、税款入库、案卷归档等工作的开展情况；反避税专项经费管理情况；特别纳税调整案件宣传口径合规情况；其他有关工作。

第四节　特别纳税调查调整及相互协商程序管理

为规范特别纳税调查及调整程序，国家税务总局于2009年1月8日发布了《特别纳税调整实施办法（试行）》（国税发〔2009〕2号，以下简称“2号文”），经过多年实践经验，并结合国际经济环境变化，国家税务总局于2017年3月7日发布了《特别纳税调查调整及相互协商程序管理办法》（国家税务总局公告2017年第6号，以下简称《办法》）。《办法》对2号文中特别纳税调查调整的相关内容进行了补充修改和细化，进一步明晰税务机关的调查调整程序、调整方法等相关工作内容。《办法》还充分考虑纳税人的合法权益，进一步规范了特别纳税调整相互协商的工作流程及内容。与2号文相比，《办法》对特别纳税调查调整的规定更加清晰透明，内容更加全面，符合新的国际税收形势。

《办法》规定的特别纳税调查程序适用于对企业的转让定价、成本分摊协议、受控外国企业、资本弱化、一般反避税等事项的特别纳税调查。《办法》规定的相互协商程序既适用于税收协定缔约一方实施特别纳税调查调整引起另一方相应调整的协商谈判，也适用于双边或者多边预约定价安排的谈签。《办法》规定的相互协商程序不适用于涉及税收协定条款解释或者执行的相互协商程序。涉及税收协定条款解释或者执行的相互协商程序，按照《税收协定相互协商程序实施办法》（国家税务总局公告2013年第56号）的有关规定执行。

一、总体要求

税务机关应以风险管理为导向，构建和完善关联交易利润水平监控管理指标体系，加强对企业利润水平的监控，通过特别纳税调整监控管理和特别纳税调查调整，促进企业税法遵从。

二、纳税调整风险提示

税务机关通过关联申报审核、同期资料管理和利润水平监控等手段，对企业实施特别纳税调整监控管理，发现企业存在特别纳税调整风险的，可以向企业送达"税务事项通知书"，提示其存在的税收风险。

企业收到特别纳税调整风险提示或者发现自身存在特别纳税调整风险的，可以自行调整补税。企业自行调整补税的，应当填报"特别纳税调整自行缴纳税款表"。

企业自行调整补税的，在两种情形下税务机关仍可以实施特别纳税调查调整。一是企业自行调整补税不到位的；二是企业要求税务机关确认关联交易定价原则和方法等特别纳税调整事项的。

《企业所得税法实施条例》第一百二十三条规定，企业与其关联方之间的业务往来，不符合独立交易原则，或者企业实施其他不具有合理商业目的安排的，税务机关有权在该业务发生的纳税年度起10年内，进行纳税调整。

三、选案

1.税务机关实施特别纳税调查，应当重点关注具有以下风险特征的企业：

（1）关联交易金额较大或者类型较多；

（2）存在长期亏损、微利或者跳跃性盈利；

（3）低于同行业利润水平；

（4）利润水平与其所承担的功能风险不相匹配，或者分享的收益与分摊的成本不相配比；

（5）与低税国家（地区）关联方发生关联交易；

（6）未按照规定进行关联申报或者准备同期资料；

（7）从其关联方接受的债权性投资与权益性投资的比例超过规定标准；

（8）由居民企业，或者由居民企业和中国居民控制的设立在实际税负低于12.5%的国家（地区）的企业，并非由于合理的经营需要而对利润不作分配或者减少分配；

（9）实施其他不具有合理商业目的的税收筹划或者安排。

2.税务机关应当向已确定立案调查的企业送达“税务检查通知书（一）”。被立案调查企业为非居民企业的，税务机关可以委托境内关联方或者与调查有关的境内企业送达“税务检查通知书（一）”。

《办法》明确经预备会谈与税务机关达成一致意见，已向税务机关提交“预约定价安排谈签意向书”，并申请预约定价安排追溯适用以前年度的企业，或者已向税务机关提交“预约定价安排续签申请书”的企业，可以暂不作为特别纳税调整的调查对象。但预约定价安排未涉及的年度和关联交易除外，也就是说如果预约定价安排未涉及的关联交易存在特别纳税调整问题，也可能被特别纳税调查调整。

四、调查取证

1.税务机关实施特别纳税调查时，可以要求被调查企业及其关联方，或者与调查有关的其他企业提供相关资料：

（1）要求被调查企业及其关联方，或者与调查有关的其他企业提供相关资料的，应当向该企业送达“税务事项通知书”。该企业在境外的，税务机关可以委托境内关联方或者与调查有关的境内企业向该企业送达“税务事项通知书”。

（2）需要到被调查企业的关联方或者与调查有关的其他企业调查取证的，应当向该企业送达“税务检查通知书（二）”。

2.被调查企业及其关联方以及与调查有关的其他企业应当按照税务机关要求提供真实、完整的相关资料：

（1）提供由自身保管的书证原件。原本、正本和副本均属于书证的原件。提供原件确有困难的，可以提供与原件核对无误的复印件、照片、节录本等复制件。提供方应当在复制件上注明“与原件核对无误，原件存于我处”，并由提供方签章。

（2）提供由有关方保管的书证原件复制件、影印件或者抄录件的，提供方应当在复制件、影印件或者抄录件上注明“与原件核对无误”，并注明出处，由该有关方及提供方签章。

（3）提供外文书证或者外文视听资料的，应当附送中文译本。提供方应当对中文译本的准确性和完整性负责。

（4）提供境外相关资料的，应当说明来源。税务机关对境外资料真实性和完整性有疑义的，可以要求企业提供公证机构的证明。

3.税务机关实施特别纳税调查时，应当按照法定权限和程序进行，可以采用实地调查、检查纸质或者电子数据资料、调取账簿、询问、查询存款账户或者储蓄存款、发函协查、国际税收信息交换、异地协查等方式，收集能够证明案件事实的证据材料。收集证据材料过程中，可以记录、录音、录像、照相和复制，录音、录像、照相前应当告知被取证方。记录内容应当由两名以上调查人员签字，并经被取证方核实签章确认。被取证方拒绝签章的，税务机关调查人员（两名以上）应当注明。

4.以电子数据证明案件事实的，税务机关可以采取以下方式进行取证：

（1）要求提供方将电子数据打印成纸质资料，在纸质资料上注明数据出处、打印场所，并注明“与电子数据核对无误”，由提供方签章。

（2）采用有形载体形式固定电子数据，由调查人员与提供方指定人员一起将电子数据复制到只读存储介质上并封存。在封存包装物上注明电子数据名称、数据来源、制作方法、制作时间、制作人、文件格式及大小等，并注明“与原始载体记载的电子数据核对无误”，由提供方签章。

5.税务机关需要将以前年度的账簿、会计凭证、财务会计报告和其他有关资料调回检查的，应当按照《税收征管法》及其实施细则有关规定，向被调查企业送达“调取账簿资料通知书”，填写“调取账簿资料清单”交其核对后签章确认。调回资料应当妥善保管，并在法定时限内完整退还。

6.税务机关需要采用询问方式收集证据材料的，应当由两名以上调查人员实施询问，并制作“询问（调查）笔录”。

7.需要被调查当事人、证人陈述或者提供证言的，应当事先告知其不如实陈述或者提供虚假证言应当承担的法律责任。被调查当事人、证人可以采取书面或者口头方式陈述或者提供证言，以口头方式陈述或者提供证言的，调查人员可以笔录、录音、录像。笔录应当使用能够长期保持字迹的书写工具书写，也可使用计算机记录并打印，陈述或者证言应当由被调查当事人、证人逐页签章。

陈述或者证言中应当写明被调查当事人、证人的姓名、工作单位、联系方式等基本信息，注明出具日期，并附居民身份证复印件等身份证明材料。

被调查当事人、证人口头提出变更陈述或者证言的，调查人员应当就变更部分重新制作笔录，注明原因，由被调查当事人、证人逐页签章。被调查当事人、证人变更书面陈述或者证言的，不退回原件。

8.税务机关应当结合被调查企业年度关联业务往来报告表和相关资料，对其与关联方的关联关系以及关联交易金额进行确认，填制“关联关系认定表”和“关联交易认定表”，并由被调查企业确认签章。被调查企业拒绝确认的，税务机关调查人员（两名以上）应当注明。

9.被调查企业不提供特别纳税调查相关资料，或者提供虚假、不完整资料的，由税务机关责令限期改正，逾期仍未改正的，税务机关按照《税收征管法》及其实施细则有关规定进行处理，并依法核定其应纳税所得额。

五、调整程序

（一）不存在特别纳税调整问题的处理

经调查，税务机关未发现企业存在特别纳税调整问题的，应当作出特别纳税调查结论，并向企业送达“特别纳税调查结论通知书”。

需要注意的是，实际税负相同的境内关联方之间的交易，只要该交易没有直接或者间接导致国家总体税收收入的减少，原则上不作特别纳税调整。但如果境内关联方之间的交易直接或者间接导致应税利润从我国境内转移到境外的，税务机关有权对其进行特别纳税调整。

各级税务机关对境内关联交易实施转让定价调查调整，应遵循以下原则：一是如果企业实际税负等于或低于境内关联方税负，不应对该企业进行转让定价调查调整，因为相应调整会使企业的补税等于或少于关联方的退税，国家总体税收不变或减少；二是如果企业实际税负高于境内关联方税负，可以对该企业进行转让定价调查调整，但为了避免各地之间开展转让定价相应调整谈判，应按照该企业与其关联方的实际税负差补税，关联方不退税。

（二）存在特别纳税调整问题的实施程序

1.经调查，税务机关发现企业存在特别纳税调整问题的，应当按照以下程序实施调整：

（1）在测算、论证、可比性分析的基础上，拟定特别纳税调查调整方案。

（2）根据拟定调整方案与企业协商谈判，双方均应当指定主谈人，调查人员应当做好“协商内容记录”，并由双方主谈人签字确认。企业拒签的，税务机关调查人员（两名以上）应当注明。企业拒绝协商谈判的，税务机关向企业送达“特别纳税调查初步调整通知书”。

（3）协商谈判过程中，企业对拟定调整方案有异议的，应当在税务机关规定的期限内进一步提供相关资料。税务机关收到资料后，应当认真审议，并作出审议结论。根据审议结论，需要进行特别纳税调整的，税务机关应当形成初步调整方案，向企业送达“特别纳税调查初步调整通知书”。

（4）企业收到“特别纳税调查初步调整通知书”后有异议的，应当自收到通知书之日起7日内书面提出。税务机关收到企业意见后，应当再次协商、审议。根据审议结论，需要进行特别纳税调整，并形成最终调整方案的，税务机关应当向企业送达“特别纳税调查调整通知书”。

（5）企业收到“特别纳税调查初步调整通知书”后，在规定期限内未提出异议的，或者提出异议后又拒绝协商的，或者虽提出异议但经税务机关审议后不予采纳的，税务机关应当以初步调整方案作为最终调整方案，向企业送达“特别纳税调查调整通知书”。

2.被调查企业在税务机关实施特别纳税调查调整期间申请变更经营地址或者注销税务登记的，税务机关在调查结案前原则上不予办理税务变更、注销手续。

3.企业被实施特别纳税调查调整后的法律救济途径。企业收到“特别纳税调查调整通知书”后有异议的，可以在依照“特别纳税调查调整通知书”缴纳或者解缴税款、利息、滞纳金或者提供相应的担保后，依法申请行政复议，对行政复议决定不服的，可以依法向人民法院提起行政诉讼，也可以根据我国对外签署的税收协定的有关规定，申请启动特别纳税调整相互协商程序。

六、特别纳税调整应补税款加收利息的计算

1.企业在“特别纳税调查调整通知书”送达前自行缴纳税款的，应当填报“特别纳税调整自行缴纳税款表”。

需要注意的是，税务机关对企业实施特别纳税调整，涉及企业向境外关联方支付利息、租金、特许权使用费的，除另有规定外，不调整已扣缴的税款。

2.税务机关对企业实施特别纳税调整的，应当根据《企业所得税法》及其实施条例的有关规定对2008年1月1日以后发生交易补征的企业所得税按日加收利息。

特别纳税调查调整补缴的税款，应当按照应补缴税款所属年度的先后顺序确定补缴税款的所属年度，以入库日为截止日，分别计算应加收的利息额：

（1）企业在“特别纳税调查调整通知书”送达前缴纳或者送达后补缴税款的，应当自税款所属纳税年度的次年6月1日起至缴纳或者补缴税款之日止计算加收利息。企业超过“特别纳税调查调整通知书”补缴税款期限仍未缴纳税款的，应当自补缴税款期限届满次日起按照《税收征管法》及其实施细则的有关规定加收滞纳金，在加收滞纳金期间不再加收利息。

（2）利息率按照税款所属纳税年度12月31日公布的与补税期间同期的中国人民银行人民币贷款基准利率（以下简称“基准利率”）加5个百分点计算，并按照一年365天折算日利息率。

（3）企业按照有关规定提供同期资料及有关资料的，或者按照有关规定不需要准备同期资料但根据税务机关要求提供其他相关资料的，可以只按照基准利率加收利息。

经税务机关调查，企业实际关联交易额达到准备同期资料标准，但未按照规定向税务机关提供同期资料的，税务机关补征税款加收利息，按照基准利率加5个百分点计算。

（4）企业自行调整补税且主动提供同期资料等有关资料，或者按照有关规定不需要准备同期资料但根据税务机关要求提供其他相关资料的，其2008年1月1日以后发生交易的自行调整补税按照基准利率加收利息。

七、与缔约国相互协商程序

根据我国对外签署的税收协定的有关规定，国家税务总局可以依据企业申请或者税收协定缔约对方税务主管当局请求启动相互协商程序，与税收协定缔约对方税务主管当局开展协商谈判，避免或者消除由特别纳税调整事项引起的国际重复征税。

相互协商内容包括：双边或者多边预约定价安排的谈签；税收协定缔约一方实施特别纳税调查调整引起另一方相应调整的协商谈判。

1.企业申请启动相互协商程序的，应当在税收协定规定期限内，向国家税务总局书面提交“启动特别纳税调整相互协商程序申请表”和特别纳税调整事项的有关说明。企业当面报送上述资料的，以报送日期为申请日期；邮寄报送的，以国家税务总局收到上述资料的日期为申请日期。

国家税务总局收到企业提交的上述资料后，认为符合税收协定有关规定的，可以启动相互协商程序；认为资料不全的，可以要求企业补充提供资料。

企业按照本《办法》规定向国家税务总局提起相互协商申请的，提交的资料应当同时采用中文文本和英文文本，企业向税收协定缔约双方税务主管当局提交资料内容应当保持一致。

2.税收协定缔约对方税务主管当局请求启动相互协商程序的，国家税务总局收到正式来函后，认为符合税收协定有关规定的，可以启动相互协商程序。

国家税务总局认为税收协定缔约对方税务主管当局提供的资料不完整、事实不清晰的，可以要求对方补充提供资料，或者通过主管税务机关要求涉及的境内企业协助核实。

3.国家税务总局决定启动相互协商程序的，应当书面通知省税务机关，并告知税收协定缔约对方税务主管当局。负责特别纳税调整事项的主管税务机关应当在收到书面通知后15个工作日内，向企业送达启动相互协商程序的“税务事项通知书”。

4.在相互协商过程中，税务机关可以要求企业进一步补充提供资料，企业应当在规定的时限内提交。

5.有下列情形之一的，国家税务总局可以拒绝企业申请或者税收协定缔约对方税务主管当局启动相互协商程序的请求：

（1）企业或者其关联方不属于税收协定任一缔约方的税收居民；

（2）申请或者请求不属于特别纳税调整事项；

（3）申请或者请求明显缺乏事实或者法律依据；

（4）申请不符合税收协定有关规定；

（5）特别纳税调整案件尚未结案或者虽然已经结案但是企业尚未缴纳应纳税款。

6.有下列情形之一的，国家税务总局可以暂停相互协商程序：

（1）企业申请暂停相互协商程序；

（2）税收协定缔约对方税务主管当局请求暂停相互协商程序；

（3）申请必须以另一被调查企业的调查调整结果为依据，而另一被调查企业尚未结束调查调整程序；

（4）其他导致相互协商程序暂停的情形。

7.有下列情形之一的，国家税务总局可以终止相互协商程序：

（1）企业或者其关联方不提供与案件有关的必要资料，或者提供虚假、不完整资料，或者存在其他不配合的情形；

（2）企业申请撤回或者终止相互协商程序；

（3）税收协定缔约对方税务主管当局撤回或者终止相互协商程序；

（4）其他导致相互协商程序终止的情形。

8.国家税务总局决定暂停或者终止相互协商程序的，应当书面通知省税务机关。负责特别纳税调整事项的主管税务机关应当在收到书面通知后15个工作日内，向企业送达暂停或者终止相互协商程序的“税务事项通知书”。

9.国家税务总局与税收协定缔约对方税务主管当局签署相互协商协议后，应当书面通知省税务机关，附送相互协商协议。负责特别纳税调整事项的主管税务机关应当在收到书面通知后15个工作日内，向企业送达“税务事项通知书”，附送相互协商协议。需要补（退）税的，应当附送“特别纳税调整相互协商协议补（退）税款通知书”或者“预约定价安排补（退）税款通知书”，并监控执行补（退）税款情况。

应纳税收入或者所得额以外币计算的，应当按照相互协商协议送达企业之日上月最后一日人民币汇率中间价折合成人民币，计算应补缴或者应退还的税款。

补缴税款应当加收利息的，按照《中华人民共和国企业所得税法实施条例》第一百二十二条规定的人民币贷款基准利率执行。

10.各级税务机关应当对税收协定缔约对方税务主管当局、企业或者其扣缴义务人、代理人等在相互协商中提供的有关资料保密。

11.企业或者其扣缴义务人、代理人等在相互协商中弄虚作假，或者有其他违法行为的，税务机关应当按照《税收征管法》及其实施细则的有关规定处理。

第五节 转让定价管理

转让定价管理是指税务机关按照《企业所得税法》第六章和《税收征管法》第三十六条的有关规定，对企业与其关联方之间的业务往来（以下简称“关联交易”）是否符合独立交易原则进行审核评估和调查调整等工作的总称。《特别纳税调查调整及相互协商程序管理办法》（国家税务总局公告2017年第6号）第十五条至第三十六条对转让定价调整提供了操作指引。

一、可比性分析

税务机关实施转让定价调查时，应当进行可比性分析，可比性分析一般包括以下5个方面。税务机关可以根据案件情况选择具体分析内容：

1.交易资产或者劳务特性，包括：有形资产的物理特性、质量、数量等；无形资产的类型、交易形式、保护程度、期限、预期收益等；劳务的性质和内容；金融资产的特性、内容、风险管理等。

2.交易各方执行的功能、承担的风险和使用的资产。功能包括研发、设计、采购、加工、装配、制造、维修、分销、营销、广告、存货管理、物流、仓储、融资、管理、财务、会计、法律及人力资源管理等；风险包括投资风险、研发风险、采购风险、生产风险、市场风险、管理风险及财务风险等；资产包括有形资产、无形资产、金融资产等。

3.合同条款，包括交易标的、交易数量、交易价格、收付款方式和条件、交货条件、售后服务范围和条件、提供附加劳务的约定、变更或者修改合同内容的权利、合同有效期、终止或者续签合同的权利等。合同条款分析应当关注企业执行合同的能力与行为，以及关联方之间签署合同条款的可信度等。

4.经济环境，包括行业概况、地理区域、市场规模、市场层级、市场占有率、市场竞争程度、消费者购买力、商品或者劳务可替代性、生产要素价格、运输成本、政府管制，以及成本节约、市场溢价等地域特殊因素。

5.经营策略，包括创新和开发、多元化经营、协同效应、风险规避及市场占有策略等。

二、转让定价方法

税务机关应当在可比性分析的基础上，选择合理的转让定价方法，对企业关联交易进行分析评估。转让定价方法包括可比非受控价格法、再销售价格法、成本加成法、交易净利润法、利润分割法及其他符合独立交易原则的方法。

（一）可比非受控价格法

可比非受控价格法以非关联方之间进行的与关联交易相同或者类似业务活动所收取的价格作为关联交易的公平成交价格。可比非受控价格法可以适用于所有类型的关联交易。

可比非受控价格法的可比性分析，应当按照不同交易类型，特别考察关联交易与非关联交易中交易资产或者劳务的特性、合同条款、经济环境和经营策略上的差异：

1.有形资产使用权或者所有权的转让，包括：

（1）转让过程，包括交易时间与地点、交货条件、交货手续、支付条件、交易数量、售后服务等；

（2）转让环节，包括出厂环节、批发环节、零售环节、出口环节等；

（3）转让环境，包括民族风俗、消费者偏好、政局稳定程度以及财政、税收、外汇政策等；

（4）有形资产的性能、规格、型号、结构、类型、折旧方法等；

（5）提供使用权的时间、期限、地点、费用收取标准等；

（6）资产所有者对资产的投资支出、维修费用等。

2.金融资产的转让，包括金融资产的实际持有期限、流动性、安全性、收益性。其中，股权转让交易的分析内容包括公司性质、业务结构、资产构成、所属行业、行业周期、经营模式、企业规模、资产配置和使用情况、企业所处经营阶段、成长性、经营风险、财务风险、交易时间、地理区域、股权关系、历史与未来经营情况、商誉、税收利益、流动性、经济趋势、宏观政策、企业收入和成本结构及其他因素。

3.无形资产使用权或者所有权的转让，包括：

（1）无形资产的类别、用途、适用行业、预期收益；

（2）无形资产的开发投资、转让条件、独占程度、可替代性、受有关国家法律保护的程度及期限、地理位置、使用年限、研发阶段、维护改良及更新的权利、受让成本和费用、功能风险情况、摊销方法以及其他影响其价值发生实质变动的特殊因素等。

4.资金融通，包括融资的金额、币种、期限、担保、融资人的资信、还款方式、计息方法等。

5.劳务交易，包括劳务性质、技术要求、专业水准、承担责任、付款条件和方式、直接和间接成本等。

关联交易与非关联交易在以上方面存在重大差异的，应当就该差异对价格的影响进行合理调整，无法合理调整的，应当选择其他合理的转让定价方法。

（二）再销售价格法

再销售价格法以关联方购进商品再销售给非关联方的价格减去可比非关联交易毛利后的金额作为关联方购进商品的公平成交价格。其计算公式如下：

公平成交价格=再销售给非关联方的价格×（1-可比非关联交易毛利率）

可比非关联交易毛利率=可比非关联交易毛利/可比非关联交易收入净额×100%

再销售价格法一般适用于再销售者未对商品进行改变外形、性能、结构或者更换商标等实质性增值加工的简单加工或者单纯购销业务。

再销售价格法的可比性分析，应当特别考察关联交易与非关联交易中企业执行的功能、承担的风险、使用的资产和合同条款上的差异，以及影响毛利率的其他因素，具体包括营销、分销、产品保障及服务功能，存货风险，机器、设备的价值及使用年限，无形资产的使用及价值，有价值的营销型无形资产，批发或者零售环节，商业经验，会计处理及管理效率等。

关联交易与非关联交易在以上方面存在重大差异的，应当就该差异对毛利率的影响进行合理调整，无法合理调整的，应当选择其他合理的转让定价方法。

（三）成本加成法

成本加成法以关联交易发生的合理成本加上可比非关联交易毛利后的金额作为关联交易的公平成交价格。其计算公式如下：

公平成交价格＝关联交易发生的合理成本 ×（1+可比非关联交易成本加成率）

可比非关联交易成本加成率＝可比非关联交易毛利/可比非关联交易成本 ×100%

成本加成法一般适用于有形资产使用权或者所有权的转让、资金融通、劳务交易等关联交易。

成本加成法的可比性分析，应当特别考察关联交易与非关联交易中企业执行的功能、承担的风险、使用的资产和合同条款上的差异，以及影响成本加成率的其他因素，具体包括制造、加工、安装及测试功能，市场及汇兑风险，机器、设备的价值及使用年限，无形资产的使用及价值，商业经验，会计处理，生产及管理效率等。

关联交易与非关联交易在以上方面存在重大差异的，应当就该差异对成本加成率的影响进行合理调整；无法合理调整的，应当选择其他合理的转让定价方法。

（四）交易净利润法

交易净利润法以可比非关联交易的利润指标确定关联交易的利润。利润指标包括息税前利润率、完全成本加成率、资产收益率、贝里比率等。具体计算公式如下：

息税前利润率＝息税前利润/营业收入 ×100%

完全成本加成率＝息税前利润/完全成本 ×100%

资产收益率＝息税前利润/［（年初资产总额＋年末资产总额）/2］×100%

贝里比率＝毛利/（营业费用＋管理费用）×100%

利润指标的选取应当反映交易各方执行的功能、承担的风险和使用的资产。利润指标的计算以企业会计处理为基础，必要时可以对指标口径进行合理调整。

交易净利润法一般适用于不拥有重大价值无形资产企业的有形资产使用权或者所有权的转让和受让、无形资产使用权受让以及劳务交易等关联交易。

交易净利润法的可比性分析，应当特别考察关联交易与非关联交易中企业执行的功能、承担的风险和使用的资产，经济环境上的差异，以及影响利润的其他因素，具体包括行业和市场情况，经营规模，经济周期和产品生命周期，收入、成本、费用和资产在各交易间的分配，会计处理及经营管理效率等。

关联交易与非关联交易在以上方面存在重大差异的，应当就该差异对利润的影响进行合理调整，无法合理调整的，应当选择其他合理的转让定价方法。

（五）利润分割法

利润分割法根据企业与其关联方对关联交易合并利润（实际或者预计）的贡献计算各自应当分配的利润额。利润分割法主要包括一般利润分割法和剩余利润分割法。

一般利润分割法通常根据关联交易各方所执行的功能、承担的风险和使用的资产，采用符合独立交易原则的利润分割方式，确定各方应当取得的合理利润；当难以获取可比交易信息但能合理确定合并利润时，可以结合实际情况考虑与价值贡献相关的收入、成本、费用、资产、雇员人数等因素，分析关联交易各方对价值做出的贡献，将利润在各方之间进行分配。

剩余利润分割法将关联交易各方的合并利润减去分配给各方的常规利润后的余额作为剩余利润，再根据各方对剩余利润的贡献程度进行分配。

利润分割法一般适用于企业及其关联方均对利润创造具有独特贡献，业务高度整合且难以单独评估各方交易结果的关联交易。利润分割法的适用应当体现利润应在经济活动发生地和价值创造地征税的基本原则。

利润分割法的可比性分析，应当特别考察关联交易各方执行的功能、承担的风险和使用的资产，收入、成本、费用和资产在各方之间的分配，成本节约、市场溢价等地域特殊因素，以及其他价值贡献因素，确定各方对剩余利润贡献所使用的信息和假设条件的可靠性等。

（六）其他符合独立交易原则的方法

其他符合独立交易原则的方法包括成本法、市场法和收益法等资产评估方法，以及其他能够反映利润与经济活动发生地和价值创造地相匹配原则的方法。

成本法是以替代或者重置原则为基础，通过在当前市场价格下创造一项相似资产所发生的支出确定评估标的价值的评估方法。成本法适用于能够被替代的资产价值评估。

市场法是利用市场上相同或者相似资产的近期交易价格，经过直接比较或者类比分析以确定评估标的价值的评估方法。市场法适用于在市场上能找到与评估标的相同或者相似的非关联可比交易信息时的资产价值评估。

收益法是通过评估标的未来预期收益现值来确定其价值的评估方法。收益法适用于企业整体资产和可预期未来收益的单项资产评估。

三、可比性分析的步骤和方法

《办法》进一步规范了税务机关进行可比性分析的步骤和方法，提出了具体要求：

1.应当在分析评估交易各方功能风险的基础上，选择功能相对简单的一方作为被测试对象。

2.优先使用公开信息，也可以使用非公开信息。

3.可以根据实际情况选择算术平均法、加权平均法或者四分位法等统计方法，逐年分别或者多年度平均计算可比企业利润或者价格的平均值或者四分位区间。

4.应当按照可比利润水平或者可比价格对被调查企业各年度关联交易进行逐年测试调整。

5.采用四分位法分析评估企业利润水平时，企业实际利润水平低于可比企业利润率区间中位值的，原则上应当按照不低于中位值进行调整。

6.被调查企业为其关联方提供的来料加工业务，在可比企业不是相同业务模式，且业务模式的差异会对利润水平产生影响的情况下，应当对业务模式的差异进行调整，还原其不作价的来料和设备价值。企业提供真实完整的来料加工产品整体价值链相关资料，能够反映各关联方总体利润水平的，税务机关可以就被调查企业与可比企业因料件还原产生的资金占用差异进行可比性调整，利润水平调整幅度超过10%的，应当重新选择可比企业。除料件还原外，对因营运资本占用不同产生的利润差异不作调整。

7.选取的可比企业与被调查企业处于不同经济环境的，应当分析成本节约、市场溢价等地域特殊因素，并选择合理的转让定价方法确定地域特殊因素对利润的贡献。

“四分位法”应用举例：

正常情况下企业的利润水平应该呈均衡的正态分布状态，但在实际调查案例中，税务机关却发现很多企业的利润率水平在几年间上下波动很大，甚至低于中位值水平，这就说明企业存在以转让定价手段转移利润的可能。

采用四分位法，就是将全部数据从小到大排列，正好排列在前1/4位置上的数（也就是25%位置上的数）叫做第一四分位数，排在后1/4位置上的数（也就是75%位置上的数）叫做第三四分位数，排列在中间位置的数（也就是50%位置上的数）叫做第二四分位数，也就是中位数值。

企业发生关联交易以及税务机关审核、评估关联交易，均应遵循独立交易原则，而转让定价方法只能确定独立交易价格的近似值，不可能确定完全相同的价格。为提高分析的可靠性，需要将获利能力极高或极低的企业排除，因此需要采用“四分位区间法”，将可接受的公平交易范围值限制在第25%位和第75%位组成的区间内。

按照四分位中段区间法，如选取的可比公司数n不是4的倍数，其第二十五百分位数（n×25%）及第七十五百分位数（n×75%）也都不是整数。那么，大于并且最接近上述两个数值的整数所对应的公司，其利润就可作为调整的下限及上限。

如果被测试企业的关联交易利润水平处于可比公司四分位区间之内，一般即可认为其转让定价遵循了独立交易原则，无需进行特别纳税调整。

【例7-7】A公司2019年度销售收入为55 000万元，营业利润为1 980万元，其营业利润率为3.6%。税务机关认为这一利润偏低，要采用四分位法进行调整，于是按照转让定价方法的可比性原则，选择了可比对象，从交易资产或劳务特性、交易各方功能和风险、合同条款、经济环境、经营策略等五个方面进行了可比性分析。经过充分的选择比较，税务机关最终选取了B、C、D、E、F、G、H等7家公司，并将这7家公司2016~2018年的利润率进行算术平均数计算，得出年平均营业净利率，然后将A公司2019年的销售收入分别乘以这7家公司的利润率，得出一组独立交易原则下的利润额，最后采用四分位法找出中间值，按照不低于中间值的原则对A公司进行利润调整。具体计算过程如下表所示：

A公司调整利润计算表

按照平均利润率由低到高排列	公司名称	2016~2018年平均营业利润率（%）	分别乘以A公司销售收入（万元）	独立交易下的营业利润额（万元）
1	B	3.5	×55 000	1 925
2	C	4.5	×55 000	2 475
3	D	4.8	×55 000	2 640
4	E	5.2	×55 000	2 860
5	F	5.5	×55 000	3 025
6	G	6.9	×55 000	3 795
7	H	8.8	×55 000	4 840

本例中，税务机关所选取的可比公司数为7，将7乘以25%得出1.75，大于并且最接近1.75的整数为2，对应的公司为C公司。那么A公司按照独立交易原则下C公司的营业利润率计算出的营业利润额就是2 475万元，即为本例常规交易范围的下限。同理，再将7乘以75%得出5.25，大于并最接近5.25的整数为6，对应的公司为G公司。那么A公司按照独立交易下G公司的营业利润率计算出的营业利润额应当为3 795万元，即为本例常规交易范围的上限。

也就是说，本例中的常规交易范围区间为2 475万~3 795万元，按照计算表得出的中位值为2 860万元。而A公司营业利润只有1 980万元，在常规交易范围之外，应比照中位值调增其2019年度营业利润880（2 860−1 980）万元。

值得注意的是，税务机关进行特别纳税调整的前提，是企业的关联交易不符合独立交易原则，或者企业没有同期资料，或者同期资料证据不能证明其交易的利润的确低于中位值。如果企业能够提供同期资料，以翔实的证据和恰当的论证，证明企业的虽然实际利润低于中位值，但其关联交易符合独立交易原则，则无需作纳税调整。

四、应重点关注的避税行为

税务机关对关联交易进行调查分析时，应当确定企业所获得的收益与其执行的功能或者承担的风险是否匹配。下列避税行为应重点关注：

1.为境外关联方从事来料加工或者进料加工等单一生产业务，或者从事分销、合约研发业务的企业，承担由于决策失误、开工不足、产品滞销、研发失败等而造成的应当由关联方承担的风险和损失，税务机关可以实施特别纳税调整。

2.企业与其关联方之间隐匿关联交易直接或者间接导致国家总体税收收入减少的，税务机关可以通过还原隐匿交易实施特别纳税调整。

3.企业与其关联方之间抵消关联交易直接或者间接导致国家总体税收收入减少的，税务机关可以通过还原抵消交易实施特别纳税调整。

五、以无形资产为标的的关联交易定价原则

1.判定企业及其关联方对无形资产价值的贡献程度及相应的收益分配时，应当全面分析企业所属企业集团的全球营运流程，充分考虑各方在无形资产开发、价值提升、维护、保护、应用和推广中的价值贡献，无形资产价值的实现方式，无形资产与集团内其他业务的功能、风险和资产的相互作用。

企业仅拥有无形资产所有权而未对无形资产价值做出贡献的，不应当参与无形资产收益分配。无形资产形成和使用过程中，仅提供资金而未实际执行相关功能和承担相应风险的，应当仅获得合理的资金成本回报。

2.企业与其关联方转让或者受让无形资产使用权而收取或者支付的特许权使用费，应当根据下列情形适时调整，未适时调整的，税务机关可以实施特别纳税调整：

（1）无形资产价值发生根本性变化；

（2）按照营业常规，非关联方之间的可比交易应当存在特许权使用费调整机制；

（3）无形资产使用过程中，企业及其关联方执行的功能、承担的风险或者使用的资产发生变化；

（4）企业及其关联方对无形资产进行后续开发、价值提升、维护、保护、应用和推广做出贡献而未得到合理补偿。

3.企业与其关联方转让或者受让无形资产使用权而收取或者支付的特许权使用费，应当与无形资产为企业或者其关联方带来的经济利益相匹配。与经济利益不匹配而减少企业或者其关联方应纳税收入或者所得额的，税务机关可以实施特别纳税调整。未带来经济利益，且不符合独立交易原则的，税务机关可以按照已税前扣除的金额全额实施特别纳税调整。

企业向仅拥有无形资产所有权而未对其价值创造做出贡献的关联方支付特许权使用费，不符合独立交易原则的，税务机关可以按照已税前扣除的金额全额实施特别纳税调整。

4.企业以融资上市为主要目的在境外成立控股公司或者融资公司，仅因融

资上市活动所产生的附带利益向境外关联方支付特许权使用费，不符合独立交易原则的，税务机关可以按照已税前扣除的金额全额实施特别纳税调整。

六、以劳务为标的的关联交易定价原则

1.企业与其关联方发生劳务交易支付或者收取价款不符合独立交易原则而减少企业或者其关联方应纳税收入或者所得额的，税务机关可以实施特别纳税调整。

符合独立交易原则的关联劳务交易应当是受益性劳务交易，并且按照非关联方在相同或者类似情形下的营业常规和公平成交价格进行定价。受益性劳务是指能够为劳务接受方带来直接或者间接经济利益，且非关联方在相同或者类似情形下，愿意购买或者愿意自行实施的劳务活动。

2.企业向其关联方支付非受益性劳务的价款，税务机关可以按照已税前扣除的金额全额实施特别纳税调整。非受益性劳务主要包括以下情形：

（1）劳务接受方从其关联方接受的，已经购买或者自行实施的劳务活动。

（2）劳务接受方从其关联方接受的，为保障劳务接受方的直接或者间接投资方的投资利益而实施的控制、管理和监督等劳务活动。该劳务活动主要包括：

①董事会活动、股东会活动、监事会活动和发行股票等服务于股东的活动。

②与劳务接受方的直接或者间接投资方、集团总部和区域总部的经营报告或者财务报告编制及分析有关的活动；

③与劳务接受方的直接或者间接投资方、集团总部和区域总部的经营及资本运作有关的筹资活动；

④为集团决策、监管、控制、遵从需要所实施的财务、税务、人事、法务等活动；

⑤其他类似情形。

（3）劳务接受方从其关联方接受的，并非针对其具体实施的，只是因附属于企业集团而获得额外收益的劳务活动。该劳务活动主要包括：

①为劳务接受方带来资源整合效应和规模效应的法律形式改变、债务重组、股权收购、资产收购、合并、分立等集团重组活动；

②由于企业集团信用评级提高，为劳务接受方带来融资成本下降等利益的相关活动；

③其他类似情形。

（4）劳务接受方从其关联方接受的，已经在其他关联交易中给予补偿的劳务活动。该劳务活动主要包括：

①从特许权使用费支付中给予补偿的与专利权或者非专利技术相关的服务；

②从贷款利息支付中给予补偿的与贷款相关的服务；

③其他类似情形。

（5）与劳务接受方执行的功能和承担的风险无关，或者不符合劳务接受方

经营需要的关联劳务活动。

（6）其他不能为劳务接受方带来直接或者间接经济利益，或者非关联方不愿意购买或者不愿意自行实施的关联劳务活动。

3.企业接受或者提供的受益性劳务应当充分考虑劳务的具体内容和特性，劳务提供方的功能、风险、成本和费用，劳务接受方的受益情况、市场环境，交易双方的财务状况，以及可比交易的定价情况等因素，按照本办法的有关规定选择合理的转让定价方法，并遵循以下原则：

（1）关联劳务能够分别按照各劳务接受方、劳务项目为核算单位归集相关劳务成本费用的，应当以劳务接受方、劳务项目合理的成本费用为基础，确定交易价格；

（2）关联劳务不能分别按照各劳务接受方、劳务项目为核算单位归集相关劳务成本费用的，应当采用合理标准和比例向各劳务接受方分配，并以分配的成本费用为基础，确定交易价格。分配标准应当根据劳务性质合理确定，可以根据实际情况采用营业收入、营运资产、人员数量、人员工资、设备使用量、数据流量、工作时间以及其他合理指标，分配结果应当与劳务接受方的受益程度相匹配。非受益性劳务的相关成本费用支出不得计入分配基数。

七、税务机关可按已扣除金额全额实施特别纳税调整情形

前面介绍了《办法》对企业与其关联方进行无形资产收益分配，以及企业与其关联方发生劳务交易支付或者收取价款等应遵循的基本原则。为便于操作，现将关联交易不符合独立交易原则，税务机关可以按照已税前扣除的金额全额实施特别纳税调整的情形归纳如下：

1.企业与其关联方转让或者受让未带来经济利益的无形资产使用权而收取或者支付特许权使用费的。

2.企业向仅拥有无形资产所有权而未对其价值做出贡献的关联方支付特许权使用费的。

3.企业以融资上市为主要目的在境外成立控股公司或者融资公司，仅因融资上市活动所产生的附带利益向境外关联方支付特许权使用费的。

4.企业向其关联方支付非受益性劳务价款的。

5.企业向未执行功能、承担风险，无实质性经营活动的境外关联方支付费用的。

第六节　预约定价安排管理

我国自20世纪90年代末开始预约定价安排的实践，2002年《中华人民共和国税收征收管理法实施细则》和2008年《中华人民共和国企业所得税法》正

式规定了预约定价制度，2009年《国家税务总局关于印发〈特别纳税调整实施办法（试行）〉的通知》（国税发〔2009〕2号）对预约定价制度及执行程序进行了细化。2016年《国家税务总局关于完善预约定价安排管理有关事项的公告》（国家税务总局公告2016年第64号，以下简称“64号公告”）对预约定价安排管理程序作了进一步完善。64号公告也是我国落实税基侵蚀和利润转移（BEPS）行动计划的配套政策。64号公告的发布一方面是落实BEPS第5项行动计划最低标准的要求，将单边预约定价安排纳入强制自发情报交换框架，并告知纳税人；另一方面是BEPS第14项行动计划在中国落地的具体措施之一，能够为纳税人提供税收确定性。双边或者多边预约定价安排的谈签，也有利于避免或者消除国际重复征税。

与《特别纳税调整实施办法（试行）》（国税发〔2009〕2号）第六章预约定价安排管理相比，64号公告主要有五大变化：一是下放了预约定价安排受理权限。除应由国家税务总局受理的情况外，明确由负责特别纳税调整事项的主管税务机关受理。二是调整了预约定价安排谈签与执行的阶段。根据多年预约定价安排实践情况，重新调整了6个阶段，增加了谈签意向阶段，将磋商和签订安排合并为一个阶段，即协商签署阶段，并调整了顺序，使得6个阶段的划分更为科学、合理。三是强调了谈签意向的重要性。将预约定价安排适用年度的计算起点由企业提交正式书面申请的次年调整为主管税务机关向企业送达接收其谈签意向的“税务事项通知书”之日所属纳税年度。四是增加了税务机关拒绝谈签意向、优先受理正式申请和拒绝正式申请的条款，优化了分析评估、监控执行等有关流程。五是增加了单边预约定价安排信息交换条款。根据税基侵蚀和利润转移（BEPS）项目最低标准的要求，我国承诺将2016年4月1日以后签署的单边预约定价安排纳入强制自发情报交换框架，定期与相关国家（地区）进行信息交换，并将此情况告知纳税人。

一、预约定价安排的基本内容

（一）预约定价的概念

依据《企业所得税法》第四十二条及其实施条例第一百一十三条规定，预约定价安排，是指企业就其未来年度关联交易的定价原则和计算方法，向税务机关提出申请，与税务机关按照独立交易原则协商、确认后达成的协议。企业可以向税务机关提出与其关联方之间业务往来的定价原则和计算方法，税务机关与企业协商、确认后，达成预约定价安排。

《税收征收管理法实施细则》第五十三条规定，纳税人可以向主管税务机关提出与其关联企业之间业务往来的定价原则和计算方法，主管税务机关审核、批准后，与纳税人预先约定有关定价事项，监督纳税人执行。

预约定价安排管理是指税务机关按照《企业所得税法》第四十二条和《税

收征管法实施细则》第五十三条的规定，对企业提出的未来年度关联交易的定价原则和计算方法进行审核评估，并与企业协商达成预约定价安排等工作的总称。

负责预约定价安排管理的主管税务机关是指负责特别纳税调整事项的税务机关。

（二）预约定价的类型

预约定价安排包括单边、双边和多边三种类型。

（三）预约定价安排的适用期限

1.预约定价安排适用于主管税务机关向企业送达接收其谈签意向的“税务事项通知书”之日所属纳税年度起3~5个年度的关联交易。

2.企业以前年度的关联交易与预约定价安排适用年度相同或者类似的，经企业申请，税务机关可以将预约定价安排确定的定价原则和计算方法追溯适用于以前年度该关联交易的评估和调整。追溯期最长为10年。

3.预约定价安排的谈签不影响税务机关对企业不适用预约定价安排的年度及关联交易的特别纳税调查调整和监控管理。

4.预约定价安排一般适用于主管税务机关向企业送达接收其谈签意向的“税务事项通知书”之日所属纳税年度前3个年度每年度发生的关联交易金额4 000万元人民币以上的企业。

5.预约定价安排执行期间，主管税务机关与企业发生分歧的，双方应当进行协商。协商不能解决的，可以报上一级税务机关协调；涉及双边或者多边预约定价安排的，必须层报国家税务总局协调。对上一级税务机关或者国家税务总局的决定，下一级税务机关应当予以执行。企业仍不能接受的，可以终止预约定价安排的执行。

二、预约定价安排操作流程

预约定价安排的谈签与执行经过预备会谈、谈签意向、分析评估、正式申请、协商签署和监控执行六个阶段。

（一）预约会谈

企业有谈签预约定价安排意向的，应当向税务机关书面提出预备会谈申请。税务机关可以与企业开展预备会谈。

预约定价安排同时涉及两个或者两个以上省、自治区、直辖市或计划单列市税务机关的，由国家税务总局统一组织协调。企业申请上述单边预约定价安排的，应当同时向国家税务总局及其指定的税务机关提出谈签预约定价安排的相关申请。国家税务总局可以与企业统一签署单边预约定价安排，或者指定税务机关与企业统一签署单边预约定价安排，也可以由各主管税务机关与企业分别签署单边预约定价安排。

单边预约定价安排涉及一个省、自治区、直辖市或计划单列市内两个或者两个以上主管税务机关，由省、自治区、直辖市和计划单列市相应税务机关统一组织协调。

1.企业申请单边预约定价安排的，应当向主管税务机关书面提出预备会谈申请，提交预约定价安排预备会谈申请书。主管税务机关组织与企业开展预备会谈。

企业申请双边或者多边预约定价安排的，应当同时向国家税务总局和主管税务机关书面提出预备会谈申请，提交预约定价安排预备会谈申请书。国家税务总局统一组织与企业开展预备会谈。

2.有下列情形之一的，税务机关可以优先受理企业提交的申请：

（1）企业关联申报和同期资料完备合理，披露充分；

（2）企业纳税信用级别为a级；

（3）税务机关曾经对企业实施特别纳税调查调整，并已经结案；

（4）签署的预约定价安排执行期满，企业申请续签，且预约定价安排所述事实和经营环境没有发生实质性变化；

（5）企业提交的申请材料齐备，对价值链或者供应链的分析完整、清晰，充分考虑成本节约、市场溢价等地域特殊因素，拟采用的定价原则和计算方法合理；

（6）企业积极配合税务机关开展预约定价安排谈签工作；

（7）申请双边或者多边预约定价安排的，所涉及的税收协定缔约对方税务主管当局有较强的谈签意愿，对预约定价安排的重视程度较高；

（8）其他有利于预约定价安排谈签的因素。

3.预备会谈期间，企业应当就以下内容作出简要说明：

（1）预约定价安排的适用年度；

（2）预约定价安排涉及的关联方及关联交易；

（3）企业及其所属企业集团的组织结构和管理架构；

（4）企业最近3~5个年度生产经营情况、同期资料等；

（5）预约定价安排涉及各关联方功能和风险的说明，包括功能和风险划分所依据的机构、人员、费用、资产等；

（6）市场情况的说明，包括行业发展趋势和竞争环境等；

（7）是否存在成本节约、市场溢价等地域特殊优势；

（8）预约定价安排是否追溯适用以前年度；

（9）其他需要说明的情况。

企业申请双边或者多边预约定价安排的，说明内容还应当包括：

（1）向税收协定缔约对方税务主管当局提出预约定价安排申请的情况；

（2）预约定价安排涉及的关联方最近3~5个年度生产经营情况及关联交易情况；

（3）是否涉及国际重复征税及其说明。

4.预备会谈期间，企业应当按照税务机关的要求补充资料。

（二）谈签意向

税务机关和企业在预备会谈期间达成一致意见的，主管税务机关向企业送达同意其提交谈签意向的“税务事项通知书”。企业收到“税务事项通知书”后向税务机关提出谈签意向。

1.企业申请单边预约定价安排的，应当向主管税务机关提交“预约定价安排谈签意向书”，并附送单边预约定价安排申请草案。

企业申请双边或者多边预约定价安排的，应当同时向国家税务总局和主管税务机关提交“预约定价安排谈签意向书”，并附送双边或者多边预约定价安排申请草案。

2.单边预约定价安排申请草案应当包括以下内容：

（1）预约定价安排的适用年度；

（2）预约定价安排涉及的关联方及关联交易；

（3）企业及其所属企业集团的组织结构和管理架构；

（4）企业最近3~5个年度生产经营情况、财务会计报告、审计报告、同期资料等；

（5）预约定价安排涉及各关联方功能和风险的说明，包括功能和风险划分所依据的机构、人员、费用、资产等；

（6）预约定价安排使用的定价原则和计算方法，以及支持这一定价原则和计算方法的功能风险分析、可比性分析和假设条件等；

（7）价值链或者供应链分析，以及对成本节约、市场溢价等地域特殊优势的考虑；

（8）市场情况的说明，包括行业发展趋势和竞争环境等；

（9）预约定价安排适用期间的年度经营规模、经营效益预测以及经营规划等；

（10）预约定价安排是否追溯适用以前年度；

（11）对预约定价安排有影响的境内、外行业相关法律、法规；

（12）企业关于不存在税务机关可以拒绝企业提交谈签订意向情形的说明；

（13）其他需要说明的情况。

双边或者多边预约定价安排申请草案还应当包括：

（1）向税收协定缔约对方税务主管当局提出预约定价安排申请的情况；

（2）预约定价安排涉及的关联方最近3~5个年度生产经营情况及关联交易情况；

（3）是否涉及国际重复征税及其说明。

3.有下列情形之一的，税务机关可以拒绝企业提交谈签意向：

（1）税务机关已经对企业实施特别纳税调整立案调查或者其他涉税案件调查，且尚未结案的；

（2）未按照有关规定填报年度关联业务往来报告表；

（3）未按照有关规定准备、保存和提供同期资料；

（4）预备会谈阶段税务机关和企业无法达成一致意见。

（三）分析评估

企业提交谈签意向后，税务机关应当分析预约定价安排申请草案内容，评估其是否符合独立交易原则。根据分析评估的具体情况可以要求企业补充提供有关资料。

税务机关可以从以下方面进行分析评估：

1.功能和风险状况。分析评估企业与其关联方之间在供货、生产、运输、销售等各环节以及在研究、开发无形资产等方面各自作出的贡献、执行的功能以及在存货、信贷、外汇、市场等方面承担的风险。

2.可比交易信息。分析评估企业提供的可比交易信息，对存在的实质性差异进行调整。

3.关联交易数据。分析评估预约定价安排涉及的关联交易的收入、成本、费用和利润是否单独核算或者按照合理比例划分。

4.定价原则和计算方法。分析评估企业在预约定价安排中采用的定价原则和计算方法。如申请追溯适用以前年度的，应当作出说明。

5.价值链分析和贡献分析。评估企业对价值链或者供应链的分析是否完整、清晰，是否充分考虑成本节约、市场溢价等地域特殊优势，是否充分考虑本地企业对价值创造的贡献等。

6.交易价格或者利润水平。根据上述分析评估结果，确定符合独立交易原则的价格或者利润水平。

7.假设条件。分析评估影响行业利润水平和企业生产经营的因素及程度，合理确定预约定价安排适用的假设条件。

8.分析评估阶段，税务机关可以与企业就预约定价安排申请草案进行讨论。税务机关可以进行功能和风险实地访谈。税务机关认为预约定价安排申请草案不符合独立交易原则的，企业应当与税务机关协商，并进行调整；税务机关认为预约定价安排申请草案符合独立交易原则的，主管税务机关向企业送达同意其提交正式申请的“税务事项通知书”，企业收到通知后，可以向税务机关提交“预约定价安排正式申请书”，并附送预约定价安排正式申请报告。

（四）正式申请

1.企业申请单边预约定价安排的，应当向主管税务机关提交上述资料。企业申请双边或者多边预约定价安排的，应当同时向国家税务总局和主管税务机关提交上述资料，并按照有关规定提交启动特别纳税调整相互协商程序的申请。

2.有下列情形之一的，税务机关可以拒绝企业提交正式申请：

（1）预约定价安排申请草案拟采用的定价原则和计算方法不合理，且企业拒绝协商调整；

（2）企业拒不提供有关资料或者提供的资料不符合税务机关要求，且不按时补正或者更正；

（3）企业拒不配合税务机关进行功能和风险实地访谈；

（4）其他不适合谈签预约定价安排的情况。

（五）协商签署

1.税务机关应当在分析评估的基础上形成协商方案，并据此开展协商工作。

（1）主管税务机关与企业开展单边预约定价安排协商，协商达成一致的，拟定单边预约定价安排文本。

（2）国家税务总局与税收协定缔约对方税务主管当局开展双边或者多边预约定价安排协商，协商达成一致的，拟定双边或者多边预约定价安排文本。

2.预约定价安排文本可以包括以下内容：

（1）企业及其关联方名称、地址等基本信息；

（2）预约定价安排涉及的关联交易及适用年度；

（3）预约定价安排选用的定价原则和计算方法，以及可比价格或者可比利润水平等；

（4）与转让定价方法运用和计算基础相关的术语定义；

（5）假设条件及假设条件变动通知义务；

（6）企业年度报告义务；

（7）预约定价安排的效力；

（8）预约定价安排的续签；

（9）预约定价安排的生效、修订和终止；

（10）争议的解决；

（11）文件资料等信息的保密义务；

（12）单边预约定价安排的信息交换；

（13）附则。

3.主管税务机关与企业就单边预约定价安排文本达成一致后，双方的法定代表人或者法定代表人授权的代表签署单边预约定价安排。

国家税务总局与税收协定缔约对方税务主管当局就双边或者多边预约定价安排文本达成一致后，双方或者多方税务主管当局授权的代表签署双边或者多边预约定价安排。国家税务总局应当将预约定价安排转发主管税务机关。主管税务机关应当向企业送达“税务事项通知书”，附送预约定价安排，并做好执行工作。

4.预约定价安排涉及适用年度或者追溯年度补（退）税款的，税务机关应当按照纳税年度计算应补征或者退还的税款，并向企业送达“预约定价安排补（退）税款通知书”。

5.在预约定价安排签署前，税务机关和企业均可暂停、终止预约定价安排程序。税务机关发现企业或者其关联方故意不提供与谈签预约定价安排有关的必要资料，或者提供虚假、不完整资料，或者存在其他不配合的情形，使预约定价安排难以达成一致的，可以暂停、终止预约定价安排程序。涉及双边或者多边预约定价安排的，经税收协定缔约各方税务主管当局协商，可以暂停、终止预约定价安排程序。税务机关暂停、终止预约定价安排程序的，应当向企业送达“税务事项通知书”，并说明原因；企业暂停、终止预约定价安排程序的，应当向税务机关提交书面说明。

6.没有按照规定的权限和程序签署预约定价安排，或者税务机关发现企业隐瞒事实的，应当认定预约定价安排自始无效，并向企业送达“税务事项通知书”，说明原因；发现企业拒不执行预约定价安排或者存在违反预约定价安排的其他情况，可以视情况进行处理，直至终止预约定价安排。

（六）监控执行

税务机关应当监控预约定价安排的执行情况。

1.预约定价安排执行期间，企业应当完整保存与预约定价安排有关的文件和资料，包括账簿和有关记录等，不得丢失、销毁和转移。

企业应当在纳税年度终了后6个月内，向主管税务机关报送执行预约定价安排情况的纸质版和电子版年度报告，主管税务机关将电子版年度报告报送国家税务总局；涉及双边或者多边预约定价安排的，企业应当向主管税务机关报送执行预约定价安排情况的纸质版和电子版年度报告，同时将电子版年度报告报送国家税务总局。

年度报告应当说明报告期内企业经营情况以及执行预约定价安排的情况。需要修订、终止预约定价安排，或者有未决问题，或者预计将要发生问题的，应当作出说明。

2.预约定价安排执行期间，主管税务机关应当每年监控企业执行预约定价安排的情况。监控内容主要包括：企业是否遵守预约定价安排条款及要求，年度报告是否反映企业的实际经营情况，预约定价安排所描述的假设条件是否仍然有效等。

3.预约定价安排执行期间，企业发生影响预约定价安排的实质性变化，应当在发生变化之日起30日内书面报告主管税务机关，详细说明该变化对执行预约定价安排的影响，并附送相关资料。对于非主观原因而无法按期报告的，可以延期报告，但延长期限不得超过30日。

税务机关应当在收到企业书面报告后，分析企业实质性变化情况，根据实质性变化对预约定价安排的影响程度，修订或者终止预约定价安排。签署的预约定价安排终止执行的，税务机关可以和企业按照本公告规定的程序和要求，重新谈签预约定价安排。

4.预约定价安排采用四分位法确定价格或者利润水平，在预约定价安排执行期间，如果企业当年实际经营结果在四分位区间之外，税务机关可以将实际经营结果调整到四分位区间中位值。预约定价安排执行期满，企业各年度经营结果的加权平均值低于区间中位值，且未调整至中位值的，税务机关不再受理续签申请。

双边或者多边预约定价安排执行期间存在上述问题的，主管税务机关应当及时将有关情况层报国家税务总局。

5.预约定价安排执行期满后自动失效。企业申请续签的，应当在预约定价安排执行期满之日前90日内向税务机关提出续签申请，报送“预约定价安排续签申请书”，并提供执行现行预约定价安排情况的报告，现行预约定价安排所述事实和经营环境是否发生实质性变化的说明材料以及续签预约定价安排年度的预测情况等相关资料。

三、保密义务

1.税务机关与企业在预约定价安排谈签过程中取得的所有信息资料，双方均负有保密义务。除依法应当向有关部门提供信息的情况外，未经纳税人同意，税务机关不得以任何方式泄露预约定价安排相关信息。

税务机关与企业不能达成预约定价安排的，税务机关在协商过程中所取得的有关企业的提议、推理、观念和判断等非事实性信息，不得用于对该预约定价安排涉及关联交易的特别纳税调查调整。

2.除涉及国家安全的信息以外，国家税务总局可以按照对外缔结的国际公约、协定、协议等有关规定，与其他国家（地区）税务主管当局就2016年4月1日以后签署的单边预约定价安排文本实施信息交换。企业应当在签署单边预约定价安排时提供其最终控股公司、上一级直接控股公司及单边预约定价安排涉及的境外关联方所在国家（地区）的名单。按照有关规定，我国与其他国家（地区）税务主管当局将严格遵守信息交换的有关保密规定，并接受G20和OECD的审议和监督。

第七节　成本分摊协议管理

《企业所得税法》第四十一条及其《实施条例》第一百一十二条规定，企业与其关联方共同开发、受让无形资产，或者共同提供、接受劳务发生的成本，在计算应纳税所得额时应当按照独立交易原则进行分摊，并达成协议。企业与其关联方分摊成本时，应当按照成本与预期收益相配比的原则进行分摊，并在税务机关规定的期限内，按照税务机关的要求报送有关资料。企业成本分摊不符合独立交易原则或未按规定的期限将成本分摊协议及有关资料报送税务机关的，其自行分摊的成本不得在计算应纳税所得额时扣除。

《特别纳税调整实施办法（试行）》（国税发〔2009〕2号）第七章对成本分摊协议管理提供了操作指引。

一、成本分摊协议管理的概念

成本分摊协议管理是指税务机关按照《企业所得税法》第四十一条第二款的规定，对企业与其关联方签署的成本分摊协议是否符合独立交易原则进行审核评估和调查调整等工作的总称。

企业可以与关联方自行签署成本分摊协议，也可以采取预约定价安排的方式达成成本分摊协议。

二、成本分摊协议的适用范围

成本分摊协议适用于企业与其关联方共同开发、受让无形资产，或者共同提供、接受劳务的成本分摊。涉及劳务的成本分摊协议一般适用于集团采购和集团营销策划。

三、成本分摊协议的定价原则

成本分摊协议的参与方对开发、受让的无形资产或参与的劳务活动享有受益权，并承担相应的活动成本。关联方承担的成本应与非关联方在可比条件下为获得上述受益权而支付的成本相一致。

企业对成本分摊协议所涉及无形资产或劳务的受益权应有合理的、可计量的预期收益，且以合理商业假设和营业常规为基础。

参与方使用成本分摊协议所开发或受让的无形资产不需另支付特许权使用费。

四、成本分摊协议的主要内容

成本分摊协议主要包括以下内容：

1.参与方的名称、所在国家（地区）、关联关系、在协议中的权利和义务。

2.成本分摊协议所涉及的无形资产或劳务的内容、范围，协议涉及研发或劳务活动的具体承担者及其职责、任务。

3.协议期限。

4.参与方预期收益的计算方法和假设。

5.参与方初始投入和后续成本支付的金额、形式、价值确认的方法以及符合独立交易原则的说明。

6.参与方会计方法的运用及变更说明。

7.参与方加入或退出协议的程序及处理规定。

8.参与方之间补偿支付的条件及处理规定。

9.协议变更或终止的条件及处理规定。

10.非参与方使用协议成果的规定。

五、成本分摊协议的税务处理

1.已经执行并形成一定资产的成本分摊协议，参与方发生变更或协议终止执行，应根据独立交易原则做如下处理：

（1）加入支付，即新参与方为获得已有协议成果的受益权应做出合理的支付；

（2）退出补偿，即原参与方退出协议安排，将已有协议成果的受益权转让给其他参与方应获得合理的补偿；

（3）参与方变更后，应对各方受益和成本分摊情况做出相应调整；

（4）协议终止时，各参与方应对已有协议成果做出合理分配。

企业不按独立交易原则对上述情况做出处理而减少其应纳税所得额的，税务机关有权做出调整。

2.成本分摊协议执行期间，参与方实际分享的收益与分摊的成本不相配比的，应根据实际情况做出补偿调整。

3.对于符合独立交易原则的成本分摊协议，有关税务处理如下：

（1）企业按照协议分摊的成本，应在协议规定的各年度税前扣除；

（2）涉及补偿调整的，应在补偿调整的年度计入应纳税所得额；

（3）涉及无形资产的成本分摊协议，加入支付、退出补偿或终止协议时对协议成果分配的，应按资产购置或处置的有关规定处理。

4.企业与其关联方签署成本分摊协议，有下列情形之一的，其自行分摊的成本不得税前扣除：

（1）不具有合理商业目的和经济实质；

（2）不符合独立交易原则；

（3）没有遵循成本与收益配比原则；

（4）未按本办法有关规定备案或准备、保存和提供有关成本分摊协议的同期资料；

（5）自签署成本分摊协议之日起经营期限少于20年。

六、成本分摊协议的税务管理

为规范成本分摊协议的税务管理，《国家税务总局关于规范成本分摊协议管理的公告》（国家税务总局公告2015年第45号）作了具体明确。主要内容如下：

1.企业执行成本分摊协议，无需经过税务机关审核。税务机关将加强对成本分摊协议的后续管理，如果成本分摊协议不符合独立交易原则和成本与收益相匹配的原则，税务机关将实施特别纳税调查调整。

2.企业应自与关联方签订（变更）成本分摊协议之日起30日内，向主管税务机关报送成本分摊协议副本。企业与其关联方签订（变更）成本分摊协议，即意味着与其关联方发生了关联业务往来，无论该协议执行与否，均应在年度企业所得税纳税申报时，就其与关联方之间的业务往来附送“中华人民共和国企业年度关联业务往来报告表”。

3.企业执行成本分摊协议期间，参与方实际分享的收益与分摊的成本不配比的，应当根据实际情况做出补偿调整。参与方未做补偿调整的，税务机关将实施特别纳税调查调整。

第八节　受控外国企业管理

《企业所得税法》第四十五条规定，由居民企业，或者由居民企业和中国居民控制的设立在实际税负明显低于我国《企业所得税法》定税率水平的国家（地区）的企业，并非由于合理的经营需要而对利润不作分配或者减少分配的，上述利润中应归属于该居民企业的部分，应当计入该居民企业的当期收入。《个人所得税法》第八条规定，居民个人控制的，或者居民个人和居民企业共同控制的设立在实际税负明显偏低的国家（地区）的企业，无合理经营需要，对应当归属于居民个人的利润不作分配或者减少分配，税务机关有权按照合理方法进行纳税调整。

为贯彻落实《企业所得税法》第四十五条规定，《特别纳税调整实施办法（试行）》（国税发〔2009〕2号）第八章为规范受控外国企业管理提供了操作指引。

一、受控外国企业管理的概念

受控外国企业管理，是指税务机关按照《企业所得税法》第四十五条的规定，对受控外国企业不作利润分配或减少分配进行审核评估和调查，并对归属于中国居民企业所得进行调整等工作的总称。

二、受控外国企业的概念

受控外国企业，是指根据《企业所得税法》第四十五条的规定，由居民企业，或者由居民企业和居民个人（以下统称“中国居民股东”，包括中国居民企业股东和中国居民个人股东）控制的设立在实际税负低于《企业所得税法》定税率50%（含）的国家（地区），并非出于合理经营需要对利润不作分配或减少分配的外国企业。

控制，是指在股份、资金、经营、购销等方面构成实质控制。其中，股份控制是指由中国居民股东在纳税年度任何一天单层直接或多层间接单一持有外国企业10%以上有表决权股份，且共同持有该外国企业50%以上股份。

中国居民股东多层间接持有股份按各层持股比例相乘计算，中间层持有股份超过50%的，按100%计算。

三、资料报告

根据《特别纳税调整实施办法（试行）》（国税发〔2009〕2号）、《国家税务总局关于居民企业报告境外投资和所得信息有关问题的公告》（国家税务总局公告2014年第38号）及《国家税务总局关于做好居民企业报告境外投资和所得信息工作的通知 》（税总函〔2015〕327号）规定，中国居民企业股东应在年度企业所得税纳税申报时提供受控外国企业按照中国会计制度编报的年度独立财务报表和受控外国企业信息报告表。受控外国企业信息报告表格式如下：

受控外国企业信息报告表

一、报告人信息						
企业名称			纳税人识别号			
二、受控外国企业信息						
企业名称			纳税人识别号			
注册地址			法定代表人			
成立时间			纳税年度起止			
记账本位货币			折合人民币汇率选用			
主营业务范围						
三、受控外国企业构成条件			持股比例□		实质控制□	
四、持有受控外国企业股份的中国居民股东持股信息						
股东名称	持股数量	持股比例	直接持股数量和比例	起止时间	间接持股数量和比例	起止时间
五、例外适用情况						
1. 受控外国企业是否在国家税务总局指定的非低税率国家（地区） 实际税负：					是□	否□
2. 受控外国企业年度利润是否不高于500万元人民币					是□	否□
3. 受控外国企业主要取得积极经营活动所得					是□	否□
六、受控外国企业利润分配						
可分配利润总额			可抵免外国税额			
以前年度已视同分配额			可抵免外国税额			
本年度分配额超出以前年度已视同分配额的数额			可抵免外国税额			

续表

未分配利润额		可抵免外国税额	
视同分配给报告人股息		可抵免外国税额	
视同分配给其他中国居民股东的股息		可抵免外国税额	
备注			

七、报告人声明

我谨在此声明：以上呈报事项准确无误，如有不实，愿承担相应的法律责任。

报告人签字和盖章：　　　　　　　　报告日期：　　年　月　日

以下由主管税务机关填写

受理人： 联系电话：	税务机关（盖章） 年　月　日

填表说明：

1. 按照《特别纳税调整实施办法（试行）》第七十六条受控外国企业规定构成中国居民企业股东的企业为本表的报告人。由报告人投资的多家外国企业构成《特别纳税调整实施办法（试行）》第七十六条规定的受控外国企业的，报告人应分别就各受控外国企业填报本表。

2. 企业名称或股东名称为外文的，应同时填报中文译文名称。

3. 股东名称栏仅填报符合《特别纳税调整实施办法（试行）》第七十六条受控外国企业规定的所有中国居民股东。

4. 折合人民币汇率选用栏按本表所用汇率确定方法填报，如按受控外国企业年度平均汇率或年末汇率确定。

5. 未分配利润栏按可分配利润栏减以前年度已视同分配额以及本年度分配额超出以前年度已视同分配额的数额之差填报。

6. 视同分配给报告人股息栏和视同分配给其他中国居民股东的股息栏以未分配利润栏为基础，计入中国居民企业股东当期的视同受控外国企业股息分配的所得，应按以下公式计算：

中国居民企业股东当期所得＝视同股息分配额 × 实际持股天数 ÷ 受控外国企业纳税年度天数 × 股东持股比例

中国居民股东多层间接持有股份的，股东持股比例按各层持股比例相乘计算。

7. 第六项受控外国企业利润分配项下有关栏目填表说明如下：①可分配利润总额栏按照受控外国企业当年度独立资产负债表未分配利润期末余额与当年实际分配数额之和填报；②以前年度已视同分配额栏按照以前年度已视同分配金额扣除该视同分配金额的实际分配额后的余额填报。计算结果为负数的，填报零；③本年度分配额超出以前年度已视同分配额的数额栏按照本年度分配额与以前年度已视同分配额之差填报。计算结果为负数的，填报零；④各可抵免外国税额栏按照前面一栏相应利润额依据《财政部、国家税务总局关于企业境外所得税收抵免有关问题的通知（财税〔2009〕125号）》及有关文件规定计算的可抵免境外所得税税额填报。

8. 本表视同分配给报告人股息栏及对应可抵免外国税额栏数额计入居民企业年度申报表相关栏目。

9. 本表中货币金额一律使用人民币填写。

四、受控外国企业的税务处理

1. 税务机关应汇总、审核中国居民企业股东申报的对外投资信息，向受控外国企业的中国居民企业股东送达“受控外国企业中国居民股东确认通知书”。中国居民企业股东符合《企业所得税法》第四十五条征税条件的，按照有关规定征税。

2.计入中国居民企业股东当期的视同受控外国企业股息分配的所得，应按以下公式计算：

中国居民企业股东当期所得=视同股息分配额×实际持股天数÷受控外国企业纳税年度天数×股东持股比例

中国居民股东多层间接持有股份的，股东持股比例按各层持股比例相乘计算。

3.受控外国企业与中国居民企业股东纳税年度存在差异的，应将视同股息分配所得计入受控外国企业纳税年度终止日所属的中国居民企业股东的纳税年度。

4.计入中国居民企业股东当期所得已在境外缴纳的企业所得税税款，可按照所得税法或税收协定的有关规定抵免。

5.受控外国企业实际分配的利润已根据所得税法第四十五条规定征税的，不再计入中国居民企业股东的当期所得。

6.中国居民企业股东能够提供资料证明其控制的外国企业满足以下条件之一的，可免于将外国企业不作分配或减少分配的利润视同股息分配额，计入中国居民企业股东的当期所得：

（1）设立在国家税务总局指定的非低税率国家（地区）；

（2）主要取得积极经营活动所得；

（3）年度利润总额低于500万元人民币。

五、税基侵蚀及利润转移（Base Erosion and Profit Shifting Project，以下简称BEPS）第三项行动计划《制定有效受控外国公司规则》的相关建议

为防止集团通过设立非居民附属机构来转移收入，且设立附属机构的全部或部分目的是出于税收考虑而非出于非税商业理由，BEPS第三项行动计划《制定有效受控外国公司规则》分以下要素为CFC规则提供相关建议：

（一）受控外国企业规则（Controlled Foreign Company，以下简称CFC）定义

为确定是否适用CFC规则，管辖区必须要考虑两个问题：一是外国实体是否属于可被认定为CFC的类型，许多国家的CFC规则在特定情况下也包括信托、合伙企业和常设机构，以确保在母公司管辖区内的公司无法通过改变子公司的法律形式轻易地规避CFC规则；二是母公司是否有足够的影响和控制以使得该外国实体被认定为CFC，这里的控制分法律控制、经济控制、实际控制、基于合并报表的控制。

（二）CFC的豁免和门槛要求

CFC的豁免和门槛要求可以限制CFC规定的适用范围，主要有以下三类：

一是设置最低门槛。如果本应确认为CFC收入的所得低于最低门槛，则可免于被包括在母公司的所得当中。二是反避税要求。即只有交易或架构是出于避税目的，才会受CFC规则限制。三是豁免税率。当CFC的课税水平超过该税率时可获得豁免。

（三）CFC收入的定义

一些国家现行的CFC规则将CFC所有应当分配给母公司管辖区股东的收入认定为“CFC”收入，许多地区的CFC规则仅适用于部分特定类型的收入。行动计划建议CFC规则应包含对CFC收入的定义，以确保引发BEPS担忧的收入会被归属于母公司管辖区的控股股东，同时，也留有一定的灵活性以确保管辖区可以制定与其国内政策框架一致的CFC规则，提供以下措施：一是类别分析。现有的CFC规则一般将收入划分为不同类别并根据不同类别确定收入的归属，如按法定类别（股息、利息、保险收入、特许权使用费收入及知识产权收入、销售服务收入）、相关方的关联性、收入来源。二是实质性分析。主要分析CFC是否参与实质性经营。三是超额利润分析。该分析法将在抵税率管辖区赚取的超过正常投资回报率的收入归类为CFC收入。四是交易法和实体法。即管辖区需要确定是按实体还是按交易进行分析，相对于实体法，交易法可能会增加监管负担和合规成本。

（四）收入计算规则

确认了收入的可归属性后，需确定可归属收入的具体金额，主要考虑以下两点：一是适用于哪个管辖区的准则（用母管辖区法律、用CFC管辖区规则来计算收入、纳税人选择任意管辖区进行计算、使用一个共同标准进行计算）；二是计算CFC收入时是否需要制定特殊规则（如亏损的处理）。

（五）收入归属规则

计算出CFC收入金额后，确定如何将这些收入归属给CFC的适当股东，主要分5步：一是确定哪些纳税人有归属收入；二是确定多少收入应被归属；三是确定纳税人纳税申报中何时应包含该收入；四是确定该收入的处理方法；五是确定该收入的适用税率。

（六）防止或消除双重征税规则

CFC规则应该包含确保这些规则的运用不会导致双重征税的规定，至少有3种情形会导致双重征税：

1.CFC归属收入同样需要缴纳境外企业所得税。

2.多个管辖区的CFC规则适用于同一CFC收入。

3.CFC从根据CFC规则已归属给居民股东的收入中派发股息，或居民股东处置CFC股份。

解决前两种情形的建议是允许实际支付的境外税收进行税收抵免，包括评估的中间公司的CFC税收。解决第三种情况的建议是，如果CFC的所得之前已根据CFC规则被征税，则股息和出售CFC股权的资本利得可以免税，但对股息和资本利得的具体处理可由各个管辖区自行决定，以与国内法律保持一致。

第九节　资本弱化管理

《企业所得税法》第四十六条规定，企业从其关联方接受的债权性投资与权益性投资的比例超过规定标准而发生的利息支出，不得在计算应纳税所得额时扣除。《企业所得税法实施条例》第一百一十九条、《财政部、国家税务总局关于企业关联方利息支出税前扣除标准有关税收政策问题的通知》（财税〔2008〕121号）、《特别纳税调整实施办法（试行）》（国税发〔2009〕2号）第九章为资本弱化管理提供了操作指引。

一、资本弱化管理相关概念

资本弱化管理，是指税务机关按照所得税法第四十六条的规定，对企业接受关联方债权性投资与企业接受的权益性投资的比例是否符合规定比例或独立交易原则而进行审核评估和调查调整等工作的总称。

债权性投资，是指企业直接或者间接从关联方获得的，需要偿还本金和支付利息或者需要以其他具有支付利息性质的方式予以补偿的融资。企业间接从关联方获得的债权性投资包括：关联方通过无关联第三方提供的债权性投资；无关联第三方提供的、由关联方担保且负有连带责任的债权性投资；其他间接从关联方获得的具有负债实质的债权性投资。

权益性投资，是指企业接受的不需要偿还本金和支付利息，投资人对企业净资产拥有所有权的投资。

利息支出包括直接或间接关联债权投资实际支付的利息、担保费、抵押费和其他具有利息性质的费用。

二、向关联方支付利息相关所得税规定

1.《企业所得税法实施条例》第三十八条规定，非金融企业向非金融企业借款的利息支出，不超过按照金融企业同期同类贷款利率计算的数额的部分，允许在税前扣除，超过部分的利息支出不得在税前扣除。

2.《企业所得税法》第四十一条规定，企业各关联方发生的借款发生的利息支出，未按照独立交易原则计价，而减少了应纳税所得额的，税务机关有权合理调整。

3.《企业所得税法》第四十六条及其《实施条例》第一百一十九条规定，企业从其关联方接受的债权性投资与权益性投资的比例超过规定标准而发生的利息支出，不得在计算应纳税所得额时扣除。

4.根据我国对外签署的税收协定、《特别纳税调查调整及相互协商程序管理办法》(国家税务总局公告2017年第6号)、《特别纳税调整实施办法(试行)》(国税发〔2009〕2号)等文件规定，分配给境外关联方的利息，超过独立交易原则支付的金额，按利息所得征收预提所得税，但不得享受协定优惠税率；分配给境外关联方的利息，超过债资比例计算的金额，应视同分配的股息征收预提所得税，且不得享受规定优惠税率。股息税率与利息税率不同的，按税率差补征预提所得税，如已扣缴的所得税税款多于按股息计算应征所得税税款，多出的部分不予退税。

三、向关联方支付利息的纳税调整方法

第1步：按一般贷款利率计算应付给关联方的利息支出。

无论是否符合独立交易原则，凡超过同期同类银行贷款利率(以下简称"一般贷款利率")计算的利息，一律不得在税前扣除。如果低于一般贷款利率，按照实际应付利息确定；如果高于一般贷款利率，按照同期同类银行贷款利率计算。

第2步：按独立交易原则计算应付给关联方的利息支出。

1.如果按一般贷款利率计算应付给关联方的利息支出≤按独立交易原则计算应付给关联方的利息支出，不作纳税调整。

2.如果按一般贷款利率计算应付给关联方的利息支出>按独立交易原则计算应付给关联方的利息支出，超过的部分按下列原则进行税务处理：

(1)向境外关联方支付的利息，不得在税前扣除，作纳税调增处理。

(2)如果企业实际税负等于或低于境内关联方税负，不应对该企业进行转让定价调查调整，因为相应调整会使企业的补税等于或少于关联方的退税，国家总体税收不变或减少。

(3)如果企业实际税负高于境内关联方税负，可以对该企业进行转让定价调查调整，但为了避免各地之间开展转让定价相应调整谈判，应按照该企业与其关联方的实际税负差补税，关联方不退税。

第3步：计算关联方债资比例超过标准比例的利息总额。

超过关联方债资比例的利息总额=年度实际支付的全部关联方利息×(1-标准比例÷关联债资比例)

其中：

1.年度实际支付的全部关联方利息，按照第一步、第二步计算的结果确定。即年度实际支付的全部关联方利息=应付关联方利息-(第1步纳税调增金额+第2步纳税调增金额)

2.金融企业标准比例=5；其他企业标准比例=2。

3.关联债资比例=全部关联方债权性投资之和 ÷ 权益性投资。

关联债权投资包括关联方以各种形式提供担保的债权性投资。

权益投资按照企业资产负债表所列示的所有者权益、实收资本（股本）与资本公积之和、实收资本（股本）的金额孰高原则确定。

关联债资比例的具体计算方法如下：

关联债资比例=年度各月平均关联债权投资之和/年度各月平均权益投资之和

其中：

各月平均关联债权投资=（关联债权投资月初账面余额+月末账面余额）÷2

各月平均权益投资=（权益投资月初账面余额+月末账面余额）÷2

4.“实际支付利息”，是指企业按照权责发生制原则计入相关成本、费用的利息。向关联方支付的利息支出包括直接或间接关联债权投资实际支付的利息、担保费、抵押费和其他具有利息性质的费用。

第4步：对债资比例超过标准比例的利息支出，按照实际应付给各关联方利息占关联方利息总额的比例，在各关联方之间进行分配。

某关联方应分配金额=债资比例超过标准比例的利息支出 ×（应付给该关联方的利息 ÷ 应付给全部关联方利息总额）

第5步：纳税调整方法。

1.对各关联方分配的债资比例超过标准比例的利息支出，按下列方法进行税务处理：

（1）符合独立交易原则，且按税法规定向税务机关报送证明资料的，无论是向境外关联方支付的利息，还是向境内关联方支付的利息，均准予扣除。

（2）不符合独立交易原则，或者符合独立交易原则但未按规定向税务机关报送证明资料的，区别情况处理：

①分配给境外关联方的利息支出不得扣除；

②分配给实际税负不低于本企业的境内关联方的利息准予扣除。分配给实际税负小于本企业的境内关联方利息不得扣除。

2.纳税调增金额=第1步纳税调增金额+第2步纳税调增金额+第3步纳税调增金额。

本年度不得扣除的利息支出，不得结转至以后年度扣除。

关于境外关联方应纳预提所得税的计算：分配给境外关联方的利息，超过独立交易原则支付的金额，按利息所得征收预提所得税，但不得享受协定优惠税率；分配给境外关联方的利息，超过债资比例计算的金额，应视同分配的股息征收预提所得税，若协定明确超过债资比率计算的利息按股息所得处理的，可以享受股息所得优惠税率。股息税率与利息税率不同的，按税率差补征预提所得税，如已扣缴的所得税税款多于按股息计算应征所得税税款，多出的部分不予退税。

四、案例分析

甲公司分别有A、B、C、D四家关联公司，其中C公司为境外公司，A、B、D为境内居民企业。甲公司的所有者权益为3 000万元。同期同类商业银行贷款利率（以下简"一般贷款利率"）为6%。甲公司向A公司借款2 000万元，利率为6%，全年付利息120万元；向B公司借款3 000万元，利率为8%，全年应付利息240万元；向C公司借款4 000万元，利率为5%，全年应付利息为200万元；向D借款4 500万元，利率为9%，全年应付利息405万元。为简化计算，假设按独立交易原则确定的贷款利率与一般贷款利率相同。

甲公司的税负率为25%，A公司税负率为25%，B公司税负率为20%（享受减免税），D公司税负率为15%。D公司可以提供独立交易的证据。为便于比较，列表如下：

关联方	境内外	借款本金	实际利率	实际应付利息	不超过一般贷款利率计算的应付利息	税负	是否符合独立交易原则
A	境内	2 000万元	6%	120万元	120万元	25%	否
B	境内	3 000万元	8%	240万元	180万元	20%	否
C	境外	4 000万元	5%	200万元	200万元		否
D	境内	4 500万元	9%	405万元	270万元	15%	是
合计		13 500万元		965万元	770万元		

第一步：计算超过一般贷款利率部分的应付利息。

超过一般贷款利率部分的应付利息=［3 000×（8%−6%）］+［4 500×（9%−6%）］=195（万元）

第二步：计算关联方债资比例超过标准比例的利息总额。

关联方债资比例超过标准比例的利息总额=770×［1−2/（13 500/3 000）］=427.78（万元）

第三步：对债资比例超过标准比例的利息总额分配至各关联方：

A公司应分配金额=427.78×120/770=66.67（万元）

B公司应分配金额=427.78×180/770=100.00（万元）

C公司应分配金额=427.78×200/770=111.11（万元）

D公司应分配金额=427.78×270/770=150.00（万元）

第四步：纳税调整。

1.甲公司税负25%，小于等于境内关联方A公司税负25%，债资比例超过标准比例部分的利息，可以扣除。

2.甲公司税负25%，大于境内关联方B公司税负20%，债资比例超过标准比例部分的利息100.00万元，不得扣除。

3.C公司为境外关联方，因此债资比例超过标准比例部分的利息111.11万元不得扣除。

4.D公司符合独立交易原则，无论是D公司在境内还是境外，均不受标准比例限制，其债资比例超过标准比例部分的利息150.00万元，均可扣除。

以上，债资比例超过标准比例部分的利息支出不得扣除金额合计数=100+111.11=211.11（万元）。

合计调增金额=195+211.11=406.11（万元）

此外，分配给境外关联方C公司的利息111.11万元，应视同股息缴纳预提所得税，假设协定规定的股息优惠税率为5%，利息税率为7%，若企业已全部按照利息税率7%扣缴预提所得税，则不予退税。

第十节　一般反避税管理

一般反避税条款因其适用范围的宽泛和实施上的不确定性，往往成为各国所得税法中最受争议的部分，但这个特点也使其成为打击避税的最有效的手段，并成为现代所得税法体系的一个必不可少的部分。《企业所得税法》第四十七条规定，企业实施其他不具有合理商业目的的安排而减少其应纳税收入或者所得额的，税务机关有权按照合理方法调整。这是我国首次引入一般反避税条款。一般反避税条款克服了特殊反避税条款对新型避税行为无法适用以及立法滞后的缺点，能对各种无法预料的避税行为进行概况性否认，同时也为行政执法及司法提供依据。其缺点是对法的安定性和可预测性的损害，容易引起税务机关自由裁量权的滥用。但是，作为规制避税的终极手段，一般反避税条款仍应在实践中不断完善，以成为防范避税的“达摩克利斯之剑”，而不是“无牙的老虎”。为贯彻落实这一规定，《特别纳税调整实施办法（试行）》（国税发〔2009〕2号）从一般反避税管理的概念、适用范围、判断原则、操作程序等方面给出了原则性、框架性规定，但由于具体的业务流程和执行标准没有明确规定，给实际操作也带来不便。

2014年11月16日，国家主席习近平在澳大利亚布里斯班举行的G20领导人第九次峰会第二阶段会议讨论世界经济抗风险能力议题时指出：“加强全球税收合作，打击国际逃避税，帮助发展中国家和低收入国家提高税收征管能力。”这是我国最高领导人首次在国际重大政治场合就税收问题发表重要意见。随后，为落实习主席“打击国际逃避税”的指示，国家税务总局迅速行动，发布了《一般反避税管理办法（试行）》（以下简称《办法》），进一步规范和明确税务机关采取一般反避税措施的适用范围、判断标准、调整方法、工作程序、争议处理等相关问题，为一般反避税条款提供了详细的程序操作指引。

一、一般反避税管理的概念

一般反避税管理，是指税务机关按照所得税法第四十七条的规定，对企业实施其他不具有合理商业目的的安排而减少其应纳税收入或所得额进行审核评估和调查调整等工作的总称。

二、一般反避税管理的适用范围

1.根据《企业所得税法》第四十七条及其实施条例第一百二十条的规定，一般反避税是针对企业实施的不具有合理商业目的而获取税收利益的安排。

实务中，应牢牢掌握避税安排的两个主要特征：一是以获取税收利益为唯一目的或主要目的；二是以形式符合税法规定但与其经济实质不符的方式获取税收利益。在评估一项安排的合理商业目的时，需要根据个案的具体情况，综合考虑各方面因素，重点判断该安排的经济实质；税收利益包括减少、免除或者推迟缴纳企业所得税应纳税额。当然，不能仅仅因为一项安排获取了税收利益，就认定其为一般反避税安排。《企业所得税法》为企业提供了法定的税收优惠，如果企业经济实质符合《企业所得税法》规定的相关条件而享受税收优惠政策的，则不属于一般反避税的范畴。

2.《办法》不适用于下面两种情况：

（1）与跨境交易或者支付无关的安排。跨境的避税安排会造成我国税款的流失，而境内交易的调整有可能会造成两地之间重复征税，因此境内交易不是我们关注的重点，现阶段《办法》只针对跨境交易或支付。

（2）涉嫌逃避缴纳税款、逃避追缴欠税、骗税、抗税以及虚开发票等税收违法行为。这些违法行为应根据《税收征收管理法》的相关规定处理。

3.企业的安排属于转让定价、成本分摊、受控外国企业、资本弱化等其他特别纳税调整范围的，应当首先适用其他特别纳税调整相关规定。

《企业所得税法》第六章规定了一系列反避税措施，包括转让定价、资本弱化、成本分摊、受控外国企业等，这些条款分别针对一些特定的避税安排。企业的避税安排如果属于这些反避税条款调整范畴，则应首先适用该反避税条款的相关规定。只有当一项避税安排不能够适用任何一项具体反避税条款时，才能启用一般反避税条款。也就是说，一般反避税条款是穷尽所有其他的反避税措施后的最后手段。

如果境外间接股权转让存在一般反避税规范的避税安排，《办法》也适用于境外间接股权转让。

4.企业的安排属于受益所有人、利益限制等税收协定执行范围的，应当首先适用税收协定执行的相关规定。非居民纳税人享受税收协定待遇后，主管税务机关在后续管理过程中，发现需要适用税收协定主要目的测试条款的，适用一般反避税管理。

税收协定主要目的测试条款，是指税收协定中有如下表述或者类似表述的条款：虽有本协定其他条款的规定，如果在考虑了所有相关事实与情况后，可以合理地认定就某项所得获取本协定某项优惠是直接或间接产生该优惠的安排或交易的主要目的之一，则不应对该项所得给予该优惠，除非能够证明在此种情形下给予该优惠符合本协定相关规定的宗旨和目的。

三、避税安排的判定原则和内容

税务机关应按照实质重于形式的原则审核企业是否存在避税安排，重点关注企业有无滥用税收优惠、滥用税收协定、滥用公司组织形式、利用避税港避税以及其他不具有合理商业目的的安排。审核时，应综合考虑安排的以下内容：

1. 安排的形式和实质。

2. 安排订立的时间和执行期间。

3. 安排实现的方式。

4. 安排各个步骤或组成部分之间的联系。

5. 安排涉及各方财务状况的变化。

6. 安排的税收结果。

四、一般反避税管理的纳税调整方法

税务机关应当以具有合理商业目的和经济实质的类似安排为基准，按照实质重于形式的原则实施特别纳税调整。调整方法包括：

1. 对安排的全部或者部分交易重新定性。

2. 在税收上否定交易方的存在，或者将该交易方与其他交易方视为同一实体。

3. 对相关所得、扣除、税收优惠、境外税收抵免等重新定性或者在交易各方间重新分配。

4. 其他合理方法。

五、一般反避税管理的操作流程

一般反避税管理的操作流程分为立案、调查、结案三个阶段。

（一）立案

考虑到一般反避税案件的复杂性，一般反避税的立案调查和最终结案都需要经过税务总局的批准。主管税务机关的立案申请，以及不予调整或初步、最终调整方案都需要分别层报省级税务机关复核同意后，报税务总局审核决定。《办法》规定：

1.各级税务机关应当结合工作实际，应用各种数据资源，如企业所得税汇算清缴、纳税评估、同期资料管理、对外支付税务管理、股权转让交易管理、税收协定执行等，及时发现一般反避税案源。

2.主管税务机关发现企业存在避税嫌疑的，层报省、自治区、直辖市和计划单列市（以下简称“省”）税务机关复核同意后，报税务总局申请立案。

3.省税务机关应当将税务总局形成的立案申请审核意见转发主管税务机关。税务总局同意立案的，主管税务机关实施一般反避税调查。

（二）调查

1.主管税务机关实施一般反避税调查时，应当向被调查企业送达“税务检查通知书”。被调查企业认为其安排不属于《办法》所称避税安排的，应当自收到“税务检查通知书”之日起60日内提供下列资料：

（1）安排的背景资料；

（2）安排的商业目的等说明文件；

（3）安排的内部决策和管理资料，如董事会决议、备忘录、电子邮件等；

（4）安排涉及的详细交易资料，如合同、补充协议、收付款凭证等；

（5）与其他交易方的沟通信息；

（6）可以证明其安排不属于避税安排的其他资料；

（7）税务机关认为有必要提供的其他资料。

2.企业因特殊情况不能按期提供的，可以向主管税务机关提交书面延期申请，经批准可以延期提供，但是最长不得超过30日。主管税务机关应当自收到企业延期申请之日起15日内书面回复。逾期未回复的，视同税务机关同意企业的延期申请。

3.企业拒绝提供资料的，主管税务机关可以按照《税收征管法》第三十五条的规定进行核定。

4.主管税务机关实施一般反避税调查时，可以要求为企业筹划安排的单位或者个人（以下简称“筹划方”）提供有关资料及证明材料。

5.一般反避税调查涉及向筹划方、关联方以及与关联业务调查有关的其他企业调查取证的，主管税务机关应当送达“税务事项通知书”。

6.主管税务机关审核企业、筹划方、关联方以及与关联业务调查有关的其他企业提供的资料，可以采用现场调查、发函协查和查阅公开信息等方式核实。需取得境外有关资料的，可以按有关规定启动税收情报交换程序，或者通过我驻外机构调查收集有关信息。涉及境外关联方相关资料的，主管税务机关也可以要求企业提供公证机构的证明。

（三）结案

1.主管税务机关根据调查过程中获得的相关资料，自税务总局同意立案之日起9个月内进行审核，综合判断企业是否存在避税安排，形成案件不予调整或者初步调整方案的意见和理由，层报省税务机关复核同意后，报税务总局申请结案。

2.主管税务机关应当根据税务总局形成的结案申请审核意见，分别以下情况进行处理：

（1）同意不予调整的，向被调查企业下发“特别纳税调查结论通知书”；

（2）同意初步调整方案的，向被调查企业下发“特别纳税调查初步调整通知书”；

（3）税务总局有不同意见的，按照税务总局的意见修改后再次层报审核。

被调查企业在收到“特别纳税调查初步调整通知书”之日起7日内未提出异议的，主管税务机关应当下发“特别纳税调查调整通知书”。

被调查企业在收到“特别纳税调查初步调整通知书”之日起7日内提出异议，但是主管税务机关经审核后认为不应采纳的，应将被调查企业的异议及不应采纳的意见和理由层报省税务机关复核同意后，报税务总局再次申请结案。

被调查企业在收到“特别纳税调查初步调整通知书”之日起7日内提出异议，主管税务机关经审核后认为确需对调整方案进行修改的，应当将被调查企业的异议及修改后的调整方案层报省税务机关复核同意后，报税务总局再次申请结案。

3.主管税务机关应当根据税务总局考虑企业异议形成的结案申请审核意见，分别以下情况进行处理：

（1）同意不应采纳企业所提异议的，向被调查企业下发“特别纳税调查调整通知书”；

（2）同意修改后调整方案的，向被调查企业下发“特别纳税调查调整通知书”；

（3）税务总局有不同意见的，按照税务总局的意见修改后再次层报审核。

六、争议处理

为维护企业权益，被调查企业除在调查阶段可以通过提供资料说明安排具有合理商业目的，证明其税收安排不属于避税安排外，在立案阶段，对主管税务机关作出的一般反避税调整决定不服的，可以按照有关法律法规的规定申请法律救济。

此外，被调查企业认为我国税务机关作出的一般反避税调整，导致国际双重征税或者不符合税收协定规定征税的，可以按照税收协定及其相关规定申请启动相互协商程序。主管税务机关作出的一般反避税调整方案导致国内双重征税的，由税务总局统一组织协调解决。

值得注意的是，一般反避税管理，无论是对行政机关还是法院，这都是一项艰巨的挑战，它必须建立在对事实和情况进行缜密而客观的分析的基础上。为减少税争企议，反避税人员应具备丰富的实践经验，了解企业战略、商业模式、经营常规等相关知识，做到谨慎立案，在调查环节应充分研究证据及商业逻辑，争取做到无争议结案。

七、案例分析

案例（一）设立境外导管公司，间接转让境内股权

某境外投资集团通过其香港全资子公司持有境内甲公司49%的股权。2019年1月，境外投资集团通过转让香港全资子公司股权，间接转让了甲公司49%股权。主管税务机关结合相关资料，初步判断被转让的子公司属于“无雇员、无其他资产和负债、无其他投资、无其他经营业务”的“特殊目的公司”。根据《国家税务总局关于非居民企业间接转让财产企业所得税若干问题的公告》（国家税务总局公告2015年第7号）规定，境外投资方通过滥用组织形式等安排间接转让中国居民企业股权，且不具有合理的商业目的，规避企业所得税纳税义务的，主管税务机关层报税务总局审核后可以按照经济实质对该股权转让交易重新定性，否定被用作税收安排的境外控股公司的存在。

税务机关通过进一步调查证实了该投资集团避税的事实，外方公司最终同意补缴本次股权转让所得应缴纳的企业所得税。

案例（二）设立境外导管公司，滥用税收协定筹划

美国某投资集团于2006年5月10日在巴巴多斯注册成立全资子公司A，同年7月，A公司与中方某企业签订投资合资协议在我国境内成立中外合资企业B，其中，A公司占B公司24.99%的股份，一年后，A公司将B公司24.99%股权对外转让，取得收益1217万美元。

根据中巴税收协定，此项发生在我国的股权转让收益我国没有征税权，征税权在巴方。在A公司是否构成巴巴多斯居民的身份尚未明确的情况下，付款方多次催促税务部门尽快答复是否征税并希望税务部门配合办理付汇手续。根据付款协议，如果付款方不按时汇款，将额外支付高额的利息。为了避免中方企业遭受不必要的经济损失，主管税务机关同意对股权转让款先行汇出，但扣留相当于应纳税款部分的款项，余额部分待A公司能否享受税收协定待遇确定后再做决定。

对此，主管税务机关一方面进行深入的调查了解，开展对A公司居民身份的取证工作，判定是否可以执行中巴税收协定；另一方面将案情进展情况及具体做法逐级向税务总局报告。税务总局启动了税收情报交换机制，最终确认A公司不属于巴巴多斯的税收居民，不能享受中巴税收协定的有关规定，对其在华投资活动中的所得应按国内法规定处理。2008年7月完成了该项916.37万元税款的入库工作。

案例（三）恶意分拆境外股权，享受税收协定优惠

某上市公司在上海证券交易所挂牌上市，其中香港公司占注册资本的

15.60%。2009年10月9日至27日，香港公司在二级市场以竞价交易方式出售上市公司股票1 982万股，交易金额2.21亿元。当主管税务机关通过上证所公开渠道获知此信息时，企业却向主管税务机关提出要求享受免税的税收协定待遇。理由是：根据2008年1月内地和香港签订的《内地和香港特别行政区关于避免双重征税和防止偷漏税的安排第二议定书》（以下简称《第二议定书》）第五条规定："一方居民转让其在另一方居民公司资本中的股份或其他权利取得的收益，如果该收益人在转让行为前的12个月内，曾经直接或间接参与该公司至少25%的资本，可以在另一方征税。"由于香港公司占该上市公司的股份未达到25%，因此企业认为内地没有征税权。

税务人员通过查阅2008年上市公司年报信息、历年股东持股情况，认真分析税收协定政策和香港的相关税收法规后，判定香港公司并不符合税收协定免税待遇。虽然香港公司转让股票前的12个月内只占上市公司股份的15.60%，但从年报上看，该上市公司的第一大股东公司与第二大股东香港公司是"行动一致人"，这两家股东公司均由某香港居民个人100%投资，因此香港公司实际控股人、转让股票的最终收益人是该香港居民，间接拥有该上市公司38.09%的股份。同时，上市公司2008年年报披露，香港的两家股东公司都是非业务经营性投资控股公司。按照内地与香港签订的税收协定安排和《第二议定书》以及国家税务总局有关规定，内地有权征税。

经过税企双方多次磋商，最终香港公司同意就其股票出售收益在内地缴纳非居民企业所得税。2009年10月，该上市公司作为香港股东的代理人，到主管税务机关申报扣缴了2 210万元非居民企业所得税。2009年11月和2010年4月，香港公司先后6次减持该上市公司的股票2.6亿股，取得股权转让金额33亿多元。该上市公司在主管税务机关的要求下，比照前例及时缴纳了非居民企业所得税3.57亿元。

以上案例对于加强非居民税收管理、维护国家税收权益具有典型意义和参考价值。我国与不同国家、地区所签订的税收协定中规定的税收待遇、税收条款不尽相同，还有一些国家、地区尚未签订税收协定。有些外国公司企图通过"导管公司"谋取不应有的税收优惠，税务机关必须加强税收协定执行情况的监控，启动一般反避税调查程序及纳税调整，防止非居民企业滥用税收协定逃避国家税收。

第八章

国内税法与股息、利息、特许权使用费条款的衔接

股息、利息、特许权使用费具有让渡资产使用权而取得报酬的共同特征，让渡方并不直接从事经营管理和营利活动，而是提供资金、财产、权利供他人使用并取得回报，区别在于承担的风险程度不同，因此，税收协定对股息、利息、特许权使用费采取了与营业利润不同的征税原则。按照税收协定的一般规则，对股息、利息、特许权使用费征税采取居民国和来源国分享征税权的做法，即来源国拥有优先征税权，但应按照限制税率课税；居民国享有最终征税权，但须承担税收抵免义务。当投资所得的相关营业活动通过常设机构进行，且所得的取得与常设机构有实际联系，应将投资所得并入常设机构的利润征税。如果常设机构所在国对常设机构取得的投资所得有优惠税率待遇规定时，受益所有人仅以滥用协定为目的，将所得转移到常设机构的，不应适用这一规定。股息、利息、特许权使用费条款中，关

于受益所有人判定、与常设机构相联系的所得征税问题、特殊关系下的征税原则等规定是一致的。

本章讲解受益所有人的定义及判定方法，并以中新协定为例解析国内税法与股息条款、利息条款、特许权使用费条款的衔接。

第一节 受益所有人的定义及判定方法

BEPS第6项行动计划“防止税收优惠的不当授予”中提到，当一个人在寻求获取税收协定优惠时所需满足的首要条件是：此人必须是OECD税收协定范本第四条定义的“缔约国一方居民”。不是缔约国一方居民的人有可能通过多种安排，试图获取相关税收协定给予该缔约国居民的优惠。这些安排通常被称为“择协避税”。“择协避税”通常会涉及身为第三国居民但试图间接获取缔约国双方签订的协定优惠的人。“受益所有人”概念在1977年被引入协定范本，以解决简单的“择协避税”情形，即出于税收目的将所得支付给不是该所得真正拥有者的缔约国一方的中间居民（如代理或指定人）。

股息、利息和特许权使用费的限制税率条款中，都引入了“受益所有人”的概念。为防范税收协定被滥用，维护我国税收权益，税收协定明确规定，仅当投资所得的受益所有人是缔约国另一方居民时，才允许适用协定中规定的限制税率。

“受益所有人”是指对所得或所得据以产生的权利或财产具有所有权和支配权的人。为执行我国政府对外签署的避免双重征税协定，《国家税务总局关于税收协定中“受益所有人”有关问题的公告》（国家税务总局公告2018年第9号，以下简称“9号公告”）就税收协定股息、利息、特许权使用费条款中“受益所有人”身份判定有关问题作了明确规定。

一、判断“受益所有人”身份的主要因素

判定需要享受税收协定待遇的缔约对方居民（以下简称“申请人”）“受益所有人”身份时，应根据下列因素，结合具体案例的实际情况进行综合分析。一般来说，下列因素不利于对申请人“受益所有人”身份的判定：

1. 申请人有义务在收到所得的12个月内将所得的50%以上支付给第三国（地区）居民，“有义务”包括约定义务和虽未约定义务但已形成支付事实的情形。

实践中有的案例，从表面上看，申请人从中国收到股息所得后，每年向母公司分配的股息均未超过当年从中国收到股息所得的50%，且分配时未发生现金流，而是被母公司用来偿还向申请人的关联贷款。经进一步查看申请人银行对账单、银行支付流水、财务报表等信息，发现其在从中国收到每笔股息所得的1个月内即通过关联贷款的名义将该笔所得的80%以上支付给母公司，形成了该条所述“在收到所得的12个月内将所得的50%以上支付给第三国（地区）居民”的支付事实。通过对关联贷款协议等资料详细查看，发现该协议仅约定一个贷款额度，并约定在申请人现金流允许并经申请人同意的情况下，随时向母公司发放贷款；未约定还款期限，母公司可在任意时间偿还全部或部分贷款；贷款利率仅0.5%，低于申请人所在国的银行同期贷款利率，上述事实对判定其

“受益所有人”身份非常不利。

在另一个案例中，由于申请人取得的每笔股息所得均转增已投资项目的资本，或者用于投资在中国境内的新项目，故不属于“在收到所得的12个月内将所得的50%以上支付给第三国（地区）居民”的情形。

2.申请人从事的经营活动不构成实质性经营活动。实质性经营活动包括具有实质性的制造、经销、管理等活动。申请人从事的经营活动是否具有实质性，应根据其实际履行的功能及承担的风险进行判定。

申请人从事的具有实质性的投资控股管理活动，可以构成实质性经营活动；申请人从事不构成实质性经营活动的投资控股管理活动，同时从事其他经营活动的，如果其他经营活动不够显著，则不构成实质性经营活动。

分析申请人是否从事实质性经营活动时，通常还应当关注：申请人是否拥有与其履行的功能相匹配的资产和人员配置；对于所得或所得据以产生的财产或权利，申请人是否承担相应风险，等等。

为便于理解本条规定，以下所举案例的前提均为：按照中国与a国、b国的税收协定，a国居民可享受的股息优惠税率为10%，b国居民可享受的股息优惠税率为5%。

（1）如何判断投资控股管理活动是否构成实质性经营活动。

公告明确：“申请人从事的具有实质性的投资控股管理活动，可以构成实质性经营活动。”投资控股管理活动作为管理活动的一种，可以构成实质性经营活动，但需要符合一定条件，即实际履行的功能及承担的风险足以证实其活动具有实质性。一般而言，申请人需要从事投资前期研究、评估分析、投资决策、投资实施以及投资后续管理等活动。

案例（一）b国公司声称的投资控股管理活动不具有实质性

a国公司通过设立在b国的子公司投资中国，b国公司拟就其从中国取得的股息所得享受税收协定待遇。b国公司声称其从事投资控股管理活动并有5名雇员，但经核实，b国公司并未开展行业研究、市场分析等，未履行投资控股管理等功能，其声称的5名雇员实际与a国公司签订合同并履行a国公司的职能；其收到的股息暂无投资计划，在账户中闲置；中国公司的外方董事不是由其直接股东b国公司派出而是由a国公司直接派出；中国公司的章程称该公司的招聘、培训、融资、财务等责任由b国公司承担，但b国公司并无承担上述责任的人员，经核实上述责任实际为a国公司在北京的办事处承担；b国公司对中国公司和从中国公司取得的股息不承担相应风险。该案例中b国公司虽声称从事投资控股管理活动，但实际履行的功能及承担的风险有限，不足以证实其活动具有实质性。

案例（二）b国公司承担的区域总部功能具有一定实质性

a国公司在b国设立公司作为亚洲区域总部，b国公司除投资中国外，还投资日本、韩国、新加坡、越南等10余个国家近50家公司。虽然中国境内的市场调研、行业研究等部分功能由设在中国的投资公司承担，但评估分析、投资决策以及亚洲区域内各公司之间的资金统筹调配等功能由b国公司承担，应认为b国公司承担的区域总部功能具有一定实质性。如果相关功能表面上由b国公司承担，但b国公司仅有8名员工，不足以承担相关功能，实际由a国公司承担或a国公司团队提供支撑，应认为b国公司从事的活动不具有实质性。

案例（三）b国公司承担的融资功能具有一定实质性

a国公司计划投资中国，但自有资金仅有所需资金的70%，故选择在金融业较为发达、资本较为充足、融资较为便利的b国设立公司作为融资平台，从符合公告第四条所列安全港条件的b国的非关联公司募集完成所需资金的30%后，由b国公司投资中国并取得股息。该案例中b国公司作为融资平台，履行了一定功能，承担了一定风险，并且所需资金的30%从b国融入，与b国有一定联系，应认为b国公司承担的融资功能具有一定实质性。

（2）如何判断其他经营活动是否构成实质性经营活动。

公告明确："申请人从事不构成实质性经营活动的投资控股管理活动，同时从事其他经营活动的，如果其他经营活动不够显著，不构成实质性经营活动。"

案例（四）其他经营活动不够显著，不构成实质性经营活动

a国公司自20世纪90年代以来陆续在中国直接投资设立10余家子公司并直接取得股息。2007年，a国公司在b国设立子公司，并进行集团内重组，由b国公司控股内地各子公司并取得股息。b国公司从事的投资控股管理活动不构成实质性经营活动，同时向集团内其他公司提供采购服务并收取服务费，或者从集团外其他公司采购然后销售给集团内公司并赚取进销差价。但是，经核实，相关采购活动之前由a国公司设立在中国某省的子公司从事，2010年集团将相关采购活动调整为由b国公司从事，b国公司无法证明做此调整的商业必要性，并且b国公司从事的采购等其他经营活动取得的所得占其全部所得（含从中国境内取得的全部所得）的比例仅为8%。因此可以认为申请人从事的其他经营活动不够显著，不构成实质性经营活动。

3.缔约对方国家（地区）对有关所得不征税或免税，或征税但实际税率极低。

4.在利息据以产生和支付的贷款合同之外，存在债权人与第三人之间在数额、利率和签订时间等方面相近的其他贷款或存款合同。

5.在特许权使用费据以产生和支付的版权、专利、技术等使用权转让合同之外，存在申请人与第三人之间在有关版权、专利、技术等的使用权或所有权方面的转让合同。

需要注意的是，根据上述五项因素判定"受益所有人"身份时，可区分不同所得类型通过公司章程、公司财务报表、资金流向记录、董事会会议记录、董事会决议、人力和物力配备情况、相关费用支出、职能和风险承担情况、贷款合同、特许权使用合同或转让合同、专利注册证书、版权所属证明等资料进

行综合分析。

比如，A国公司想要在亚洲进行业务扩张，考虑B国法律制度、地域、语言、税制等方面的优势，在B国设立区域性投资控股公司。B国公司有超过50个员工，公司的主要功能是选择和收购IT领域的企业，行业研究、区域市场调研、投资项目评估、投资风险分析、被投资对象的选择、投资决策及投资后续管理等职能均由B国公司自己的团队而非A国公司履行。B国公司对收购的子公司行使积极的管理职能，不向A国公司分配利润，而是选择将利润再投资于收购活动以及对已收购公司的业务扩展。B国公司投资控股的子公司有60%在中国，40%在中国周边国家。经综合分析后，倾向于认为B国公司具有“受益所有人”身份。

二、股息安全港规则

下列申请人从中国取得的所得为股息时，可不根据判断“受益所有人”五项因素进行综合分析，直接判定申请人具有“受益所有人”身份：

1.缔约对方政府。

2.缔约对方居民且在缔约对方上市的公司。

3.缔约对方居民个人。

4.申请人被前3项中的一人或多人直接或间接持有100%股权（在取得股息前连续12个月以内任何时候均达到100%），且间接持有股权情形下的中间层为中国居民或缔约对方居民。

【例8–1】香港居民A（上市公司、政府、居民个人）直接持有内地居民企业股权并取得股息。因为香港居民A为香港政府或者在香港上市的公司或者香港居民个人，可直接判定香港居民A具有“受益所有人”身份。需要注意的是，根据《内地与香港税收安排》第十条（股息）规定，如果香港居民A是在香港上市的公司且持有申请人25%以上股权，可以享受5%的优惠税率待遇；如果香港居民A是香港居民个人，为《内地与香港税收安排》第十条（股息）规定的其他情况，可以享受10%的优惠税率待遇。另外，根据国内法规定，外籍人员从境内外商投资企业取得的股息红利免征个人所得税。国内法优于税收协定，纳税人可选择适用国内法。

【例8–2】香港居民D投资内地居民并取得股息，直接持有香港居民D100%股权的人为香港政府、香港居民且在香港上市的公司或香港居民个人，属于股息安全港第4类情形，可直接判定香港居民D具有“受益所有人”身份。

【例8–3】香港居民A（上市公司、政府、居民个人）持有香港C公司100%，香港C公司持有香港B公司100%的股权，香港B公司持有境内居民企业的股权并取得股息。如果香港居民A为香港政府、香港居民且在香港上市的公司或香港居民个人，只要香港C公司、香港B公司为香港居民企业或被认定为境外注册中资控股的中国居民，属于股息安全港第4类情形，可直接判定香港居民B具有“受益所有人”身份。

【例8-4】新加坡居民个人甲持有香港居民企业B公司100%股权，B公司控股境内A公司100%股权，A公司在境内控股多少实体餐饮公司。B公司为扩大国内经营规模，向香港银行贷款2亿元用于对境内A公司增资，A公司将2亿元用于在境内设立或并购实体餐饮公司。甲以持有B公司100%股权质押给银行，同时B公司向银行承诺，境内所有实体公司每年实现税后利润的60%全部分配给A，A公司分配给香港B公司，B公司优先用于还本付息。

2020年2月，A公司向香港B公司分配2019年度股息6 000万元，香港B公司收到股息后3日内，将取得的股息全部转付至香港银行。

本例中，B公司专门从事国内餐饮实体的投资，在香港成立B公司有利于公司融资，B公司取得的利润并不需要分配给第三国居民，相反，B公司需要对国内追加投资。香港B公司从境内取得的分配用于偿还香港银行贷款，属于正常的融资行为，且是支付给香港银行而不是支付给第三方居民。根据五要素综合判断，B公司符合受益所有人身份。本例中如果甲先生是香港居民，则可以直接适用股息所得安全港第4类情形。

三、股息次安全港规则

申请人从中国取得的所得为股息时，虽不符合“受益所有人”条件，但直接或间接持有申请人100%股份（在取得股息前连续12个月以内任何时候均达到100%）的人可根据五项因素判定为“受益所有人”，并且属于以下两种情形之一的，应认为申请人具有“受益所有人”身份：

1.上述符合五项因素的“受益所有人”为申请人所属居民国（地区）居民。

2.上述符合五项因素的“受益所有人”虽不为申请人所属居民国（地区）居民，但该人和间接持有股份情形下的中间层从中国取得的所得为股息时，根据中国与其所属居民国（地区）签署的税收协定可享受的税收协定待遇和申请人可享受的税收协定待遇相同或更为优惠。

【例8-5】香港居民F直接持有香港居民E的100%股权，香港居民E持有内地居民企业的股权并取得股息。虽然香港居民E不符合“受益所有人”条件，但是，如果香港居民F符合“受益所有人”条件，属于股息次安全港第1类情形，应认为香港居民E具有“受益所有人”身份。

【例8-6】香港居民F持有BVI公司100%股权，BVI公司持有香港居民E的100%股权，香港居民E持有内地居民企业的股权并取得股息。香港居民F通过BVI公司（不论BVI公司是否为香港居民）间接持有香港居民E100%的股权，虽然香港居民E不符合“受益所有人”条件，但是，如果香港居民F符合“受益所有人”条件，属于股息次安全港第1类情形，应认为香港居民E具有“受益所有人”身份。

【例8-7】新加坡居民I持有新加坡居民H的100%股权，新加坡居民H持有中国香港居民G的100%股权，香港居民G持有内地居民企业的股权并取得股息。新加坡居民I通过新加坡居民H间接持有中国香港居民G的100%股权，虽然香港居民G不符合“受益所有人”条件，但是，如果新加坡居民I符合“受益所有人”条件，并且新加坡居民I和新加坡居民H从中国取得的所得为股息时，根据中国与新加坡签署的税收协定可享受的税收协定待遇均和香港居民G可享受的税收协定待遇相同，属于股息次安全港第2类情形，应认为香港居民G具有“受益所有人”身份，香港居民G可根据内地与香港签署的税收安排享受税收协定待遇。

四、代理人不作为“受益所有人”

代理人或指定收款人等（以下统称“代理人”）不属于“受益所有人”。申请人通过代理人代为收取所得的，无论代理人是否属于缔约对方居民，都不应据此影响对申请人“受益所有人”身份的判定。判断是否为“代理人代为收取所得”情形时，应根据代理合同或指定收款合同等资料进行分析。

股东基于持有股权取得股息，债权人基于持有债权取得利息，特许权授予人基于授予特许权取得特许权使用费，对于股东、债权人、特许权授予人而言，不属于“代为收取所得”。

【例8–8】香港A公司通过美国B公司控股中国C公司，A公司作为申请人申请享受中国C公司支付给美国B公司的股息协定待遇。虽然美国B公司作为股息的接收方与香港A公司不在同一国家，但若能通过判断，认定A公司具有香港居民身份和受益所有人身份，同时判定B公司为代理人，那么A公司通过B公司代为收取的股息能够享受内地和香港的税收安排。

五、委托投资业务受益所有人的认定

“委托投资”，是指非居民将自有资金直接委托给境外专业机构用于对居民企业的股权、债权投资，其中的“境外专业机构”指经其所在地国家或地区政府许可从事证券经纪、资产管理、资金以及证券托管等业务的金融机构。在委托投资期间，境外专业机构将受托资金独立于其自有资金进行专项管理。境外专业机构根据相应的委托或代理协议收取服务费或佣金。受托资金的投资收益和风险应由该非居民取得和承担。

《国家税务总局关于委托投资情况下认定受益所有人问题的公告》（国家税务总局公告2014年第24号）规定，非居民通过委托投资取得投资收益提出享受税收协定待遇申请的，应向税务机关提供以下资料：

1. 投资链条各方（包括该非居民、投资管理人或投资经理、各级托管人、证券公司等）签署的与投资相关的合同或协议，以及能够说明投资业务的其他资料，资料内容应包括委托投资本金来源和组成情况以及各方收取费用或取得所得的约定。

2.投资收益和其他所得逐级返回至该非居民的信息和凭据，以及对所得类型认定与划分的说明资料。

3.税务机关为认定受益所有人所需要的其他资料。

税务机关应对非居民提交的资料进行审核，并区分所得类型进行处理：

（1）如果投资收益的所得类型为股息或利息，该所得在逐级返回至该非居民的过程中所得性质未发生改变，且有凭据证明该所得实际返回至该非居民，则可以认定该非居民为该笔所得的受益所有人，能够享受税收协定相应条款规定的待遇；

（2）如果投资链条上除该非居民以外的各方收取的费用或取得的报酬与股息、利息有关，则该非居民不是该部分费用或报酬的受益所有人，该部分费用或报酬不得享受税收协定股息和利息条款规定的待遇；

（3）如果投资收益的所得类型为财产收益，或其他不适用受益所有人规则的所得类型，则应按税收协定相应条款的规定处理。

非居民或其委托代理人拒绝提供资料，或提供的资料不能区分非居民委托投资收益与投资链条上其他各方报酬的，税务机关应不予批准相应的税收协定待遇。非居民与投资链条上一方或多方形成关联关系的，应向税务机关提供关联交易定价原则、方法及相关资料。不提供资料或提供资料不足以证明相关联各方交易符合独立交易原则的，税务机关可拒绝给予相应的税收协定待遇。

对于非居民或其委托代理人提供的凭据、所得类型认定与划分及其他相关证明资料，税务机关可视情况通过信息交换方式核实其真实性和准确性。经核实与实际情况不符，不应享受税收协定待遇而税务机关已批准享受的，应撤销原审批决定，并按《税收征管法》和《非居民纳税人享受协定待遇管理办法》（国家税务总局公告2019年第35号）的规定处理。

符合协定股息或利息条款免税待遇规定的非居民，其就同一架构、相同的投资链条各方、相同的投资合同或协议取得的投资所得，可在3年内免于向同一主管税务机关重复提交受益所有人的申请，以减轻非居民纳税人和税务机关的负担。但是，如果与非居民受益所有人身份相关的信息发生变化，非居民应及时通知主管税务机关。该非居民因信息变化不能继续享受税收协定待遇的，应自发生变化之日起停止享受有关税收协定待遇，并按国内法规定申报纳税。

六、税务管理办法

《非居民纳税人享受税收协定待遇管理办法》（国家税务总局公告2019年第35号）第三条规定，非居民纳税人享受协定待遇，采取“自行判断、申报享受、相关资料留存备查”的方式办理。非居民纳税人自行判断符合享受协定待遇条件的，可在纳税申报时，或通过扣缴义务人在扣缴申报时，自行享受协定待遇，同时按照本办法的规定归集和留存相关资料备查，并接受税务机关后续管理。留存备查资料包括：

1.由协定缔约对方税务主管当局开具的证明非居民纳税人取得所得的当年度或上一年度税收居民身份的税收居民身份证明；享受税收协定国际运输条款或国际运输协定待遇的，可用能够证明符合协定规定身份的证明代替税收居民身份证明。

2.与取得相关所得有关的合同、协议、董事会或股东会决议、支付凭证等权属证明资料。

3.享受股息、利息、特许权使用费条款协定待遇的，应留存证明“受益所有人”身份的相关资料，包括直接或间接持有申请人100%股权的人和中间层所属居民国（地区）税务主管当局为该人和中间层开具的税收居民身份证明。

4.非居民纳税人认为能够证明其符合享受协定待遇条件的其他资料。

非居民纳税人发现不应享受而享受了协定待遇，并少缴或未缴税款的，应当主动向主管税务机关申报补税。非居民纳税人可享受但未享受协定待遇而多缴税款的，可在《税收征管法》规定期限内自行或通过扣缴义务人向主管税务机关要求退还多缴税款，同时提交留存备查资料。主管税务机关应当自接到非居民纳税人或扣缴义务人退还多缴税款申请之日起30日内查实，对符合享受协定待遇条件的多缴税款办理退还手续。

七、案例分析

案例（一）根据五要素综合判定受益所有人身份

【基本案情】

新加坡居民个人甲持有中国香港居民企业B公司100%股权，B公司在中国香港、新加坡、日本、韩国、中国内地分别设立子公司，主要从事餐饮业务的拓展及投资管理。其中，B公司控股我国境内A公司100%股权，A公司在境内控股若干实体餐饮公司。B公司为扩大国内经营规模，向香港银行贷款2.1亿元，借款期3年，自2018年6月1日至2021年5月31日，年利率4%，本金分别于2019年5月31日、2020年5月31日、2021年5月31日分3次偿还，每次偿还7 000万元，利息与本金同时归还。B公司将2.1亿元借款全部用于对境内A公司增资，A公司取得的增资款主要用于在境内设立或并购实体餐饮公司。根据借款协议约定，甲以持有B公司40%股权质押给香港银行为B公司融资提供担保，同时B公司向银行承诺，境内所有实体公司每年实现税后利润的60%全部分配给境内A公司，A公司全部分配给香港B公司，B公司优先用于还本付息，B公司分得的股息不足偿还当期本息的部分，由B公司另筹资金偿还。

2019年5月，香港B公司从境内A公司取得股息8 000万元，当月末香港B公司向香港银行偿还本息7 280万元。

【争议焦点】

B公司从我国境内取得的股息所得能否适用《内地和香港特别行政区关于

对所得避免双重征税和防止偷漏税的安排》第十条规定的优惠税率5%，税企双方产生争议，争议的焦点在于在B公司是否符合“受益所有人”身份。

有观点认为，B公司将取得的股息必须支付给香港银行，相当于香港银行委托B公司对A公司进行投资，从而取得股息收益。根据9号公告，“受益所有人”是指对所得或所得据以产生的权利或财产具有所有权和支配权的人。香港银行虽然不是A公司法律形式上的股东，不具有所得产生的基础权利，但是香港银行对A公司分配的股息所得具有所有权和控制权，B公司形式上取得股息实际只是“代收代付”。另外，如果A公司未来3年经营业绩不佳，香港银行很可能无法取得预期的投资收益，即，香港银行承担着投资风险。因此，B公司仅是股息的代收代付者，香港银行才是股息所得的受益所有人。

另一种观点认为，即使境内A公司直接将股息直接支付给香港银行，香港银行也不构成受益所有人，因为香港银行既不是境内A公司的股东，也不是境内A公司的债权人。股东基于持有股份取得股息，债权人基于持有债权取得利息，特许权授予人基于授予特许权取得特许权使用费，B公司取得的股息不属于“代为收取所得”。本案例中，一方面，B公司作为A公司的股东，拥有股息产生的基础权利，其将股息转付给香港银行的行为，不属于代为收取所得。另一方面，香港银行并不拥有A公司股权，不承担股权投资的风险，其取得的价款属于B公司归还的本息。因此，股息所得的受益所有人应为B公司。

【分析】

新加坡居民甲将B公司40%的股权质押给香港银行，香港银行对B公司40%的股权并不拥有所有权。香港银行借款给B公司取得的是固定回报，并不承担投资风险。虽然B公司承诺从A公司取得的股息优先用于偿还本息，但如果A公司无可供分配的利润，B公司仍然需要另筹资金偿还给银行。不仅如此，即便B公司取得足够的股息用于偿还银行，银行也只能收取固定金额的本息。9号公告规定“申请人有义务在收到所得的12个月内将所得的50%以上支付给第三国（地区）居民的，将不利于对申请人‘受益所有人’身份的判定。”形式上，B公司有义务，实际上B公司的“义务”并非必须，因为如果B公司另筹资金偿还给银行，B公司取得的股息就无需再归还给银行，由此可见，B公司并无义务一定要将股息支付给银行，更何况银行是香港居民，并非第三国（地区）居民。

本案例中，B公司注册在香港，主要是从事融资和投资管理，B公司能够从香港银行融资以及B公司在中国香港特别行政区、新加坡、日本、韩国、中国内地均设有子公司，足以证明B公司的经营活动具有商业实质。B公司取得的利润并不需要分配给第三国居民，相反，B公司需要给中国内地、中国香港特别行政区、新加坡、日本、韩国等所在地子公司进行追加投资。香港B公司从境内取得的分配用于偿还香港银行贷款，属于正常的融资行为，且是支付给香港银行而不是支付给第三国居民。根据5要素综合判断，B公司符合受益所有人身份。

本案例中如果甲先生是香港居民，则可以直接适用股息所得安全港第4种情形。

案例（二）根据次安全港规则判定受益所有者身份

【基本案情】

注册于开曼的D公司在中国香港联交所上市，实际管理控制地在中国香港。D公司持股新加坡居民C公司100%股权，C公司持股香港居民B公司100%股权。B公司持股内地居民A公司60%股权。A公司主营环保设备生产与销售。

新加坡C是D集团在亚太地区的投资管理公司，承担亚太地区环保设备的投资并购及投后管理，有50名员工。中国香港B公司拥有5名管理人员，其中3名为新加坡C公司委派，B公司章程显示，若B公司从所投资企业取得股息，需在取得股息后的15个工作日内将股息所得的40%分配至新加坡C公司，其余利润用于境内的股权或债权投资，但B公司对外投资并购业务需获得C公司批准。

2020年2月，A公司向香港B公司分配2019年度股息2 000万元。在B公司取得股息前，D公司持股C公司100%股权、C公司持股B公司100%股权均超过12个月。B公司认为其2018年度、2019年度均是香港税收居民，依据内地与香港的税收安排，可以适用5%的优惠税率。

【要求】

根据上述资料，判断B是否符合“受益所有人身份”？

【分析】

受益所有人身份的判定一般按下列顺序依次进行：

第一步：直接依据受益所有人身份的五因素对申请人进行综合判断。

第二步：如果申请人不符合受益所有人身份，再依据股息安全港规则进行判定。

第三步：如果申请人不符合股息安全港条件，则依据股息次安全港规则进行判定。

分析如下：

1.香港B公司自身是否符合受益所有人条件。

在判定股息受益所有人时，根据9号公告主要考虑以下三项因素：

（1）需要享受税收协定待遇的缔约对方居民（以下简称“申请人”）有义务在收到所得的12个月内将所得的50%以上支付给第三国（地区）居民，“有义务”包括约定义务和虽未约定义务但已形成支付事实的情形。

本案例中，香港B公司章程显示，B公司有义务将取得利润的40%分配至新加坡C公司，其余利润用于境内股权或债权投资。虽然B公司向C公司支付比例未达到50%，但B公司章程、股东会决议显示，B公司对剩余股息的60%具体支配时，均需得到新加坡C公司的批准，大多数情况下，是根据新加坡C公司的指令进行资金安排与运营的。

（2）申请人从事的经营活动不构成实质性经营活动。实质性经营活动包括具有实质性的制造、经销、管理等活动。申请人从事的经营活动是否具有实质性，应根据其实际履行的功能及承担的风险进行判定。申请人从事的具有实质性的投资控股管理活动，可以构成实质性经营活动；申请人从事不构成实质性经营活动的投资控股管理活动，同时从事其他经营活动的，如果其他经营活动不够显著，不构成实质性经营活动。

本案例中，据B公司所述，B公司负责内地的投资管理活动，同时从事一定的融资活动，且拥有5名员工。B公司的5名管理人员有3名在新加坡C公司任职，B公司在境内仅持有A公司股权，亦无其他投资管理项目。B公司对境内A公司的投前市场调研、企业尽调、风险评估等由B公司与C公司共同完成，且最终投资由C公司决定。B公司投资的资金来源主要由C公司提供，B公司与独立第三方的融资几乎没有。此外，中国香港B公司派往境内A公司的2名董事均在新加坡C公司任职。这些事实表明，B的投资管理活动，不构成实质性经营活动。

（3）缔约对方国家（地区）对有关所得不征税或免税，或征税但实际税率极低。

按照香港税法，香港B公司来源于境内A公司的股息，不征利得税。

一般认为，只要申请人具有第1条“向第三方支付义务”或第1条“不构成实质经营活动”中的任何一条，则可以判断其不符合受益所有人身份，如果同时满足第1条、第2条，即“构成实质经营活动”，且无“向第三方支付义务”，则可忽略第3条，直接认定其符合受益所有人身份。本案例，因申请人具有“向第三方支付义务”且“不构成实质经营活动”，因此香港B公司不能直接被认定为受益人身份。

2.香港B公司是否适用安全港规则。

9号公告第四条规定：下列申请人从中国取得的所得为股息时，可不根据本公告第二条规定的因素进行综合分析，直接判定申请人具有“受益所有人”身份：

（1）缔约对方政府；

（2）缔约对方居民且在缔约对方上市的公司；

（3）缔约对方居民个人；

（4）申请人被第（1）至（3）项中的一人或多人直接或间接持有100%股份，且间接持有股份情形下的中间层为中国居民或缔约对方居民。

本案例中，注册在开曼的D公司在中国香港联交所上市，其实际管理控制地在中国香港，根据《内地和香港特别行政区关于对所得避免双重征税和防止偷漏税的安排》“居民条款”之规定，注册在中国香港特别行政区以外的地区的公司，如果实际管理控制地在香港，构成香港居民。但D公司并非直接持股申请人B公司100%，而是通过新加坡居民C间接控股申请人B的100%股权，因中间层新加坡C公司不是中国居民，亦不是香港居民，因此申请人B不适用股息安全港规则，不能直接判定申请人具有“受益所有人”身份。

3.香港B公司是否适用股息次安全港规则。

根据9号公告规定，申请人从中国取得的所得为股息时，虽不符合“受益所有人”条件，但直接或间接持有申请人100%股份（在取得股息前连续12个月以内任何时候均达到100%）的人可根据五项因素判定为“受益所有人”，并且属于以下两种情形之一的，应认为申请人具有“受益所有人”身份：

1.上述符合五项因素的“受益所有人”为申请人所属居民国（地区）居民。

2.上述符合五项因素的“受益所有人”虽不为申请人所属居民国（地区）居民，但该人和间接持有股份情形下的中间层从中国取得的所得为股息时，根据中国与其所属居民国（地区）签署的税收协定可享受的税收协定待遇，和申请人可享受的税收协定待遇相同或更为优惠。

本案例，申请人B不符合受益所有人身份，但符合下列条件：

（1）新加坡居民C公司直接持有申请人中国香港B公司100%股份，且取得股息前的12个月任何时候均达100%。

（2）对照“受益所有人”身份判断的五因素，新加坡居民C公司“无支付义务”；C公司负责亚太地区的投资、并购及投后管理，且具备投资管理的资产、人力等必备条件，而且作为融资主体成为C公司及旗下子公司的主要投资资金来源。这些事实可以表明，其投资管理活动“构成实质经营活动”。据以上两点可以判断，新加坡居民C公司符合受益所有人身份。

（3）新加坡居民C公司虽不是中国香港居民，但新加坡C公司如果从中国取得股息，按照《中新协定》可享受的税收协定待遇与内地与香港签署的双边安排规定的待遇相同，预提所得税税率均为5%。

对照股息所得次安全港规则的第2种情形，可以判定申请人B具有“受益所有人身份”，可适用《内地和香港特别行政区关于对所得避免双重征税和防止偷漏税的安排》第十条股息规定的优惠税率5%。B公司需根据《国家税务总局关于发布〈非居民纳税人享受协定待遇管理办法〉的公告》（国家税务总局公告2019年第35号）规定，填写“非居民纳税人享受协定待遇信息报告表”交至A公司，并将下列资料留存备查：

①香港税务主管当局开具的证明非居民纳税人取得所得的当年度或上一年度税收居民身份的税收居民身份证明；

②与取得相关所得有关的合同、协议、董事会或股东会决议、支付凭证等权属证明资料；

③证明“受益所有人”身份的相关资料；

④其他能够证明其符合享受协定待遇条件的资料。

第二节　股息条款解读及执行

股息一般为税收协定的第十条，共五款，主要内容包括股息的定义、征税权的划分、限制税率及适用条件和反不当适用条款等。

我国签订的税收协定中明确了居民国和来源国都有征税权，但对股息来源国的征税权进行了限制。股息来源地应以分配股息的公司所在地为准，所支付的股息与常设机构有实际联系的不适用股息条款，而应按营业利润处理。协定还就滥用协定明确了反避税规制。本章中涉及受益所有人判定、与常设机构相联系的所得征税问题、特殊关系下的征税原则等规定与利息条款、特许权使用费条款的相关规定在原则上是一致的。在股息、利息和特许权使用费条款的实际执行中，必须以受益所有人是缔约国居民为前提。本节以《中新协定》为例解读股息条款的征税原则。

一、股息的定义

关于股息的定义，协定一般表述为："'股息'一语是指从股份或者非债权关系分享利润的权利取得的所得，以及按照分配利润的公司是其居民的缔约国法律，视同股份所得同样征税的其他公司权利取得的所得。"

（一）股息的范围

简单来说，股息即为公司所作的利润分配。国税发〔2010〕75号文件规定，股息支付不仅包括每年股东会议所决定的利润分配，也包括其他货币或具有货币价值的收益分配，如红股、红利、清算收入以及变相利润分配。股息还包括缔约国按国内法防止资本弱化的规定调整为股息的"利息"。

关于股息所得的范围，实务中按下列口径执行：

1.利润分配。利润分配包括非境内注册居民企业向境外非居民企业股东及外籍个人股东分配利润或者派发股息，以及境内居民企业向境外非居民企业股东及外籍个人股东分配利润或者派发股息。如在中国境内、境外公开发行股票（A股、B股和海外股）的中国居民企业向非居民企业股东及外籍个人股东派发股息。

2.留存收益再投资。居民企业将属于非居民企业股东的盈余公积金、未分配利润等留存收益转增本企业资本或以非居民企业名义再投资其他企业。

3.清算分配所得。根据《财政部、国家税务总局关于企业清算业务企业所得税处理若干问题的通知》（财税〔2009〕60号）第五条有关规定，被清算企业的非居民企业股东分得的剩余资产的金额，其中相当于被清算企业累计未分配利润和累计盈余公积中按该股东所占股份比例计算的部分，应确认为股息所得。

4.撤资或减资取得资产。根据《国家税务总局关于企业所得税若干问题的公告》（国家税务总局公告2011年第34号）第五条的规定，投资企业从被投资企业撤回或减少投资，其取得的资产中，相当于被投资企业累计未分配利润和累计盈余公积按减少实收资本比例计算的部分，应确认为股息所得。

（二）股息和利息在特定情形下的判定

股息和利息在某些特定情况下较难判定，通常应遵循实质重于形式的原则。一般情况下，各类债券所得不应视为股息。然而，如果贷款人确实承担债务人公司风险，其利息可被视为股息。对贷款人是否分担企业风险的判定通常可考虑如下因素：

1.该贷款大大超过企业资本中的其他投资形式，并与公司可变现资产严重不符。

2.债权人将分享公司的任何利润。

3.该贷款的偿还次于其他贷款人的债权或股息的支付。

4.利息的支付水平取决于公司的利润。

5.所签订的贷款合同没有对具体的偿还日期做出明确的规定。

存在上述情况时，借款人所在国可根据资本弱化的国内法规定将利息作为股息处理。

二、股息的征税原则

《中新协定》规定，股息可以在取得者所在一方（即居民国）征税，但股息的来源国（即支付股息的公司为其居民的国家）可对此征税，并适用限制税率。来源国缴纳的所得税可由居民国征税时予以抵免。不同国家协定税率存在差异，一类是对于股息采用统一的税率征税，一类是针对不同的适用条件采以不同的税率征税。

根据《中新协定》及国税发〔2010〕75号文件规定，在股息受益所有人是公司，并直接拥有支付股息公司至少25%资本的情况下，限制税率为5%；其他情况下，限制税率为10%。执行要点如下：

1.判定受益所有人拥有公司资本的比例通常可视其在公司的出资份额情况。一般情况下，出资份额体现为在注册资本中所占份额。此外，当向公司以提供贷款或其他形式的出资产生的所得，已按规定被当作股息处理时，这种贷款或出资也将被视为“资本”。

2.享受5%税率的股息应属于符合条件的受益所有人拥有资本比例达到25%以上的期间的利润所形成的股息。《国家税务总局关于执行税收协定股息条款有关问题的通知》（国税函〔2009〕81号）明确了执行口径：非居民直接拥有中国居民公司资本比例在取得股息前连续12个月以内任何时候均至少达到25%的，可以享受该协定待遇。如分配的股息涉及12个月以前的企业未分配利润，则不再考虑股息受益所有人在所分配利润所属年度的持股比例是否满足要求。据此，如新加坡居民直接拥有中国居民公司资本比例在取得股息前连续12个月以内任何时候均达到至少25%的，可以享受该协定待遇。这里“取得股息”的日期是指按照国内法规定该项股息在中国发生纳税义务或扣缴义务的日期。《国家税务总局关于非居民企业所得税源泉扣缴有关问题的公告》（国家税务总局公告2017年第37号）规定，非居民企业取得应源泉扣缴的所得为股息、红利等权益性投资收益的，相关应纳税款扣缴义务发生之日为股息、红利等权益性投资收益实际支付之日。

3.只有受益所有人为公司，且符合上述条件的，才能适用5%的限制税率；受益所有人为个人或其他主体的，仍适用10%的限制税率。需要注意的是，目前，国内法规定，外籍个人从外商投资企业取得的股息暂免征收个人所得税。国内法与协定优惠不同的，纳税人可以选择适用。

4.关于受益所有人的理解与判断，按照《国家税务总局关于税收协定中“受益所有人”有关问题的公告》（国家税务总局公告2018年第9号）的规定执行，具体内容参见本章第一节。

三、常设机构取得股息征税权的规定

依据国税发〔2010〕75号文件规定，若股息受益所有人是缔约国一方居民，在缔约国另一方拥有常设机构，或者通过固定基地从事独立个人劳务，且支付股息的股份构成常设机构或固定基地资产的一部分，或与该机构或固定基地有其他方面的实际联系，则来源国可将股息并入常设机构的利润予以征税。

应予注意的是，只有当取得股息的相关营业活动通过常设机构进行，且股份的持有与常设机构有上述实际联系的情况下，才可适用本条款。实际联系是指对股份具有直接拥有关系和经营管理关系。如果常设机构所在国对常设机构取得的股息有优惠税收待遇规定时，股息受益所有人仅以滥用协定为目的，将股份转移到常设机构的，不应适用本款规定。

此外，对缔约国一方居民个人通过缔约国另一方的固定基地从事独立个人劳务，且来源于境内的股息所得与该固定基地有实际联系的情形，则适用协定“独立个人劳务”条款，即“缔约国居民个人为从事独立个人劳务为目的在缔约国另一方设立了经常使用的固定基地，则收入来源国拥有征税权”。这里只是强调中国对此拥有征税权，但不影响国内法相关的具体征税规定。

四、非居民企业取得股息再分配的征税权划分规定

缔约国一方居民从另一方取得的股息进行再分配部分的征税权划分规定。即新加坡居民投资于中国居民公司或在中国设立常设机构或固定基地，如其对从中国居民公司取得的股息或从在中国机构场所取得的所得向其中国境外的股东进行再分配时，其境外股东取得的这部分所得，无需缴纳中国税收。但是，如果该项再分配又支付回中国的居民股东或中国境内机构场所时，中国仍有征税权。

五、反不当适用的执行

反滥用条款，以获取优惠的税收地位为主要目的的交易或安排，不应适用税收协定股息条款优惠规定。纳税人因该交易或安排而不当享受税收协定待遇的，主管税务机关有权进行调整。执行该款时应考虑我国国内法关于特别纳税调整的有关规定。

六、国内法关于非居民取得股息的相关规定

（一）特别规定

1.居民企业向QFII支付的股息的税务处理。

根据《国家税务总局关于中国居民企业向QFII支付股息、红利、利息代扣代缴企业所得税有关问题的通知》（国税函〔2009〕47号）第一条规定，QFII取得来源于中国境内的股息收入，应当缴纳10%的企业所得税，由企业在实际支付时代扣代缴。QFII取得股息、红利，需要享受税收协定（安排）待遇的，可向主管税务机关提出申请，主管税务机关审核无误后按照税收协定的规定执行；涉及退税的，应及时予以办理。

2.非境内注册居民企业的外方投资者取得股息的税务处理。

根据《企业所得税法实施条例》第七条第（四）款的规定，非境内注册居民企业的外方投资者从该居民企业分得的股息红利等权益性投资收益，属于来源于中国境内的所得，应当征收企业所得税。

3.香港市场投资者取得上市A股的股息红利的税务处理。

根据《财政部、国家税务总局证监会关于沪港股票市场交易互联互通机制试点有关税收政策的通知》（财税〔2014〕81号）第二条和《财政部、国家税务总局证监会关于深港股票市场交易互联互通机制试点有关税收政策的通知》（财税〔2016〕127号）第二条有关规定，对香港市场投资者（包括企业和个人）投资上交所和深交所上市A股取得的股息红利所得，在香港中央结算有限公司不具备向中国结算提供投资者的身份及持股时间等明细数据的条件之前，暂不执行按持股时间实行差别化征税政策，由上市公司按照10%的税率代扣所得税，并向其主管税务机关办理扣缴申报。对于香港投资者中属于其他国家税收居民且其所在国与中国签订的税收协定规定股息红利所得税率低于10%的，企业或个人可以自行或委托代扣代缴义务人，向上市公司主管税务机关提出享受税收协定待遇的申请，主管税务机关审核后，应按已征税款和根据税收协定税率计算的应纳税款的差额予以退税。

4.创新企业CDR相关政策。

创新企业境内发行存托凭证（以下称“创新企业CDR”），是指符合《国务院办公厅转发证监会关于开展创新企业境内发行股票或存托凭证试点若干意见的通知》（国办发〔2018〕21号）规定的试点企业，以境外股票为基础证券，由存托人签发并在中国境内发行，代表境外基础证券权益的证券。自试点开始之日起，对个人投资者持有创新企业CDR取得的股息红利所得，3年内实施股息红利差别化个人所得税政策，具体参照《财政部、国家税务总局、证监会关于实施上市公司股息红利差别化个人所得税政策有关问题的通知》（财税〔2012〕85号）、《财政部、国家税务总局、证监会关于上市公司股息红利差别化个人所

得税政策有关问题的通知》（财税〔2015〕101号）的相关规定执行，由创新企业在其境内的存托机构代扣代缴税款，并向存托机构所在地税务机关办理全员全额明细申报。对于个人投资者取得的股息红利在境外已缴纳的税款，可按照《个人所得税法》以及双边税收协定（安排）的相关规定予以抵免。

对合格境外机构投资者（QFII）、人民币合格境外机构投资者（RQFII）转让创新企业CDR取得的差价所得和持有创新企业CDR取得的股息红利所得，视同转让或持有据以发行创新企业CDR的基础股票取得的权益性资产转让所得和股息红利所得征免企业所得税。

对合格境外机构投资者（QFII）、人民币合格境外机构投资者（RQFII）委托境内公司转让创新企业CDR取得的差价收入，暂免征收增值税。

5.境外关联方取得超过规定关联债资比例的利息的税务处理。

根据《国家税务总局关于印发〈特别纳税调整实施办法（试行）〉的通知》（国税发〔2009〕2号）第八十八条规定，《企业所得税法》第四十六条规定不得在计算应纳税所得额时扣除的利息支出，不得结转到以后纳税年度；应按照实际支付给各关联方利息占关联方利息总额的比例，在各关联方之间进行分配，其中，分配给实际税负高于企业的境内关联方的利息准予扣除；直接或间接实际支付给境外关联方的利息应视同分配的股息，按照股息和利息分别适用的所得税税率差补征企业所得税，如已扣缴的所得税税款多于按股息计算的应征所得税税款，多出的部分不予退税。

（二）税收优惠

1.非居民企业免征预提税优惠。

根据《财政部、国家税务总局关于企业所得税若干优惠政策的通知》（财税〔2008〕1号）第四条规定，2008年1月1日之前外商投资企业形成的累积未分配利润，在2008年1月1日以后分配给外国投资者的，免征企业所得税。

2.非居民企业递延纳税优惠。

非居民企业以分配利润直接投资暂不征收预提所得税（以下简称“递延纳税政策”）。根据《财政部、税务总局国家发展改革委商务部关于境外投资者以分配利润直接投资暂不征收预提所得税政策问题的通知》（财税〔2017〕88号）规定，对境外投资者在2017年1月1日（含当日）以后从中国境内居民企业取得的股息、红利等权益性投资收益，直接投资于鼓励类投资项目，凡符合规定条件的，实行递延纳税政策，暂不征收预提所得税。此后，《财政部、税务总局、国家发展改革委、商务部关于扩大境外投资者以分配利润直接投资暂不征收预提所得税政策适用范围的通知》（财税〔2018〕102号）、《国家税务总局关于扩大境外投资者以分配利润直接投资暂不征收预提所得税政策适用范围有关问题的公告》（国家税务总局公告2018年第53号）对递延纳税政策适用范围及税务管理作了进一步扩大和明确，并强调新规定从2018年1月1日起执行。

（1）非居民企业从中国境内居民企业分配的利润，用于境内直接投资享受递延纳税政策的适用外商投资的所有非禁止外商投资的项目和领域。

（2）享受递延纳税政策需符合下列条件：

①境外投资者以分得利润进行的直接投资，包括境外投资者以分得利润进行的增资、新建、股权收购等权益性投资行为，但不包括新增、转增、收购上市公司股份（符合条件的战略投资除外）。具体包括：新增或转增中国境内居民企业实收资本或者资本公积（包括境外投资者以分得的利润用于补缴其在境内居民企业已经认缴的注册资本，增加实收资本或资本公积），在中国境内投资新建居民企业，从非关联方收购中国境内居民企业股权；财政部、税务总局规定的其他方式。

②境外投资者分得的利润属于中国境内居民企业向投资者实际分配已经实现的留存收益而形成的股息、红利等权益性投资收益。

③境外投资者用于直接投资的利润以现金形式支付的，相关款项从利润分配企业的账户直接转入被投资企业或股权转让方账户，在直接投资前不得在境内外其他账户周转。境外投资者按照金融主管部门的规定，通过人民币再投资专用存款账户划转再投资资金，并在相关款项从利润分配企业账户转入境外投资者人民币再投资专用存款账户的当日，再由境外投资者人民币再投资专用存款账户转入被投资企业或股权转让方账户的，视为“直接转入”，不属于“在境外内其他账户周转”。

境外投资者用于直接投资的利润以实物、有价证券等非现金形式支付的，相关资产所有权直接从利润分配企业转入被投资企业或股权转让方，在直接投资前不得由其他企业、个人代为持有或临时持有。实务中需注意，以实物、有价证券等非现金形式支付的，因实物、有价证券的所有权转移，应分解为外商投资企业转让资产、外商投资企业分配利润、境外投资者在境内直接再投资三项业务进行税务处理。

（3）税务机关后续管理税务处理办法。

①境外投资者已享受递延纳税政策，经税务部门后续管理核实不符合规定条件的，除属于利润分配企业责任外，视为境外投资者未按照规定申报缴纳企业所得税，依法追究延迟纳税责任，税款延迟缴纳期限自相关利润支付之日起计算。

②境外投资者按规定可以享受递延纳税政策但未实际享受的，可在实际缴纳相关税款之日起3年内申请追补享受该政策，退还已缴纳的税款。

③境外投资者通过股权转让、回购、清算等方式实际收回享受递延纳税政策待遇的直接投资，在实际收取相应款项后7日内，按规定程序向税务部门申报补缴递延的税款。境外投资者部分处置持有的包含已享受递延纳税政策和未享受递延纳税政策的同一项中国境内居民企业投资，视为先行处置已享受递延纳税政策的投资。境外投资者可按照有关规定享受税收协定待遇，但是仅可适用相关利润支付时有效的税收协定。后续税收协定另有规定的，按后续税收协定执行。

④境外投资者享受递延纳税待遇后，被投资企业发生重组符合特殊性重组条件，并实际按照特殊性重组进行税务处理的，可继续享受递延纳税待遇，无需补缴递延税款。反之若被投资企业适用一般性税务处理办法，则境外投资者需补缴递延的税款。

⑤有关享受递延纳税的证据资料及报备规定按照《国家税务总局关于扩大境外投资者以分配利润直接投资暂不征收预提所得税政策适用范围有关问题的公告》(国家税务总局公告2018年第53号）执行。

3.境外居民个人及外籍个人从境内企业取得股息、红利所得。

(1）外籍个人从外商投资企业取得的股息、红利所得。《财政部、国家税务总局关于个人所得税若干政策问题的通知》(财税〔1994〕20号）规定，外籍个人从外商投资企业取得的股息、红利所得暂免征收个人所得税。

(2）境外居民个人从境内非外商投资企业在香港发行股票取得的股息、红利所得。根据《关于国税发〔1993〕045号文件废止后有关个人所得税征管问题的通知》(国税函〔2011〕348号)、《关于国税发〔1993〕045号文件废止后有关个人所得税征管问题的补充通知》(国税函〔2011〕363号)、《非居民享受税收协定待遇管理办法》(国家税务总局公告2019年第35号 ）规定，境外居民个人股东从境内非外商投资企业在香港发行股票取得的股息、红利所得，应按照“利息、股息、红利所得”项目，由扣缴义务人依法代扣代缴个人所得税。

考虑到境外居民个人享受相关税收优惠时应由本人或书面委托代理人提出申请并办理相关手续，且与我国对外签订的税收协定税收安排规定的相关股息税率一般为10%，且股票持有者众多，为简化税收征管，在香港发行股票的境内非外商投资企业派发股息、红利时，一般可按10%税率扣缴个人所得税，无需办理申请事宜。对股息税率不属于10%的情况，按以下三种情形分别办理：

①取得股息、红利的个人为低于10%税率的协定国家居民，扣缴义务人可按上述通知规定，代为办理享受有关协定待遇申请，经主管税务机关审核批准后，对多扣缴税款予以退还；

②取得股息、红利的个人为高于10%低于20%税率的协定国家居民，扣缴义务人派发股息、红利时应按协定实际税率扣缴个人所得税，无需办理申请事宜；

③取得股息、红利的个人为与我国没有税收协定国家居民及其他情况，扣缴义务人派发股息、红利时应按20%税率扣缴个人所得税。

第三节　利息条款解读及执行

税收协定中的利息条款主要解决利息在来源国和居民国的征税权问题，内容涉及利息的定义、内涵、利息的征税权、常设机构取得的利息、特殊关系下利息的征税原则、反协定滥用及国内相关法规规定。

一、利息的定义及内涵

“利息”是指从各种债权取得的所得，不论其有无抵押担保或者是否有权分享债务人的利润；特别是从公债、债券或者信用债券取得的所得，包括其溢价和奖励。由于延期支付的罚款，不应视为利息。《中新协定》条文解释对利息的定义作了进一步解释：“利息一般是指从各种债权取得的所得。‘各种债权’应包括现金、货币形态的有价证券，以及政府公债、债券或者信用债券。对于与利息相关的其他所得是否应属于‘利息’的范畴，应根据其性质区别对待：

（1）附属债券取得的所得，如发行债券的溢价和奖金构成利息，但债券持有者出售债券发生的盈亏不属于利息范围；

（2）与贷款业务相关的并附属于债权的所得可认定为利息，对独立发生于债权方以外的，如单独收取的担保费等，原则上不应认定为利息。”

利息收入的其他形式还包括中国境内企业与非居民企业进行融资业务掉期交易、跨境交易的可转换债券、票据贴现、股权式信托融资、委托贷款等新型融资业务；国内外汇指定银行自身对外融资，如境外借款、境外同业拆借、海外代付、出口风险参与、境外分行出口代偿以及其他举债业务所涉及的对外支付利息项目，以及不满足资本化条件的在建工程、进口设备支付的利息。《国家税务总局关于非居民企业所得税管理若干问题的公告》（国家税务总局公告2011年第24号）参照国家税收协定的通行规则，明确规定融资租赁业务取得的价差，按照实质重于形式原则定性为利息所得。

二、利息所得来源地

《中新协定》遵循利息支付人为其居民的国家为利息来源国原则，但同时作出了一个例外的特别规定，即利息支付人无论是否为缔约国一方的居民，只要其在缔约国一方拥有常设机构或固定基地，并且支付的利息由该常设机构或固定基地负担，本款认为利息来源地应是该常设机构或固定基地所在缔约国。例如，某第三国设在中国的常设机构支付给新加坡居民的利息，在利息支出与该常设机构有实际联系情况下，应认为该利息发生于中国，由中国根据《中新协定》行使优先征税权。如新加坡居民为该项利息的受益所有人，则可享受本协定待遇。

本条规定同样适用于特许权使用费。

三、协定对利息的征税原则

税收协定对利息的征税权划分原则是：来源国和居民国均有征税权，但来源国征税时可适用协定规定的免税或限制性税率。为避免重复征税，居民国对利息征税时，在来源国已经缴纳的所得税可以依国内法抵免。例如，《中新协定》规定，非居民企业符合“受益所有人”身份的，且受益所有人为银行或金融机构情况下，利息的征税税率为7%；其他情况下利息的征税税率为10%。关于受益所有人的理解与判断，参见本章第一节。在判断利息受益所有人时，要特别注意在利息据以产生和支付的贷款合同之外，是否存在债权人与第三人之间在数额、利率和签订时间等方面相近的其他贷款或存款合同，如果存在则不能定性为受益所有人。

《中新协定》还规定，对新加坡特定的受益所有人（指新加坡共和国政府、新加坡金融管理局、新加坡政府投资有限公司、法定机构，以及缔约国双方主管当局随时可同意的，由新加坡政府完全拥有的任何机构）从我国取得的利息所得免征所得税。在执行时应注意把关，即取得利息收入的新加坡居民必须是该款所列机构，任何商业组织通过上述机构取得的利息不得享受免税待遇。另外，根据协定第二议定书第二条的规定，所列免税机构应依照新加坡议会法案规定设立或完全由新加坡政府拥有。

四、常设机构取得利息征税权的规定

若利息受益所有人是缔约国一方居民，在缔约国另一方拥有常设机构，或者通过固定基地从事独立个人劳务，且支付利息的债权构成常设机构或固定基地资产的一部分，或与该机构或固定基地有其他方面的实际联系，则来源国可将利息并入常设机构的利润予以征税。

需要注意的是，只有当取得利息的相关营业活动通过非居民企业的常设机构进行，且债权与常设机构有上述实际联系的情况下，才可适用本条款。仅以滥用协定为目的，将贷款转移到为利息提供优惠税收待遇的常设机构的，不应适用本款规定。

此外，对缔约国一方居民个人通过缔约国另一方的固定基地从事独立个人劳务，且来源于境内的利息所得与该固定基地有实际联系的情形，则适用协定“独立个人劳务”条款，即“缔约国居民个人为从事独立个人劳务为目的在缔约国另一方设立了经常使用的固定基地，则收入来源国拥有征税权”。这里只是强调中国对此拥有征税权，但不影响国内法相关的具体征税规定。

本条规定同样适用于股息和特许权使用费。

五、向关联方支付利息的征税原则

当支付人与受益所有人之间或者他们与其他人之间由于某种特殊关系（主要指关联关系）而造成超额支付利息时，支付额中超过按市场公允价格计算所应支付的数额的部分不得享受协定规定的限制税率优惠。此外，以获取优惠的税收地位为主要目的的交易或安排，不应适用税收协定利息条款的优惠规定。纳税人因关联交易或非商业目的的安排而不当享受税收协定待遇的，主管税务机关有权按照我国税法关于特别纳税调整的有关规定进行纳税调整。本条规定对应的国内税法是资本弱特别纳税调整。由此，超过独立交易原则支付的利息以及超过债资比例支付的利息，均应视为股息处理。需要注意的是，《特别纳税调查调整及相互协商程序管理办法》（国家税务总局公告2017年第6号）第四十二条规定，税务机关对企业实施特别纳税调整，涉及企业向境外关联方支付利息、租金、特许权使用费的，除另有规定外，不调整已扣缴的税款。

六、执行利息条款应注意的其他事项

（一）担保费的税务处理

根据《国家税务总局关于外国金融机构收取的担保费税务处理问题的批复》（国税函发〔1996〕388号）、《财政部、国家税务总局关于外国企业来源于中国境内的担保费所得税务处理问题的通知》（财税字〔1998〕1号）、《国家税务总局关于非居民企业所得税管理若干问题的公告》（国家税务总局公告2011年第24号）规定，中国境内企业、机构或个人在借贷、买卖、货物运输、加工承揽、租赁、工程承包等经济活动中，接受非居民企业提供的担保所支付或负担的担保费或相同性质的费用，应按照《企业所得税法》对利息所得规定的税率计算缴纳企业所得税。担保费所得的适用税率，按税法及有关规定和税收协定对利息所得税规定或限定的税率执行。但对我国企业接受贷款时，由国外金融机构提供担保，对外国金融机构取得的上述担保费收入暂不征收预提所得税。如果外国企业的担保与其在我国境内设立的机构、场所有实际联系，则应并入机构、场所的营业利润征收企业所得税。

（二）融资租赁的税务处理

根据《国家税务总局关于非居民企业所得税管理若干问题的公告》（国家税务总局公告2011年第24号）第四条第一款规定，在中国境内未设立机构、场所的非居民企业，以融资租赁方式将设备、物件等租给中国境内企业使用，租赁期满后设备、物件所有权归中国境内企业（包括租赁期满后作价转让给中国境内企业），非居民企业按照合同约定的期限收取租金，应以租赁费（包括租赁期满后作价转让给中国境内企业的价款）扣除设备、物件价款后的余额，作为贷款利息所得计算缴纳企业所得税。

（三）QFII来源于我国的利息收入的税务处理

根据《国家税务总局关于中国居民企业向QFII支付股息、红利、利息代扣代缴企业所得税有关问题的通知》（国税函〔2009〕47号）第一条规定，QFII取得来源于中国境内的利息收入，应当按照《企业所得税法》规定缴纳10%的企业所得税。由企业在支付或到期支付时代扣代缴。QFII取得利息收入，需要享受税收协定（安排）待遇的，可向主管税务机关提出申请，主管税务机关审核无误后按照税收协定的规定执行；涉及退税的，应及时予以办理。

（四）我国银行的境外分行来源于境内的利息收入的税务处理

我国居民企业在境外设立的分支机构不属于非居民企业，从境内取得收入不属于预提所得税征税范围。《国家税务总局关于境内机构向我国银行的境外分行支付利息扣缴企业所得税有关问题的公告》（国家税务总局公告2015年第47号）规定，我国银行的境外分行开展境内业务，并从境内机构取得的利息，为该分行的收入，计入分行的营业利润，按《财政部、国家税务总局关于企业境外所得税收抵免有关问题的通知》（财税〔2009〕125号）的相关规定，与总机构汇总缴纳企业所得税。境内机构向境外分行支付利息时，不代扣代缴企业所得税。如果境外分行从境内取得的利息属于代收性质，据以产生利息的债权属于境外非居民企业，境内机构向境外分行支付利息时，应代扣代缴企业所得税。

（五）香港投资者通过基金互认从内地基金分配取得的收益的税务处理

根据《财政部、国家税务总局证监会关于内地与香港基金互认有关税收政策的通知》（财税〔2015〕125号）第二条第二款有关规定，对香港投资者通过基金互认从内地基金分配取得的收益，由发行债券的企业向该内地基金分配利息时，对香港市场投资者按照7%的税率代扣所得税，并由内地上市公司或发行债券的企业向其主管税务机关办理扣缴申报，该内地基金向投资者分配收益时，不再扣缴所得税。

（六）国内法特定优惠

根据《企业所得税法实施条例》第九十一条第二款有关规定，外国政府向中国政府提供贷款取得的利息所得、国际金融组织向中国政府和居民企业提供优惠贷款取得的利息所得，免征企业所得税。

七、BEPS第二项行动计划《消除混合错配安排的影响》的相关建议

BEPS第二项行动计划关注了混合金融工具产生的税收结果错配问题，并提出反错配规则建议。混合错配的原因有很多，比较常见的是混合金融工具的发行人视为债权，而持有人（投资人）视为股权，定性上的差异使发行人税收管辖区将支付视为可扣除利息，而持有人税收管辖区视为股息免税或给予其他相应税收减免。

混合金融工具税务处理方式也会导致错配。例如，一些可选可兑换券，B公司根据其内含的期权价值得到扣除，而A公司则不计算期权部分的价值，或按低于B公司的扣除价值来计算应纳税额。这种处理方法的差异可能导致该混合金融工具下的部分支付在B国得到扣除，而在A国没有计入一般收入。

除此之外，混合转让情形也可能导致错配。如抵押式贷款回购等安排。例

如，A国的A公司在B国设立了一家子公司a，并签订回购安排将a公司的股份转让给B国的B公司。同时约定，A公司（或其关联公司）将在未来某个日期按照事先约定的价格回购a公司的股份。在转让及回购之间，a公司会向B公司分配股息。此例中，A公司在回购安排中所承担的成本净额被视为可扣除的融资成本，A公司的成本包括a公司支付给B公司的股息。B国一般会对B公司所收取的股息收入给予税收抵免、排除、免税或其他税收减免优惠，B公司也会将转回A公司的股份视为真正的股权转让，并可能根据参股所得免税制度或资本利得收入一般不征税的原则对此给予免税。由此，该回购安排的整体效应是，A公司支付的金额全额扣除，B公司不计入应税收入。

针对上述错配现象，BEPS行动计划提出了反错配规则的建议，旨在消除一方扣除、一方不计收入的错配结果。首要规则为“不准许扣除”，即，如果支付产生一方扣除、一方不计收入的错配结果，则支付方税收管辖区不准许扣除该支付款项；次要规则为“计入一般收入”，即，如果支付方税收管辖区不消除错配，而且支付会产生一方扣除、一方不计入收入的错配结果，收款方税收管辖区可将该支付款项计入收款方的一般收入。

消除混合错配的原理与建议在国内法上亦有运用，如《财政部、税务总局关于永续债企业所得税政策问题的公告》（财政部、国家税务总局公告2019年第64号）规定，企业发行的永续债，可以适用股息、红利企业所得税政策，即：投资方取得的永续债利息收入属于股息、红利性质，按照现行企业所得税政策相关规定进行处理，其中，发行方和投资方均为居民企业的，永续债利息收入可以适用《企业所得税法》规定的居民企业之间的股息、红利等权益性投资收益免征企业所得税规定；同时发行方支付的永续债利息支出不得在企业所得税税前扣除。企业发行符合规定条件的永续债，也可以按照债券利息适用企业所得税政策，即：发行方支付的永续债利息支出准予在其企业所得税税前扣除；投资方取得的永续债利息收入应当依法纳税。该文件使永续债的发行方与持有方在税务处理上保持了一致，避免了之前发行方按债权扣除利息支出，而持有方按股权确认股息收入并适用免税优惠的混合错配问题。

第四节　特许权使用费条款解读及执行

本节主要涉及对特许权使用费征税的相关问题。特许权使用费一般为税收协定的第十二条，共六款，主要内容包括特许权使用费的定义、征税权的划分、限制税率、范围及反不当适当条款等。我国签订的税收协定明确了纳税人居住国和所得来源国都有征税权，特许权使用费的来源地应以实际支付特许权使用费的负担者所在地为准。对所支付的特许权使用费同常设机构有实际联系的不适用特许权使用费条款，而应按营业利润处理。本节中涉及的受益所有人判定、与常设机构相联系的所得征税问题、反不当适用等规定与股息、利息条款的相关规定在原则上是一致的。

一、特许权使用费的定义及分类

（一）基本概念

根据《企业所得税法实施条例》第二十条规定，《企业所得税法》所称的“特许权使用费收入”，是指企业提供专利权、非专利技术、商标权、著作权以及其他特许权的使用权取得的收入。

我国已签税收协定通常对特许权使用费的表述为：“特许权使用费”一语是指使用或有权使用文学、艺术或科学著作，包括电影影片、无线电或电视广播使用的胶片、磁带的版权，专利、商标、设计、模型、图纸、秘密配方或秘密程序所支付的作为报酬的各种款项，也包括使用或有权使用工业、商业、科学设备或有关工业、商业、科学经验的情报所支付的作为报酬的各种款项。

需要注意的是，我国对外签署的税收协定对特许权使用费的范围有所不同，比如与墨西哥的协定增加了“该语也包括为了通过卫星、电缆、光纤或同类技术传输，而接受或有权接受图像或声音，或两者兼而有之，而支付的任何形式的报酬；或为了通过卫星、电缆、光纤或同类技术向公众传输电视或无线广播，而使用或有权使用图像或声音，或两者兼而有之，而支付的任何形式的报酬。‘特许权使用费’一语还包括转让任何与生产、使用或销售有关的权利或财产取得的收益”。与新加坡的协定增加了“任何计算机软件所支付的作为报酬的各种款项”。与巴西的协定增加了特许权使用费应适用于“为提供技术帮助和技术服务所收到的作为报酬的款项”，等等。

（二）基本分类

1.专利权又称“发明创造专利权”，是国家依照法定条件和程序，对发明、实用新型和外观设计等智力成果授予的排他性享有和使用的权利。专利权是专利权人的一种财产权，是其通过发明创造或他人转让而获得的，是对其智力劳动的报酬，专利权人可以排他性地使用其专利，或者授予他人使用该专利的权利，从而获得经济上的回报。专利权是鼓励发明创造而通过法律规定的一种民事权利。专利权适用《中华人民共和国专利法》等法律、法规的规定。

2.非专利技术，是指除专利技术以外，具有技术性、秘密性、实用性的技术。非专利技术包括技术知识、经验等，能产生经济价值或竞争优势，且采取了保密措施，包括在授权他人使用时也要求他人承担保密义务。非专利技术是商业秘密的一种。

3.商标权又称“商标专用权”，是指经依法注册商标的所有权人支配其注册商标并禁止他人侵害的排他性权利，包括商标权人对其注册商标的排他使用权、收益权、处分权、续展权和禁止他人侵害的权利等。商标权适用《中华人民共和国商标法》等法律、法规的规定。

4.著作权又称“版权”，分为著作人格权与著作财产权两部分。其中著作人格权包括对作品的发表权、署名权、修改权及保护作品完整权等；著作财产权包括对作品的复制权、发行权、出租权、展览权、表演权、放映权、广播权、信息网络传播权、摄制权、改编权、翻译权以及许可他人使用并获得报酬的权利等。著作权适用《中华人民共和国著作权法》等法律、法规的规定。

5.其他特许权，除以上四项较为常见的特许权外，还有一些特许权的类型，如连锁店经营的加盟特许权、品牌经营特许权等。这些都是具有经济价值的权利，通常要以支付费用的方式取得，也是特许权所有人的重要收入来源。

（三）特许权使用费的解释

依据《国家税务总局关于执行税收协定特许权使用费条款有关问题的通知》（国税函〔2009〕507号）以及国税发〔2010〕75号文件第十二条，“特许权使用费”一语的定义需从以下几个方面理解：

1.特许权使用费首先应与使用或有权使用以下权利有关：构成权利和财产的各种形式的文学和艺术，有关工业、商业和科学实验的文字和信息中确定的知识产权，不论这些权利是否已经或必须在规定的部门注册登记。还应注意，这一定义既包括了在有许可的情况下支付的款项，也包括因侵权而支付的赔偿款。

2.特许权使用费也包括使用或有权使用工业、商业、科学设备取得的所得，即设备租金。但不包括设备所有权最终转移给用户的有关融资租赁协议涉及的支付款项中被认定为利息的部分；也不包括使用不动产取得的所得，使用不动产取得的所得适用协定第六条“不动产所得”的规定。

3.特许权使用费还包括使用或有权使用有关工业、商业、科学经验的情报取得的所得。对该项所得应理解为专有技术，一般是指进行某项产品的生产或工序复制所必需的、未曾公开的、具有专有技术性质的信息或资料。与专有技术有关的特许权使用费一般涉及技术许可方同意将其未公开的技术许可给另一方，使另一方能自由使用，技术许可方通常不亲自参与技术受让方对被许可技术的具体应用，并且不保证实施的结果。被许可的技术通常已经存在，但也包括应技术受让方的需求而研发后许可使用，并在合同中列有保密等使用限制的技术。

4.在服务合同中，如果服务提供方在提供服务过程中使用了某些专门知识和技术，但并不许可这些技术使用权，则此类服务不属于特许权使用费范围。如果服务提供方提供服务形成的成果属于特许权使用费定义范围，并且服务提供方仍保有该项成果的所有权，服务接受方对此成果仅有使用权，则此类服务产生的所得属于特许权使用费。举例说明如下：

【例8–9】我国A公司为集成电路设计企业，芯片设计完成后，由于没有专有检验设备，所以委托美国B公司进行芯片设计成果检验。双方签订技术检验合同，A公司提供参数标准，B公司按要求在美国进行芯片检验，B公司在检验过程中使用了某些专门知识或技术，但并不许可使用这些技术，B公司收取的检验费用不属于特许权使用费，从业务性质上应确定为境外劳务。

【例8–10】我国A企业为汽车制造企业，委托境外B公司进行某项新技术的研发，双方签订了委托研发合同，合同约定新技术研发成功后，B公司保留技术的所有权，A公司只有该技术的使用权。尽管从形式上看B公司提供的是研发劳务，但由于B公司保留了技术所有权，A公司只取得技术使用权，所以此类服务产生的所得应该属于特许权使用费。

5.在转让或许可专有技术使用权过程中，如果技术许可方派人员为该项技术的应用提供有关支持、指导等服务，并收取服务费，那么无论是单独收取还是包括在技术价款中，均应视为特许权使用费。

6.单纯货物贸易项下作为售后服务的报酬，产品保证期内卖方为买方提供服务所取得的报酬，专门从事工程、管理、咨询等专业服务的机构或个人提供的相关服务所取得的所得不是特许权使用费，应作为劳务活动所得适用协定第七条“营业利润”条款的规定。

二、特许权使用费的征税权原则

1.与股息、利息类似，特许权使用费可以在取得者所在一方（即居民国）征税，但所得的来源国可对此征税，并适用限制税率。来源国缴纳的所得税可由居民国征税时予以抵免。

2.特许权使用费支付人为其居民的国家作为特许权使用费的来源国。然而该款也规定了一个例外情形，即支付该特许权使用费的人无论是否为缔约国一方的居民，只要其在该缔约国一方拥有常设机构或固定基地，并且支付的费用由该常设机构或固定基地负担，本款认为特许权使用费来源地应是该常设机构或固定基地所在国。例如，某第三国设在中国的常设机构支付给新加坡居民的特许权使用费，在特许权使用费与该常设机构有实际联系的情况下，应认为该特许权使用费发生于中国，由中国根据《中新协定》行使优先征税权。如新加坡居民为该项特许权使用费的受益所有人，则可享受本协定待遇。

本款规定同样适用于利息。

三、来源国征税的协定待遇

《中新协定》规定，居民国对本国居民取得的来自缔约国另一方的特许权使用费拥有征税权，但这种征税权并不是独占的，特许权使用费的来源国对该所得也有征税权，但对征税权的行使进行了限制，即设定最高税率为10%。但根据协定议定书第三条的规定，对于使用或有权使用工业、商业、科学设备而支付的特许权使用费（即租金所得），按支付特许权使用费总额的60%确定税基。

适用本条款也必须以受益所有人是缔约国对方居民为前提。关于受益所有人的理解与判断，按照《国家税务总局关于税收协定中“受益所有人”有关问题的公告》（国家税务总局公告2018年第9号）的规定执行，参见本章第一节。在判断受益所有人时，要特别注意审核在特许权使用费据以产生和支付的版权、专利、技术等使用权转让合同之外，是否存在申请人与第三人之间在有关版权、专利、技术等的使用权或所有权方面的转让合同。

四、常设机构取得特许权使用费征税权的规定

1.《中新协定》规定，若特许权使用费的受益所有人是缔约国一方居民，在缔约国另一方拥有常设机构，或者通过固定基地从事独立个人劳务，且据以支付特许权使用费的权利或财产构成常设机构或固定基地资产的一部分，或与该常设机构或固定基地有其他方面的实际联系，则来源国可将特许权使用费并入常设机构的利润予以征税。

应予注意的是，只有当取得特许权使用费的相关营业活动通过常设机构进行，且特许权使用费据以产生的权利或财产与常设机构有上述实际联系的情况下，才可适用本条款。仅以滥用协定为目的，将权利或财产转移到为特许权使用费提供优惠税收待遇的常设机构的，不应适用本款规定。

此外，对缔约国一方居民个人通过缔约国另一方的固定基地从事独立个人劳务，且来源于境内的特许权使用费所得与该固定基地有实际联系的情形，则适用协定“独立个人劳务”条款，即“缔约国居民个人为从事独立个人劳务为目的在缔约国另一方设立了经常使用的固定基地，则收入来源国拥有征税权”。这里只是强调中国对此拥有征税权，但不影响国内法相关的具体征税规定。

本款规定同样适用于股息和利息。

2.在转让或许可专有技术使用权过程中，如果技术许可方派人员为该项技术的应用提供有关支持、指导等服务，并收取服务费，无论是单独收取还是包括在技术价款中，均应视为特许权使用费，适用本条的规定。但如上述人员的服务已构成常设机构，对归属于常设机构部分的服务所得应执行协定第七条营业利润条款的规定，对提供服务的人员执行协定第十五条非独立个人劳务（受雇所得）条款的规定；对未构成常设机构或未归属于常设机构的服务收入仍按特许权使用费规定处理。

《国家税务总局关于税收协定有关条款执行问题的通知》（国税函〔2010〕46号）补充规定，如果技术受让方在合同签订后即支付费用，包括技术服务费，即事先不能确定提供服务时间是否构成常设机构的，可暂执行特许权使用费条款的规定；待确定构成常设机构，且认定有关所得与该常设机构有实际联系后，按协定相关条款的规定，对归属常设机构利润征收企业所得税及对相关人员征收个人所得税时，应将已按特许权使用费条款规定所做的处理作相应调整。对

2009年10月1日以前签订的技术转让及服务合同，凡相关服务活动跨10月1日并且尚未对服务所得做出税务处理的，应执行上述规定及国税函〔2009〕507号文有关规定，对涉及跨10月1日的技术服务判定是否构成常设机构时，其所有工作时间应作为计算构成常设机构的时间，但10月1日前对技术转让及相关服务收入执行特许权使用费条款规定已征收的税款部分，不再做调整。

五、反不当适用

当支付人与受益所有人之间，或他们与其他人之间，由于某种特殊关系而造成超额支付特许权使用费时，支付额中超过按市场公允价格计算所应支付数额的部分不享受协定的优惠。以获取优惠的税收地位为主要目的的交易或安排，不适用税收协定特许权使用费条款优惠规定，纳税人因该交易或安排而不当享受税收协定待遇的，主管税务机关有权进行调整。

需要注意的是，《特别纳税调查调整及相互协商程序管理办法》（国家税务总局公告2017年第6号）第四十二条规定，税务机关对企业实施特别纳税调整，涉及企业向境外关联方支付利息、租金、特许权使用费的，除另有规定外，不调整已扣缴的税款。

六、特许权使用费条款与其他条款的衔接

（一）光租、干租与程租、期租、湿租如何适用协定条款

根据《国家税务总局关于税收协定执行若干问题的公告》（国家税务总局公告2018年第11号）第二条第四款的有关规定，企业从事以光租形式出租船舶或以干租形式出租飞机，以及使用、保存或出租用于运输货物或商品的集装箱（包括拖车和运输集装箱的有关设备）等租赁业务取得的收入不属于国际运输收入，而应适用特许权使用费条款，但根据税收协定国际运输条款，附属于国际运输业务的上述租赁业务收入应视同国际运输收入处理。《国家税务总局关于发布〈非居民企业从事国际运输业务税收管理暂行办法〉的公告》（国家税务总局公告2014年第37号）第二条第二款的规定，非居民企业以程租、期租、湿租的方式出租船舶、飞机取得收入的经营活动属于国际运输业务。

（二）服务费与特许权使用费的界定

1. 凡是已列入协定特许权使用费条款范围的，直接适用特许权使用费条款。比如与墨西哥的协定明确："该语也包括为了通过卫星、电缆、光纤或同类技术传输，而接受或有权接受图像或声音，或两者兼而有之，而支付的任何形式的报酬；或为了通过卫星、电缆、光纤或同类技术向公众传输电视或无线广播，而使用或有权使用图像或声音，或两者兼而有之，而支付的任何形式的报酬。'特许权使用费'一语还包括转让任何与生产、使用或销售有关的权利或财产

取得的收益。”与新加坡的协定明确“任何计算机软件所支付的作为报酬的各种款项”。与巴西的协定明确：特许权使用费应适用于“为提供技术帮助和技术服务所收到的作为报酬的款项”，等等。

2.关于电信网络运营商根据“漫游”协议支付给另一电信网络运营商的款项属于服务费还是特许权使用费问题，国家税务总局认为，电信网络运营商根据“漫游”协议支付给另一电信网络运营商的款项不属于特许权使用费，因为这些款项不是为使用或有权使用特许权使用费定义所指的财产或情报而支付的价款（因为没有任何保密技术被使用或转移给经营者）；也不是为使用或有权使用工业、商业或科技设备而支付的价款，因为运营商并没有物理性的进入被访问的网络，而是由外国网络运营商提供的电信服务。[①]

3.关于卫星发射机应答器租赁收入。依据OECD范本注释，卫星经营者及其顾客（包括广播和电信企业）签订发射机应答器租赁协议。卫星经营者允许顾客使用卫星发射机应答器的功能进行较大地理范围的传输。顾客根据该租赁协议支付的款项是为使用发射机应答器的功能而支付的款项，不属于特许权使用费。尽管有关合同中提到出租发射机应答器，但卫星技术并未转让给顾客，客户只是获得发射机应答器的传输功能，而没有实际拥有控制该发射机应答器，卫星仍由出租人操作，承租人没有接触到指定给他的发射机应答器。在这种情况下，客户支付款项的性质应属于为获得服务而支付的报酬，而不是为使用或有权使用工业、商业或科学设备支付的报酬。

如果卫星所有者将卫星出租给另一方，使后者能够操作控制该卫星并为自己使用或为第三方提供数据传输功能。在这种情况下，卫星操作者支付给卫星所有者的款项应被认定是为出租工业、商业或科学设备的报酬。

以上方法也适用于出租或购买用于传输电力或电信的电商功能或管道功能（如为传输油气）支付的价款的定性。

4.关于建筑设计费。依据OECD范本注释，如果为研发一项还不存在的设计、模型或方案支付的报酬，不属于特许权使用费。在这种情况下，该报酬是为产生一项设计、模型或方案的服务而支付的价款，因此属于第七条营业利润的范围。即使此项设计、模式或方案的设计者（如建筑师）保留了此项设计、模型或方案的全部权利（包括版权），也仍属于为服务支付的款项。但是，先前已经开发好的方案的版权所有人没有任何追加性的工作，仅授予某一修改或复制这些方案的权利，则该版权所有人收取的报酬是因授权使用该方案而取得的，因而构成特许权使用费。

5. 计算机软报酬。OECD范本注释列举了涉及计算机软件交易的处理方法。“计算机软件”这个术语通常用于描述含有知识产权（版权）的程序，也指载有该程序的媒介，但程序中的版权与载有程序的软件之间存在区别。

---

① 国家税务总局国际税务司编：《中国避免双重征税协定执行指南》，中国税务出版社2013年7月版，第164页。

（1）构成特许权使用费的情形。

①在涉及由软件出版商或计算机程序编制人提供计算机编程方面情报的合同情形下，作为一般原则，如果支付的报酬是为了获取包含在程序里的情报资料，如逻辑、算法或者程序语言或方法，同时该情报是在用户未经授权不得披露的条件下提供的，并且该情报受商业秘密保护，则该支付款项才应认定为因提供专用技术而获得的报酬。

②如果支付报酬是为了获得使用某程序的权利，未经许可，将构成对版权的侵权，在这种情况下，为获取版权中的部分权利而支付的款项则构成特许权使用费。例如，许可复制和向公众销售包含版权程序的软件，所支付的款项是为了使用程序中的版权的权利。

（2）不构成特许权使用费的情形。

①如果使用者仅获得对程序进行操作所必需的权利，例如，受让者只是取得复制程序的有限权利，比如复制到用户的计算机硬盘上，或者为了存档而进行复制，这些复制行为都是利用该程序的一个必要步骤，这些复制权利只是为了使用户能够对程序进行有效操作，此类情形支付的款项，不构成特许权使用费。

如果受让人获得的权利是允许制作多个程序拷贝但只能在本企业内部操作使用，一般被称为"场所许可""企业许可""网络许可"。虽然这些协议允许制作多个程序拷贝，但仅是为使受让人能够在其计算机或网络上操作该程序（为其他目的的复制行为都是被禁止的），此类情况下支付的款项，同样不属于特许权使用费。

②软件经销商根据版权所有人的授权销售某种程序的复制品，但无权复制该程序，在这种情况下，经销商仅获得了销售软件复制品所必需的权利，而没有利用软件版权的权利。在这类交易中支付的款项，不属于特许权使用费。

③当权利的所有权被全部或部分转让时，某报酬不可能是为权利的使用而支付的，这些款项属于服务费（营业利润）或财产收益，而不是特许权使用费。

6. 数字产品交易。OECD范本注释明确，上述关于软件报酬的原则也适用于其他数字产品的交易，如影像、声音或文本等。在判定支付的款项是否构成特许权使用费时，应分析该款项支付实质的目的。

客户为自身使用而通过计算机下载数字产品（如软件、影像、声音或文本）的交易中，支付款项的本质目的是为了获得以数字形式进行传输的数据，而非对版权的使用，因此不构成特许权使用费，而应归属于服务费（营业利润）或财产收益的范畴。

如果收取报酬的实质是授予使用下载的数字产品的版权的使用权，这种交易属于特许权使用费。例如，一个书籍出版商下载图片用在他正在制作的书籍封面上就是这种情况。在该交易中，支付报酬的本质目的是为了获得数字产品版权的使用权，即复制和传播该图片的权利，而不是仅仅为了获得该数字内容。

7.混合合同。如果一项合同既涉及服务费又涉及特许权使用费，或者既涉及销售计算机硬件，又涉及特许权使用费，应当对合同总额根据合同提供的资料或按照合理的比例进行分解，再根据不同部分作出相应的税务处理。但是如果混合合同中的一部分构成了合同中最主要目的，而另一部分仅是辅助性的和大部分是不重要的，则可以对报酬的总额按主要部分所适用的税收待遇处理。

上述关于混合合同的处理建议同样适用于艺术家的某些表演，尤其是一个乐队指挥家指导的管弦音乐会或者音乐家表演的独奏音乐会。应区分以下情况分别进行处理：

（1）为音乐表演以及为同步电台广播所支付的费用，应按“艺术家和运动员”的规定处理。

（2）无论是根据同一份合同还是另外分开的一份合同，如果对演出进行录制，且艺术家在合同中约定，根据艺术家在音像制品中的版权，其就音像制品的出售或公开播放取得特许权使用费，那么艺术家取得的构成特许权使用费的那部分报酬，应按第十二条特许权使用费的规定处理。

（3）根据相关版权法或是合同条款的规定，如果音像制品中的版权属于向艺术家提供服务（即对音乐表演进行录音）的某个人（通过签订合同同意），或者该版权属于第三方，那么根据合同支付的款项应适用第七条营业利润或第十七条艺术家和运动员，而不适用第十二条特许权使用费，即使这些报酬数额是依据该音像制品的销售规模而定的。

8.为开采矿藏、资源或其他自然资源而支付的固定或不固定的报酬应按“不动产所得”的规定处理。

9.为便于判断，国税函〔2009〕509号文件明确，下列款项或报酬不应是特许权使用费，应为劳务活动所得：

（1）单纯货物贸易项下作为售后服务的报酬；

（2）产品保证期内卖方为买方提供服务所取得的报酬；

（3）专门从事工程、管理、咨询等专业服务的机构或个人提供的相关服务所取得的款项；

（4）国家税务总局规定的其他类似报酬。

上述劳务所得通常适用税收协定营业利润条款的规定，但个别税收协定对此另有特殊规定的除外（如中英税收协定专门列有技术费条款）。

OECD范本注释还明确，为提供潜在客户的名单而支付的报酬；工程师、律师、会计师提供咨询服务所取得的款项；以电子方式提供咨询意见、与技术员进行电子通信，或者通过计算机网络访问问题解答数据库（例如针对经常提出的疑问或经常发生的普遍问题为软件用户提供非保密性的信息的数据库）等所取得的款项，不属于特许权使用费，而应按服务费处理。

第五节　股息、利息、特许权使用费的征收管理

一、纳税人和扣缴义务人

1.根据《企业所得税法》第三条第三款及《企业所得税法》实施条例第六条规定，取得来源于中国境内的股息、红利等权益性投资收益、利息所得、特许权使用费所得的非居民企业为所得的纳税人。

2.依据《企业所得税法》第三十七条规定，对非居民企业取得《企业所得税法》第三条第三款规定的股息、红利等权益性投资收益、利息所得、特许权使用费所得应缴纳的所得税，实行源泉扣缴，以支付人为扣缴义务人。

《企业所得税法实施条例》第一百〇四条规定的支付人自行委托代理人或指定其他第三方代为支付相关款项，或者因担保合同或法律规定等由第三方保证人或担保人支付相关款项的，仍由委托人、指定人或被保证人、被担保人承担扣缴义务。

二、应纳税额的计算

1.非居民企业取得的股息所得按收入全额为应纳税所得额。

2.非居民企业取得的利息收入以不含增值税的利息收入全额为应纳税所得额。利息收入在境内缴纳的城建税及附加，不得扣除。

非居民企业取得视为利息收入的融资租赁费，应以租赁费（包括租赁期满后作价转让给中国境内企业的价款）扣除设备、物件价款后的余额，作为贷款利息所得计算缴纳企业所得税。

3.非居民企业取得的担保费收入以不含增值税的担保费收入全额为应纳税所得额。担保费收入在境内缴纳的城建税及附加，不得扣除。

4.非居民企业取得的特许权使用费所得，以不含增值税收入全额为应纳税所得额。需要注意的是，境内企业租赁国外设备，在海关视同进口货物征收增值税，对非居民企业取得的租金征收增值税和预提所得税。与进口货物有关的商标使用费，非居民企业需缴纳增值税及附加和预提所得税，而境内企业需将商标使用费并入关税完税价计算缴纳关税和进口增值税。

特许权使用费在境内缴纳的城建税及附加，不得扣除。

5.扣缴义务人支付或者到期应支付的款项以人民币以外的货币支付或计价的，分别按以下情形进行外币折算：

（1）扣缴义务人扣缴企业所得税的，应当按照扣缴义务发生之日人民币汇率中间价折合成人民币，计算非居民企业应纳税所得额。

（2）取得收入的非居民企业在主管税务机关责令限期缴纳税款前自行申报缴纳应源泉扣缴税款的，应当按照填开税收缴款书之日前一日人民币汇率中间价折合成人民币，计算非居民企业应纳税所得额。

（3）主管税务机关责令取得收入的非居民企业限期缴纳应源泉扣缴税款的，应当按照主管税务机关作出限期缴税决定之日前一日人民币汇率中间价折合成人民币，计算非居民企业应纳税所得额。

6.扣缴义务人与非居民企业签订与《企业所得税法》第三条第三款规定的所得有关的业务合同时，凡合同中约定由扣缴义务人实际承担应纳税款的，应将非居民企业取得的不含税所得换算为含税所得计算并解缴应扣税款。

7.应纳税额=应纳税所得额×适用税率。

三、纳税义务及扣缴义务发生时间

1.非居民企业取得应源泉扣缴的所得为股息、红利等权益性投资收益的，相关应纳税款扣缴义务发生之日为股息、红利等权益性投资收益实际支付之日。

2.非居民企业取得应源泉扣缴的所得为利息、特许权使用费的，扣缴义务发生之日为相关款项实际支付或者到期应支付之日。扣缴义务人发生到期应支付而未支付情形，应按照《国家税务总局关于非居民企业所得税管理若干问题的公告》（国家税务总局公告2011年第24号）第一条规定进行税务处理。即中国境内企业（以下称为“企业”）和非居民企业签订与利息、租金、特许权使用费等所得有关的合同或协议，如果未按照合同或协议约定的日期支付上述所得款项，或者变更或修改合同或协议延期支付，但已计入企业当期成本、费用，并在企业所得税年度纳税申报中作税前扣除的，应在企业所得税年度纳税申报时按照《企业所得税法》有关规定代扣代缴企业所得税；如果企业上述到期未支付的所得款项，不是一次性计入当期成本、费用，而是计入相应资产原价或企业筹办费，在该类资产投入使用或开始生产经营后分期摊入成本、费用，分年度在企业所得税前扣除的，应在企业计入相关资产的年度纳税申报时就上述所得全额代扣代缴企业所得税；如果企业在合同或协议约定的支付日期之前支付上述所得款项的，应在实际支付时按照《企业所得税法》有关规定代扣代缴企业所得税。

【例8-11】居民企业向非居民企业借款，合同约定：借款期2019年1月1日至2020年6月30日，2020年6月30日一次性还本付息。实际支付利息的时间为2020年6月30日或更晚时间。如果该项利息应当资本化，2019年汇缴申报时间为2020年3月31日，虽然固定资产尚未计提折旧，但2020年3月31日必须扣缴预提所得税，扣缴的预提税的基数应当是2019年资本化的利息，即2019年1月1日至2019年12月31日期间的利息，而不是2019年1月1日至2020年6月30日期间的利息。

四、纳税地点及主管税务机关

非居民企业从境内取得的股息、利息、特许权使用费应当在主管税务机关缴纳。《国家税务总局关于非居民企业所得税源泉扣缴有关问题的公告》(国家税务总局公告2017年第37号)第十六规定，扣缴义务人所在地主管税务机关为扣缴义务人所得税主管税务机关。对《企业所得税法》实施条例第七条规定的不同所得，所得发生地主管税务机关按以下原则确定：

1. 股息、红利等权益性投资所得，为分配所得企业的所得税主管税务机关。

2. 利息所得、租金所得、特许权使用费所得，为负担、支付所得的单位或个人的所得税主管税务机关。

五、纳税申报

(一)扣缴申报

根据《中华人民共和国税收征收管理法实施细则》(以下简称《税收征管法实施细则》)第十三条有关规定，扣缴义务人应当自扣缴义务发生之日起30日内，向所在地的主管税务机关申报办理扣缴税款登记。国家税务总局2017年第37号公告依据《企业所得税法》第四十条规定，扣缴义务人应当自扣缴义务发生之日起7日内向扣缴义务人所在地主管税务机关申报和解缴代扣税款，并向所在地的税务机关报送扣缴企业所得税报告表。根据2017年37号公告第八条规定，扣缴义务人在申报和解缴应扣税款时，应填报“中华人民共和国扣缴企业所得税报告表”。扣缴义务人可以在申报和解缴应扣税款前报送有关申报资料；已经报送的，在申报时不再重复报送。

(二)纳税人自行申报

按照《企业所得税法》第三十七条规定应当扣缴的所得税，扣缴义务人未依法扣缴或者无法履行扣缴义务的，取得所得的非居民企业应当按照《企业所得税法》第三十九条规定，向所得发生地主管税务机关申报缴纳未扣缴税款，并填报“中华人民共和国扣缴企业所得税报告表”。非居民企业未按照《企业所得税法》第三十九条规定申报缴纳税款的，税务机关可以责令限期缴纳，非居民企业应当按照税务机关确定的期限申报缴纳税款；非居民企业在税务机关责令限期缴纳前自行申报缴纳税款的，视为已按期缴纳税款。

(三)资料报送

除自主选择在申报和解缴应扣税款前报送有关申报资料的外，扣缴义务人不再需要办理该项合同备案手续。鉴于“中华人民共和国扣缴企业所得税报告表”栏目内容已经包含相关合同信息，为避免重复填报信息，除特定情形外，不再普遍要求报送合同资料。特定情形限于《国家税务总局 国家外汇管理局关于服务贸易等项目对外支付税务备案有关问题的公告》（国家税务总局 国家外汇管理局公告2013年第40号）第二条和本公告第十一条规定需要提供相关合同资料的情形。参见本书第二十一章。

六、账簿管理

根据《税收征管法实施细则》第二十五条、2017年37号公告第十一条有关规定，扣缴义务人应当自税收法律、行政法规规定的扣缴义务发生之日起10日内按照所代扣、代收的税种，分别设立代扣代缴税款账簿和合同资料档案，准确记录非居民企业所得税扣缴情况。根据征管需要，主管税务机关可以要求纳税人、扣缴义务人和其他知晓情况的相关方提供与应扣缴税款有关的合同和其他相关资料。

七、暂停支付

根据《税收征管法实施细则》第九十四条、《国家税务总局关于贯彻〈中华人民共和国税收征收管理法〉及其实施细则若干具体问题的通知》（国税发〔2003〕47号）第二条的有关规定，因非居民企业拒绝代扣税款的，扣缴义务人应当暂停支付相当于应纳税款的款项，并在1日之内向主管税务机关报告。

八、税款追征

根据《企业所得税法》第三十九条有关规定，纳税人未依法缴纳的，税务机关可以从该纳税人在中国境内其他收入项目的支付人应付的款项中，追缴该纳税人的应纳税款。根据2017年37号公告第十三条有关规定，税务机关在追缴非居民企业应纳税款时，可以采取以下措施：

1.责令该非居民企业限期申报缴纳应纳税款。

2.收集、查实该非居民企业在中国境内其他收入项目及其支付人的相关信息，并向该其他项目支付人发出“税务事项通知书”，从该非居民企业其他收入项目款项中依照法定程序追缴欠缴税款及应缴的滞纳金。

九、税收法律责任

（一）纳税人法律责任

根据《税收征管法》第六十八条有关规定，纳税人在规定期限内不缴或者少缴应纳或者应解缴的税款，经税务机关责令限期缴纳，逾期仍未缴纳的，税务机关除依照《税收征管法》第四十条的规定采取强制执行措施追缴其不缴或者少缴的税款外，可以处不缴或者少缴的税款百分之五十以上五倍以下的罚款。

根据《税收征管法实施细则》第九十四条规定，纳税人拒绝代扣、代收税款的，扣缴义务人应当向税务机关报告，由税务机关直接向纳税人追缴税款、滞纳金；纳税人拒不缴纳的，依照《税收征管法》第六十八条的规定执行。

根据2017年37号公告第十二条有关规定，扣缴义务人应扣未扣税款，需要向纳税人追缴税款的，由所得发生地主管税务机关依法执行。

（二）扣缴义务人法律责任

1.不同情形的区分。

根据2017年37号公告第十四条规定，应当源泉扣缴税款的款项已经由扣缴义务人实际支付，但未在规定的期限内解缴应扣税款，并具有以下情形之一的，应作为税款已扣但未解缴情形，按照有关法律、行政法规规定处理：

（1）扣缴义务人已明确告知收款人已代扣税款的；

（2）已在财务会计处理中单独列示应扣税款的；

（3）已在其纳税申报中单独扣除或开始单独摊销扣除应扣税款的；

（4）其他证据证明已代扣税款的。

除上述规定情形外，应该源泉扣缴的税款未在规定的期限内解缴入库的，均作为应扣未扣税款情形，按照有关法律、行政法规规定处理。

2.已扣未解缴法律责任。

根据《税收征管法》第三十二条和第六十八条的有关规定，扣缴义务人未按照规定期限解缴税款的，税务机关除责令限期缴纳外，从滞纳税款之日起，按日加收滞纳税款万分之五的滞纳金；扣缴义务人在规定期限内不缴或者少缴应解缴的税款，经税务机关责令限期缴纳，逾期仍未缴纳的，税务机关除依照《税收征管法》第四十条的规定采取强制执行措施追缴其不缴或者少缴的税款外，可以处不缴或者少缴的税款百分之五十以上五倍以下的罚款。

3.应扣未扣法律责任。

根据2017年37号公告第十二条有关规定，扣缴义务人应扣缴税款未扣的，由扣缴义务人所在地主管税务机关依照《中华人民共和国行政处罚法》第二十三条规定责令扣缴义务人补扣税款，并依法追究扣缴义务人责任；需要向纳税人追缴税款的，由所得发生地主管税务机关依法执行。根据《税收征管法》第六十九条规定，扣缴义务人应扣未扣税款的，对扣缴义务人处应扣未扣、应收未收税款百分之五十以上三倍以下的罚款。

此外，根据《税务登记管理办法》第四十四条规定，扣缴义务人未按照规定办理扣缴税款登记的，税务机关应当自发现之日起3日内责令其限期改正，并可处以1 000元以下的罚款。

需要强调的是，适用征管法第六十九条时应当注意：

（1）扣缴义务人未按规定代扣代缴税款，但纳税人（非居民企业）在税务机关责令限期缴纳前自行申报缴纳税款的，视为已按期缴纳税款，无需加收滞纳金，亦不适用《税收征管法》第六十九条，不对扣缴义务人处以罚款。

（2）根据《国家税务总局关于行政机关应扣未扣个人所得税问题的批复》（国税函〔2004〕1199号）对《税收征管法》第六十九条的解释，扣缴义务人应扣未扣税款，税务机关向纳税人追缴税款时，不得向纳税人或扣缴义务人加收滞纳金。

（3）《税收征管法》第三十二条规定：“纳税人未按照规定期限缴纳税款的，扣缴义务人未按照规定期限解缴税款的，税务机关除责令限期缴纳外，从滞纳税款之日起，按日加收滞纳税款万分之五的滞纳金。”

综合上述规定，纳税人在税法的期限内主动补交税款，不得加收滞纳金；税务机关责令纳税人在规定的期限内补交税款的，不得加收滞纳金；税务机关责令纳税人限期缴纳税款，期限届满仍未缴纳的，除补缴税款外，应从税务机关规定的期限届满之次日起加收滞纳金。

十、案例分析

案例（一）境内子公司向境外母公司支付的利息，如何进行税务处理？

【基本案情】

香港居民企业A向境内全资子公司B提供借款，2019年度B公司向A公司实际支付利息1 200万元，按独立交易原则计算的利息为1 000万元（假设B公司按独立交易原则确认的利率参照同期同类金融企业贷款利率计算），按债资比例计算允许扣除的利息为700万元。内地与香港签署的双边安排规定，股息优惠税率为5%、利息优惠税率为7%。

【争议焦点】

1.B公司允许税前扣除的利息有如下两种观点：

观点一：B公司超过同期同类金融企业贷款利率所支付的利息300万元不得在税前扣除，即可税前扣除的利息金额为900万元。

观点二：B公司超过债资比例支付的利息500万元均不得在税前扣除，即可税前扣除的利息金额为700万元。

试分析以上观点哪种正确？

2.若不考虑增值税，B公司应扣缴预提所得税金额的计算有如下四种观点：

观点一：应扣缴预提所得税=1 200×7%=84（万元）。

观点二：超过同期同类金融企业贷款利率所支付的利息不得适用协定优惠税率，应扣缴预提所得税=1 000×7%+200×10%=90（万元）。

观点三：超过债资比例支付的利息500万元属于股息，故可适用股息的协定税率，应扣缴预提所得税=700×7%+500×5%=74（万元）。

观点四：超过债资比例支付的利息500万元属于股息，但不得适用股息的协定税率，应扣缴预提所得税=700×7%+500×10%=99（万元）。

试分析以上观点哪种正确？

【分析】

1.B公司允许税前扣除的利息金额的确定。

根据《财政部、国家税务总局关于企业关联方利息支出税前扣除标准有关税收政策问题的通知》(财税〔2008〕121号)第二条规定，企业如果能够按照税法及其实施条例的有关规定提供相关资料，并证明相关交易活动符合独立交易原则的，企业接受关联方债权性投资利息支出在计算应纳税所得额时准予扣除。

《特别纳税调整实施办法(试行)》(国税发〔2009〕2号)第九十条规定："企业未按规定准备、保存和提供同期资料证明关联债权投资金额、利率、期限、融资条件以及债资比例等符合独立交易原则的，其超过标准比例的关联方利息支出，不得在计算应纳税所得额时扣除。"

第九十一条规定："实际支付利息是指企业按照权责发生制原则计入相关成本、费用的利息。"实务中，应对按权责发生制原则计入相关成本、费用的利息首先按照税法要求做一般纳税调整，并在此基础上再作特别纳税调整。

根据上述规定，如果A公司与B公司之间约定的利率符合独立交易原则，则超过债资比例的关联方利息支出，可以在税前扣除，即可扣除1 000万元。由于A、B公司未按照独立交易原则确定借款利率，故超过债资比例的利息支出不能在税前扣除。

因此，B公司可以扣除的利息为700万元，应调增应纳税所得额=1 200−700=500(万元)。

2.B公司应扣缴的预提所得税金额的确定。

《特别纳税调整实施办法(试行)》(国税发〔2009〕2号)第九十一条规定，企业实际支付关联方利息存在转让定价问题的，税务机关应首先按照有关规定实施转让定价调查调整。《中新协定》联属企业条款对此亦有同样的规定。转让定价的纳税调整方法适用国内法规定。本案例中，经纳税调整，按公允价计算的利息额为1 000万元。

依据《内地与香港签署的双边安排》第十一条第七款规定，当支付人与受益所有人之间或者他们与其他人之间由于某种特殊关系(主要指关联关系)而造成超额支付利息时，支付额中超过按市场公允价格计算所应支付的数额的部分不得享受协定规定的限制税率优惠，而应按各方税法规定征税。

按照上述规定，1 000万元部分适用协定优惠税率为7%，超过部分适用国内税率为10%。应扣缴预提所得税=1 000×7%+200×10%=90(万元)。

此外，《特别纳税调整实施办法(试行)》(国税发〔2009〕2号)第八十八条规定："B公司实际支付给境外关联方的超过债资比例计算的利息应视同分配的股息，按照股息和利息分别适用的所得税税率差补征企业所得税，如已扣缴的所得税税款多于按股息计算的应征所得税税款，多出的部分不予退税。"因500万元视为股息，500万元中300万元按股息所得可享受协定优惠税率，200万元因超过按独立交易原则计算的利息，不得享受优惠税率，因此，应扣缴预提所得税=700×7%+300×5%+200×10%=49+15+20=84(万元)。

如果B公司已经按90万元扣缴预提所得税，则不予退税。

需要强调的是,《特别纳税调查调整及相互协商程序管理办法》(国家税务总局公告2017年第6号）第四十二条规定:“税务机关对企业实施特别纳税调整，涉及企业向境外关联方支付利息、租金、特许权使用费的，除另有规定外，不调整已扣缴的税款。”根据该规定，尽管B公司在计算应纳税所得额时只能扣除利息700万元，但对A公司征收预提所得税时不得按700万元计算。

案例（二）非居民企业委托QFII认购可续期公司债，如何执行税收协定?

【基本案情】

居民企业A公司2018年10月发行可续期公司债（会计上计入权益工具),主要条款约定如下:

1.债券基础期限为3年，在约定的基础期限末及每个续期的周期末，发行人有权行使续期选择权，于发行人行使续期选择权时延长1个周期（即延长3年)。

2.债券为固定利率债券，单利按年计息，如有递延，每笔递延利息在递延期间按当期票面利率累计计息。利息每年付息一次。

3.债券利息强制支付。付息前12个月内，发生以下事件的，发行人不得递延当期利息以及按照约定已经递延的所有利息及其孳息:

(1）向优先股股东分红;

(2）减少注册资本。

4.本金偿还顺序。本期债券在破产清算时的清偿顺序劣后于发行人普通债务，与发行人普通股股东位于同一清偿顺序。

5.债券持有人可参与发行人的重大经营决策。

新加坡B公司（金融机构）通过中国香港某QFII认购A公司债券5 000万元。2019年10月，A公司向B公司派发债券利息250万元。

【争议焦点】

关于新加坡B公司通过QFII从A公司取得的债券利息如何扣缴预提所得税问题，有两种观点:

观点一：A公司向B公司支付债券利息时，适用《中新协定》的利息条款计算预提所得税，按照《中新协定》第十一条规定，在该项利息是由银行或金融机构取得的情况下，不应超过利息总额的7%。应扣缴预提所得税=250×7%=17.5（万元)。

观点二：A公司发行的可续期公司债，是兼具债权与股权的混合金融工具，根据业务实质，其支付的债券利息应按股息红利进行税务处理，因此，应适用《中新协定》的股息条款计算预提所得税，因B公司在取得股息红利之前连续12个月持有A公司比例不足25%，适用10%的协定税率，应扣缴预提所得税=250×10%=25（万元)。

【分析】

随着金融产品的创新，各类混合金融工具日益增多，在判定非居民企业取得的收入是股息还是利息时，要基于实质重于形式原则，尤其要分析金融产品持有人所承担的风险、取得收益的顺序等是否等同或接近于公司普通股股东，以进一步判定其收益的性质。

根据国税发〔2010〕75号文件第十条规定，股息和利息在某些特定情况下较难判定，通常应遵循实质重于形式的原则。一般情况下，各类债券所得不应视为股息。然而，如果贷款人确实承担债务人公司风险，其利息可被视为股息。对贷款人是否分担企业风险的判定通常可考虑如下因素：

1.该贷款大大超过企业资本中的其他投资形式，并与公司可变现资产严重不符。

2.债权人将分享公司的任何利润。

3.该贷款的偿还次于其他贷款人的债权或股息的支付。

4.利息的支付水平取决于公司的利润。

5.所签订的贷款合同没有对具体的偿还日期做出明确的规定。

存在上述情况时，借款人所在国可根据资本弱化的国内法规定将利息作为股息处理。

本案例中，A公司发行的可续期公司债在约定的基础期限末及每个续期的周期末，发行人有权行使续期选择权，意味着A公司的借款没有明确的本金偿还日期。同时，债券在破产清算时的清偿顺序滞后于发行人普通债务，与发行人普通股股东位于同一清偿顺序，且债券持有人可参与发行人的重大经营决策，这些均意味着债券持有人承担的风险远大于一般的债权人，承担着A公司的经营风险。因此，依据实质重于形式原则，B公司取得的利息可被视为股息。

从国内税法角度，根据《财政部、税务总局关于永续债企业所得税政策问题的公告》（财政部、国家税务总局公告2019年第64号），企业发行可续期公司债，在税务处理上可以适用股息、红利企业所得税政策，符合条件的也可以按照债券利息适用企业所得税政策，这里的符合条件是指符合下列条件中5条（含）以上的永续债：

1.被投资企业对该项投资具有还本义务。

2.有明确约定的利率和付息频率。

3.有一定的投资期限。

4.投资方对被投资企业净资产不拥有所有权。

5.投资方不参与被投资企业日常生产经营活动。

6.被投资企业可以赎回，或满足特定条件后可以赎回。

7.被投资企业将该项投资计入负债。

8.该项投资不承担被投资企业股东同等的经营风险。

9.该项投资的清偿顺序位于被投资企业股东持有的股份之前。

本案例中，A公司发行的可续期公司债不符合上述第5项至第9项条件，因此，A公司不得按债务进行税务处理，需按股息、红利进行企业所得税处理，即A公司支付的债券利息不得在企业所得税税前扣除，同时，债券持有人B公司亦按股息红利确认收入。

综上，A公司向B公司支付的债券利息，应按股息扣缴预提所得税，但由于B公司在取得股息前12个月持股比例不足25%，故不能享受协定优惠税率。通过以上分析，观点二正确。

另需注意的是，《国家税务总局关于中国居民企业向QFII支付股息、红利、利息代扣代缴企业所得税有关问题的通知》（国税函〔2009〕47号）规定，QFII取得股息、红利和利息收入，如果符合税收协定（安排）限制税率优惠待遇条件，可向主管税务机关提出申请，主管税务机关审核无误后按照税收协定的规定执行；涉及退税的，应及时予以办理。非居民企业通过QFII认购国内企业债券，可由非居民企业作为受益所有人按照《国家税务总局关于委托投资情况下认定受益所有人问题的公告》（国家税务总局公告2014年第24号）的有关规定申请享受《中新协定》待遇。

案例（三）外商投资企业分立，境外母公司是否征收预提所得税？

新加坡A公司在境内设立全资子公司B（注册资本1亿元），主营环保设备生产。2019年，B公司拟存续分立为B与B1。按分立方案，B公司将土地、厂房及生产线A划归B1公司进行专业化经营，其余资产及负债均保留在B公司。分立基准日，B公司资产、负债及所有者权益情况如下表所列：

单位：万元

	账面价值	公允价值
资产：		
银行存款	3 000	3 000
长期股权投资	2 000	2 500
土地	**3 000**	**6 000**
固定资产（厂房）	**5 000**	**8 000**
生产线A	**1 200**	**1 000**
生产线B	800	500
负债：		
应付账款	3 000	3 000
所有者权益：		
实收资本	10 000	10 000
盈余公积	200	200
未分配利润	1 800	1 800

被分立资产（土地、厂房、生产线A）账面价值10 000万元（计税基础9 000万元、公允价1.5亿元），负债3 000万元，对应的实收资本7 000万元。企业就该笔分立业务选择适用一般性税务处理。根据《财政部、国家税务总局关于企业重组业务企业所得税处理若干问题的通知》（财税〔2009〕59号）规定，企业分立适用一般性税务处理的，被分立企业对分立出去资产应按公允价值确认资产转让所得或损失，分立企业应按公允价值确认接受资产的计税基础，被

分立企业继续存在时，其股东取得的对价应视同按照减资方式处置被分立企业部分股权进行税务处理。

因此，B公司就分立出去的资产确认资产转让所得6 000万元，B1公司按1.5亿元确认接受资产的计税基础。关于B公司分立，A公司是否缴纳预提所得税问题，分析如下：

A公司取得B1公司净资产的公允价为12 000万元（15 000–3 000），应视同以减资方式处置B公司股权，即应分解为投资成本的收回和股息所得两部分。从业务实质而言，被分立企业股东如果是符合条件的境外投资者，其从被分立企业取得的股息红利分配部分，可以适用财税〔2018〕102号文件规定的暂不征收预提所得税。

本例，如果B公司分立业务适用特殊性税务处理，根据财税〔2009〕59号文件，被分立企业、被分立企业股东均不需要视同分配及处置股权，因此，不涉及预提所得税问题。

案例（四）特许权使用费条款适用应注意哪些问题？

【基本案情】

新加坡Y网络科技公司，主营各类企业内控管理软件的设计、定制与销售，建立互联网资讯数据库与互联网设计模型数据库供会员查询使用，远程网络平台设计与咨询服务、企业云存储等。2019年度，Y公司在我国境内发生下列业务：

1. 北京A公司购买Y公司内控管理软件（型号：P001），A公司可凭用户名与密码在Y公司官网上下载使用该软件，该软件永久使用，A公司支付软件使用费500万元。使用期间，A公司每年均需向Y公司支付后续维护费60万元。后续维护包括软件升级、应A公司要求提供技术参数修改、技术指导等服务。Y公司有义务根据A公司要求派员至A公司进行技术指导，但每年到境内为A公司提供服务不超过2次，每次派员不超过2人，每次服务时间不超过10天。

2. 深圳B科技公司购买Y公司研发的财务管理软件（型号：P003）在境内的独占许可权，双方约定，B公司有权在5年内根据客户的需求对P003号软件进行复制、翻译及二次开发，并可对该软件部分程序进行重新编码与修改。

为了有效提高软件二次开发的使用效果，B公司与Y公司签订技术服务协议，约定在二次开发过程中，由Y公司可根据B公司要求派遣技术人员至B公司进行核心技术现场指导，每年到境内指导次数不超过2次，每次不超过20天，但Y公司不保证二次开发的最终效果。B公司对指导期间获悉的软件编码规则等核心技术负有保密义务。B公司支付Y公司软件使用费1 000万元，支付Y公司技术服务费300万元。

3. 上海C公司是Y公司互联网资讯数据库与互联网设计模型数据库的会员，互联网资讯数据库主要提供各类互联网产业数据与资讯，C公司可凭用户名与密码登录该数据库查询、复制与下载；互联网设计模型数据库主要提供各类互联网平台、应用软件等的设计模型与方案，C公司可凭用户名与密码登录该数据库查询、复制与下载，但C公司具有保密义务，不得将模型或方案对外披露或用于其他商业目的。C公司每年分别支付Y公司资讯数据库使用费20万元、模型数据库使用费100万元。

4.杭州D电商平台委托Y公司为其进行网络平台设计，Y公司根据D电商平台的运营模式、资金结算流程、用户管理等需求远程设计了平台各模块运作流程图与主体网页效果图，图纸所有权归Y公司所有，D公司可以根据该设计图纸进行网站开发，但附有保密义务（不得将图纸披露第三方或授权他人使用），D公司支付设计费200万元。

5.南京E公司使用Y公司的企业云存储服务，每年根据存储空间支付固定金额的服务费，2019年按约定支付服务费100万元。

【要求】

根据上述资料，结合《中新协定》，判定Y公司自境内取得各项所得的性质及纳税义务。

1.Y公司自北京A公司取得的软件使用费和后续维护是否按特许权使用费征税?

2.Y公司自深圳B公司取得的软件使用费和技术服务费如何征税?

3.Y公司自上海C公司取得的数据库使用是费属于机构、场所的“营业利润”，还是属于“特许权使用费”？

4.Y公司自杭州D公司取得的平台设计费是否按“营业利润”征税?

5.Y公司自南京E公司取得的云存储服务费是否按特许权使用费所得征税?

【分析】

1.Y公司自北京A公司取得的软件使用费和技术服务费收入性质的判定。

关于Y公司自北京A公司取得的软件使用费收入500万元的征税问题有两种观点：

观点一：该笔收入是因A公司下载使用Y公司P001号内控软件而取得，根据《中新协定》第十二条第三款，特许权使用费是指使用或有权使用文学、艺术或科学著作，包括电影影片、无线电或电视广播使用的胶片、磁带的版权，任何计算机软件，专利，商标、设计或模型，图纸、秘密配方或秘密程序所支付的作为报酬的各种款项。据此软件使用费收入500万元应按特许权使用费收入扣缴预提所得税。同时根据《〈中华人民共和国政府和新加坡共和国政府关于对所得避免双重征税和防止偷漏税的协定〉及议定书条文解释》（国税发〔2010〕75号）规定：“在转让或许可专有技术使用权过程中，如果技术许可方派人员为该项技术的应用提供有关支持、指导等服务，并收取服务费，无论是单独收取还是包括在技术价款中，均应视为特许权使用费。”Y公司自A公司取得的60万元技术服务费应并入特许权使用费收入扣缴预提所得税。

观点二：Y公司自北京A公司取得的软件使用费500万元本质上属于软件销售收入，不征企业所得税，后续提供技术服务取得的60万元属于劳务所得，在Y公司未在境内构成常设机构的情况下，不需要缴纳企业所得税，A公司向Y公司支付费用时仅需代扣代缴增值税及附加。

OECD范本列举了涉及计算机软件交易的处理方法。“计算机软件”这个术语通常用于描述含有知识产权（版权）的程序，也指载有该程序的媒介，但应区别程序中的版权与载有程序的软件，Y公司自北京A公司取得的与软件有关的所得是否属于特许权使用费，关键要看A公司及其子公司对于P001号内控管理软件所享有权利的性质，究竟是有权使用该软件产品，还是有权使用与该软件相关的权利。根据《中华人民共和国著作权法》，计算机软件属于作品，依法享有著作权。《中华人民共和国计算机软件保护条例》第八条规定，软件著作权人享有发表权、署名权、修改权、复制权、发行权、出租权、信息网络传播权、翻译权等。现A公司仅有权使用P001号软件产品，并无权行使与该软件相关的修改、复制、公布、发行等权利，仅仅使用软件产品本身所支付的价款并不构成特许权使用费，因此，Y公司自A公司取得的500万元应理解为软件产品销售收入，不征企业所得税。Y公司为A公司在境内外提供的后续维护服务取得的收入，属于劳务收入，因不构成常设机构，故不征企业所得税。因Y公司为A公司提供的服务未完全在境外发生（Y公司派员到中国境内进行了技术指导），故需缴纳增值税及附加。综上，观点二正确。

2.Y公司自深圳B公司取得的软件使用费和技术服务费收入性质的判定。

（1）软件使用费。

关于软件使用费，根据OECD范本注释，如果使用者仅获得对程序进行操作所必须的权利，如受让者只是取得复制程序的有限权利，这些复制行为只是利用该程序的一个必要步骤，换句话说，复制行为只是为了使用户能够对程序进行有效操作，则不属于特许权使用费。如果支付报酬是为了获得使用某程序的权利，未经许可，将构成对版权的侵权，在这种情况下，为获取版权中的部分权利而支付的款项构成特许权使用费。

深圳B公司购买Y公司P003号财务管理软件在境内的五年独占许可权，且B公司有权对该软件进行复制、修改、翻译及二次开发，由此可见，Y公司并非转让P003号软件全部的著作权，仅是将其中部分的著作权，如使用、复制、修改、翻译等授权B公司在一定期限内使用，Y公司作为P003号软件的所有权人，仍享有该软件的各项实质性权利，亦可授权他人使用，因此，Y公司自B公司取得的1 000万元软件费应理解为提供专有技术使用权取得的报酬，按特许权使用费所得征税。

（2）技术服务费。

Y公司派遣人员对B公司软件二次开发的指导，主要涉及软件编码规则、应用程序、相关模型等核心专有技术的传授，B公司可使用这些技术对P003号软件进行不同程度的修改，以满足各类客户所需，且B公司对所获悉的专有技术负有保密义务。另外，Y公司仅派员对相关专有技术进行传授，并不负责B公司使用这些技术对软件进行重新编码与修改后的最终效果。因此，Y公司自B公司取得的技术服务费实质是提供与专有技术相关的使用权取得的特许权使用费。根据《国家税务总局关于执行税收协定特许权使用费条款有关问题的通知》(国税函〔2009〕507号)规定，在转让或许可专有技术使用权过程中如技术许可方派人员为该项技术的使用提供有关支持、指导等服务并收取服务费，无论是单独收取还是包括在技术价款中，均应视为特许权使用费，适用税收协定特许权使用费条款的规定。但如上述人员的服务已构成常设机构，则对服务部分的所得应适用税收协定营业利润条款的规定。如果纳税人不能准确计算应归属常设机构的营业利润，则税务机关可根据税收协定常设机构利润归属原则予以确定。本案例中，Y公司在境内提供服务时间未达到《中新协定》规定的常设机构的时间标准，不构成常设机构，故技术报务费应并入转让专有技术使用权收入，按特许权使用费所得征税。

需要补充的是，如果Y公司派员至境内传授专有技术、提供技术服务已构成常设机构的，还需对提供服务的人员按协定第十五条非独立个人劳务条款的规定执行。《国家税务总局关于税收协定有关条款执行问题的通知》(国税函〔2010〕46)规定，如果技术受让方在合同签订后即支付费用，包括技术服务费，即事先不能确定提供服务时间是否构成常设机构的，可暂执行特许权使用费条款的规定；待确定构成常设机构，且认定有关所得与该常设机构有实际联系后，按协定相关条款的规定，对归属常设机构利润征收企业所得税及对相关人员征收个人所得税时，应将已按特许权使用费条款规定所做的处理作相应调整。

3.Y公司自上海C公司取得的数据库使用费收入性质的判定。

关于上海C公司使用Y公司互联网资讯数据库与互联网设计模型数据库所支付的费用是否属于特许权使用费问题，实务中争议较大，有观点认为对数据库的访问、查询、下载使用等属于特许权使用费范畴，有观点认为对数据库资讯数据的访问与使用，不属于特许权使用费，应定性为Y公司于境外提供服务。分析如下：

(1)互联网资讯数据库。

根据OECD范本注释，对于软件转让所取得的款项，在转让过程中，如果已获得的与版权有关的权利被局限于那些必须使使用者能够操作程序的权利，例如，在这种情况下受让人被允许有有限的权利来复制程序或制成文档拷贝，作为利用该程序的一个基本的步骤，这些交易类型中的支付应按照营业利润来处理[①]。基于此原理，对于C公司凭用户名与密码登录Y公司互联网资讯数据库查询、复制、下载相关信息，因该数据库提供的信息均为公开的数据与资讯，Y公司提供的仅是数据归集与访问服务，C公司对软件的操作属于必须使使用者能够操作程序的权利，因此，对该数据库访问所支付的款项不属于特许权使用费。

(2)互联网设计模型数据库。

根据《中新协定》，特许权使用费还包括使用或有权使用有关工业、商业、科学经验的情报取得的所得。对该项所得应理解为专有技术，一般是指进行某

---

① 国家税务总局国际税务司编：《中国避免双重征税协定执行指南》，中国税务出版社2013年7月版，第167页。

项产品的生产或工序复制所必需的、未曾公开的、具有专有技术性质的信息或资料。与互联网资讯数据库不同，Y公司互联网设计模型数据库，其提供的内容不是公开市场上可以获取的数据与信息，而是互联网平台与应用软件设计中的各类方案与模型，且具有保密性，因此，数据库的相关内容属于专有技术。C公司对互联网设计模型数据库中数据模型与方案的查询、复制、下载属于对专有技术的许可使用，支付的费用属于特许权使用费。

4.Y公司自杭州D公司取得设计费收入性质的判定。

关于Y公司自杭州D公司取得的设计费收入的判定，有观点认为：依据《中新协定》及议定书条文解释（国税发〔2010〕75号）："如果服务提供方提供服务形成的成果属于特许权使用费定义范围，并且服务提供方仍保有该项成果的所有权，服务接受方对此成果仅有使用权，则此类服务产生的所得属于特许权使用费。"根据《著作权法》，工程设计图、产品设计图、地图、示意图等图形作品和模型作品属于著作权范围，根据《中新协定》，使用或有权使用设计、图纸，并不强调这些权利是否已经或必须在规定的部门注册登记。根据约定，图纸的所有权归Y公司所有，D公司仅有权使用，并负有保密义务，这些要素均符合特许权使用费的定义，因此，对于杭州D公司委托Y公司进行网络平台各模块运作流程图与网页效果图设计所支付的费用，应定性为特许权使用费。

另一种观点认为，关于特许权使用权和服务费的区别，OECD范本注释中有比较清晰的表述："如果为研发一项还不存在的设计、模型或方案支付的报酬，不属于特许权使用费。在这种情况下，该报酬是为产生一项设计、模型或方案的服务而支付的价款，因此属于第七条'营业利润'的范围。即使此项设计、模型或方案的设计者（如建筑师）保留了此项设计、模型或方案的全部权利（包括版权），也仍属于为服务支付的价款。但是，先前已经开发好的方案的版权所有人没有追加性的工作，仅授予某人修改或复制这些方案的权利，则该版权所有人收到的报酬是因授权使用该方案所取得，因而构成特许权使用费。"鉴于Y公司接受D公司委托开发电商平台的运作流程图和网页效果图，为是D公司量身定制，Y公司设计的图纸并非已经存在的方案，因此，Y公司提供的是设计服务，在该交易中所支付的款项应作为营业利润按照《中新协定》第七条"营业利润"处理。

关于特许权使用费的范围主要包括三个方面的内容：一是使用或有权使用有关权利所支付的款项；二是设备租金；三是使用或有权使用专有技术所支付的款项。归属于特许权使用费的权利和专有技术通常已经存在，但是否已经存在并非是判定特许权使用费的必要条件，同样，保密性只是专用技术的一个通用特性，并不意味着具有保密性的就一定是特许权。"设计、模型或方案"属于著作权范围，如果Y公司转让著作权的全部所有权，则不属于特许权使用费，而应适用"财产收益"条款。如果Y公司授予D公司著作权中的部分权利，比如发表权、复制权、修改权、传播权，则应作为特许权使用费处理。本例中，Y公司并未授权D公司关于使用著作权的任何权利，D公司只是享有Y公司提供劳务的结果——根据方案进行网站开发，因此应作为设计劳务，按照《中新协定》第七条“营业利润”处理。

5.Y公司自南京E公司取得的云存储服务费收入性质的判定。

南京E公司使用Y公司云存储空间存储企业数据，并根据空间使用大小支付服务费，对于此笔费用的定性问题，有观点认为：Y公司通过运营维护服务器，提供虚拟的存储空间，E公司使用该存储空间上传数据并保存，享有空间的独占使用权，并根据空间的使用大小支付费用，其业务实质是对存储空间的租用。根据《中新协定》，特许权使用费也包括使用或有权使用工业、商业、科学设备取得的所得，即设备租金，因此，E公司支付的云存储服务费属于特许权使用费。

此观点有失偏颇，特许权使用费中“使用或有权使用工业、商业、科学设备取得的所得”，是以实际占有、使用相关设备为前提的，而云存储业务中，客户虽然可以存储使用虚拟的云空间，但仍由Y公司负责操作、控制服务器等专用设备，因此，Y公司提供的云存储服务不应定性为特许权使用费，而应归属于“营业利润”，因其服务活动发生在境外，不构成我国境内的常设机构，应不予征税。

【启示】

特许权使用费的界定一直是国际税收实务中的难点，关键问题在于对特许权使用费范畴的把握。应根据业务实质结合协定关于特许权使用费的范围进行判定，重点关注是对知识产权使用权的让渡还是所有权的转让，是专有技术使用权的转让还是技术服务的提供，是对软件产品的使用还是对软件相关著作权的使用，技术服务是否与专有技术使用权转让相关，技术服务是否构成常设机构，等等。实务中，应根据合同中双方的权利、义务关系中涉及标的的性质，结合相关法律、法规、解释作深入分析，不应局限于合同、协议等文字性的条款描述。在适用协定特许权使用费条款限制性税率时，还需注意，只有缔约国居民符合受益所有人身份才能享受协定优惠。

第九章

国内税法与财产收益条款的衔接

“财产收益”一般是指财产法律权属关系发生变更产生的收益，包括出售或交换财产产生的收益，也包括部分转让、征用、出售权利等产生的收益。财产收益条款一般为税收协定的第十三条，共六款，主要涉及转让各类财产所有权取得收益的征税权划分，各类财产包括不动产、常设机构财产、运输工具、股份、权利以及其他财产。征收管理方面，协定规定我国对财产收益拥有征税权，并按国内法规定执行。对转让常设机构的财产，并入常设机构的利润征收企业所得税，对个人转让财产的收益征收个人所得税，涉及的税率、减免税等均适用国内法规定。按照我国国内法，对非居民企业间接转让中国应税财产，适用国内法特别纳税调整。

第一节 财产收益条款解读及执行

税收协定对转让各类财产取得收益的征税权进行了划分，通常不限制居民国的征税权，对来源国征税权限制范围在协定之间有所不同。我国对外签订的税收协定财产收益条款既存在共同之处，也有较大差异。大部分已签税收协定财产收益条款共同之处包括两个方面：一是对转让不动产、不动产公司股份和常设机构财产不限制来源国征税权，相关财产收益无税收协定待遇；二是对转让运输工具基本限制来源国征税权，但根据国内税收规定，非居民企业取得的该项财产收益也不需要缴纳预提所得税，因此不需要享受税收协定待遇。

关于非不动产公司股份和其他财产转让收益的税务处理在已签税收协定财产收益条款上存在较大差异，主要有以下三类做法：一是少数协定完全排除此类财产收益来源国征税权，非居民企业可以申请享受税收协定规定的免税待遇；二是部分协定只排除部分此类财产收益来源国征税权（如被转让的非不动产公司股份属于来源国居民公司25%以上股份的，来源国保有征税权），非居民企业仅可以就不属于来源国保有征税权的财产收益申请享受税收协定规定的免税待遇；三是部分协定明确来源国保有此类财产收益征税权，相关财产收益无税收协定待遇。在实际执行税收协定时，必须根据案例结合具体协定的有关规定执行。

现以《中新协定》为例，解析“财产收益”条款的税务处理。

一、不动产转让

转让不动产取得的收益应由不动产所在国征税。对企业常设机构用于营业的财产中的动产，转让这类财产所取得的收益可以在常设机构所在国征税。不动产，包括各种营业用或非营业用房屋等建筑物和土地使用权，以及附属于不动产的财产。

转让土地使用权按财产收益征税。《国家税务总局关于非居民企业所得税管理若干问题的公告》（国家税务总局公告2011年第24号）规定，非居民企业在中国境内未设立机构、场所而转让中国境内土地使用权，或者虽设立机构、场所但取得的土地使用权转让所得与其所设机构、场所没有实际联系的，应以其取得的土地使用权转让收入总额减除计税基础后的余额作为土地使用权转让所得计算缴纳企业所得税，并由扣缴义务人在支付时代扣代缴。

二、动产转让

转让从事国际运输的船舶和飞机，或转让附属于经营上述船舶和飞机的动产取得的收益，应仅在经营上述船舶和飞机的企业为其居民的国家征税。

三、股权转让

依据《中新协定》，新加坡居民转让其在中国居民公司的股份取得的收益，在满足以下任一条件时，中国税务机关有权征税：

1. 被转让公司股份价值50%以上直接或间接由位于中国的不动产组成。

如缔约国一方居民持有某公司的股份，不论该公司是缔约一方的公司还是缔约对方的公司，只要该公司的股份价值的50%以上（不含50%）直接或者间接由位于缔约对方的不动产所构成，则缔约国一方居民转让该公司股份取得的收益，无论其持股比例是多少，不动产所在国对股份转让收益都有权征税。比如，新加坡居民拥有中国公司的股份（或购买在新加坡上市的中国公司的股份），如该中国公司股份价值的50%以上直接或间接由位于中国的不动产所组成，那么，不论该新加坡居民持有中国公司股份比例如何，中国对该新加坡居民转让该公司股份取得的收益都可以征税；再如，新加坡居民拥有某中国境外公司的股份，如果该公司股份价值的50%以上直接或间接由位于中国的不动产所构成，则上述新加坡居民转让该中国境外公司股份（股票）取得的收益，中国作为不动产所在国根据本款规定拥有征税权（但一般情况下如果不动产所在国国内法对此类情形下的转让收益不征税，即使协定规定有征税权，也并不意味着不动产所在国一定要征税）。

公司股份价值50%以上直接或间接由位于中国的不动产所组成，是指公司股份被转让之前（不含转让当月）的连续36个公历月份内任一时间，被转让股份的公司直接或间接持有位于中国的不动产价值占公司全部财产价值的比率在50%以上。

公司财产和不动产均应按照当时有效的中国会计制度有关资产（不考虑负债）处理的规定进行确认和计价，但相关不动产所含土地或土地使用权价值额不得低于按照当时可比相邻或同类地段的市场价格计算的数额。纳税人不能按照上款规定进行可靠计算的，相关资产确认和计价由税务机关参照上款规定合理估定。

执行该款规定时还应注意“间接持有”的问题，即除了应考虑被转让公司本身财产构成以外，还应注意被转让股份的公司是否有参股其他公司股份及该参股公司的财产价值构成情况。比如，新加坡居民在转让中国公司中的股份取得的转让收益时可能会提出，由于该中国公司财产价值的不动产部分低于50%（并且该新加坡居民持有中国居民公司股份低于25%），对其转让收益应享受协定不予征税的待遇。对此，如果上述中国公司又参股其他中国公司，并且其参股的其他中国公司的财产价值主要由在中国的不动产组成，则该被参股的中国公司的财产价值中的一部分（按参股比例计算）应属于前面提及的中国公司，在计算被转让股份公司的财产价值时，应将后一个被控股公司的不动产价值按参股比例计算的归属部分一并考虑，来确定该中国居民公司财产价值的不动产比例是否达到50%。

【例9-1】 新加坡居民公司甲拥有中国居民公司乙20%的股份，乙的财产价值为100万元，其中不动产价值为40万元。如果乙又持有中国居民公司丙80%的股份，如丙的财产价值为100万元，其中不动产价值为90万元，此例已剔除乙、丙之间内部交易的影响。在处理依本款规定享受协定待遇，计算乙的财产价值时，应将丙财产价值的80%计算在内，即乙直接或间接拥有的财产价值=100+100×80%=180（万元），其中不动产价值=40+90×80%=112（万元），不动产价值比例=112÷180=62.22%。因此，当甲转让乙的股份时，由于乙财产价值中50%以上的价值直接或间接来自于中国的不动产，故中国税务机关对此项转让收益拥有征税权。

2.新加坡居民在转让其中国公司股份行为发生前12个月内曾直接或间接参与该中国公司至少25%资本。

在一般情况下（除滥用情形外），新加坡居民转让其在中国居民公司或其他法人资本中的股份、参股或其他权利取得的收益，如果收益人在转让行为前的12个月内曾经直接或间接参与被转让公司25%的资本，则中国有权对该收益征税。这里的“一般情况下（除滥用情形外）”是指直接转让情形。对滥用企业组织形式，不是出于真正商业意图，而是以逃避税款或获取优惠的税收待遇为目的，间接转让中国公司股份的情况，中国有权启动反避税调查程序，防止我国税收权益的流失。

依据《国家税务总局关于税收协定中财产收益条款有关问题的公告》（国家税务总局公告2012年第59号），新加坡居民直接或间接参与一个中国居民公司的资本包括以下几种情况：

（1）该新加坡居民直接参与该中国居民公司的资本。如果该新加坡居民通过其他名义参与人（含个人、公司和其他实体）参与中国居民公司的资本，且该新加坡居民对于该名义参与人参与的资本享有排他性资本参与利益，并实质承担资本参与风险，该名义参与人参与的该中国居民公司资本可以视同该新加坡居民直接参与该中国居民公司的资本。

（2）该新加坡居民通过具有10%以上（含10%）直接资本关系的单层或多层公司或其他实体（含单个或多个参与链）间接参与该中国居民公司的资本。间接参与的资本按照每一参与链中各公司或其他实体的资本比例乘积计算。

（3）与该新加坡居民具有显著利益关系的关联集团内其他成员在该中国居民公司直接参与或者通过具有10%以上（含10%）直接资本关系的单层或多层公司或其他实体（含单个或多个参与链）间接参与该中国居民公司的资本。间接参与的资本按照每一参与链中各公司或其他实体的资本比例乘积计算，但在汇总计算该关联集团直接或间接参与该中国居民公司总资本份额时，符合前述规定的每一参与链所参与的资本份额不重复计算。

上述与新加坡居民具有显著利益关系的关联集团内成员包括：

①在该新加坡居民为个人的情况下，与该新加坡个人居民具有相同资本参

与利益的个人（包括其配偶、父母及父母以上前辈直系亲属、子女及子女以下后辈直系亲属）；

②在该新加坡居民为公司或其他实体的情况下，直接或间接拥有该新加坡居民100%资本的个人（包括与其配偶、父母及父母以上前辈直系亲属、子女以及子女以下后辈直系亲属共同拥有的情形）、公司或其他实体。

四、其他财产转让

转让动产、不动产、股权以外的其他财产，如债权、商标所有权等，仅在转让者为其居民的国家征税。

第二节　非居民企业及个人间接转让中国应税财产特别纳税调整

《国家税务总局关于非居民企业间接转让财产企业所得税若干问题的公告》（国家税务总局公告2015年第7号）（以下简称“公告”）对非居民企业间接转让中国应税财产反避税管理办法作了具体明确的规定。公告的制定和出台是一般反避税规则在间接转让中国应税财产交易方面的具体应用，是维护国家税收主权和权益的重要工具。公告既从政策层面努力平衡好维护我国税收管辖权和促进外国对华投资之间的关系，也从执行层面尽量实现确定性，包括纳税遵从的确定性和基层税务机关执法的确定性。

一、征税对象

公告第一条第一款规定，“非居民企业通过实施不具有合理商业目的的安排，间接转让中国居民企业股权等财产，规避企业所得税纳税义务的，应按照《企业所得税法》第四十七条的规定，重新定性该间接转让交易，确认为直接转让中国居民企业股权等财产”。

（一）股权

非居民企业间接转让股权是公告的主要内容，此处间接转让没有限制层级，且根据公告第六条规定，“上述间接拥有的股权按照持股链中各企业的持股比例乘积计算。”此处有别于《特别纳税调整办法》（国税发〔2009〕2号）第二章关联申报中对于间接持股比例的计算。

（二）其他财产

公告第一条第二款规定，“本公告所称中国居民企业股权等财产，是指非居民企业直接持有，且转让取得的所得按照中国税法规定，应在中国缴纳企业所得税的中国境内机构、场所财产，中国境内不动产，在中国居民企业的权益性投资资产等（以下称中国应税财产）”。这里在股权之外列举了中国境内机构、场所财产，境内不动产。

公告同时规定，“间接转让中国应税财产，是指非居民企业通过转让直接或间接持有中国应税财产的境外企业（不含境外注册中国居民企业）股权及其他类似权益，产生与直接转让中国应税财产相同或相近实质结果的交易，包括非居民企业重组引起境外企业股东发生变化的情形”。根据《国家税务总局关于境外注册中资控股企业依据实际管理机构标准认定为居民企业有关问题的通知》（国税发〔2009〕82号）判定的境外注册中国居民企业属于我国的税收居民企业，因此其在中国境内的营业机构、场所，不动产及股权不属于公告规定的征税范围。

二、中国应税财产的税务处理

非居民企业间接转让境外企业股权被穿透认定为直接转让中国居民企业股权等财产的，其境外股权价值中可能包含中国应税财产与非中国应税财产两部分，公告规定仅就属于中国应税财产部分征税，并按以下顺序进行税务处理：

（一）间接转让机构、场所所得

公告规定，“对归属于境外企业及直接或间接持有中国应税财产的下属企业在中国境内所设机构、场所财产的数额，应作为与所设机构、场所有实际联系的所得，按照《企业所得税法》第三条第二款规定征税”。此条款可联系公告第十四条第二款理解，“股权转让方转让境外企业股权取得的所得（含间接转让中国应税财产所得）与其所设境内机构、场所有实际联系的，无须适用本公告规定，应直接按照《企业所得税法》第三条第二款规定征税”。即对于可归属于境外企业在境内所设机构、场所有实际联系的所得征收企业所得税，不适用源泉扣缴。

（二）间接转让不动产所得

公告规定：“对归属于中国境内不动产的数额，应作为来源于中国境内的不动产转让所得，按照《企业所得税法》第三条第三款规定征税。”

（三）间接转让股权所得

公告规定：“对归属于在中国居民企业的权益性投资资产的数额，应作为来源于中国境内的权益性投资资产转让所得，按照《企业所得税法》第三条第三款规定征税。”

对上述（二）、（三）两类情况，均按《企业所得税法》第三条第三款的规定实行源泉扣缴，在无税收协定的情况下，预提所得税税率为10%。对于间接转让不动产及股权以外的财产所得，公告第二条未一一列举，但公告第十四条第一款规定，“本公告适用于在中国境内未设立机构、场所的非居民企业取得的间接转让中国应税财产所得，以及非居民企业虽设立机构、场所但取得与其所设机构、场所没有实际联系的间接转让中国应税财产所得。”因此，除上述第（一）类情况外，间接转让不动产、股权以外的中国应税财产所得均按《企业所得税法》第三条第三款实行源泉扣缴。

三、合理商业目的的判断

“在评估一项安排的合理商业目的时，需要根据个案的具体情况，综合考虑各方面因素，重点判断该安排的经济实质。”公告首次对于合理商业目的的判断作出了细化指引，使税务机关及企业有章可循。

（一）合理商业目的的认定要素

公告第三条对于合理商业目的的判断主要从以下几方面进行综合分析：

1.境外企业股权主要价值是否直接或间接来自于中国应税财产。

2.境外企业资产是否主要由直接或间接在中国境内的投资构成，或其取得的收入是否主要直接或间接来源于中国境内。

上述两点从股权、资产中的中国应税财产所占份额考虑，一般以公允价值衡量是否构成“主要”价值。

3.境外企业及直接或间接持有中国应税财产的下属企业实际履行的功能和承担的风险是否能够证实企业架构具有经济实质。

【例9-2】注册于美国特拉华州的eb公司将其持有的注册于美国特拉华州的ebbh公司100%股权直接转让给一家荷兰公司，从而间接转让了杭州怡斯宝特面包工业公司（ebbh公司持股的中国居民企业，以下简称“怡斯宝特”）股权。本案中“eb公司和ebbh公司均注册在美国特拉华州，转让方取得的股权转让所得在该地实际税负低于12.5%；ebbh公司没有专职人员，不从事制造、经销、管理等实质性经营活动，是纯粹的控股公司；ebbh公司除持有怡斯宝特股权外，没有其他资产，且此次股权转让价主要取决于对怡斯宝特的估值。”

基于上述事实，税总函〔2014〕38号文明确否定被用作税收安排的ebbh公司的存在，要求对eb公司取得的股权转让所得征收企业所得税。

4.境外企业股东、业务模式及相关组织架构的存续时间。

此点主要是从组织架构的时间上进行判断，防止非居民企业在短期内恶意搭建导管公司用于避税。

5.间接转让中国应税财产交易在境外应缴纳所得税情况。

境外缴税情况有助于分析整个架构安排是否具有合理商业目的。假设境外间接转让中国应税财产与直接转让中国应税财产的税负接近，则可以推定该间接转让并不以避税为主要目的，即不存在跨国税收利益。对于某非居民企业间接转让中国应税财产被认定为直接转让中国应税财产而征税的，其在中国缴纳的税款可在其所在国进行税收抵免。

6.股权转让方间接投资、间接转让中国应税财产交易与直接投资、直接转让中国应税财产交易的可替代性。

此处的可替代性并不仅仅指税负问题，同时兼顾间接转让中国应税财产与直接转让相比，交易双方市场准入、贸易条件、外汇管制、人员安排等综合因素。

7.间接转让中国应税财产所得在中国可适用的税收协定或安排情况。

此条款结合税收协定，综合考虑是否存在利用税收安排而间接转让中国应税财产进而达到避税的目的。

8.其他相关因素。

（二）安全港规则

公告第五条列举了两类情形，可以不经上述8点因素综合分析而直接判定为具有合理商业目的。

1.非居民企业在公开市场买入并卖出同一上市境外企业股权取得间接转让中国应税财产所得。

公开市场具有交易公开、透明及价格公允性，因此在公开市场上的境外股权转让可以直接认定为具有合理商业目的。但此处需注意两点：一是买入与卖出均需在公开市场。因为买入和卖出交易均应该在公开市场上进行，可排除人为控制的可能。由于交易市场处于境外，在交易环境和方式上各地之间会存在较多差异，同一地区也可能存在多个公开交易市场，需要依据各个市场的公开程度进行具体认定。市场的公开程度主要取决于可参与竞价的独立交易主体数量和竞价过程。二是转让标的为同一上市企业股权。股权转让方在公开市场卖出的上市公司股份为在公司上市之前或者上市之后通过非公开市场买入，或者股权转让方在公开市场买入上市公司股份后再通过非公开市场卖出该股份，均不符合本项规定的条件。

2.在非居民企业直接持有并转让中国应税财产的情况下，按照可适用的税收协定或安排的规定，该项财产转让所得在中国可以免予缴纳企业所得税。

【例9-3】香港非居民企业A持有香港非居民企业B的100%股权，B持有境内居民企业C的20%股权，根据《国家税务总局关于印发内地和香港避免双重征税安排文本并请做好执行准备的通知》（国税函〔2006〕884号）规定，B将其持有的C的20%股权转让给英国非居民企业D，因持股比例不超过25%，在境内不征预提所得税。如果A直接将其持有的B的100%股权转让给D，根据上述规定，可直接判定为具有合理商业目的。

（三）次安全港规则

次安全港规则，是指同时符合一定条件，应认定为具有合理商业目的的情形。公告第六条规定，间接转让中国应税财产同时符合以下条件的，应认定为具有合理商业目的：

1.交易双方的股权关系具有下列情形之一：

（1）股权转让方直接或间接拥有股权受让方80%以上的股权；

（2）股权受让方直接或间接拥有股权转让方80%以上的股权；

（3）股权转让方和股权受让方被同一方直接或间接拥有80%以上的股权。

境外企业股权50%以上（不含50%）价值直接或间接来自中国境内不动产的，本条第1项第（1）、（2）、（3）情形的持股比例应为100%。

上述间接拥有的股权按照持股链中各企业的持股比例乘积计算。

2.本次间接转让交易后可能再次发生的间接转让交易相比在未发生本次间接转让交易情况下的相同或类似间接转让交易，其中国所得税负担不会减少。

该项要求旨在将以获取更有利的税收结果为目的的集团内部间接转让中国应税财产交易排除在安全港之外。而是否构成以获取更有利的税收结果为目的的集团内部间接转让中国应税财产交易，则通过本次集团内部交易后可能再次发生的间接转让交易与在未发生本次集团内部交易情况下的相同或类似间接转让交易比较税收结果进行测试。凡前者税收结果可能优于后者的，均不能排除本次集团内部间接转让中国应税财产交易不是以获取更有利的税收结果为目的。

【例9-4】如a公司为一家非居民企业，将其持有的境外企业c公司股权转让给集团内b公司（另一家非居民企业），因为c公司直接或间接持有中国居民企业5%股权，该项交易构成间接转让中国居民企业股权交易。如果b公司可以适用的税收协定财产收益条款限制中国对该中国居民企业5%股权的直接转让所得征税，而a公司可以适用的税收协定财产收益条款则不予限制，那么本次交易后b公司可能再次发生的间接转让中国居民企业股权交易因其可以适用的税收协定待遇在中国不予征税。相比之下，在未发生本次间接转让交易下的相同或类似交易，即由a公司转让但与前述b公司可能再次发生的间接转让中国居民企业股权交易相同或类似的交易，因a公司不能适用同等的税收协定待遇，而得不到同等的税收结果，不能排除本次交易不是以获取更有利的税收结果为目的，该交易就不符合上述条件。

需要注意的是，即使该集团内部间接转让中国应税财产交易不符合安全港条件，并不意味着一定会被认定为不具有合理商业目的；是否具有合理商业目的应按照8大要素进行判断。

3.股权受让方全部以本企业或与其具有控股关系的企业的股权（不含上市企业股权）支付股权交易对价。

此条款主要针对集团公司的内部交易，类似于境内100%控股的居民企业之间股权与资产的划转，只是交易主体间相互持股的比例有所不同。同时该条款要求不会因本次股权转让导致下一次股权转让时导致中国所得税负担的减少。另外，股权受让方需全部以股权为支付对价，即在交易中不产生实质的现金流。

（四）负面清单

负面清单，是指可以直接认定为不具有合理商业目的的情形。根据公告第四条规定，同时符合下列情形的，直接认定为不具有合理商业目的：

1.境外企业股权75%以上价值直接或间接来自于中国应税财产。

2.间接转让中国应税财产交易发生前一年内任一时点，境外企业资产总额（不含现金）的90%以上直接或间接由在中国境内的投资构成，或间接转让中国应税财产交易发生前一年内，境外企业取得收入的90%以上直接或间接来源于中国境内。

3.境外企业及直接或间接持有中国应税财产的下属企业虽在所在国家（地区）登记注册，以满足法律所要求的组织形式，但实际履行的功能及承担的风险有限，不足以证实其具有经济实质。

4.间接转让中国应税财产交易在境外应缴所得税税负低于直接转让中国应税财产交易在中国的可能税负。

对于上述第2点，公告从时间、资产总额中的投资占比及收入来源角度同时予以严格规制。为避免境外企业通过过桥资金来人为调控、恶意规避90%的投资占比，公告强调计算境内投资占比，分母资产总额“不含现金”。

对于上述第4点中的“可能税负”，主要是基于公告征税对象的不同而可能产生不同税负。比如，对于间接转让机构、场所所得，需按《企业所得税法》第三条第二款征税，故税率为25%；对于间接转让不动产及股权所得，按《企业所得税法》第三条第三款实行源泉扣缴，预提所得税税率为10%。

四、纳税有关规定

（一）纳税主体

非居民企业间接转让财产所得的纳税主体分以下两种情形：

1.间接转让机构、场所财产所得按照公告规定应缴纳企业所得税的，相关所得并入机构、场所年度所得，以该机构、场所为纳税义务人。

2.间接转让股权所得或不动产所得按照公告规定要缴纳企业所得税的，转让方为纳税义务人，依照有关法律规定或者合同约定对股权转让方直接负有支付相关款项义务的单位或者个人为扣缴义务人。鉴于扣缴义务人因不掌握转让方股权或其他资产的初始计税基础，要确切履行代扣代缴义务有一定难度，公告第八条第三款规定：“扣缴义务人未扣缴，且股权转让方未缴纳应纳税款的，主管税务机关可以按照《税收征管法》及其实施细则相关规定追究扣缴义务人责任；但扣缴义务人已在签订股权转让合同或协议之日起30日内按本公告第九条规定提交资料的，可以减轻或免除责任。”该条款增加了税收执法的合理性。

（二）纳税义务发生时间

公告第十五条规定："本公告所称纳税义务发生之日是指股权转让合同或协议生效，且境外企业完成股权变更之日。"

为便于与源泉扣缴程序衔接和纳税人遵从，《国家税务总局关于非居民企业所得税源泉扣缴有关问题的公告》（国家税务总局公告2017年第37号）规定，在扣缴义务人未依法履行或者无法履行扣缴义务的情况下，非居民企业在主管税务机关责令限期缴纳税款前自行申报缴纳未扣缴税款的，或者在主管税务机关限期缴纳税款期限内申报缴纳税款的，均视为按期缴纳了税款。

（三）纳税地点

1.非居民企业间接转让机构、场所所得，以该机构、场所所在地为纳税地点。

2.非居民企业间接转让境内不动产、股权所得，以该不动产、目标公司所在地为纳税地点。

3.公告第十二条第一款规定："股权转让方通过直接转让同一境外企业股权导致间接转让两项以上中国应税财产，按照本公告的规定应予征税，涉及两个以上主管税务机关的，股权转让方应分别到各所涉主管税务机关申报缴纳企业所得税。"即一次股权转让涉及两项以上（含两项）中国应税财产的，所涉财产所在地均为纳税地点。

【例9-5】美国A公司持有中国香港B公司100%的股权，香港B公司同时持有上海C公司80%股权和杭州D公司60%的股权，则中国应税财产为香港B公司持有的C公司80%股权和D公司60%的股权，以上海C公司和杭州D公司所在地主管税务机关为股权转让所得征税的主管机关。

【例9-6】美国A公司持有中国香港B公司100%的股权，香港B公司持有上海C公司100%股权，上海C公司同时持有杭州D公司60%股权和苏州E公司50%的股权，则中国应税财产为香港B公司持有的上海C公司100%股权，而不是杭州D公司60%的股权和苏州E公司80%的股权，以上海C公司主管税务机关为股权转让所得征税的主管机关。

（四）计算公式

如果被转让境外企业股权价值来源包括中国应税财产因素和非中国应税财产因素，则需按照合理方法将转让境外企业股权所得划分为归属于中国应税财产所得和归属于非中国应税财产所得，只需就归属于中国应税财产所得按照公告调整征税。

【例9-7】一家设立在开曼的境外企业（不属于境外注册中国居民企业）持有中国应税财产和非中国应税财产两项资产，非居民企业转让开曼企业股权所得为100万元，假设其中归属于中国应税财产的所得对应为80万元，归属于非中国应税财产所得对应为20万元，在这种情况下，只就归属于中国应税财产的80万元部分适用《公告》规定征税；假设其中归属于中国应税财产的所得对应为120万元，归属于非中国应税财产的所得对应为-20万元，那么即便转让开曼企业股权所得为100万元，仍需就归属于中国应税财产的120万元适用《公告》规定征税。

间接转让中国居民企业股权等财产被确认为直接转让中国居民企业股权等财产的，应纳税额计算公式如下：

应纳税额=（中国应税财产的公允价值-直接持有中国应税财产的非居民企业持有中国应税财产的计税基础）×适用税率

其中，适用税率为10%，转让方为缔约国居民的，可适用协定优惠税率。

中国应税财产的公允价值以资产评估报告或其他作价依据为参考。在不考虑中间层企业商誉，且中间层持有境外资产公允价值能够可靠确定的情况下，可采用"倒挤法"计算境内财产的公允价值。

因为：

境外间接转让股权取得的收入=境外中间层企业净资产的公允价值=境外中间层企业资产的公允价值-境外中间层企业的负债=（境外中间层企业持有境外资产的公允价值+境外中间层企业持有境内资产的公允价值）-境外中间层企业的负债

所以：

境外中间层持有境内资产的公允价值=境外间接转让股权取得的收入+境外中间层企业的负债-境外中间层企业持有境外资产的公允价值

需要特别注意的是，采用"倒挤法"计算境内财产的公允价值，必须同时具备两个条件：第一，被转让的境外中间层企业商誉为零；第二，境外中间层企业持有的境外资产（如股权、不动产等）的公允价值必须能够可靠计量。

【例9-8】境外A公司持有境外B公司100%股权（初始投资成本1 000万元），B公司持有境内C公司100%股权（初始投资成本2 000万元），转让基准日C公司公允价值4 000万元。现A公司将其持有的B公司100%股权转让给D公司，股权转让价格2 000万元。假设因不具有合理商业目的被认定为直接转让境内C公司股权，则该股权计税基础为2 000万元，股权转让收入为4 000万元。

需要注意的是，对A公司征收企业所得税后，B公司持有境内C公司100%股权的计税基础应按照公允价值4 000万元确定。

五、报告及资料提交义务

公告第九条、第十条规定了交易各参与方的事项报告义务与资料提交义务，按规定交易双方、被转让股权的中国居民企业、筹划方需自主或应税务机关要求提交下列资料：

1.股权转让合同或协议（为外文文本的需同时附送中文译本）。

2.股权转让前后的企业股权架构图。

3.境外企业及直接或间接持有中国应税财产的下属企业上两个年度财务、

会计报表。

4.间接转让中国应税财产交易不适用公告第一条的理由。

5.有关间接转让中国应税财产交易整体安排的决策或执行过程信息。

6.境外企业及直接或间接持有中国应税财产的下属企业在生产经营、人员、账务、财产等方面的信息，以及内外部审计情况。

7.用以确定境外股权转让价款的资产评估报告及其他作价依据。

8.间接转让中国应税财产交易在境外应缴纳所得税情况。

9.与适用公告第五条和第六条有关的证据信息。

10.其他相关资料。

公告的报告及资料提交义务有两处亮点：一是将筹划方纳入报告义务责任主体范畴，因非居民间接转让股权等财产交易结构复杂、业务专业，一般都会有筹划方参与，筹划方提交的材料更能全面、清晰地反映整个交易事项，有助于税务机关的判断。二是对于履行报告及资料提交义务的，可以减轻或免除责任，扣缴义务人责任的免除前文已述，对于纳税人而言，公告第十三条第二款规定："股权转让方自签订境外企业股权转让合同或协议之日起30日内提供本公告第九条规定的资料或按照本公告第七条、第八条的规定申报缴纳税款的，按《企业所得税法实施条例》第一百二十二条规定的基准利率计算利息；未按规定提供资料或申报缴纳税款的，按基准利率加5个百分点计算利息。"

六、税务机关职责

对于非居民企业间接转让中国应税财产，税务机关对于相关业务采取辅导鼓励与有效监管相结合的方式，要点如下：

（一）主管税务机关的确定

1.调查核实环节。

《非居民企业间接转让财产企业所得税工作规程（试行）》（税总发〔2015〕68号）第八条规定："股权转让方通过直接转让同一境外企业股权导致间接转让两项以上中国应税财产，涉及两个以上主管税务机关的，间接转让中国应税财产的交易双方或者被间接转让股权的中国居民企业选择向其中一个主管税务机关提交《公告》第九条规定的相关资料时，该主管税务机关负责本规程第四条、第五条、第六条和第七条规定的各项相关工作。"涉及两个以上主管税务机关的，在业务调查核实环节，可由当事人选择向其中一个主管税务机关提交相关资料，由其负责审核。

2.税款征收环节。

《国家税务总局关于非居民企业所得税管理若干问题的公告》（国家税务总局公告2011年第24号）曾规定："境外投资方同时间接转让两个及两个以上且不在同一省（市）中国居民企业股权的，可以选择向其中一个中国居民企业所在地主管税务机关按照《通知》第五条规定提供资料，由该主管税务机关所在省（市）税务机关与其他省（市）税务机关协商确定是否征税，并向国家税务总局报告；如果确定征税的，应分别到各中国居民企业所在地主管税务机关缴纳税款。”该条款被公告废止，根据公告第十二条规定：“股权转让方通过直接转让同一境外企业股权导致间接转让两项以上中国应税财产，按照本公告的规定应予征税，涉及两个以上主管税务机关的，股权转让方应分别到各所涉主管税务机关申报缴纳企业所得税。各主管税务机关应相互告知税款计算方法，取得一致意见后组织税款入库；如不能取得一致意见的，应报其共同上一级税务机关协调。”

（二）业务核实

对于当事人提交的交易资料，主管税务机关要畅通办税服务渠道，加强业务审核工作，根据税总发〔2015〕68号文件第四条第二款规定：“主管税务机关还应当结合工作实际，应用各种数据资源，如企业所得税汇算清缴、纳税评估、同期资料管理、对外支付税务管理、股权转让交易管理、税收协定执行、新闻媒体报道、上市公司公告等，掌握非居民企业间接转让财产交易情况。”

（三）立案调查

公告第十一条规定：“主管税务机关需对间接转让中国应税财产交易进行立案调查及调整的，应按照一般反避税的相关规定执行。”税总发〔2015〕68号文件细化了相关立案调查与处理流程，主要内容有：主管税务机关对相关信息资料进行审核分析后，认为相关间接转让交易不具有合理商业目的，需要进行立案调查及调整的，填制“特别纳税调整立案审核表”，附立案报告及有关资料，层报省税务机关复核同意后，报税务总局申请立案。立案之日起9个月内完成案件的审理工作。形成案件不予调整或者初步调整方案的意见和理由，填制“特别纳税调整结案审核表”，附结案报告及有关资料，层报省税务机关。省税务机关应组成案件复核小组，对案件进行复核，复核同意后，呈报税务总局申请结案。主管税务机关就税务总局对其结案申请形成的审核意见，分别以下情况进行处理：

1.对同意结案申请不予调整方案的，向被调查企业下发“特别纳税调查结论通知书”；

2.对同意结案申请初步调整方案的，向被调查企业下发“特别纳税调查初步调整通知书”；

3.对不同意结案申请处理意见的，按照税务总局的意见修改后再次层报审核。

七、其他事项

1.根据公告规定，非居民企业间接转让中国应税财产，包括非居民企业重组引起境外企业股东发生变化的情形，是指《财政部、国家税务总局关于企业重组业务企业所得税处理若干问题的通知》(财税〔2009〕59号)第七条跨境重组第(一)项和第(二)项规定的"境外转境外"和"境内转境内"两种股权收购情形，以及《国家税务总局关于非居民企业股权转让适用特殊性税务处理有关问题的公告》(国家税务总局公告2013年第72号)补充规定，"境外转境外"模式包括因境外企业分立、合并导致中国居民企业股权被转让的情形。

2.公告第十八条规定："本公告规定与税收协定不一致的，按照税收协定办理。"即遵循了国际条约优先适用原则。

3.公告第十九条规定："本公告发布前发生但未作税务处理的事项，依据本公告执行。"即公告虽于2015年2月3日公布并实施，但对于未决事项具有溯及力。

八、非居民个人间接转让中国应税财产的税务处理

《财政部、国家税务总局关于境外所得有关个人所得税政策的公告》(财政部、国家税务总局公告2020年第3号)规定，转让中国境外的不动产、转让对中国境外企业以及其他组织投资形成的股票、股权以及其他权益性资产(以下称"权益性资产")或者在中国境外转让其他财产取得的所得为来源于境外的所得。但转让对中国境外企业以及其他组织投资形成的权益性资产，该权益性资产被转让前3年(连续36个公历月份)内的任一时间，被投资企业或其他组织的资产公允价值50%以上直接或间接来自位于中国境内的不动产的，取得的所得为来源于中国境内的所得。因此，非居民个人间接转让中国应税财产符合前述规定的，属于来源于境内的所得，我国有征税权。

第三节　跨境重组股权转让的特殊性税务处理

根据《财政部、国家税务总局关于企业重组业务企业所得税处理若干问题的通知》(财税〔2009〕59号，以下简称"59号文")、《关于发布〈企业重组业务企业所得税管理办法〉的公告》(国家税务总局公告2010年第4号，以下简称"2010年4号公告")、《国家税务总局关于企业重组业务企业所得税征收管理若干问题的公告》(国家税务总局公告2015年条48号)、《关于非居民企业股权转让适用特殊性税务处理有关问题的公告》(国家税务总局2013年第72号公告)、《财政部、国家税务总局关于促进企业重组有关企业所得税处理问题的通知》(财税〔2014〕109号)等文件规定，非居民企业在跨境重组中取得的股权转让所得，符合条件的股权转让可以适用特殊性税务处理。

一、特殊性税务处理适用条件

企业发生涉及中国境内与境外之间(包括港澳台地区)的股权和资产收购

交易，除应符合59号文第五条规定的条件外，还应同时符合第七条规定的条件，才可选择适用特殊性税务处理规定：

（一）财税〔2009〕59号文件第五条规定的条件须同时符合：

1.具有合理的商业目的，且不以减少、免除或者推迟缴纳税款为主要目的。

2.被收购股权比例符合规定比例，即股权受让方购买的股权不低于被收购企业全部股权的50%。

3.企业重组后的连续12个月内不改变重组资产原来的实质性经营活动。

4.重组交易对价中涉及股权支付金额符合规定比例，即股权受让方在该股权收购发生时的股权支付金额不低于其交易支付总额的85%。

5.企业重组中取得股权支付的原主要股东，在重组后连续12个月内，不得转让所取得的股权。

（二）财税〔2009〕59号文件第七条规定的条件

1.非居民企业向其100%直接控股的另一非居民企业转让其拥有的居民企业股权，没有因此造成以后该项股权转让所得预提税负担变化，且转让方非居民企业向主管税务机关书面承诺在3年（含3年）内不转让其拥有受让方非居民企业的股权。

2.非居民企业向与其具有100%直接控股关系的居民企业转让其拥有的另一居民企业股权。

3.财政部、国家税务总局核准的其他情形。

二、备案流程

1.备案时间。非居民企业股权转让选择特殊性税务处理的，应于股权转让合同或协议生效且完成工商变更登记手续30日内进行备案。

2.备案责任方。属于59号文第七条第（一）项情形的（即境外转境外模式），由转让方向被转让企业所在地所得税主管税务机关备案；属于59号文第七条第（二）项情形的（即境外转境内模式），由受让方向其所在地所得税主管税务机关备案。

股权转让方或受让方可以委托代理人办理备案事项；代理人在代为办理备案事项时，应向主管税务机关出具备案人的书面授权委托书。

3.填报资料股权转让方、受让方或其授权代理人（以下简称“备案人”）办理备案时应填报以下资料：

（1）非居民企业股权转让适用特殊性税务处理备案表；

（2）股权转让业务总体情况说明，应包括股权转让的商业目的、证明股权转让符合特殊性税务处理条件、股权转让前后的公司股权架构图等资料；

（3）股权转让业务合同或协议（外文文本的同时附送中文译本）；

（4）工商等相关部门核准企业股权变更事项证明资料；

（5）截至股权转让时，被转让企业历年的未分配利润资料；

（6）税务机关要求的其他材料。

4.其他注意事项

《国家税务总局关于修改〈非居民企业所得税核定征收管理办法〉等文件的公告》（国家税务总局公告2015年第22号）第三条规定，非居民企业股权转让未进行特殊性税务处理备案或备案后经调查核实不符合条件的，适用一般性税务处理规定，应按照有关规定缴纳企业所得税。非居民企业股权转让适用特殊性税务处理未进行备案的，税务机关应告知其按照规定办理备案手续。

2010年4号公告第三十条规定，重组业务当事方的其中一方在规定时间内发生生产经营业务、公司性质、资产或股权结构等情况变化，致使重组业务不再符合特殊性税务处理条件的，发生变化的当事方应在情况发生变化的30天内书面通知其他所有当事方。主导方在接到通知后30日内将有关变化通知其主管税务机关。上款所述情况发生变化后60日内，应按照“同一重组业务的当事各方应采取一致税务处理原则，即统一按一般性或特殊性税务处理”调整重组业务的税务处理。原交易各方应各自按原交易完成时资产和负债的公允价值计算重组业务的收益或损失，调整交易完成纳税年度的应纳税所得额及相应的资产和负债的计税基础，并向各自主管税务机关申请调整交易完成纳税年度的企业所得税年度申报表。逾期不调整申报的，按照《税收征管法》及其实施细则的相关规定处理。

第四节　财产收益的征收管理

一、非居民企业财产转让所得的征税范围

转让财产收入，是指企业转让固定资产、生物资产、无形资产、股权、债权等财产取得的收入。非居民企业取得来源于中国境内的转让财产所得应当缴纳企业所得税。

依据《中华人民共和国企业所得税法实施条例》第七条第（三）项规定的财产转让收入来源地判定原则，非居民企业财产转让的征税范围如下：

1.非居民企业转让位于我国境内的不动产取得的所得。

2.非居民企业在境内设立的机构、场所转让动产取得的所得。

3.非居民企业转让我国境内居民企业的股权（股份）取得的所得。

非居民企业通过实施不具有合理商业目的的安排，间接转让中国居民企业股权等财产，规避企业所得税纳税义务的，应按照《企业所得税法》第四十七条“企业实施其他不具有合理商业目的的安排而减少其应纳税收入或者所得额的，税务机关有权按照合理方法调整”的规定，重新定性该间接转让交易，确

认为直接转让中国居民企业股权等财产。

非居民企业转让境内的不动产、股权，按照《企业所得税法》第三条第三款规定征收企业所得税，税款由支付方代扣代缴。非居民企业转让动产所得，属于来源于境外的收入，我国不予征税。非居民企在境内设立的机构、场所转让动产、不动产所得，按照《企业所得税法》第三条第二款规定征收企业所得税，由非居民企业或其机构、场所办理纳税申报。

二、应纳税额的计算

（一）计算公式

应纳税额＝应纳税所得额 × 适用税率

应纳税所得额＝收入全额－财产净值

根据《企业所得税法》第十九条第二项规定，转让财产所得，以收入全额减除财产净值后的余额为应纳税所得额；根据《企业所得税法实施条例》第七十四条规定，财产的净值，是指有关资产、财产的计税基础减除按照规定已经扣除的折旧、折耗、摊销、准备金等后的余额。

这里应当注意：按次计算的所得是不能扣除相关税费的，例如，非居民企业转让位于境内的不动产，在境内缴纳的土地增值税，在计算财产转让所得时不得扣除。

（二）应纳税所得额

1.股权转让所得的应纳税所得额。

国家税务总局公告2017年第37号第三条规定，《企业所得税法》第十九条第二项规定的转让财产所得包含转让股权等权益性投资资产（以下称“股权”）所得。股权转让收入减除股权净值后的余额为股权转让所得应纳税所得额。

股权转让所得应纳税所得额＝股权转让收入－股权净值

股权转让收入是指股权转让人转让股权所收取的对价，包括货币形式和非货币形式的各种收入。

股权净值是指取得该股权的计税基础。股权的计税基础是股权转让人投资入股时向中国居民企业实际支付的出资成本（包括被投资方用留存收益转增资本的金额），或购买该项股权时向该股权的原转让人实际支付的股权受让成本。股权在持有期间发生减值或者增值，按照国务院财政、税务主管部门规定可以确认损益的，股权净值应进行相应调整。企业在计算股权转让所得时，不得扣除被投资企业未分配利润等股东留存收益中按该项股权所可能分配的金额。多次投资或收购的同项股权被部分转让的，从该项股权全部成本中按照转让比例计算确定被转让股权对应的成本。

需要注意的是，外商投资企业用留存收益转增股本，非居民企业享受预提所得税递延纳税政策，非居民企业转让股权时，留存收益转增股本的金额允许调增计税基础（财产净值），然后计算预提所得税，同时补交股息所得预提所得税，境外投资者可按照有关规定享受税收协定款股息待遇，但是仅可适用相关利润支付时有效的税收协定。后续税收协定另有规定的，按后续税收协定执行。

【例9-9】境外A企业为非居民企业，境内B企业和C企业为居民企业，A企业经过三次投资C企业，合计持有C企业40%的股权，第一次投资人民币100万元，第二次投资人民币200万元，第三次投资人民币400万元。2018年1月8日，A企业与B企业签订股权转让合同，以人民币1 000万元的价格转让其持有的C企业30%的股权给B企业。则A取得股权转让收入的应纳税所得额=股权转让收入－股权净值=1 000－（100+200+400）×30%/40%=1 000－525=475（万元）。

2.分期收款的应纳税所得额。

根据《国家税务总局关于非居民企业所得税源泉扣缴有关问题的公告》（国家税务总局公告2017年第37号）第七条规定，非居民企业采取分期收款方式取得应源泉扣缴所得税的同一项转让财产所得的，其分期收取的款项可先视为收回以前投资财产的成本，待成本全部收回后，再计算并扣缴应扣税款。需要注意的是，该规定不适用于非居民企业间接转让境内股权。非居民企业间接转让境内股权纳税义务发生之日是指股权转让合同或协议生效，且境外企业完成股权变更之日，而不论款项是否支付、一次性支付、分期支付。

【例9-10】境外A企业为非居民企业，境内B企业和C企业均为居民企业，A、B各持有C50%股权，A企业投资取得C 50%股权的成本为500万元人民币。2018年1月10日，A以1 000万元人民币将股权一次转让给B，按股权转让合同约定，B分别于2018年2月10日、2018年3月10日和2018年4月10日支付转让价款300万元、400万元和300万元。

A取得股权转让收入的应纳税所得额计算如下：

（1）B于2018年2月10日支付的300万元人民币价款可视为A收回500万元股权转让成本中的300万元；

（2）B于2018年3月10日支付的400万元人民币价款中的200万元为A收回500万元股权转让成本中的剩余200万元成本，其余200万元价款应作为股权转让收益计算扣缴税款；

（3）B于2018年4月10日支付的300万元人民币价款全部作为股权转让收益计算扣缴税款。

3.以清算方式处置股权的应纳税所得额。

根据《企业所得税法实施条例》第十一条和《财政部、国家税务总局关于企业清算业务企业所得税处理若干问题的通知》（财税〔2009〕60号）第五条的有关规定，被清算企业的股东分得的剩余资产的金额，其中相当于被清算企业累计未分配利润和累计盈余公积中按该股东所占股份比例计算的部分，应确认为股息所得；剩余资产减除股息所得后的余额，超过或低于股东投资成本的部分，应确认为股东的投资转让所得或损失。

【例9-11】境外A企业为非居民企业，于2013年5月10日出资3 000万元人民币溢价收购境内B企业60%的股权，B注册资本1 000万元。由于B经营不善，董事会于2018年3月决定清算解散。2018年7月10日，清算后的资产负债表显示：现金2 000万元，负债为零，实收资本1 000万元，盈余公积300万元，未分配利润700万元。按照公司章程，A公司应取得的清算分配为1 200万元（2 000×60%）。A股息所得=（300+700）×60%=600（万元）。A财产转让所得=（清算分配－股息所得）－股权净值=（1 200–600）–3 000= –2 400（万元）。

4.撤资或减资取得资产的税务处理。

根据《国家税务总局关于企业所得税若干问题的公告》（国家税务总局公告2011年第34号）第五条的规定，投资企业从被投资企业撤回或减少投资，其取得的资产中，相当于初始出资的部分，应确认为投资收回；相当于被投资企业累计未分配利润和累计盈余公积按减少实收资本比例计算的部分，应确认为股息所得；其余部分确认为投资资产转让所得。

【例9–12】境外A企业为非居民企业，于2013年5月10日出资1 600万元人民币溢价收购境内B企业30%的股权，B企业注册资本1 000万元，资本公积为零。2018年7月10日,B企业以现金方式出资900万元回购A企业30%的股权。截至2018年6月30日，B企业净资产2 000万元，其中实收资本1 000万元，盈余公积300万元，未分配利润700万元。

A企业投资计税基础为1 600万元，实际从B企业撤资收回金额900万元，发生财产转让损失700万元，应纳预提所得税为零。

本例中，如果A企业撤资收回金额为2 000万元，扣除投资计税基础1 600万元后的差额400万元，大于按股权比例计算的股息300万元[（300+700）×30%]，剩余100万元为财产转让所得。

换一种情形，如果A撤资收回金额为1 700万元，扣除投资计税基础1 600万元后的差额100万元，小于按股权比例计算的股息300万元，则股息所得为100万元，财产转让所得为零。

5.外币折算。

根据国家税务总局公告2017年第37号第五条规定，财产转让收入或财产净值以人民币以外的货币计价的，分扣缴义务人扣缴税款、纳税人自行申报缴纳税款和主管税务机关责令限期缴纳税款三种情形，先将以非人民币计价项目金额下列情形进行外币折算，再按《企业所得税法》第十九条第二项及相关规定计算非居民企业财产转让所得应纳税所得额。

（1）扣缴义务人扣缴企业所得税的，应当按照扣缴义务发生之日人民币汇率中间价折合成人民币，计算非居民企业应纳税所得额。扣缴义务发生之日为相关款项实际支付或者到期应支付之日。

（2）取得收入的非居民企业在主管税务机关责令限期缴纳税款前自行申报缴纳应源泉扣缴税款的，应当按照填开税收缴款书之日前一日人民币汇率中间价折合成人民币，计算非居民企业应纳税所得额。

（3）主管税务机关责令取得收入的非居民企业限期缴纳应源泉扣缴税款的，

应当按照主管税务机关作出限期缴税决定之日前一日人民币汇率中间价折合成人民币，计算非居民企业应纳税所得额。

财产净值、财产转让收入按照取得、转让财产时实际支付或收取的计价币种与上述日期的汇率计算确定。原计价币种停止流通并启用新币种的，按照新旧货币市场转换比例转换为新币种后进行计算。

【例9–13】境外A企业为非居民企业，C企业为居民企业，A企业经过前后两次投资C企业，合计持有C企业40%的股权，2008年8月1日第一次出资100万美元（假设当时人民币汇率中间价为：1美元=8.6元人民币），2010年9月1日第二次投资50万欧元（假设当时人民币汇率中间价为：1欧元=8.9元人民币），2018年1月10日A企业以230万英镑将该项股权转让给英国B企业，合同于当天生效，B企业于2018年1月15日向A企业支付了股权转让款230万英镑，假设2018年1月15日，人民币兑美元、欧元、英镑的中间价分别为：1美元=6.6元人民币，1欧元=7.2元人民币，1英镑=8.7元人民币。

假设本次交易财产转让由扣缴义务人扣缴企业所得税，则应纳税所得额的计算过程如下：

①按照所得款项实际支付日1月15日的汇率折算财产转让收入：

财产转让收入=230万英镑 × 8.7=2 001万元人民币

②按照所得款项实际支付日1月15日的汇率折算财产净值：

财产净值=100万美元 × 6.6+50万欧元 × 7.2=1 020万元人民币

③计算财产转让所得应纳税所得：

转让所得应纳税所得额=财产转让收入–财产净值=（2 001–1 020）=981（万元）。

三、国内法税收优惠

（一）QFII和RQFII转让所得

根据《财政部、国家税务总局、证监会关于QFII和RQFII取得中国境内的股票等权益性投资资产转让所得暂免征收企业所得税问题的通知》（财税〔2014〕79号）规定，从2014年11月17日起，对合格境外机构投资者（简称QFII）、人民币合格境外机构投资者（简称RQFII）取得来源于中国境内的股票等权益性投资资产转让所得，暂免征收企业所得税。本通知仅适用于在中国境内未设立机构、场所，或者在中国境内虽设立机构、场所，但取得的上述所得与其所设机构、场所没有实际联系的QFII、RQFII。

（二）沪（深）港通转让差价所得

根据《财政部、国家税务总局、证监会关于沪港股票市场交易互联互通机制试点有关税收政策的通知》（财税〔2014〕81号）规定，自2014年11月17日起，对香港市场投资者（包括企业和个人）投资上海证券交易所上市A股取得的转让差价所得，暂免征收所得税。

根据《财政部、国家税务总局、证监会关于深港股票市场交易互联互通机制试点有关税收政策的通知》（财税〔2016〕127号）规定，自2016年12月5日起，对香港市场投资者（包括企业和个人）投资深圳证券交易所上市A股取得的转让差价所得，暂免征收所得税。

（三）非居民从事我国证券买卖增值税

《营业税改征增值税试点过渡政策的规定》（财税〔2016〕36号）规定，合格境外投资者（QFII）委托境内公司在我国从事证券买卖业务，免征增值税；香港市场投资者（包括单位和个人）通过沪港通买卖上海证券交易所上市A股，免征增值税；对香港市场投资者（包括单位和个人）通过基金互认买卖内地基金份额；免征增值税。

《财政部、国家税务总局、证监会关于深港股票市场交易互联互通机制试点有关税收政策的通知》（财税〔2016〕127号）规定，对香港市场投资者（包括单位和个人）通过深港通买卖深圳证券交易所上市A股取得的差价收入，在营改增试点期间免征增值税。

四、纳税申报

（一）扣缴义务发生时间

根据《企业所得税法》第三十七条的规定，非居民企业转让境内财产应源泉扣缴的所得税，由扣缴义务人在每次支付或者到期应支付时，从支付或者到期应支付的款项中扣缴。

扣缴义务人发生到期应支付而未支付情形，按照《国家税务总局关于非居民企业所得税管理若干问题的公告》（国家税务总局公告2011年第24号）第一条规定进行税务处理，即如果受让方将受让的股权再次转让，在计算企业所得税时已获得税前扣除，或受让的不动产已计提折旧在计算企业所得税时扣除，则应当在申报企业所得税时一次性全额扣缴预提所得税。

根据《国家税务总局关于非居民企业所得税源泉扣缴有关问题的公告》（国家税务总局公告2017年第37号）第七条规定，非居民企业采取分期收款方式取得应源泉扣缴所得税的同一项转让财产所得的，其分期收取的款项可先视为收回以前投资财产的成本，待成本全部收回后，再计算并扣缴应扣税款。

根据上述规定，对于非居民来源于我国的财产转让收益扣缴义务发生时间归纳如下：

1.对于财产转让一次性收款的，按照实际支付、到期应支付（合同约定的付款日期）、受让方已在税前扣除时间孰先确定扣缴义务发生日。

2.财产转让分期收款的，按照实际支付且同时满足收入大于成本这一条件确定的日期与受让方已在税前扣除的日期孰先确定扣缴义务发生日。

3.由于国家税务总局2017年第37号公告适用于《企业所得税法》第三条第三款规定的预提所得税的范围，故扣缴义务发生日不再执行《国家税务总局关于贯彻落实《企业所得税法》若干税收问题的通知》（国税函〔2010〕79号）规定的“企业转让股权收入，应于转让协议生效、且完成股权变更手续时，确认收入的实现”之规定。需要注意的是，该规定不适用于非居民企业间接转让境内股权。根据《国家税务总局关于非居民企业间接转让财产企业所得税若干问题的公告》（国家税务总局公告2015年第7号）第十五条规定，纳税义务发生之日是指股权转让合同或协议生效，且境外企业完成股权变更之日，而不论是否支付、一次性支付、分期支付。

扣缴义务人应当自扣缴义务发生之日起7日内向扣缴义务人所在地主管税务机关申报和解缴代扣税款。

（二）扣缴申报

根据《中华人民共和国税收征收管理法实施细则》（以下简称《税收征管法实施细则》）第十三条有关规定，扣缴义务人应当自扣缴义务发生之日起30日内，向所在地的主管税务机关申报办理扣缴税款登记。国家税务总局2017年第37号公告依据《企业所得税法》第四十条规定，扣缴义务人应当自扣缴义务发生之日起7日内向扣缴义务人所在地主管税务机关申报和解缴代扣税款，并向所在地的税务机关报送扣缴企业所得税报告表。根据2017年37号公告第八条规定，扣缴义务人在申报和解缴应扣税款时，应填报“中华人民共和国扣缴企业所得税报告表”。扣缴义务人可以在申报和解缴应扣税款前报送有关申报资料；已经报送的，在申报时不再重复报送。

（三）纳税人自行申报

按照《企业所得税法》第三十七条规定应当扣缴的所得税，扣缴义务人未依法扣缴或者无法履行扣缴义务的，取得所得的非居民企业应当按照《企业所得税法》第三十九条规定，向所得发生地主管税务机关申报缴纳未扣缴税款，并填报《中华人民共和国扣缴企业所得税报告表》。非居民企业未按照《企业所得税法》第三十九条规定申报缴纳税款的，税务机关可以责令限期缴纳，非居民企业应当按照税务机关确定的期限申报缴纳税款；非居民企业在税务机关责令限期缴纳前自行申报缴纳税款的，视为已按期缴纳税款。

（四）资料报送

除自主选择在申报和解缴应扣税款前报送有关申报资料的外，扣缴义务人不再需要办理该项合同备案手续。鉴于“中华人民共和国扣缴企业所得税报告表”栏目内容已经包含相关合同信息，为避免重复填报信息，除特定情形外，不再普遍要求报送合同资料。特定情形限于《国家税务总局 国家外汇管理局关于服务贸易等项目对外支付税务备案有关问题的公告》（国家税务总局 国家外汇管理局公告2013年第40号）第二条和本公告第十一条规定需要提供相关合同资料的情形。参见本书第二十一章。

五、纳税地点

1. 扣缴申报地点。根据2017年37号公告第七条有关规定，扣缴义务人应当向扣缴义务人所在地主管税务机关申报和解缴代扣税款。

2. 纳税人自行申报地点根据《企业所得税法》第三十九条有关规定，应当源泉扣缴的所得税，扣缴义务人未依法扣缴或者无法履行扣缴义务的，由纳税人在所得发生地缴纳。

根据2017年37号公告第十六条规定，不动产转让所得发生地主管税务机关为不动产所在地税务机关，权益性投资资产转让所得发生地主管税务机关为被投资企业的所得税主管税务机关。

六、账簿管理

根据《税收征管法实施细则》第二十五条、2017年37号公告第十一条有关规定，扣缴义务人应当自税收法律、行政法规规定的扣缴义务发生之日起10日内按照所代扣、代收的税种，分别设立代扣代缴税款账簿和合同资料档案，准确记录非居民企业所得税扣缴情况。根据征管需要，主管税务机关可以要求纳税人、扣缴义务人和其他知晓情况的相关方提供与应扣缴税款有关的合同和其他相关资料。

七、暂停支付

根据《税收征管法实施细则》第九十四条、《国家税务总局关于贯彻〈中华人民共和国税收征收管理法〉及其实施细则若干具体问题的通知》（国税发〔2003〕47号）第二条的有关规定，因非居民企业拒绝代扣税款的，扣缴义务人应当暂停支付相当于应纳税款的款项，并在1日之内向主管税务机关报告。

八、税款追征

根据《企业所得税法》第三十九条有关规定，纳税人未依法缴纳的，税务机关可以从该纳税人在中国境内其他收入项目的支付人应付的款项中，追缴该纳税人的应纳税款。根据2017年37号公告第十三条有关规定，税务机关在追缴非居民企业应纳税款时，可以采取以下措施：

1. 责令该非居民企业限期申报缴纳应纳税款。

2. 收集、查实该非居民企业在中国境内其他收入项目及其支付人的相关信息，并向该其他项目支付人发出“税务事项通知书”，从该非居民企业其他收入项目款项中依照法定程序追缴欠缴税款及应缴的滞纳金。

九、税收法律责任

（一）纳税人法律责任

根据《税收征管法》第六十八条有关规定，纳税人在规定期限内不缴或者少缴应纳或者应解缴的税款，经税务机关责令限期缴纳，逾期仍未缴纳的，税务机关除依照《税收征管法》第四十条的规定采取强制执行措施追缴其不缴或者少缴的税款外，可以处不缴或者少缴的税款百分之五十以上五倍以下的罚款。

根据《税收征管法实施细则》第九十四条规定，纳税人拒绝代扣、代收税款的，扣缴义务人应当向税务机关报告，由税务机关直接向纳税人追缴税款、滞纳金；纳税人拒不缴纳的，依照《税收征管法》第六十八条的规定执行。

根据2017年37号公告第十二条有关规定，扣缴义务人应扣未扣税款，需要向纳税人追缴税款的，由所得发生地主管税务机关依法执行。

（二）扣缴义务人法律责任

1.不同情形的区分。

根据2017年37号公告第十四条规定，应当源泉扣缴税款的款项已经由扣缴义务人实际支付，但未在规定的期限内解缴应扣税款，并具有以下情形之一的，应作为税款已扣但未解缴情形，按照有关法律、行政法规规定处理：

（1）扣缴义务人已明确告知收款人已代扣税款的；

（2）已在财务会计处理中单独列示应扣税款的；

（3）已在其纳税申报中单独扣除或开始单独摊销扣除应扣税款的；

（4）其他证据证明已代扣税款的。

除上述规定情形外，应该源泉扣缴的税款未在规定的期限内解缴入库的，均作为应扣未扣税款情形，按照有关法律、行政法规规定处理。

2.已扣未解缴法律责任。

根据《税收征管法》第三十二条和第六十八条的有关规定，扣缴义务人未按照规定期限解缴税款的，税务机关除责令限期缴纳外，从滞纳税款之日起，按日加收滞纳税款万分之五的滞纳金；扣缴义务人在规定期限内不缴或者少缴应解缴的税款，经税务机关责令限期缴纳，逾期仍未缴纳的，税务机关除依照《税收征管法》第四十条的规定采取强制执行措施追缴其不缴或者少缴的税款外，可以处不缴或者少缴的税款百分之五十以上五倍以下的罚款。

3.应扣未扣法律责任。

根据2017年37号公告第十二条有关规定，扣缴义务人应扣缴税款未扣的，由扣缴义务人所在地主管税务机关依照《中华人民共和国行政处罚法》第二十三条规定责令扣缴义务人补扣税款，并依法追究扣缴义务人责任；需要向纳税人追缴税款的，由所得发生地主管税务机关依法执行。根据《税收征管法》第六十九条规定，扣缴义务人应扣未扣税款的，对扣缴义务人处应扣未扣、应收未收税款百分之五十以上三倍以下的罚款。

此外，根据《税务登记管理办法》第四十四条规定，扣缴义务人未按照规定办理扣缴税款登记的，税务机关应当自发现之日起3日内责令其限期改正，并可处以1 000元以下的罚款。

需要强调的是，适用《税收征管法》第六十九条时应当注意：

（1）扣缴义务人未按规定代扣代缴税款，但纳税人（非居民企业）在税务机关责令限期缴纳前自行申报缴纳税款的，视为已按期缴纳税款，无需加收滞纳金，亦不适用《税收征管法》第六十九条，不对扣缴义务人处以罚款。

（2）根据《国家税务总局关于行政机关应扣未扣个人所得税问题的批复》（国税函〔2004〕1199号）对《税收征管法》第六十九条的解释，扣缴义务人应扣未扣税款，税务机关向纳税人追缴税款时，不得向纳税人或扣缴义务人加收滞纳金。

（3）《税收征管法》第三十二条规定："纳税人未按照规定期限缴纳税款的，扣缴义务人未按照规定期限解缴税款的，税务机关除责令限期缴纳外，从滞纳税款之日起，按日加收滞纳税款万分之五的滞纳金。"

综合上述规定，纳税人在税法的期限内主动补交税款，不得加收滞纳金；税务机关责令纳税人在规定的期限内补交税款的，不得加收滞纳金；税务机关责令纳税人限期缴纳税款，期限届满仍未缴纳的，除补缴税款外，应从税务机关规定的期限届满之次日起加收滞纳金。

十、案例分析

案例（一）被转让公司的财产主要直接或间接由不动产组成

【基本案情】

新加坡居民企业Y自2018年1月起持有境内A公司5%股权，初始投资成本500万美元（购买日汇率为1：6），2020年1月，Y公司将持有A公司5%的股权转让给中国香港某公司，转让价5 000万港元。其他资料如下：

1.A公司2019年12月31日资产情况如下表所示：

单位：万元/人民币

资产	账面价值	公允价值
银行存款	4 000	4 000
土地使用权	1 800	3 000
长期股权投资——境内B公司（持股比例40%）	2 000	3 000
其他无形资产	500	1 000
房屋、建筑物	2 000	2 100
合计	10 300	13 100

2.境内B公司资产总额账面价2亿元，其中土地使用权账面价1.2亿元，公允价1.5亿元，无其他不动产。

【要求】

根据上述资料，分析Y公司转让境内A公司5%股权，是否需要缴纳预提所得税？

【分析】

Y公司转让A公司股权之前12个月内持有A公司的股权比例均为5%，未达到25%，需要看A公司不动产占公司全部资产的比例。

在间接持有B公司股权的情况下，除了应考虑A公司本身资产构成以外，还应看B公司资产构成。A公司、B公司的财产除土地按公允价值计算外，其余按账面价值计算，但计算A公司资产总额时需剔除A公司对B公司的投资资产，否则B公司的资产价值会重复计算。

A公司扣除内部抵销后的资产价值＝土地使用权公允价＋其他资产（不含对B公司的长期股权投资）账面价=3 000+（4 000+500+2 000）=9 500（万元）

A公司不动产价值＝土地使用权公允价＋房屋、建筑物的账面价

=3 000+2 000=5 000（万元）

B公司财产价值＝土地使用权公允价＋其他资产账面价

=15 000+8 000=23 000（万元）

B公司不动产价值＝土地使用权公允价=15 000（万元）。

A公司直接及间接持有不动产占资产总额的比例＝（5 000+15 000×40%）÷（9 500+23 000×40%）=11 000 ÷ 18 700=58.82%，超过50%，因此，中国对于该笔股权转让业务有征税权。

本案例中，若Y公司自行到A公司主管税务机关办理纳税申报，应按填开税收缴款书之日前一日人民币汇率中间价计算，假设港币汇率为1∶0.8、美元汇率为1∶6.5。根据上述规定，Y公司经外币折算的股权转让收入=5 000万港元×0.8=4 000万元人民币，股权转让成本=500万美元×6.5=3 250万元人民币。根据《企业所得税法》及其实施条例，非居民企业转让境内股权减按10%税率征收企业所得税，因此，Y公司转让境内A公司股权应纳税额＝（4 000–3 250）×10%=75（万元）。

案例（二）缔约国另一方居民直接或间接参与缔约国一方公司资本

【基本案情】

新加坡居民企业Y于2017年2月投资持有境内C公司8%股权，初始投资成本1 000万元人民币，其母公司Z（100%控股Y公司）持有香港D公司50%股权，D公司持有境内C公司40%股权，2020年2月，Y公司将其持有的C公司股权转让至境内E公司，转让价2 000万元人民币。

【要求】

根据上述资料，分析Y公司转让境内C公司8%的股权是否需要缴纳预提所得税?

【分析】

Y公司转让C公司股权之前12个月内持有C公司的股权比例均为8%，未达到25%，但国税发〔2010〕75号文件规定，新加坡居民转让其在中国居民公司的股份取得的收益，如果新加坡居民在转让其中国公司股份行为发生前12个月内曾直接或间接参与该中国公司至少25%资本的，中国税务机关有权征税。依据国家税务总局公告2012年第59号文件，这里的间接持股包括：与该新加坡居民具有显著利益关系的关联集团内其他成员在该中国居民公司直接参与或者通过具有10%以上（含10%）直接资本关系的单层或多层公司或其他实体（含单个或多个参与链）间接参与该中国居民公司的资本。间接参与的资本按照每一参与链中各公司或其他实体的资本比例乘积计算，但在汇总计算该关联集团直接或间接参与该中国居民公司总资本份额时，符合前述规定的每一参与链所参与的资本份额不重复计算。上述与新加坡居民具有显著利益关系的关联集团内成员包括：

（1）在该新加坡居民为个人的情况下，与该新加坡个人居民具有相同资本参与利益的个人（包括其配偶、父母及父母以上前辈直系亲属、子女及子女以下后辈直系亲属）；

（2）在该新加坡居民为公司或其他实体的情况下，直接或间接拥有该新加坡居民100%资本的个人（包括与其配偶、父母及父母以上前辈直系亲属、子女以及子女以下后辈直系亲属共同拥有的情形）、公司或其他实体。

本案例中，虽然Y公司仅持有境内C公司8%股权，但其母公司Z公司持有Y公司100%的股权，属于上述规定的与Y公司具有显著利益关系的关联集团内其他成员，Z公司通过相关D公司间接持有境内C公司股权比例为：50%×40%=20%。

Y公司直接或间接持有C公司的股权比例为28%（8%+20%），中国对于该笔股权转让业务具有征税权，根据《企业所得税法》及其实施条例，Y企业需要缴纳企业所得税，应纳税额=（2 000−1 000）×10%=100（万元）。

案例（三）非居民企业间接转让中国应税财产

【基本案情】

新加坡居民企业Y持有注册在开曼的F公司100%股权，初始投资成本1 000万元人民币。2017年1月，F公司持有境内G公司70%的股权，初始投资成本2 000万元人民币。F公司共有3名员工，其中2人同时兼任F公司的董事，且为我国居民个人。F公司2019年8月31日，账面持有G公司股权资产占资产总额的比例达92%，2020年1月，F公司融资800万元购买了香港E公司20%的股权。2020年5月，Y公司将其持有的F公司100%股权转让给英国H公司（非关联方），取得转让收入5 000万元人民币。经评估，转让日，境内G公司100%股权的公允价为6 000万元人民币。

【要求】

根据上述资料，分析Y公司转让开曼F公司100%股权是否需要在我国缴纳预提所得税？如需缴纳，应纳税额如何计算？

【分析】

根据《中新协定》，新加坡居民转让中国居民公司或其他法人资本中的股份、参股、或其他权利，在一般情况下（除滥用情形外）是指直接转让情形。但是，对滥用企业组织形式，不是出于真正商业意图，而是以逃避税款或获取优惠的税收待遇为目的，间接转让中国公司股份的情况，中国有权根据本协定第二十六条的规定启动反避税调查程序，以防止我国税收权益的流失。同时，根据《国家税务总局关于非居民企业间接转让财产企业所得税若干问题的公告》（国家税务总局公告2015年第7号，以下简称“7号公告”），非居民企业通过实施不具有合理商业目的的安排，间接转让中国居民企业股权等财产，规避企业所得税纳税义务的，应按照《企业所得税法》第四十七条的规定，重新定性该间接转让交易，确认为直接转让中国居民企业股权等财产。

因此，对于Y公司转让开曼F公司100%股权是否需要在中国缴纳企业所得税，需要根据7号公告进一步分析该笔转让业务是否具有合理商业目的，是否构成直接转让中国境内企业股权。

根据7号公告，与间接转让中国应税财产相关的整体安排同时符合以下情形的，无需按本公告第三条进行分析和判断，应直接认定为不具有合理商业目的：

1. 境外企业股权75%以上价值直接或间接来自中国应税财产。

2. 间接转让中国应税财产交易发生前一年内任一时点，境外企业资产总额（不含现金）的90%以上直接或间接由在中国境内的投资构成，或间接转让中国应税财产交易发生前一年内，境外企业取得收入的90%以上直接或间接来源于中国境内。

3. 境外企业及直接或间接持有中国应税财产的下属企业虽在所在国家（地区）登记注册，以满足法律所要求的组织形式，但实际履行的功能及承担的风险有限，不足以证实其具有经济实质。

4. 间接转让中国应税财产交易在境外应缴所得税税负低于直接转让中国应税财产交易在中国的可能税负。

本例中，F公司持有G公司70%的股权价值占F公司100%股权价值的比例为：6 000×70%÷5 000=84%，超过了75%。

Y公司转让F公司股权前一年内，F公司持有G公司股权价值占F公司资产总额的比例达92%，超过了90%。

F企业共有3名员工，其中2人同时兼任F企业的董事，且为我国居民个人，其实际履行的功能及承担的风险有限，公司无其他经营业务，综合判断不具有经济实质，属于导管公司。

根据新加坡国内法，Y公司取得的股权转让所得不征企业所得税，而Y公司直接转让境内G公司股权需要在我国缴纳预提所得税10%。

综合上述因素，可以直接判定Y公司转让开曼F公司股权不具有合理商业目的，构成直接转让中国境内企业股权，需缴纳企业所得税。

Y公司应纳税额=（F公司持有境内G公司股权的公允价–F公司持有境内G公司股权的计税基础）×税率=（6 000×70%–2 000）×10%=220（万元）

相应地，F公司持有G公司70%股权的计税基础调整为4 200万元。

案例（四）非居民企业向中国境内企业转让专利所有权

【基本案情】

2020年7月，新加坡居民企业Y将其持有的某项境内注册专利技术所有权转让至境内X公司，转让价1 000万元人民币，初始成本100万元人民币。

【要求】

Y企业转让境内注册的某项专利技术所有权，是否需要缴纳预提所得税?

【分析】

根据《中新协定》第十三条“财产收益”第六款规定“缔约国一方居民转让本条以上各款所述财产以外的其他财产取得的收益，应仅在转让者为其居民的缔约国征税”。国税发〔2010〕75号文件规定：“‘财产收益’一般是指财产法律权属关系发生变更产生的收益，包括出售或交换财产产生的收益，也包括部分转让、征用、出售权利等产生的收益。”

根据上述规定，出资专利技术所有权应由Y公司居民国新加坡征税。

需要注意的是，由于该专利技术在境内使用，Y公司需要缴纳增值税，税款由受让方X公司代扣代缴。

第十章

国内税法与独立个人劳务、受雇所得、董事费条款的衔接

为贯彻落实修改后的《个人所得税法》及其实施条例，针对在中国境内无住所个人取得综合所得的个人所得税政策与管理，财政部、国家税务总局于2019年3月14日联合发布了《关于在中国境内无住所的个人居住时间判定标准的公告》(国家税务总局公告2019年第34号，以下简称“34号公告”)和《关于非居民个人和无住所居民个人有关个人所得税政策的公告》(国家税务总局公告2019年第35号，以下简称“35号公告”)，内容涉及中国境内无住所个人居住时间判定标准、所得来源地确定方法、无住所个人工资薪金所得收入额计算、无住所个人税款计算、无住所个人适用税收协定、无住所个人税收管理办法等。34号公告和35号公告自2019年1月1日起施行，非居民个人2019年1月1日后取得所得，按原有规定多缴纳税款的，可以依法申请办理退税。

无住所个人综合所得的纳税义务还要结合税

收协定加以判断，按照“协定优先”“优惠优先”的原则，缔约国居民符合税收协定条件的，可享受税收协定待遇。

第一节　独立个人劳务条款解读及执行

本节主要涉及独立个人劳务所得如何划分税收管辖权问题。OECD2000年范本将独立个人劳务条款删除，理由是常设机构条款与独立个人劳务条款在调整的活动、调整的实体、课税的实际结果（特别是常设机构和固定基地概念上）上没有实质差别，对独立个人劳务比照常设机构和营业利润条款处理。UN范本则认为两者之间存在客观差别，因此仍然保留这一条款。我国目前对外签订的协定中，大部分还沿用UN范本的做法。但也有部分协定和安排，如捷克、赞比亚、中国香港的税收协定（安排）采用OECD范本的做法，取消了独立个人劳务条款。

独立个人劳务条款主要明确了缔约国一方居民以独立身份到另一方（来源国）从事劳务活动取得的所得，总的征税原则是由其居民国征税。但在满足一定条件下，来源国可以征税。来源国征税条件包括固定基地标准、183天停留标准和支付条件标准。我国对外签订的税收协定绝大部分都采用了固定基地原则。此外，一般还兼用183天标准，支付条件标准中的一种或几种。

独立个人劳务条款与非独立个人劳务条款关系紧密，两者属并列关系，缔约国一方居民个人从事一项劳务活动只能适用其中一个条款。一般认为，如果个人以独立身份从事劳务活动的，应属于独立个人劳务条款的协调范围。独立个人劳务对应于我国《个人所得税法》规定的“劳务报酬所得”，非独立个人劳务条款对应于我国《个人所得税法》规定的“工资薪金所得”，两者又同属于我国《个人所得税法》的“综合所得”。因此，实际执行中，对国内税法与独立个人劳务、非独立个人劳务的衔接至关重要。

独立个人劳务有可能涉及演艺人员或运动员、教师或学生的活动，但演艺人员和运动员以及教师和学生从事独立性质的跨国劳务活动应优先适用艺术家和运动员、教师和学生条款。

一、独立个人劳务税收管辖权

我国对外签订的税收协定独立个人劳务条款的税收管辖权一般表述为“缔约国一方居民由于专业性劳务或其他独立性活动取得的所得，应仅在该国征税”，即缔约国一方居民的跨国独立劳务所得由其居民国征税。同时明确，该劳务如符合来源国征税条件之一的，来源国可对该项所得优先课税。

来源国征税条件主要有三项，分别为固定基地标准、183天停留标准和支付条件。

二、来源国征税条件

我国签订的税收协定绝大多数都采用了固定基地标准，即从事独立个人劳务者在来源国设有经常使用的固定基地，且其所得归属于该固定基地时，来源国可以对归属于该固定基地的所得征税。也有个别税收协定未采用固定基地标准。

固定基地是指从事独立个人劳务活动的人员从事其业务活动的固定场所（地点）。该场所可以是自用的，或被服务对象提供的，或租用的，等等。固定基地包括诊疗所、牙医所、建筑师事务所等。固定基地的判断标准与常设机构类似，具体可参照常设机构的规定。同时税收协定第七条“营业利润”所规定的关于总机构和常设机构之间的利润分配原则，也适用于从事独立个人劳务的人为其居民的缔约国和从事该项劳务所使用的固定基地所在国之间的所得分配。相应地，固定基地所发生的费用（包括行政和一般费用），也应与常设机构发生的费用一样，在确定归属于固定基地的所得时予以扣除。但固定基地与常设机构也有不同。如国税发〔2010〕75号文件所述“独立个人劳务不要求通过固定基地进行，而企业的经营活动则要求部分或全部通过常设机构进行”。

183天停留标准是指个人劳务者在有关期间（包括历年、会计年度、财政年度、纳税年度、任何12个月、任何365天）内在缔约国另一方连续或者累计停留的时间超过183天，且其所得是在该段停留时间内取得的，来源国可以征税。

部分独立个人劳务条款还规定了第三项支付条件。涉及支付条件的协定条款主要有两种类型：一类仅规定由来源国居民支付或非来源国的居民设在来源国的常设机构或固定基地支付或负担的。另一类除规定该项报酬是由来源国居民支付或由设在该国的常设机构或固定基地负担的条件外，还规定了支付数额标准，即个人在来源国从事劳务活动取得的报酬超过一定数额的情况下，所得来源国可以征税。

三、独立劳务与受雇所得的划分

独立劳务一般是指自由职业者以独立身份从事的专业性劳务活动。把握独立个人劳务的概念应注意两点：一是独立性，即并非受雇于人；二是专业性，即非从事一般的工商业及贸易活动。独立个人劳务没有固定的雇主，可以为多方提供服务。

《国家税务局关于税收协定独立个人劳务条款执行解释问题的通知》（国税函〔1990〕609号）明确，根据税收协定关于独立个人劳务的定义规定，所谓“独立个人劳务”，是指以独立的个人身份从事科学、文学、艺术、教育或教学活动以及医师、律师、工程师、建筑师、牙医师和会计师等专业性劳务人员，没有固定的雇主，可以多方面提供的服务。因此，对在缔约国对方应聘来华从事劳务的人员提出要求对其适用税收协定独立个人劳务条款规定的，须向我国主管税务机关提交如下证明：

1.职业证件，包括登记注册证件和能证明其身份的证件，或者由其为居民的缔约国税务当局在出具居民证明中注明其现时从事专业性劳务的职业。

2.提供其与有关公司签订的劳务合同，表明其与该公司的关系是劳务服务关系，不是雇主与雇员关系。审核合同时，应着重以下几点：

（1）医疗保险、社会保险、假期工资、海外津贴等方面不享受公司雇员待遇。

（2）其从事劳务服务所得的劳务报酬，是按相对的小时、周、月或一次性计算支付。

（3）其劳务服务的范围是固定的或有限的，并对其完成的工作负有质量责任。

（4）其为提供合同规定的劳务所相应发生的各项费用，由其个人负担。

对于不能提供上述证明，或在劳务合同中未载明有关事项或难于区别的，仍应视其所从事的劳务为非独立个人劳务。

【例10–1】某美籍人员L与我国A公司签订顾问咨询合同，合同有效期为一年。主管税务机关根据国税函发〔1990〕609号文件的相关规定对其双方签订的顾问咨询合同书进行审核。

审核要点一：合同规定该外籍人员“履行设计总监的职责”，远远大于提供独立劳务的职责，不符合独立个人劳务的认定。有违国税函发〔1990〕609号文件第二条第三款关于“其劳务服务的范围是固定的或有限的”规定。

审核要点二：合同规定该外籍人员“在合同期间，如果事先未取得A公司批准，不得直接或间接接受其他聘任，从事其他服务或工作”。即L在合同期间只能为A公司提供有关劳务，在合同中还提出了违约责任。若是独立个人劳务，公司一般无权限制工作自由。

审核要点三：合同规定由A公司配合外籍人员L的工作，负责翻译及CAD制图等劳务，并指出设计费用（包括复印、传真、网络会议等）全部由A公司负担。由此证明，L需要中方A公司有关人员的配合才能完成设计劳务，且费用负担方式也与国税函发〔1990〕609号文件第二条第四款相悖。

审核要点四：合同规定支付相关报酬，不是按项目，也不是按小时或一次性支付，而是按月由A公司负责支付。

审核要点五：合同规定由A公司以现金的形式补偿外籍人员L在美国的保险费用，一年共计7 500美元。有违国税函发〔1990〕609号文件第二条第一款关于“医疗保险、社会保险、假期工资、海外津贴等方面不享受公司雇员待遇”的规定。正常的独立个人劳务不涉及保险费问题。

综合上述因素判断，最终认定该咨询服务不属于独立个人劳务，而是属于受雇所得，应适用受雇所得条款征税。

第二节　受雇所得条款解读与执行

我国对外签订的税收协定受雇所得条款主要明确了对受雇所得划分征税权的一般原则，即来源国拥有优先征税权，但对于同时满足三个条件的受雇所得来源国应给予免税，居民国独占征税权，并且明确了与国际运输活动有关的受雇所得的特殊处理。

需要注意的是，税收协定对缔约国一方居民个人从事特殊活动取得的特殊所得制定了特殊规则，如董事费、艺术家和运动员所得、退休金、政府服务报酬、教师和研究人员所得、学生和实习人员所得等。这些条款与受雇所得、独立个人劳务相并列，应优先适用。

一、受雇所得的一般征税原则

我国对外签订的税收协定受雇所得条款一般在第一款明确受雇所得的一般征税原则，即应在缔约国一方居民个人从事受雇活动所在国征税。同时规定一般征税原则不适用于董事费、艺术家和运动员所得、退休金、政府服务报酬及退休金、教师和研究人员所得、学生和实习人员所得等特殊所得。这些特殊所得应适用专门条款。

受雇活动所在国是指受雇劳务发生国，即雇员履行受雇劳务时实际停留的国家。

受雇所得是指因受雇取得的薪金、工资和其他类似报酬，包括各种因受雇而获得的实物利益，如股票期权、住宅或汽车的使用权、健康或人寿保险和俱乐部成员资格等。

二、来源国免税条件

受雇所得条款第二款明确了受雇所得要在来源国获得免税待遇必须同时具备三个条件。该款一般表表述为：虽有第一款规定，缔约国一方居民在缔约国另一方从事受雇的活动取得的报酬，同时具备以下三个条件的，应仅在缔约国一方征税：

1.收款人在有关历年中或会计（财政、纳税）年度中或任何12个月（任何365天）中在该缔约国另一方连续或累计停留不超过183天。

2.该项报酬由并非该缔约国另一方居民的雇主支付或代表雇主支付的。

3.该项报酬不是由雇主设在该缔约国另一方的常设机构支付或固定基地所负担。

反之，只要有一个条件未符合，就构成在来源国的纳税义务，来源国可以征税。

1.在税收协定规定的期间内在我国停留连续或累计超过183天（不含）。

在这种情况下，即使该居民的报酬不是由我国居民的雇主支付或代表雇主支付，或不是由雇主设在我国的常设机构或固定基地负担，我国都有权对该居民在此期间取得的受雇所得征税。

不同税收协定中，受雇所得条款第二款的主要差别是对在缔约国另一方连续或累计停留是否超过183天所规定的计算期间规定不同。计算期间主要有三大类：一是部分税收协定规定为“在有关历年中”；二是少数税收协定规定为“在有关会计（财政、纳税）年度中”；三是部门税收协定规定为“在任何12个月（任何365天）中”“在有关会计（财政、纳税）年度或在有关历年开始或结束的任何12个月中”。

在计算天数时，该人员中途离境包括在签证有效期内离境又入境，应准予扣除离境的天数。计算实际停留天数应包括在中国境内的所有天数，包括抵、离日当日等不足一天的任何天数及周末、节假日，以及从事该项受雇活动之前、期间及以后在中国渡过的假期等。

需要注意的是，183天期限的计算仅作为判定缔约国对方居民个人是否在我国构成纳税义务的标准。在构成纳税义务后，对港澳居民和缔约国对方居民计算应纳税的工资薪金收入额时，采用了不同的口径：

根据《国家税务总局关于执行内地与港澳间税收安排涉及个人受雇所得有关问题的公告》（国家税务总局公告2012年第16号）规定，港澳居民在境内的工作时间按照“当期境内实际停留天数（实际停留天数法）”计算，对其入境、离境、往返或多次往返境内外的当日，按半天计算为当期境内实际停留天数。

对其他缔约国对方居民在境内的工作时间按照实际在境内工作天数（境内工作天数法）计算。境内工作天数计算，包括其在境内的实际工作日以及境内工作期间在境内、境外享受的公休假、个人休假、接受培训的天数。在境内、境外单位同时担任职务或者仅在境外单位任职的个人，在境内停留的当天不足24小时的，按照半天计算境内工作天数。

无住所个人在境内、境外单位同时担任职务或者仅在境外单位任职，且当期同时在境内、境外工作的，按照工资薪金所属境内、境外工作天数占当期公历天数的比例计算确定来源于境内、境外工资薪金所得的收入额。境外工作天数按照当期公历天数减去当期境内工作天数计算。需要注意的是，无住所个人未在境外单位任职的，无论其是否在境外停留（包括到境外出差），都不计算境外工作天数。这种情况，境内实际居住的天数可能小于境内工作天数。

2.该项报酬由具有我国居民身份的雇主支付或代表我国雇主支付。

在这种情况下，该居民的受雇所得来源于我国，即使该居民在我国停留连续或累计不超过183天，我国也有权对该居民在此期间取得的受雇所得征税。

为避免有关劳务人员以并非为境内雇主工作为由达到在来源国免税的目的，在执行时，对协定中此项规定的“雇主”一词应按实质重于形式原则进行判定。国税发〔2010〕75号文件引用了《国家税务总局关于税收协定中有关确定雇主问题的通知》(国税发〔1997〕124号)有关解释：凡中国企业采用“国际劳务雇用”方式，通过境外中介机构聘用人员来华为其从事有关劳务活动，虽然形式上这些聘用人员可能是中介机构的雇员，但如果聘用其工作的中国企业承担上述受聘人员工作所产生的责任和风险，应认为中国企业为上述受聘人员的实际雇主，该人员在中国从事受雇活动取得的报酬应在中国纳税。关于对真实雇主的判定可参考下列因素：

(1)中国企业对上述人员的工作拥有指挥权；

(2)上述人员在中国的工作地点由中国企业控制或负责；

(3)中国企业支付给中介机构的报酬是以上述人员工作时间计算，或者支付的该项报酬与上述人员的工资存在一定联系，如按人员工资总额的一定比例确定支付给中介机构的报酬；

(4)上述人员工作使用的工具和材料主要由中国企业提供；

(5)中国企业所需聘用人员的数量和标准并非由中介机构确定，而由中国企业确定。

缔约国对方企业派其员工到中国居民企业工作应考虑上述因素，以实质重于形式的原则，判定其真实雇主身份。如果上述员工名义上为中国企业职员，实质上履行其派出企业职责，则同样参考上述有关标准，在判定缔约国对方企业为其真实雇主身份前提下，按照税收协定常设机构的规定判断上述缔约国对方企业是否在中国构成常设机构。

如果上述员工在中国工作期间确实受雇于中国居民企业，但同时也为其派出企业工作，应就此类员工为其派出企业工作的实际情况按照本协定第(5)条的规定判断上述新加坡企业是否在华构成常设机构。

3.该项报酬由雇主设在我国的常设机构或固定基地所负担。

在这种情况下，也可以认定该居民的受雇所得来源于我国，即使该居民在我国停留连续或累计不超过183天，或该项报酬由不是我国居民的雇主支付或代表我国雇主支付，我国也有权对该居民在此期间取得的受雇所得征税。

如果缔约国对方居民个人被派驻到缔约国对方企业设在我国的常设机构工作，或缔约国对方企业派其雇员及其雇用的其他人员在我国已构成常设机构的承包工程或咨询等服务项目中工作。根据国税发〔2010〕75号文件规定，这些人员不论其在我国境内工作时间长短，也不论其工资薪金在何处支付，都应认定其在我国的常设机构工作期间的所得是由常设机构负担的，构成在华纳税义务，不能享受受雇所得条款的免税待遇。但此规定不应适用于被总部临时派往常设机构视察、检查工作或临时提供协助的人员及活动。

凡是中国境内企业、机构属于采取核定利润方法计征企业所得税或没有营业收入而不征收企业所得税的，在该中国境内企业、机构任职、受雇的个人实际在中国境内工作期间取得的工资薪金，不论是否在该中国境内企业、机构会计账簿中有记载，均应视为该中国境内企业支付或由该中国境内机构负担的工资薪金。

三、与国际运输活动有关的受雇所得的特殊处理

受雇所得第三款对国际运输活动有关受雇所得划分征税权作了特殊规定。一般表述为：虽有本条上述规定，在缔约国一方企业经营国际运输的船舶或飞机上从事受雇活动取得的报酬，应仅在（可以在）该缔约国（该企业总机构或实际管理机构所在缔约国）征税。与我国陆地相连的国家（地区）签署的协定（安排）还增加了公路车辆运输。

第三款适用于在经营国际运输的船舶或飞机上从事受雇活动的人员取得的报酬，对其征税的原则在一定程度上遵循了协定第八条确立的原则，即在从事该项运输的企业为其居民的国家征税。

第三节　董事费条款解读与执行

本节主要涉及协定缔约国之间对董事费的征税权划分及征税原则，一般为税收协定的第十六条。内容只有一句话“缔约国一方居民作为缔约国另一方居民公司的董事会成员取得的董事费和其他类似款项，可以在该缔约国另一方征税。”

一、董事费的征税权划分原则

本条款将董事费的征税权赋予了董事所在公司为其居民的国家，即缔约国对方居民如担任中国境内企业的董事而取得的董事费和其他类似的款项，无论该董事是否在中国境内履行董事职责，中国对此项所得有征税权。

董事费条款与受雇所得条款相比是特殊条款与一般条款的关系。缔约国一方居民个人作为缔约国另一方居民公司的董事会成员取得的董事费适用“董事费”条款规定，由该公司所在国征税。但是，假设董事会成员因在公司任职、受雇取得的那部分报酬应适用“受雇所得”条款中的一般原则。即，如果该董事同时在境外任职或受雇，境外支付的薪酬归属于境内工作期间的部分，仍应适用受雇所得条款。国内法比协定受雇所得条款更为优惠的，纳税人可以选择按国内法执行。综上，缔约国居民在境外任职或受雇，同时担任境内董事，在境内公司取得的董事费、工资薪金，凡境内支付，均需在境内缴纳个税。境外支付的部分视其居住时间确认纳税义务。

二、董事费的形式

董事费是指因担任董事成员而取得的报酬，其内容除董事费外，还包括其他类似款项。所谓“其他类似款项”包括个人以公司董事会成员身份取得的实

物福利，如股票期权、居所或交通工具、健康或人寿保险及俱乐部成员资格等。在董事会成员被授予股票期权的情况下，公司居民国有权对构成董事费或类似性质报酬的股票期权利益征税，即使征税时该人已经不再是董事会的成员。

三、董事费适用范围

部分税收协定“董事费”条款中明确表述包括董事会或类似机构成员的，董事费、监事费适用董事费条款；“董事费”条款明确表述包括公司高层管理人员的，高层管理人员的受雇所得适用董事费条款。其他税收协定董事费条款中未明确表述包括公司高层管理人员的，则高层管理人员的受雇所得适用“受雇所得”条款。

第四节　无住所个人国内税收规定

一、无住所个人的纳税义务

（一）“住所”的概念

税法上所称“住所”是一个特定概念，不等同于实物意义上的住房。按照《个人所得税法》实施条例第二条规定，在境内有住所的个人，是指因户籍、家庭、经济利益关系而在境内习惯性居住的个人。习惯性居住是判定纳税人是居民个人还是非居民个人的一定法律意义上的标准，并不是指实际的居住地或者在某一个特定时期内的居住地。对于因学习、工作、探亲、旅游等原因而在境外居住，在这些原因消除后仍然回到中国境内居住的个人，则中国为该纳税人的习惯性居住地，即该个人属于在中国境内有住所。同样，境外个人仅因学习、工作、探亲、旅游等而在中国境内居住，待上述原因消除后该境外个人仍然回到境外居住的，其习惯性居住地不在境内，即使该境外个人在境内购买住房，也不会被认定为境内有住所的个人。

关于华侨身份的界定。《国家税务总局关于明确个人所得税若干政策执行问题的通知》规定，根据《国务院侨务办公室关于印发〈关于界定华侨外籍华人归侨侨眷身份的规定〉的通知》（国侨发〔2009〕5号）的规定，华侨是指定居在国外的中国公民。“定居”是指中国公民已取得住在国长期或者永久居留权，并已在住在国连续居留两年，两年内累计居留不少于18个月。中国公民虽未取得住在国长期或者永久居留权，但已取得住在国连续5年以上（含5年）合法居留资格，5年内在住在国累计居留不少于30个月，视为华侨。中国公民出国留学（包括公派和自费）在外学习期间，或因公务出国（包括外派劳务人员）在外工作期间，均不视为华侨。由此可见，华侨虽然已取得住在国的居留权，但未加入住在国的国籍，仍然持有中国护照，不是外籍人员。华侨定居在海外，在境内没有住所，是无住所个人，应按照一个纳税年度内在中国境内居住天数判定居民身份。

（二）无住所个人居住时间的判定标准

无住所个人一个纳税年度内在中国境内累计居住天数，按照个人在中国境内累计停留的天数计算。在中国境内停留的当天满24小时的，计入中国境内居住天数，在中国境内停留的当天不足24小时的，不计入中国境内居住天数。纳税年度，自公历1月1日起至12月31日止。

（三）无住所个人的纳税义务

1.在中国境内无住所个人一个纳税年度在中国境内累计居住满183天的（不论本年度是否有一次离境30天）为居民个人，纳税义务如下：

（1）如果此前6年在中国境内每年累计居住天数都满183天而且没有任何一年单次离境超过30天，该纳税年度来源于中国境内、境外所得应当缴纳个人所得税；

（2）如果此前6年的任一年在中国境内累计居住天数不满183天或者单次离境超过30天，该纳税年度来源于中国境外且由境外单位或者个人支付的所得，免予缴纳个人所得税。

“此前6年”，是指该纳税年度的前1年至前6年的连续6个年度，此前6年的起始年度自2019年（含）以后年度开始计算，2019年之前的年限不再纳入计算范围。

2.在中国境内无住所又不居住，或者无住所而一个纳税年度内在中国境内居住累计不满183天的个人，为非居民个人。非居民个人从中国境内取得的所得，应当缴纳个人所得税。其中无住所的个人在一个纳税年度内在中国境内居住累计不超过90天的，其来源于中国境内的所得，由境外雇主支付并且不由该雇主在中国境内的机构、场所负担的部分，免予缴纳个人所得税。

3.从中国境内和境外取得的所得，分别是指来源于中国境内的所得和来源于中国境外的所得。

（1）下列所得，不论支付地点是否在中国境内，均为来源于中国境内的所得：

①因任职、受雇、履约等在中国境内提供劳务取得的所得；

②将财产出租给承租人在中国境内使用而取得的所得；

③许可各种特许权在中国境内使用而取得的所得；

④转让中国境内的不动产等财产或者在中国境内转让其他财产取得的所得；

⑤从中国境内企业、事业单位、其他组织以及居民个人取得的利息、股息、红利所得；

⑥由境内企业、事业单位、其他组织支付或者负担的稿酬所得；

⑦国务院财政、税务主管部门另有规定的，按相关规定执行。

（2）下列所得，为来源于中国境外的所得：

①因任职、受雇、履约等在中国境外提供劳务取得的所得；

②中国境外企业以及其他组织支付且负担的稿酬所得；

③许可各种特许权在中国境外使用而取得的所得；

④在中国境外从事生产、经营活动而取得的与生产、经营活动相关的所得；

⑤从中国境外企业、其他组织以及非居民个人取得的利息、股息、红利所得；

⑥将财产出租给承租人在中国境外使用而取得的所得；

⑦转让中国境外的不动产、转让对中国境外企业以及其他组织投资形成的股票、股权以及其他权益性资产（以下称“权益性资产”）或者在中国境外转让其他财产取得的所得。但转让对中国境外企业以及其他组织投资形成的权益性资产，该权益性资产被转让前3年（连续36个公历月份）内的任一时间，被投资企业或其他组织的资产公允价值50%以上直接或间接来自位于中国境内的不动产的，取得的所得为来源于中国境内的所得；

⑧中国境外企业、其他组织以及非居民个人支付且负担的偶然所得；

⑨财政部、国家税务总局另有规定的，按照相关规定执行。

（四）例题

【例10-2】境外人士（包括港澳台居民）在境内居住的天数如何计算？

李先生为香港居民，在深圳工作，每周一早来深圳上班，周五晚上回香港。周一和周五当天停留都不足24小时，因此不计入境内居住天数，再加上周六、周日2天也不计入，这样，每周可计入的天数仅为3天，按全年52周计算，李先生全年在境内居住天数为156天，未超过183天，不构成居民个人，李先生取得的全部境外所得，就可免缴个人所得税。

【例10-3】境外人士（包括港澳台居民）在境内连续居住“满6年”，从哪一年开始起算？

张先生为香港居民，2013年1月1日来深圳工作，2026年8月30日回到香港工作，在此期间，除2025年2月1日至3月15日临时回香港处理公务外，其余时间一直停留在深圳。

分析：按照34号公告规定，在境内居住累计满183天的年度连续“满6年”的起点，是自2019年（含）以后年度开始计算，2018年（含）之前已经居住的年度一律“清零”，不计算在内。按此规定，2024年（含）之前，所有无住所个人在境内居住年限都不满6年，其取得境外支付的境外所得都能享受免税优惠。此外，自2019年起任一年度如果有单次离境超过30天的情形，此前连续年限“清零”，重新计算。

张先生在境内居住累计满183天的年度，如果从2013年开始计算，实际上已经满6年，但是由于2018年之前的年限一律“清零”，自2019年开始计算，因此，2019~2024年期间，张先生在境内居住累计满183天的年度连续不满6年，其取得的境外支付的境外所得，就可免缴个人所得税。

2025年，张先生在境内居住满183天，且从2019年开始计算，他在境内居住累计满183天的年度已经连续满6年（2019~2024年），且没有单次离境超过30天的情形，2025年（第7年），由于张先生在境内居住满183天，因此应就在境内和境外取得的所得缴纳个人所得税。

2026年，由于张先生2025年有单次离境超过30天的情形（2025年2月1日至3月15日），其在内地居住累计满183天的连续年限清零，重新起算（从2026年开始计算连续6年），2026年当年张先生取得的境外支付的境外所得，可以免缴个人所得税。

二、境内外工资薪金所得来源地的判定

（一）一般工资薪金所得来源地的规定

《个人所得税法实施条例》第三条第（一）项规定，因任职、受雇、履约等在境内提供劳务取得的所得属于来源于境内的所得。

无住所个人流动性强，可能在境内、境外同时担任职务，分别取得收入，为明确境内、境外工资薪金所得划分问题，35号公告规定，个人取得归属于中国境内（以下称“境内”）工作期间的工资薪金所得为来源于境内的工资薪金所得。境内工作期间按照个人在境内工作天数计算，包括其在境内的实际工作日以及境内工作期间在境内、境外享受的公休假、个人休假、接受培训的天数。在境内、境外单位同时担任职务或者仅在境外单位任职的个人，在境内停留的当天不足24小时的，按照半天计算境内工作天数。

无住所个人在境内、境外单位同时担任职务或者仅在境外单位任职，且当期同时在境内、境外工作的，按照工资薪金所属境内、境外工作天数占当期公历天数的比例计算确定来源于境内、境外工资薪金所得的收入额。境外工作天数按照当期公历天数减去当期境内工作天数计算。需要注意的是，无住所个人未在境外单位任职的，无论其是否在境外停留（包括到境外出差），都不计算境外工作天数。这种情况，境内实际居住的天数可能小于境内工作天数。

从以上规定可以看出，境内工作天数与境内实际居住天数并非同一概念。境内居住天数用于判定无住所个人的居民身份，确定取得所得当年的纳税义务，境内工作天数主要用于划分无住所个人归属于境内工作期间的工资薪金所得，从而确定其当月工资薪金收入额，而境内停留的天数用于判定对方税收居民个人能否享受境内受雇所得协定待遇。为便于比较，列示如下：

境内居住天数、境内停留天数、境内工作天数之比较

天数类型	功能	计算方法	天数差异	政策依据
境内居住天数	判定无住所个人的居民身份，确定纳税义务	在中国境内停留的当天满24小时的，计入中国境内居住天数，在中国境内停留的当天不足24小时的，不计入中国境内居住天数	往返当天不算境内居住天数	国家税务总局公告2019年第34号
境内停留天数	判定对方税收居民个人能否享受境内受雇所得协定待遇	停留天数包括抵、离日当日等不足一天的任何天数及周末、节假日，以及从事该项受雇活动之前、期间及以后在中国度过的假期等	往返当天均按1天计算境内停留的天数	税收协定
境内工作天数	划分无住所个人归属于境内工作期间的工资薪金所得，从而确定其当月工资薪金收入额	包括在境内的实际工作日以及境内工作期间在境内、境外享受的公休假、个人休假、接受培训的天数；在境内、境外单位同时担任职务或者仅在境外单位任职的个人，在境内停留的当天不足24小时的，按照半天计算境内工作天数	往返当天均按0.5天计算境内工作天数	国家税务总局公告2019年第35号

（二）数月奖金以及股权激励所得来源地的规定

数月奖金是指一次取得归属于数月的奖金、年终加薪、分红等工资薪金所得，不包括每月固定发放的奖金及一次性发放的数月工资。股权激励包括股票期权、股权期权、限制性股票、股票增值权、股权奖励以及其他因认购股票等有价证券而从雇主取得的折扣或者补贴。

数月奖金和股权激励属于工资薪金所得，无住所个人取得数月奖金、股权激励，均应按照工资薪金所得来源地判定规则划分境内和境外所得。35号公告针对数月奖金和股权激励的特殊情形，在工资薪金所得来源地判定规则基础上，进一步细化规定：

1.无住所个人在境内履职或者执行职务时，收取的数月奖金或者股权激励所得，如果是归属于境外工作期间的所得，仍为来源于境外的工资薪金所得。

2.无住所个人停止在境内履约或执行职务离境后，收到归属于其在境内工作期间的数月奖金或股权激励所得，仍为来源于境内的所得。

3.无住所个人一个月内从境内、境外单位取得多笔数月奖金或者股权激励所得，且数月奖金或者股权激励分别归属于不同期间的，应当按照每笔数月奖金或股权激励的归属期间，分别计算每笔数月奖金或股权激励的收入额（数月奖金或者股权激励收入额乘以数月奖金或者股权激励所属工作期间境内工作天数与所属工作期间公历天数之比）后，然后再加总计算当月境内数月奖金或股权激励收入额。

需要说明的是，高管人员取得的数月奖金、股权激励，按照高管人员工资薪金所得的规定，划分境内、境外收入。

（三）董事、监事及高层管理人员取得报酬所得来源地的规定

按照《个人所得税法》实施条例规定，因任职、受雇、履约等在境内提供劳务取得的所得属于境内所得，但对担任董事、监事、高层管理职务（以下统

称“高管人员”）的无住所个人，其境内所得的判定规则与一般无住所雇员不同。高管人员参与公司决策和监督管理，工作地点流动性较大，不宜简单按照工作地点划分境内和境外所得。对此，35号公告规定，高管人员取得由境内居民企业支付或者负担的董事费、监事费、工资薪金（包括数月奖励和股权激励）或其他类似性质的报酬（以下统称“高管人员报酬”），无论是否在境内履行职务，均属于来源于境内的所得，应在境内缴纳个人所得税。对高管人员取得不是由境内居民企业支付或者负担的报酬，仍需按照任职、受雇、履约地点划分境内、境外所得。

高层管理职务包括企业正、副（总）经理、各职能总师、总监及其他类似公司管理层的职务。

三、无住所个人工资薪金收入额的计算方法

根据所得来源地规则，无住所个人取得的工资薪金所得，可以划分为境内支付的境内所得、境外支付的境内所得、境内支付的境外所得、境外支付的境外所得等四个部分。无住所个人根据其取得工资薪金所得的当年及此前6年在境内的居住时间确定纳税义务。例如，境内居住不超过90天的无住所个人取得的工资薪金所得，仅就境内支付的境内所得计算应纳税额；居住超过90天不满183天的无住所个人取得的工薪所得，应就全部境内所得（包括境内支付和境外支付）计算应纳税额。

《个人所得税法》修改前，无住所个人取得工资薪金所得，采取“先税后分”方法计算应纳税额，即先按纳税人从境内和境外取得的全部工资薪金所得计算应纳税额，再根据境内外工作时间及境内外收入支付比例，对税额进行划分，计算确定应纳税额。《个人所得税法》修改后，无住所居民个人的工资薪金所得应并入综合所得，不再单独计算税额，难以继续采取“先税后分”的方法，35号公告将计税方法调整为“先分后税”，即以无住所个人取得工资薪金所得的纳税义务为基础，先根据境内外工作时间及境内外收入支付比例，对工资薪金收入额进行划分，计算在境内应计税的工资薪金收入额，再据此计算应纳税额。计税方法调整后，无住所个人仅就其在境内应计税的收入额确定适用税率，降低了适用税率和税负，计税方法更加合理。

根据35号公告，无住所个人取得工资薪金所得，按以下规定计算在境内应纳税的工资薪金所得的收入额（以下称“工资薪金收入额”）：

（一）无住所个人为非居民个人的情形

无住所个人为非居民个人取得工资薪金所得，除高管人员外，当月工资薪金收入额分别按照以下两种情形计算：

1.非居民个人境内居住时间累计不超过90天的情形。

在一个纳税年度内，在境内累计居住不超过90天的非居民个人，仅就归属

于境内工作期间并由境内雇主支付或者负担的工资薪金所得计算缴纳个人所得税。

境内雇主包括雇用员工的境内单位和个人以及境外单位或者个人在境内的机构、场所。凡境内雇主采取核定征收所得税或者无营业收入未征收所得税的，无住所个人为其工作取得工资薪金所得，不论是否在该境内雇主会计账簿中记载，均视为由该境内雇主支付或者负担。

取得所得的当月工资薪金收入额的计算公式如下（公式一）：

当月工资薪金收入额=当月境内外工资薪金总额×（当月工资薪金所属工作期间境内工作天数÷当月工资薪金所属工作期间公历天数）×（当月境内支付工资薪金数额÷当月境内外工资薪金总额）

其中“工资薪金所属工作期间的公历天数”，是指无住所个人取得工资薪金所属工作期间按公历计算的天数；“当月境内外工资薪金总额”包含归属于不同期间的多笔工资薪金的，应当先分别计算不同归属期间工资薪金收入额，然后再加总计算当月工资薪金收入额。

下文公式二、公式三中的“工资薪金所属工作期间的公历天数”“当月境内外工资薪金总额”与本口径相同。

2.非居民个人境内居住时间累计超过90天不满183天的情形。

在一个纳税年度内，在境内累计居住超过90天但不满183天的非居民个人，取得归属于境内工作期间的工资薪金所得，均应当计算缴纳个人所得税；其取得归属于境外工作期间的工资薪金所得，不征收个人所得税。取得所得的当月工资薪金收入额的计算公式如下（公式二）：

当月工资薪金收入额=当月境内外工资薪金总额×（当月工资薪金所属工作期间境内工作天数÷当月工资薪金所属工作期间公历天数）

（二）无住所个人为居民个人的情形

在一个纳税年度内，在境内累计居住满183天的无住所居民个人取得工资薪金所得，除高管人员外，当月工资薪金收入额按以下规定计算：

1.无住所居民个人在境内居住累计满183天的年度连续不满6年的情形。

在境内居住累计满183天的年度连续不满6年的无住所居民个人，经向主管税务机关备案，其取得的全部工资薪金所得，除归属于境外工作期间且由境外单位或者个人支付的工资薪金所得部分外，均应计算缴纳个人所得税。取得所得的当月工资薪金收入额的计算公式如下（公式三）：

当月工资薪金收入额=当月境内外工资薪金总额×［1-（当月工资薪金所属工作期间境外工作天数÷当月工资薪金所属工作期间公历天数）×（当月境外支付工资薪金数额÷当月境内外工资薪金总额）］

2.无住所居民个人在境内居住累计满183天的年度连续满6年的情形。

（1）无住所个人一个纳税年度在中国境内累计居住满183天的（不论本年度是否有一次离境30天），区别情况处理：

①如果此前6年在中国境内每年累计居住天数都满183天而且没有任何一年

单次离境超过30天，该纳税年度来源于中国境内、境外所得应当缴纳个人所得税。

②如果此前6年的任一年在中国境内累计居住天数不满183天或者单次离境超过30天，该纳税年度来源于中国境外且由境外单位或者个人支付的所得，免予缴纳个人所得税。取得所得的当月工资薪金收入额按公式三计算。

（2）前款所称此前6年，是指该纳税年度的前1年至前6年的连续6个年度，此前6年的起始年度自2019年（含）以后年度开始计算。即：

①在境内居住累计满183天的年度连续“满6年”的起点，是自2019年（含）以后年度开始计算，2018年（含）之前已经居住的年度一律“清零”，不计算在内；

②按此规定，2024年（含）之前，所有无住所个人在境内居住年限都不满6年，其取得境外支付的境外所得都能享受免税优惠；

③自2019年起任一年度如果有单次离境超过30天的情形，此前连续年限“清零”，重新计算

为便于比较，现将无住所个人（非高管）工资薪金所得的纳税义务列表如下：

无住所个人（非高管）工资薪金所得纳税义务一览表

境内居住时间（设为T）		归属于境内工作期间的工资薪金所得		归属于境外工作期间的工资薪金所得		当月工资薪金所得收入额
		由境内雇主支付或负担	由境外雇主支付或负担	由境内雇主支付或负担	由境外雇主支付或负担	
非居民纳税人	T ≤ 90 天	征	免	不征	不征	公式一
	90<T<183	征	征	不征	不征	公式二
居民纳税人	T ≥ 183 天的年度不满 6 年	征	征	征	免	公式三
	＞6 年（第 7 年 ≥ 183 天）#	征	征	征	征	当月境内外支付工资薪金总额
	有住所个人	征	征	征	征	当月境内外支付工资薪金总额

当年在境内居住满 183 天，且此前 6 年在中国境内每年累计居住天数均满 183 天而且没有任何一年单次离境超过 30 天

（三）无住所个人为高管人员的情形

1.无住所居民个人为高管人员的，按照以下规定处理：

（1）在境内居住累计满183天的年度连续不满6年或者单次离境超过30天的无住所居民个人，经向主管税务机关备案，其取得的全部工资薪金所得，除归属于境外工作期间且由境外单位或者个人支付的工资薪金所得部分外，均应计算缴纳个人所得税，其取得所得的当月工资薪金所得收入额按公式三计算；

（2）在境内居住累计满183天的年度连续满6年且没有任何一年单次离境超过30天后，其从境内、境外取得的全部工资薪金所得均应计算缴纳个人所得税。

2.非居民个人为高管人员的，按照以下规定处理：

（1）高管人员在境内居住时间累计不超过90天的情形。在一个纳税年度内，在境内累计居住不超过90天的高管人员，其取得由境内雇主支付或者负担的工资薪金所得应当计算缴纳个人所得税；不是由境内雇主支付或者负担的工资薪金所得，不缴纳个人所得税。当月工资薪金收入额为当月境内支付或者负担的工资薪金收入额。

（2）高管人员在境内居住时间累计超过90天不满183天的情形。在一个纳税年度内，在境内居住累计超过90天但不满183天的高管人员，其取得的工资薪金所得，除归属于境外工作期间且不是由境内雇主支付或者负担的部分外，应当计算缴纳个人所得税。当月工资薪金收入额计算适用公式三。

四、无住所个人税款的计算

（一）无住所居民个人税款的计算

1.无住所居民个人取得综合所得，年度终了后，应按年计算个人所得税；有扣缴义务人的，由扣缴义务人按月或者按次预扣预缴税款；需要办理汇算清缴的，按规定办理汇算清缴。

（1）扣缴义务人向居民个人支付劳务报酬所得、稿酬所得、特许权使用费所得时，应当按照以下方法按次或者按月预扣预缴税款：

劳务报酬所得、稿酬所得、特许权使用费所得以收入减除费用后的余额为收入额；其中，稿酬所得的收入额减按70%计算。

减除费用：预扣预缴税款时，劳务报酬所得、稿酬所得、特许权使用费所得每次收入不超过4 000元的，减除费用按800元计算；每次收入4 000元以上的，减除费用按收入的20%计算。

应纳税所得额：劳务报酬所得、稿酬所得、特许权使用费所得，以每次收入额为预扣预缴应纳税所得额，计算应预扣预缴税额。稿酬所得、特许权使用费所得适用20%的比例预扣率。劳务报酬所得适用个人所得税预扣率如下表所示：

居民个人劳务报酬所得预扣预缴适用税率

级数	预扣预缴应纳税所得额	预扣率（%）	速算扣除数
1	不超过20 000元	20	0
2	超过20 000元至50 000元的部分	30	2 000
3	超过50 000元的部分	40	7 000

（2）居民个人办理年度综合所得汇算清缴时，应当依法计算劳务报酬所得、稿酬所得、特许权使用费所得的收入额，并入年度综合所得计算应纳税款，税款多退少补。

年度综合所得应纳税额=（年度工资薪金收入额+年度劳务报酬收入额+年度稿酬收入额+年度特许权使用费收入额-减除费用-专项扣除-专项附加扣除-依法确定的其他扣除）×适用税率-速算扣除数（公式四）

其中，年度工资薪金、劳务报酬、稿酬、特许权使用费收入额分别按年度内每月工资薪金以及每次劳务报酬、稿酬、特许权使用费收入额合计数额计算。

无住所居民个人为外籍个人的，2022年1月1日前计算工资薪金收入额时，已经按《财政部、国家税务总局关于个人所得税若干政策问题的通知》（财税字〔1994〕20号）规定减除住房补贴、伙食补贴、出差补贴、洗衣费、搬迁费、探亲费、语言训练费、子女教育费等八项津补贴的，不能同时享受专项附加扣除。

无住所居民个人工资薪金所得预扣预缴及年度综合所得年度汇算清算适用如下年度综合所得税率表：

年度综合所得税率表

级数	累计预扣预缴应纳税所得额	预扣率（%）	速算扣除数
1	不超过36 000元	3	0
2	超过36 000元至144 000元的部分	10	2 520
3	超过144 000元至300 000元的部分	20	16 920
4	超过300 000元至420 000元的部分	25	31 920
5	超过420 000元至660 000元的部分	30	52 920
6	超过660 000元至960 000元的部分	35	85 920
7	超过960 000元的部分	45	181 920

2.根据《财政部、国家税务总局关于《个人所得税法》修改后有关优惠政策衔接问题的通知》（财税〔2018〕164号）规定，无住所居民个人取得全年一次性奖金，符合《国家税务总局关于调整个人取得全年一次性奖金等计算征收个人所得税方法问题的通知》（国税发〔2005〕9号）规定的，在2021年12月31日前，不并入当年综合所得，以全年一次性奖金收入除以12个月得到的数额，按照月度综合所得税率表，确定适用税率和速算扣除数，单独计算纳税。计算公式为（公式五）：

应纳税额=全年一次性奖金收入×适用税率—速算扣除数

居民个人取得全年一次性奖金，也可以选择并入当年综合所得计算纳税。自2022年1月1日起，居民个人取得全年一次性奖金，应并入当年综合所得计算缴纳个人所得税。

【例10-4】非协定国居民A先生为无住所个人，2020年度，A先生预计在境内居住天数满183天。2020年4月取得2019年全年奖金50万元，对应境内工作时间73天，该全年奖由境内公司支付3/4、境外公司支付1/4。A先生对全年奖金选择单独计算纳税，应纳个人所得税计算如下：

当月取得2019年全年奖工资薪金收入额=500 000×（1-292÷365×1/4）
=400 000（元）

应纳个人所得税额=400 000×25%-2 660=97 340（元）

3.根据财税〔2018〕164号规定，居民个人取得股权激励（包括股票期权、股票增值权、限制性股票、股权奖励），符合《财政部、国家税务总局关于个人股票期权所得征收个人所得税问题的通知》（财税〔2005〕35号）、《财政部、国家税务总局关于股票增值权所得和限制性股票所得征收个人所得税有关问题的通知》（财税〔2009〕5号）、《财政部、国家税务总局关于将国家自主创新示范区有关税收试点政策推广到全国范围实施的通知》（财税〔2015〕116号）第四条、《财政部、国家税务总局关于完善股权激励和技术入股有关所得税政策的通知》（财税〔2016〕101号）第四条第（一）项规定的相关条件的，在2021年12月31日前，不并入当年综合所得，全额单独适用年度综合所得税率表计算纳税。计算公式（公式六）为：

应纳税额=股权激励收入×适用税率－速算扣除数

居民个人一个纳税年度内取得两次以上（含两次）股权激励的，应合并按（公式六）计算纳税。

（二）无住所非居民个人税款的计算

1.非居民个人当月取得工资薪金收入额，减去税法规定的减除费用后的余额，为应纳税所得额，适用月度综合所得税率表（以下称“月度税率表”）计算应纳税额。

非居民个人月度综合所得税率表

级数	全月应纳税所得额	税率（%）	速算扣除数
1	不超过3 000元的	3	0
2	超过3 000元至12 000元的部分	10	210
3	超过12 000元至25 000元的部分	20	1 410
4	超过25 000元至35 000元的部分	25	2 660
5	超过35 000元至55 000元的部分	30	4 410
6	超过55 000元至80 000元的部分	35	7 160
7	超过80 000元的部分	45	15 160

2.非居民个人一个月内取得数月奖金按规定计算出的当月收入额，不与当月其他工资薪金合并，按6个月分摊计税，不减除费用，适用月度税率表计算应纳税额，在一个公历年度内，对每一个非居民个人，该计税办法只允许适用一次。计算公式如下（公式七）：

当月数月奖金应纳税额=[（数月奖金收入额÷6）×适用税率－速算扣除

数］×6

（1）非高管人员取得境内发放数月奖金。

【例10-5】非协定国居民A先生于2019年受境外母公司委派到我国境内子公司工作，2019年12月31日离境，2020年1~12月均未在国内居住。2020年1月20日取得子公司发放的2019年度的全年奖金120万元，2019年在国内工作天数125天。

分析：非居民个人取得数月奖金的纳税义务应先根据其取得的年度（2020年）在境内的居住时间判断，再根据年终奖金所属年度在境内的工作天数计算工资薪金收入，最后按照《财政部、国家税务总局关于《个人所得税法》修改后有关优惠政策衔接问题的通知》（财税〔2018〕164号，适用于居民个人）或《财政部、税务总局关于非居民个人和无住所居民个人有关个人所得税政策的公告》（国家税务总局公告2019年第35号，适用于非居民个人）计算应纳税额。

2020年该无住所人员未在境内居住，属于在境内居住小于90天情形，其纳税义务是：仅对来源于境内且由境内支付的工资薪金所得征税。

来源于境内且由境内支付的工资薪金收入额=1 200 000×（125÷365）

=410 958.90（元）

当月数月奖金应纳税额=（410 958.90÷6×35%-7 160）×6

=100 875.62（元）

（2）非高管人员取得境内外发放的数月奖金。

【例10-6】非协定国居民A先生于2019年受境外母公司委派到我国境内子公司工作，2019年12月31日离境，2020年1~12月均未在国内居住。2020年1月20日取得子公司发放的2019年度的全年奖金120万元，当月同时取得境外母公司发放的2019年年终奖150万元，2019年在国内工作天数125天。

如【例10-5】的分析，该无住所人员2020年未在境内居住，但取得了来源于境内外的工资薪金所得，其纳税义务是仅对来源于境内且由境内支付的收入征税。

应纳税的工资薪金收入=（1 200 000+1 500 000）×（125÷365）×（1 200 000÷2 700 000）=410 958.90（元）

当月数月奖金应纳税额=（410 958.90÷6×35%-7 160）×6

=100 875.62（元）

（3）高管人员取得境内外数月奖金。

【例10-7】非协定国居民A先生于2019年受境外母公司委派到我国境内子公司担任高管，2019年12月31日离境，2020年1~12月均未在国内居住。2020年1月20日取得中国企业发放的2019年度的全年奖金120万元，当月同时取得境外母公司发放的2019年年终奖150万元，2019年在国内工作天数125天。

分析：该无住所人员在境内任职企业高管，2020年在境内未居住，但取得了来源于境内外的工资薪金所得。根据规定，归属于境内的薪酬需缴纳个人所得税，归属于境外由境内企业支付的也需要缴纳个税。

2020年1月取得的工资薪金收入额=（1 200 000+1 500 000）×［1-（240÷365）×（1 500 000÷2 700 000）］=2 700 000-986 301.37=1 713 698.63（元）

当月数月奖金应纳税额=（1 713 698.63÷6×45%-15 160）×6

=680 204.38（元）

3.非居民个人一个月内取得股权激励所得按规定计算出的当月收入额，不与当月其他工资薪金合并，按6个月分摊计税（一个公历年度内的股权激励所得应合并计算），不减除费用，适用月度税率表计算应纳税额，计算公式如下（公式八）：

当月股权激励所得应纳税额=［（本公历年度内股权激励所得合计额÷6）×适用税率—速算扣除数］×6-本公历年度内股权激励所得已纳税额

（1）非高管人员取得股权激励。

【例10-8】非协定国无住所人员B先生，2020年在境内居住天数不满90天，2020年1月，B先生取得境内支付的股权激励所得40万元，其中归属于境内工作期间的所得为12万元；2020年5月，取得境内支付的股权激励所得70万元，其中归属于境内工作期间的所得为18万元，计算B先生在境内股权激励所得的纳税情况（不考虑税收协定因素）。

2020年1月，B先生应纳税额=［（120 000÷6）×20%-1 410］×6

=15 540（元）

2020年5月，B先生应纳税额={［（120 000+180 000）÷6］×30%-4 410}×6-155 40=48 000（元）

（2）高管人员取得股权激励。

【例10-9】非协定国无住所人员B先生，2019年受境外母公司委派到境内子公司担任董事，2019年12月31日离境，2020年1~12月均未在境内居住。2020年1月20日取得境内子公司股权激励所得（股票增值权）120万元，股票激励所属期1 095天，在境内工作天数555天。

分析：高管人员取得由境内居民企业支付或者负担的董事费、监事费、工资薪金或其他类似性质的报酬，无论是否在境内履行职务，均属于来源于境内的所得，应在境内缴纳个人所得税。该项股权激励工资薪金收入额为120万元。

当月股权激励所得应纳税额=（1 200 000÷6×45%-15 160）×6

=449 040（元）

4.非居民个人取得来源于境内的劳务报酬所得、稿酬所得、特许权使用费所得，以税法规定的每次收入额为应纳税所得额，适用月度税率表计算应纳税额。非居民个人的劳务报酬所得、稿酬所得、特许权使用费所得以收入减除20%的费用后的余额为收入额；其中，稿酬所得的收入额减按70%计算。

非居民个人在一个纳税年度内税款扣缴方法保持不变，达到居民个人条件时，应当告知扣缴义务人基础信息变化情况，年度终了后按照居民个人有关规定办理汇算清缴。

第五节 无住所个人适用税收协定

按照我国政府签订的避免双重征税协定，内地与香港、澳门签订的避免双重征税安排（以下统称“税收协定”），居民条款规定为缔约对方税收居民的个人（以下称“对方税收居民个人”），可以按照税收协定及财政部、税务总局有关规定享受税收协定待遇，也可以选择不享受税收协定待遇计算纳税。除税收协定及财政部、税务总局另有规定外，无住所个人适用税收协定的，按照以下规定执行：

一、无住所个人适用受雇所得条款的规定

（一）无住所个人享受境外受雇所得协定待遇

境外受雇所得协定待遇，是指按照税收协定受雇所得条款规定，对方税收居民个人在境外从事受雇活动取得的受雇所得，可不缴纳个人所得税。

无住所居民个人为对方税收居民个人的，可在预扣预缴和汇算清缴时按前款规定享受协定待遇；非居民个人为对方税收居民个人的，可在取得所得时按前款规定享受协定待遇。

（二）无住所个人享受境内受雇所得协定待遇

境内受雇所得协定待遇，是指按照税收协定受雇所得条款规定，在税收协定规定的期间内境内停留天数不超过183天（含）的对方税收居民个人，在境内从事受雇活动取得受雇所得，不是由境内居民雇主支付或者代其支付的，也不是由境外雇主在境内常设机构负担的，可不缴纳个人所得税。

无住所居民个人按税收协定为对方税收居民个人的，可在预扣预缴和汇算清缴时按前款规定享受协定待遇；非居民个人为对方税收居民个人的，可在取得所得时按前款规定享受协定待遇。

无住所居民个人按税收协定为对方税收居民个人的情形，例如，境内居住天数为183天属于无住所居民个人，但根据协定在境内停留天数不超过183天（含）可享受协定优惠；或者无住所居民境内无永久性住所，但在其所在国有永久性住所，被判定为对方税收居民。

以下是享受受雇所得协定待遇的工资薪金纳税义务一览表：

享受受雇所得协定待遇的工资薪金纳税义务一览表

境内停留时间（设为T）		归属于境内工作期间的工资薪金所得		归属于境外工作期间的工资薪金所得		当月工资薪金所得收入额
		由境内雇主支付或负担	由境外雇主支付并负担	由境内雇主支付或负担	由境外雇主支付并负担	
非居民个人	T<183 天	征	免	不征	不征	公式一
无住所居民个人	T = 183 天	征	免	不征	不征	公式一
	T > 183 天	征	征	不征	不征	公式二
非居民个人，且在一个纳税年度内居住时间不超过 90 天	T > 183 天（跨年度连续 12 个月停留时间超过 183 天）	征	免	不征	不征	公式一
非居民个人，且在一个纳税年度内居住时间超过 90 天但小于 183 天		征	征	不征	不征	公式二

注：①表格第一列"非居民个人"和"居民个人"是指，按《个人所得税法》第一条规定判定为非居民或居民的个人。②"≤ 183 天"是指在税收协定规定的期间内在中国境内停留连续或累计不超过 183 天，"> 183 天"是指在税收协定规定的期间内在中国境内停留连续或累计超过 183 天。

二、无住所个人适用独立个人劳务或者营业利润条款的规定

独立个人劳务或者营业利润协定待遇，是指按照税收协定独立个人劳务或者营业利润条款规定，对方税收居民个人取得的独立个人劳务所得或者营业利润符合税收协定规定条件的，可不缴纳个人所得税。

协定独立个人劳务或营业利润条款的适用

协定条款	中国有征税权的情形
独立个人劳务条款	满足两个条件之一： ①在中国境内为从事独立个人劳务活动设有经常使用的固定基地（可以对归属于该固定基地的所得征税）； ②在规定的期间内（一般规定为任何 12 个月内），在中国境内停留连续或累计达到或超过 183 天（可以对在中国境内进行活动取得的所得征税） 注：少数协定为三个条件。
营业利润条款	对方企业通过设在中国境内的常设机构在中国境内进行营业（可以对属于该常设机构的利润征税）

以《中华人民共和国政府和新加坡共和国政府关于对所得避免双重征税和防止偷漏税的协定》第十四条"独立个人劳务"为例，一般情况下仅在该个人为其居民的国家征税，但符合下列条件之一的，来源国有征税权：

1. 该缔约国居民个人为从事独立个人劳务为目的在缔约国另一方设立了经常使用的固定基地。固定基地的判断标准与常设机构类似，但固定基地与常设

机构也有不同，独立个人劳务不要求通过固定基地进行，而企业的经营活动则要求部分或全部通过常设机构进行。

2.该居民个人在任何12个月中在缔约国另一方停留连续或累计达到或超过183天。

【例10-10】某新加坡居民个人2008年4月1日来华从事独立个人劳务，到2009年3月31日的12个月期间在华累计停留150天，2008年8月1日至2009年7月31日的12个月期间停留210天。据此，该人员2008年和2009年两个纳税年度内在华从事独立个人劳务均构成在华纳税义务。但需明确的是，在中国作为收入来源国对新加坡居民个人在中国提供独立个人劳务取得的所得有征税权的情况下，中国应仅就属于上述固定基地的所得征税或仅对新加坡居民个人在华提供独立个人劳务期间取得的所得征税。

协定此项规定仅为判定中国对独立个人劳务所得是否有权征税提供依据，不影响国内法相关的具体征税规定。

无住所居民个人为对方税收居民个人，其取得的劳务报酬所得、稿酬所得可享受独立个人劳务或者营业利润协定待遇的，在预扣预缴和汇算清缴时，可不缴纳个人所得税；非居民个人为对方税收居民个人，其取得的劳务报酬所得、稿酬所得可享受独立个人劳务或者营业利润协定待遇的，在取得所得时可不缴纳个人所得税。

三、无住所个人适用董事费条款的规定

（一）董事费适用工资薪金所得与劳务报酬所得的划分

《国家税务总局关于明确个人所得税若干政策执行问题的通知》（国税发〔2009〕121号）规定，个人在公司（包括关联公司）任职、受雇，同时兼任董事、监事的，应将董事费、监事费与个人工资收入合并，统一按工资、薪金所得项目缴纳个人所得税。对于个人担任公司董事、监事，且不在公司任职、受雇的情形按“劳务报酬所得”缴纳个人所得税。

（二）协定董事费条款的适用

根据我国对外签署的协定，无住所个人在我国境内企业担任董事而取得的董事费和其他类似的款项，无论该董事是否在中国境内履行董事职责，中国对此项所得有征税权。所谓“其他类似款项”包括个人以公司董事会成员身份取得的实物福利，例如，股票期权、居所或交通工具、健康或人寿保险及俱乐部成员资格等。在董事会成员被授予股票期权的情况下，我国有权对构成董事费或类似性质报酬的股票期权利益征税，即使征税时该人已经不再是董事会的成员。

如果税收协定董事费条款中未明确包括公司高管的，高管人员所取得的报酬应适用“受雇所得”条款。因此，35号公告规定，对方税收居民个人为高管

人员，该个人适用的税收协定未纳入董事费条款，或者虽然纳入董事费条款但该个人不适用董事费条款，且该个人取得的高管人员报酬可享受税收协定受雇所得、独立个人劳务或者营业利润条款规定待遇的，可按上述协定有关受雇所得、独立个人劳务或营业利润条款的规定执行。

对方税收居民个人为高管人员，该个人取得的高管人员报酬按照税收协定董事费条款规定可以在境内征收个人所得税的，应按照有关工资薪金所得或者劳务报酬所得规定缴纳个人所得税。

董事费条款适用情形如下表所示：

协定董事费条款的适用

		条款规定
35号公告第一条第（三）项		对于担任境内居民企业的董事、监事及高层管理职务的个人，无论是否在境内履行职务，取得由境内居民企业支付或者负担的董事费、监事费、工资薪金或者其他类似报酬，属于来源于境内的所得
税收协定董事费条款	仅适用董事	缔约国一方居民作为缔约国另一方居民公司的董事会成员取得的董事费和其他类似款项，可以在该缔约国另一方征税
	适用董事、监事	缔约国一方居民作为缔约国另一方居民公司的董事会或类似机构成员取得的董事费和其他类似款项，可以在该缔约国另一方征税
	适用董事、监事、高层管理人员	①缔约国一方居民作为缔约国另一方居民公司的董事会或类似机构成员取得的董事费和其他类似款项，可以在该缔约国另一方征税。 ②缔约国一方居民作为缔约国另一方居民公司的高级管理职位的职员取得的薪金、工资和其他类似报酬，可以在该缔约国另一方征税

基于上述规定，高管人员取得工资薪金所得或劳务报酬所得的纳税义务可概括为三类：

第一类，没有协定的。按国内法执行：即境内居住时间≤90天，当期工资薪金收入额为当月境内支付或负担的工资薪金收入额；90天<境内居住时间≤183天的，适用公式三。

第二类，有协定，且适用董事费条款的。按董事费条款执行：不能享受受雇所得或者独立个人劳务条款的待遇，等同于按国内法执行，即境内居住时间≤90天，当月工资薪金收入额=当月境内外工作期间境内支付的工资薪金；90天<境内居住时间≤183天的，适用公式三。

第三类，有协定，不适用董事费条款的。有机会享受协定待遇：可享受境外受雇所得协定待遇的，适用公式二；可享受境内受雇所得协定待遇的，适用公式一。

为便于比较，现将无住所高管人员的工资薪金所得纳税义务列表如下：

无住所个人（高管人员）工资薪金所得纳税义务一览表

境内居住时间（设为T）		归属于境内工作期间的工资薪金所得		归属于境外工作期间的工资薪金所得		当月工资薪金所得收入额	协定待遇	
		由境外雇主支付或负担	由境内雇主支付或负担	由境外雇主支付或负担	由境内雇主支付或负担		不适用董事费条款的，适用受雇所得条款	适用董事费条款的，不适用受雇所得或者独立个人劳务条款，等同于国内法
非居民纳税人	T ≤ 90 天	征	免	征	不征	当月境内支付工资薪金总额	在协定规定的期间内境内停留天数不超过 183 天，仅对来源于境内且由境内雇主支付的征税。适用公式一	当月境内支付工资薪金总额
	90 天 <T<183 天	征	征	征	不征	公式三		公式三
居民纳税人	T ≥ 183 天的年度 ≤ 6 年	征	征	征	免	公式三	适用受雇所得条款。仅对来源于境内的工资薪金所得征税。适用公式二	公式三
	＞6 年（第 7 年 ≥ 183 天）#	征	征	征	征	当月境内外支付工资薪金总额		当月境内外支付工资薪金总额
	有住所个人	征	征	征	征	同上	—	—

当年在境内居住满 183 天，且此前 6 年在中国境内每年累计居住天数均满 183 天且没有任何一年单次离境超过 30 天。

【例10-11】新加坡居民张某在境内A公司担任独立董事，2019年度累计境内居住时间为56天，2019年12月，A公司一次性支付张某2019年全年董事费报酬30万元。张某在境内应缴纳个人所得税计算如下：

分析：根据《中新协定》董事费条款，张某2019年境内居住时间小于90天，仅就境内支付的董事费报酬在我国缴纳个人所得税。根据《国家税务总局关于明确个人所得税若干政策执行问题的通知》（国税发〔2009〕121号）规定，个人担任公司董事、监事，且不在公司任职、受雇的情形按“劳务报酬所得”缴纳个人所得税。根据《国家税务总局关于发布〈个人所得税扣缴申报管理办法（试行）〉的公告》（国家税务总局公告2018年第61号），A公司向张某支付董事费报酬时，需代扣代缴个人所得税=［300 000 ÷ 12 ×（1–20%）× 20%–1 410］× 12=31 080（元）。

四、无住所个人适用特许权使用费或者技术服务费条款的规定

特许权使用费或者技术服务费协定待遇，是指按照税收协定特许权使用费或者技术服务费条款规定，对方税收居民个人取得符合规定的特许权使用费或者技术服务费，可按照税收协定规定的计税所得额和征税比例计算纳税。

无住所居民个人为对方税收居民个人，其取得的特许权使用费所得、稿酬所得或者劳务报酬所得可享受特许权使用费或者技术服务费协定待遇的，可不纳入综合所得，在取得当月按照税收协定规定的计税所得额和征税比例计算应纳税额，并预扣预缴税款。年度汇算清缴时，该个人取得的已享受特许权使用费或者技术服务费协定待遇的所得不纳入年度综合所得，单独按照税收协定规定的计税所得额和征税比例计算年度应纳税额及补退税额。

非居民个人为对方税收居民个人，其取得的特许权使用费所得、稿酬所得或者劳务报酬所得可享受特许权使用费或者技术服务费协定待遇的，可按照税收协定规定的计税所得额和征税比例计算应纳税额。

第六节 无住所个人税收征管办法

一、无住所个人预计境内居住时间的规定

无住所个人在一个纳税年度内首次申报时，应当根据合同约定等情况预计一个纳税年度内境内居住天数以及在税收协定规定的期间内境内停留天数，按照预计情况计算缴纳税款。实际情况与预计情况不符的，分别按照以下规定处理：

1.无住所个人预先判定为非居民个人，因延长居住天数达到居民个人条件

的，一个纳税年度内税款扣缴方法保持不变，年度终了后按照居民个人有关规定办理汇算清缴，但该个人在当年离境且预计年度内不再入境的，可以选择在离境之前办理汇算清缴。

2.无住所个人预先判定为居民个人，因缩短居住天数不能达到居民个人条件的，在不能达到居民个人条件之日起至年度终了15天内，应当向主管税务机关报告，按照非居民个人重新计算应纳税额，申报补缴税款，不加收税收滞纳金。需要退税的，按照规定办理。

3.无住所个人预计一个纳税年度境内居住天数累计不超过90天，但实际累计居住天数超过90天的，或者对方税收居民个人预计在税收协定规定的期间内境内停留天数不超过183天，但实际停留天数超过183天的，待达到90天或者183天的月度终了后15天内，应当向主管税务机关报告，就以前月份工资薪金所得重新计算应纳税款，并补缴税款，不加收税收滞纳金。

二、无住所个人境内雇主报告境外关联方支付工资薪金所得的规定

无住所个人在境内任职、受雇取得来源于境内的工资薪金所得，凡境内雇主与境外单位或者个人存在关联关系，将本应由境内雇主支付的工资薪金所得，部分或者全部由境外关联方支付的，无住所个人可以自行申报缴纳税款，也可以委托境内雇主代为缴纳税款。无住所个人未委托境内雇主代为缴纳税款的，境内雇主应当在相关所得支付当月终了后15天内向主管税务机关报告相关信息，包括境内雇主与境外关联方对无住所个人的工作安排、境外支付情况以及无住所个人的联系方式等信息。

无住所个人选择委托境内雇主代为缴纳税款的，境内雇主应当比照《个人所得税扣缴申报管理办法（试行）》（国家税务总局公告2018年第61号）第六条和第九条有关规定计算应纳税款，填写“个人所得税扣缴申报表”，并于相关所得支付当月终了后15日内向主管税务机关办理纳税申报。无住所个人选择自行申报缴纳税款的，应当比照《个人所得税扣缴申报管理办法（试行）》（国家税务总局避公告2018年第61号）第九条有关规定计算应纳税款，填写“个人所得税自行纳税申报表（A表）”，并于取得相关所得当月终了后15日内向其境内雇主的主管税务机关办理自行申报纳税。

第十一章

国内税法与艺术家和运动员条款的衔接

本章主要涉及对艺术家和运动员征税的相关问题，一般为税收协定的第十七条，共三款，本条明确规定了适用艺术家和运动员条款的活动范围、征税原则、免税条件。

第一节　艺术家和运动员条款解读及执行

一、艺术家和运动员报酬征税原则

由于艺术家、运动员至缔约国另一方从事表演活动，停留时间短，又不设立固定基地，且收入颇丰，为便于活动所在国征税，如同“董事费”一样，税收协定对艺术家、运动员采取了有别于“营业利润”“独立个人劳务”和“非独立个人劳务”条款的例外规定。

我国对外签订的税收协定关于艺术家和运动员的征税原则规定相同，即为了维护所得来源地国家的征税权，对于艺术家和运动员的报酬，原则上由来源国即其提供活动所在国征税，由来源国政府优先行使收入来源地征税权。

艺术家与运动员条款与“受雇所得”条款、“独立个人劳务”条款之间是特殊条款与一般条款的关系。缔约国一方居民个人作为艺术家或运动员因受雇在缔约国另一方从事表演活动而取得的报酬适用本条款规定，原则上由来源国征税，不受受雇所得条款规定的同时满足停留时间、所得支付者和常设机构负担三个条件的限制。同样，缔约国一方居民个人作为艺术家或运动员从事独立个人劳务不适用“独立个人劳务”条款，而应就在缔约国另一方从事活动的所得纳税，不受固定基地、停留时间或支付金额的限制。

此外，为了促进缔约国之间的文化、体育交流与合作，我国对外签订的税收协定中大多还规定了第三款，即对演艺人员或运动员根据政府间协议从事的文化交流活动或由政府公共基金资助的表演活动，在来源国应予免税。

本节以《中华人民共和国政府和新加坡共和国政府关于对所得避免双重征税和防止偷漏税的协定》（国税函〔2007〕790号）为例，并结合国内法解析对缔约国艺术家与运动员来源于我国境内的所得的征管原则及管理办法。

二、活动所得归属于个人的征税

“艺术家和运动员”条款第一款规定，艺术家和运动员从事个人活动所取得的所得，由活动所在国征税。具体表述为：“缔约国一方居民的个人，作为表演家，如戏剧、电影、广播或电视艺术家、音乐家或者作为运动员，在缔约国另一方从事其个人活动取得的所得，可以在该缔约国另一方征税。”

三、活动所得归属于他人的征税

本条第二款规定，艺术家或运动员由于雇佣关系取得的归属于其他人（包括公司）的所得，也由活动所在国征税。具体表述为“表演家或运动员在缔约国一方，从事其个人活动取得的所得，并非归属于表演家或者运动员本人，而是归属于缔约国另一方居民的其他人，可以在该缔约国一方征税”。

根据该条款，如果是以缔约国经纪公司的名义在缔约国另一方从事活动，缔约国另一方应首先对经纪公司征收企业所得税（而无论是否构成常设机构），然后再对艺术家或运动员个人从经纪公司取得的收入征收个人所得税。

这样规定的主要原因是考虑到，假如艺术家或运动员由于雇佣关系取得的活动报酬并非为本人取得，而是归属于居住国的公司或企业性团体，且本人从公司或团体取得的报酬很少，则来源国只能就艺术家或运动员本身取得很少的所得征税。而对于归属于该公司或团体的所得，因其不符合常设机构条件而无法征税。这样一来，不仅来源国损失了一部分征税权，而且在其居住国只实行单一的来源地征税权的情况下，还可能对该公司或团体双重免税。因此，协定明确规定，不论艺术家或运动员的所得是由个人取得还是由团体或公司取得，都可以由来源国征税，保持了对该类所得在征税权利分工上的一致性。

四、免税规定

为促进与协定缔约国之间的文化、体育交流与合作，我国对外签订的税收协定中一般都明确：艺术家或运动员从事政府间的文化交流或者是由其他地方当局公共基金资助进行的表演活动应予以免税。主要分为以下几类：一是无免税规定；二是政府文化交流活动免税；三是公共基金（资金）或政府资金资助的活动免税；四是公共基金赞助或政府文化交流的活动免税；五是体育交流计划的活动免税；六是公共资金资助或文化、体育活动免税。

第二节　国内税法与艺术家和运动员条款的衔接

一、艺术家和运动员活动的范畴

《国家税务总局关于税收协定执行若干问题的公告》（国家税务总局公告2018年第11号，以下简称“11号公告”）规定，演艺人员（即协定所称“艺术家”，以下统称“演艺人员”）活动包括：①演艺人员从事的舞台、影视、音乐等各种艺术形式的活动；②以演艺人员身份开展的其他个人活动（如演艺人员开展的电影宣传活动，演艺人员或运动员参加广告拍摄、企业年会、企业剪彩等活动）；③具有娱乐性质的涉及政治、社会、宗教或慈善事业的活动。演艺人员活动不包括会议发言，以及以随行行政、后勤人员（如摄影师、制片人、导演、舞蹈设计人员、技术人员以及流动演出团组的运送人员等）身份开展的活动。在商业活动中进行具有演出性质的演讲不属于会议发言。

运动员活动包括参加赛跑、跳高、游泳等传统体育项目的活动；参加高尔夫球、赛马、足球、板球、网球、赛车等运动项目的活动；参加台球、象棋、桥牌比赛、电子竞技等具有娱乐性质的赛事的活动。

二、演艺人员和运动员所得的范畴

11号公告规定，以演艺人员或运动员身份开展个人活动取得的所得包括开展演出活动取得的所得（例如出场费），以及与开展演出活动有直接或间接联系的所得（如广告费）。此外，演艺人员或运动员还可能取得涉及版权的所得，如从演出活动音像制品出售产生的所得中分配给演艺人员或运动员的所得。

演艺人员或运动员还可能受雇或受聘于经纪公司，由经纪公司对外签署演出合同，演艺人员或运动员按照与经纪公司的约定，从经纪公司取得收入。

三、所得由演艺人员和运动员个人直接取得的税务处理

缔约国对方居民艺术家和运动员以个人名义直接从事表演活动来源于我国的所得，按照劳务报酬所得征收所得税。艺术家和运动员取得的除出场费以外的其他所得，应根据是否与表演活动直接或间接联系而区别对待。对从事表演活动录制音像制品并出售产生的所得中分配给艺术家或运动员的（权利）所得，或与艺术家或运动员有关的涉及其版权的所得，应适用税收协定“特许权使用费”条款的有关规定征税。

四、所得通过其他人间接取得的税务处理

艺术家或运动员以团体的名义（通常是经纪公司）在我国境内提供表演活动，由团体或企业取得收入，则取得收入的团体或企业在来源国负有纳税义务，即，无论该团体是否在我国构成常设机构，其取得的营业利润需要在我国缴纳企业所得税。

艺术家或运动员从演出团体取得的收入，同样需要在我国缴纳个人所得税。如果该艺术家或运动员与演出团体具有雇用关系，则按工资薪金所得征税；反之，按劳务报酬所得征税。需要注意的是，我国对艺术家或运动员征收个人所得税时，应仅就与本国表演活动有关的个人报酬征税，个人从演出团队取得的其他报酬，不予征税。

比如，境内甲公司作为主办方邀请境外乙交响乐团境内演出，演出成员均为乙交响乐团的雇员，甲公司支付乙交响乐团300万元演出费，交响乐团按照全部收入的60%即180万元支付给演出人员，则无论演出人员在境内停留时间多久，交响乐团均需按“工资薪金所得”代扣代缴个人所得税，税款在演出所

在地税务机关缴纳。同时，对交响乐团的利润，无论其在境内的活动是否构成常设机构，均需按照《非居民承包工程作业和提供劳务税收管理暂行办法》（国家税务总局令第19号）的规定计算企业所得税，税款由甲公司负责代扣代缴。实务中，由于交响乐团的成本费用在所在国账簿列支，我国在征收企业所得税时一般采用核定征收方式计算应纳税额。

五、反避税规则的运用

实务中，常见这样的例子：境外艺人与境外经纪公司无受雇关系，该境外经纪公司通常设立在避税地，且由艺人以委托他人代持股方式实际控制。如我国境内的甲公司与境外经纪公司签订演出协议，协议约定境内甲公司聘境外艺人在境内演出，各类广告宣传费、制作费均由经纪公司承担。协议未明确经纪公司是否向艺人支付演出报酬，极端情况下会明确表示艺人演出不向甲公司、经纪公司收取任何酬劳。

如果不考虑反避税规则，甲公司需就付给境外经纪公司的全部收入扣缴企业所得税。由于经纪公司应纳企业所得税采用核定征收方式，税负较低，因不掌握或无充分证据证明艺人是否取得收入，往往无法征收艺人的个人所得税，导致税源流失。

修订后的《中华人民共和国个人所得税法》第八条引入反避税规定，即：纳税人避税的，税务机关有权按照合理方法进行纳税调整，需要补征税款的，应当补征税款，并依法加收利息。避税的情形包括：个人与其关联方之间的业务往来不符合独立交易原则而减少本人或者其关联方应纳税额，且无正当理由；居民个人控制的，或者居民个人和居民企业共同控制的设立在实际税负明显偏低的国家（地区）的企业，无合理经营需要，对应当归属于居民个人的利润不作分配或者减少分配；个人实施其他不具有合理商业目的的安排而获取不当税收利益。上述反避税规则的运用可以有效防控跨境演艺人员和运动员的避税行为，保障我国征税权。

税务机关可以依据上述反避税规定，依据经纪公司与艺人结算酬劳的常规结算方式确定艺人在境内的演出报酬，按“劳务报酬所得”征收其个人所得税，并对经纪公司全部演出报酬扣除核定艺人报酬的差额征收企业所得税。

六、艺术家和运动员个人所得税征管办法

非居民个人的工资、薪金所得，以每月收入额减除费用5 000元后的余额为应纳税所得额，劳务报酬所得以每次收入减除20%的费用后的余额为应纳税所得额。非居民个人的工资、薪金所得或劳务报酬所得适用下列综合所得个人所得税月度税率表计算应纳税额，税款由支付的单位负责代扣代缴。扣缴义务人未按规定扣缴税款的，由纳税人向演出所在地税务机关办理纳税申报。

综合所得个人所得税月度税率表

级数	应纳税所得额	税率（%）	速算扣除数
1	不超过 3 000 元	3	0
2	超过 3 000 元至 12 000 元的部分	10	210 元
3	超过 12 000 元至 25 000 元的部分	20	1 410 元
4	超过 25 000 元至 35 000 元的部分	25	2 660 元
5	超过 35 000 元至 55 000 元的部分	30	4 410 元
6	超过 55 000 元至 80 000 元的部分	35	7 160 元
7	超过 80 000 元的部分	45	15 160 元

第十二章

国内税法与其他特殊类型劳务所得的衔接

本章介绍的其他特殊类型的劳务所得，包括退休金、政府服务所得、教师和研究人员所得以及学生和实习人员所得。由于劳务方式的复杂性，如同“董事费”“艺术家和运动员”一样，税收协定对其他特殊类型的劳务所得采取了有别于“营业利润”“独立个人劳务”“非独立个人劳务”条款的例外规定。

第一节 国内税法与退休金条款的衔接

一、退休金的征税原则

对于境外工作的人员取得的退休金如何征税问题，税收协定采取了完全不同于独立个人劳务和非独立个人劳务所得的处理原则。

1.除为政府服务的退休金另有规定外，缔约国一方居民因以前在缔约国另一方的雇用关系而由缔约国另一方支付的退休金和其他类似报酬，应仅在受益人为其居民的缔约国一方征税，而不适用服务地原则。

根据该规定，居民国对退休金独占征税权，不论取得退休金的人以前的工作地点如何，取得退休金时该个人为其居民的国家对该项退休金拥有征税权。本条所涵盖的款项为基于以前的雇用关系而支付的退休金和其他类似报酬。其他类似报酬包括与退休金类似的非定期支付的款项，如在雇用关系终止时或终止以后一次性支付的退休金。例如，一个韩国国民原来在韩国受雇于某企业，其退休后定居在中国并构成中国居民，那么根据协定规定，中国对该个人从韩国企业取得的退休金独占征税权。

2.对一国政府或其地方当局按社会保险制度的公共福利计划支付的退休金和其他类似款项，无论支付时取得退休金的个人在何处居住，应仅在退休金支付国征税。如近年来，很多韩国老人退休后，在中国沿海地区买房长期居住，韩国政府每月支付给他们的退休金，韩国独享征税权。

3.对政府部门或从其建立的基金中支付给向其提供服务的个人的退休金，应适用“政府服务”条款规定。个人为政府或地方当局从事的与营业有关的事业（如国有公路、邮局、国有剧院等）提供服务而取得的退休金和其他类似报酬，应适用“退休金”条款规定。

二、国内税法规定

对于税收协定明确我国具有征税权的退休金，可适用国内税法优惠。《中华人民共和国个人所得税法》第四条第七项规定：“按照国家统一规定发给干部、职工的安家费、退职费、基本养老金或者退休费、离休费、离休生活补助费，免征个人所得税。”实务中应注意下列事项：

（一）区分退休金与退职费

参照《国家税务总局涉外税务管理司关于境外雇主支付其雇员的退职费征收个人所得税问题的批复》（国税外函〔1998〕21号），中日税收协定第十八条中提及的“退休金和其他类似报酬”，一般是指雇员退休后由雇主按照有关社会保障制度规定给付的款项，通常按固定时间以固定数额支付，在居民国征税，而一次性得到的退职慰劳金（即退职费），不属于“退休金和其他类似报酬”的范围，对其中属于在华工作期间的部分，应视为来源于我国的工资、薪金性质的所得，按照我国税法有关规定缴纳个人所得税。

关于一次性取得退职费应纳税额的计算，根据《财政部、国家税务总局关于《个人所得税法》修改后有关优惠政策衔接问题的通知》（财税〔2018〕164号）、《关于在中国境内无住所的个人居住时间判定标准的公告》（2019年第34号）、《关于非居民个人和无住所居民个人有关个人所得税政策的公告》（2019年第35号）规定，首先要根据无住所个人取得退职费当年在境内居住天数确定其纳税义务，并结合退职费所属工作期间境内工作天数和所属工作期间公历天数，计算应纳税退职费收入，然后按照办理提前退休手续至法定离退休年龄之间实际年度数平均分摊，确定适用税率和速算扣除数，单独适用综合所得税率表，计算纳税。计算公式：

应纳税额={［（应纳税退职费收入 ÷ 办理提前退休手续至法定退休年龄的实际年度数）—费用扣除标准］× 适用税率—速算扣除数}× 办理提前退休手续至法定退休年龄的实际年度数

（二）退休人员再任职取得的收入不属于退休金

《国家税务总局关于个人兼职和退休人员再任职取得收入如何计算征收个人所得税问题的批复》（国税函〔2005〕382号）、《国家税务总局关于离退休人员再任职界定问题的批复》（国税函〔2006〕526号）、《国家税务总局关于个人所得税有关问题的公告》（国家税务总局公告2011年第27号）规定，个人兼职取得的收入应按照“劳务报酬所得”应税项目缴纳个人所得税；退休人员再任职取得的收入，在减除按《个人所得税法》规定的费用扣除标准后，按“工资、薪金所得”应税项目缴纳个人所得税。“退休人员再任职”，应同时符合下列条件：①受雇人员与用人单位签订一年以上（含一年）劳动合同（协议），存在长期或连续的雇用与被雇用关系；②受雇人员因事假、病假、休假等不能正常出勤时，仍享受固定或基本工资收入；③受雇人员与单位其他正式职工享受同等福利、培训及其他待遇（不含社保）；④受雇人员的职务晋升、职称评定等工作由用人单位负责组织。

第二节　国内税法与政府服务条款的衔接

政府服务条款适用于为政府服务取得的由缔约国一方政府或地方当局支付的工资、薪金和其他类似报酬以及退休金。

一、公务员取得除退休金外的薪酬的征税原则

第一款一般规定，缔约国一方或其法定团体或地方当局对向其提供服务的个人支付退休金以外的薪金、工资和其他类似报酬，应仅在该缔约国一方征税。根据该规定，为政府服务取得的报酬由得到服务的国家享有征税权，即支付国独占征税权原则；但不包括缔约国另一方的国民并且为其居民的个人向缔约国一方提供服务取得的所得。

例如，英国政府设在中国的办事机构所雇用的英国员工所取得的薪酬应由英国征税；但如果该机构所雇用的员工为中国国民，或者在为该机构工作以前就已是中国居民，那么其取得的薪酬应由中国征税。

二、公务员取得的退休金的征税原则

第二款规定，为政府服务取得的退休金由支付国享有征税权，但不包括缔约国另一方的国民并且为其居民的个人向缔约国一方提供服务取得的退休金。该款对退休金的征税原则与第一款相似，即如果政府部门或者从其建立的基金中对向其提供服务的个人支付的退休金，应仅由支付国征税。但是，如果提供服务的个人是缔约国另一方居民且为其国民的，该项退休金应仅在该个人为其居民和国民的国家征税。

需要说明的是，如果我国对退休金具有征税权，但按照现行《个人所得税法》规定，个人取得的退休金免征个人所得税。

三、个人为国有企业提供服务取得报酬和退休金的征税原则

第三款规定，个人为政府或地方当局从事的与营业有关的事业（如国有公路、邮局、国有剧院等）提供服务而取得的报酬和退休金，不适用本条，应根据所得性质，分别适用协定第十五条受雇所得、第十六条董事费、第十七条艺术家和运动员、第十八条退休金的相关规定。

第三节　国内税法与教师和科研人员条款的衔接

OECD税收协定范本和UN范本都没有对教师和科研人员给予特殊待遇，我国为引进智力和人才，加强国际交流，参考国际先例，与大多数国家签订的协定都列入了“教师和科研人员”条款。

一、协定对教师和科研人员的征税原则

我国对外签订的协定中关于教师和科研人员条款内容基本一致，一般表述为："缔约国一方居民个人到缔约国另一方的大学、学院、学校或其他公认的教育机构或科研机构，从事教学、讲学或研究取得的报酬，该缔约国另一方应给予一定限制条件的免税待遇。"根据该约定，来自缔约对方的教师和研究人员符合规定条件的，可以在中国享受规定期限的免税待遇。

二、教师和科研人员条款解释与执行

为执行税收协定关于教师和研究人员条款，《国家税务总局关于执行税收协定教师和研究人员条款有关问题的公告》（国家税务总局公告2011年第42号）、《国家税务总局关于进一步完善税收协定中教师和研究人员条款执行有关规定的公告》（国家税务总局公告2016年第91号）作出了具体规定：

1.除税收协定另有明确规定外，税收协定教师和研究人员条款仅适用于与中国境内的学校或研究机构（以下简称"境内机构"）有聘用关系的教师和研究人员。聘用关系是指相关教师或研究人员与境内机构间签有聘用合同，或虽未有明确的聘用合同，但其在境内机构担任职务并且实际从事的教学、讲学或研究活动的内容、方式、时间等均由境内机构安排或控制的情况。

凡与境内机构没有上述聘用关系，而以独立身份或者以非境内机构的雇员身份在中国境内从事教学、讲学或研究活动的人员，以及受境外教育机构的指派为该境外教育机构与境内机构的合作项目开展相关教学活动的人员，不适用税收协定教师和研究人员条款的规定。上述合作项目指境外教育机构与境内机构以各自名义合作开展的相关教学活动项目，不包括中外教育机构联合在中国境内成立的独立教育机构。

2.税收协定教师和研究人员条款规定的教学、讲学或研究包括按照聘用单位要求在境内外进行的各种教学、讲学或研究活动，以及在承担教学、讲学或研究活动的同时，承担的相关规划、咨询和行政管理等活动。但不包括仅从事规划、咨询和行政管理的活动。在承担此类规划、咨询和行政管理活动中偶尔从事的讲座活动不应视为承担了教学、讲学或研究活动。

3.税收协定该条款所称"大学、学院、学校或其他政府承认的教育机构"，在我国是指实施学前教育、初等教育、中等教育、高等教育和特殊教育的学校，具体包括幼儿园、普通小学、成人小学、普通初中、职业初中、普通高中、成人高中、中专、成人中专、职业高中、技工学校、特殊教育学校、外籍人员子女学校、普通高校、高职（专科）院校和成人高等学校。培训机构不属于学校。

4.除双方主管当局通过相互协商达成的共同意见另有规定外，税收协定教师和研究人员条款规定的停留期或免税期仍应按照《财政部、税务总局关于对

来自同我国签订税收协定国家的教师和研究人员征免个人所得税问题的通知》（财税协字〔86〕第030号）的规定计算，即。具体如下：

（1）免税起始日期的规定。

对来自同我国已签订税收协定的国家，并在该协定开始执行前已经在华的外国教师和研究人员，对其停留不超过3年（有的为2年）的日期，应自该协定开始执行之日起计算；如果是在该协定执行后来华的，对其停留不超过3年的日期，应自其第一次到达之日起计算。

（2）免税条件为停留时间的规定。

凡在已签订并开始执行的税收协定中规定，对来自对方国家的教师和研究人员，从其第一次到达之日起停留时间不超过3年或累计不超过3年，对其由于教学、讲学或研究取得的报酬免予征税的，该项免税应仅限于在华从事教学、讲学或研究不超过3年的，对在华从事上述活动为期超过3年的，即不应享受税收协定所规定的免税待遇。其中所说停留日期累计不超过3年，是指多次应聘来华或一次应聘分期来华，对其多次应聘来华之间或分期来华之间的离华日期，可予扣除。

（3）免税期为3年的规定。

在已签订并开始执行的税收协定中规定，对来自对方国家的教师和研究人员，由于教学、讲学或研究取得的报酬，自其抵达之日起3年内免税或第一个3年里免税的，对其从事上述活动为期超过3年的，应从第4年起征税。

（4）纳税期限及申请退税的规定。

对于按照已签订并开始执行的税收协定的规定，停留期超过3年（包括规定为2年的，下同）或累计超过3年，不能享受税收协定所规定的免税待遇的外国教师和研究人员，如果在有关协议或合同中约定或者事先能够预定其在华停留期超过3年，应自其到达之日的月份起，按照我国税法所规定日期申报纳税；如果其在华从事教学、讲学或研究实际没有超过3年，可准许退还其已缴纳的税款。对事先不能预定是否超过3年的，可以待其预计要超过3年或实际超过3年时，再由其申报纳税。

（5）征免税执行时间的规定。

对在华的外国教师和研究人员，凡是属于在1986年9月1日以前，来自同我国已签订税收协定并开始执行的国家，如果按照本通知第一条所明确的开始日期进行计算，其停留期超过3年，不能享受税收协定所规定的免税待遇的，对其取得的报酬等项所得进行征税，应自1986年9月1日起执行。

（6）非居民纳税人需享受该条款协定待遇的，应按照《国家税务总局关于发布〈非居民纳税人享受税收协定待遇管理办法〉的公告》（国家税务总局公告2019年第35号）的规定，将公告第七条规定的资料包括有效期内的“外国专家证”或“外国人就业证”或“外国人工作许可证”的复印件等留存备查。

不能适用税收协定教师和研究人员条款规定的所得，仍可以按照有关规定适用税收协定其他条款（如独立个人劳务条款、非独立个人劳务条款等）。

三、案例分析

案例（一）国内大学聘请境外客座教授的税务处理

【基本案情】

境内A大学聘请美国B大学经济学教授W担任客座教授，双方于2019年1月5日签订聘用合同并颁发聘书，聘期暂定两年，自2019年1月1日~2020年12月31日。聘用期满后若双方无异议，继续签订下一期聘用协议。在聘用期内，W教授每月至A大学经济管理学院授课3天，其余时间由W教授自行安排，往返机票及住宿费由A大学承担。2019年1月，W教授首次入境授课，A大学每月支付课酬费20万元（人民币，下同），全年合计240万元。2019年W教授在境内停留时间小于90天。

【要求】

根据上述资料，结合《中美协定》，分析判断W教授在我国的纳税义务。

【分析】

1.教师和研究人员条款的适用。

《中美协定》第十九条规定“任何个人是、或者在直接前往缔约国一方之前曾是缔约国另一方居民，主要由于在该缔约国一方的大学、学院、学校或其他公认的教育和科研机构从事教学、讲学或研究的目的暂时停留在该缔约国一方，其停留时间累计不超过三年的，该缔约国一方应对其由于教学、讲学或研究取得的报酬，免予征税”。

《国家税务总局关于执行税收协定教师和研究人员条款有关问题的公告》（国家税务总局公告2011年第42号，以下称“42号公告”）第一条规定：“除税收协定另有明确规定外，税收协定教师和研究人员条款仅适用于与中国境内的学校或研究机构（简称境内机构）有聘用关系的教师和研究人员。聘用关系是指相关教师或研究人员与境内机构间签有聘用合同，或虽未有明确的聘用合同，但其在境内机构担任职务并且实际从事的教学、讲学或研究活动的内容、方式、时间等均由境内机构安排或控制的情况。”

协定中的“聘用”，应按照“实质重于形式”进行理解。根据42号公告的解释，在聘用期内受聘教师或研究人员应当专职为校方提供服务，或主要时间为校方提供服务，其从事的教学、科研活动的内容、方式、时间受校方安排或控制。这样的聘用应等同于或接受于“受雇”，聘用期间的报酬除课酬外，通常还包括每月固定的报酬或职务津贴。W教授与国内A大学签订聘用合同显示，W教授只负责每月给A大学经管学员讲3天课，其余时间W教授自行安排，可以回国任教，亦可以同时担任国内其他大学的客座教授。这些事实表明，W教授与A大学无雇佣关系，而是以独立身份为A大学提供服务。

42号公告还规定：“凡与境内机构没有上述聘用关系，而以独立身份或者以非境内机构的雇员身份在中国境内从事教学、讲学或研究活动的人员，不适用税收协定教师和研究人员条款的规定。”

由此可以判断，W从A大学取得的课酬，不适用“教师和研究人员条款”，而应适用“独立个人劳务”条款。

2. 独立个人劳务条款的适用。

《中美协定》第十三条规定“缔约国一方居民的个人由于专业性劳务或者其他独立性活动取得的所得，应仅在该缔约国征税，除非该居民在缔约国另一方为从事上述活动的目的设有经常使用的固定基地，或者在缔约国另一方有关历年中连续或累计停留超过183天。如果该居民拥有上述固定基地或在该缔约国另一方连续或累计停留上述日期，其所得可以在该缔约国另一方征税，但仅限归属于该固定基地的所得，或者在该缔约国另一方上述连续或累计期间取得的所得。‘专业性劳务’一语特别包括独立的科学、文学、艺术、教育或教学活动，以及医师、律师、工程师、建筑师、牙医师和会计师的独立活动。”

根据上述规定，W教授从A大学取得的课酬，如果满足下列两个条件之一，我国即可征税。第一，W教授在我国境内是否设有经营使用的固定基地；第二，W教授在我国一个纳税年度中停留时间是否超过183天。如前所述，首先，W教授在我国境内既为A大学提供讲座，也可以为国内其他大学提供讲座，亦可以为国内外企业提供咨询服务，其在境内的活动没有固定的场所，不宜把A大学经管学院的教室理解为W教授为在我国提供讲座或咨询而专门设立的固定基地。其次，W教授2019年在我国境内停留时间不超过183天。根据中美协定独立个人劳务条款，W教授从A大学取得的课酬应当在美国征税，我国不予征税。

案例（二）境内外教育机构在我国境内合作办学的税务处理

【基本案情】

境内A大学经济管理学院与美国C大学经济管理学院合作办学，由A大学经管学院设立MBA项目部，由两家经管学院共同委派教授担任MBA课程任课教师，学业完成通过论文答辩，学员可取得MBA双学位。为便于在国内招生，MBA项目部对外名称为“AC商学院”。MBA项目部的收入、支出由A大学经管学院单独核算，按照弥补亏损后盈余的50%分配给美国C大学经管学院。

美国C大学指派本校专职教授J至AC商学院负责MBA财务管理课程的讲授，J教授同时担任AC商学院教研一部主任。2019年1月，J教授首次入境，全年合计在境内居住200天，MBA项目部2019年向J教授支付课酬费180万元（人民币，下同）、职务津贴20万元，当年J教授取得美国C大学支付的外派补贴50万元人民币。

MBA项目部2019年利润480万元，按约定应分配给美国C大学经管学院240万元，该款于2020年3月支付。

【要求】

根据上述资料，结合《中美协定》，分析判断J教授及美国C大学经管学院在我国的纳税义务。

【分析】

1.J教授的纳税义务判定。

《国家税务总局关于执行税收协定教师和研究人员条款有关问题的公告》（国家税务总局公告2011年第42号）规定“凡是受境外教育机构的指派为该境外教育机构与境内机构的合作项目开展相关教学活动的人员，不适用税收协定教师和研究人员条款的规定。上述合作项目指境外教育机构与境内机构以各自名义合作开展的相关教学活动项目，不包括中外教育机构联合在中国境内成立的独立教育机构”。

AC商学院只是名义上的商学院，并非独立法人的教育机构，而是双方合作的MBA项目部。根据42号规定，J教授受美国C大学经管学院指派为双方的合作项目开展的相关教学活动，不适用税收协定教师和研究人员条款的规定。同时，J教授作为项目部的专职教师同时担任教研一部主任，由此，J教授应适用“受雇所得”条款。

根据《中美协定》第十四条规定“除适用第十五条、第十七条、第十八条、第十九条和第二十条的规定以外，缔约国一方居民因受雇取得的薪金、工资和其他类似报酬，除在缔约国另一方受雇的以外，应仅在该缔约国一方征税。在该缔约国另一方受雇取得的报酬，可以在该缔约国另一方征税；虽有第一款的规定，缔约国一方居民因在缔约国另一方受雇取得的报酬，同时具有以下三个条件的，应仅在该缔约国一方征税：（一）收款人在有关历年中在该缔约国另一方停留连续或累计不超过一百八十三天；（二）该项报酬由并非该缔约国另一方居民的雇主支付或代表雇主支付；（三）该项报酬不是由雇主设在该缔约国另一方的常设机构或固定基地所负担”。

J教授2019年在我国境内停留时间超过183天，因此，应就来源于我国的薪酬缴纳个人所得税。来源于我国境内的薪酬包括在境内工作期间取得的课酬费180万元、职务津贴20万元，以及委派单位支付的外派补贴50万元。

2.美国C大学经管学院纳税义务判定。

《国家税务总局关于税收协定执行若干问题的公告》（国家税务总局公告2018年第11号）规定，不具有法人资格的中外合作办学机构，以及中外合作办学项目中开展教育教学活动的场所构成税收协定缔约对方居民在中国的常设机构。

MBA项目构成美国C大学经管学院在我国境内的常设机构，因此美国C大学经管学院应就分得的利润240万元按照“营业利润”条款的有关规定在我国缴纳企业所得税。

在增值税方面，《国家税务总局关于明确中外合作办学等若干增值税征管问题的公告》（国家税务总局公告2018年第42号）第一条规定，境外教育机构与境内从事学历教育的学校开展中外合作办学，提供学历教育服务取得的收入免征增值税。中外合作办学，是指中外教育机构按照《中华人民共和国中外合作办学条例》（国务院令第372号）的有关规定，合作举办的以中国公民为主要招生对象的教育教学活动。上述“学历教育”“从事学历教育的学校”“提供学历教育服务取得的收入”的范围，按照《营业税改征增值税试点过渡政策的规定》（财税〔2016〕36号文件附件3）第一条第（八）项的有关规定执行。

第四节 国内税法与学生和实习人员条款的衔接

税收协定中的学生通常包括实习生和企业学徒，是指接受教育或培训的人。作为一类特殊人群，其为维持生活、教育或培训取得的所得在税收协定中给予了一定的免税待遇。规定免税待遇的方式包括不区分所得来源而仅作原则性表述，或者区分不同所得来源分别予以明确。一些协定还就免税的条件作了限制性规定。

一、一般规定

我国已签订的税收协定中全部包含学生条款。在税收协定中，学生、企业学徒或实习生是缔约国另一方居民，或者在直接前往缔约国一方之前曾是缔约国另一方居民，仅由于接受教育、培训的目的，停留在缔约国一方的人。学生条款中免予征税的款项或所得，通常限制在为了收款人的生活、教育或培训的目的而收到的款项。

税收协定对于该条款适用主体作出了不同的限定，包括“学生”“企业学徒”等。

根据上述规定，学生或实习生到另一国接受教育或培训，其为维持生活、教育或培训取得的所得在满足以下三个条件的情况下，在其接受教育或培训所在国可享受免税待遇：

1.该学生或企业学徒在到达缔约国另一方之前是缔约国一方的居民。

2.免予征税的所得，通常限制在学生或企业学徒为了维持生存、接受教育或培训的目的而收到的款项，通常不包括第十四条（独立个人劳务）和第十五条（受雇所得）所涵盖的服务报酬。如果学生或企业学徒有工作收入，则应区分服务报酬和为维持生活、教育或培训所获得的款项。

3.其取得的所得是从教育或培训所在国境外收到的款项。

例如，新加坡居民个人赴中国学习，其在华学习期间取得的来源于中国以外的学费资助、助学金、奖学金等，不超过用以维持生活、接受教育或培训的部分，应在中国免税。

二、特殊规定

在我国对外谈签的避免双重征税协定有关学生和实习人员条款中，对上述人员在缔约国对方学习、实习或培训期间为了维持生活、接受教育或培训的目的取得或收到的各种款项的税收待遇，都做了明确规定。

主要有以下两种形式：

（一）不分所得来源，仅做原则性免税规定

这类协定只原则性规定对学生和实习人员为了维持生活、接受教育或培训的目的收到的款项，在其学习、接受教育或培训所在国免予征税。

（二）区别不同所得来源，给予不同的税收待遇

主要分三种情况：

1.为了维持生活、接受教育的目的，从其学习、接受教育或培训所在国以外收到的款项，在该国免予征税。

2.对来源于学习、接受教育或培训所在国政府、科学、教育或其他免税组织的赠款或奖金，在该国免予征税。

3.对来源于学习、接受教育或培训所在国境内的劳务报酬给予不同的税收待遇。

第十三章

国内税法与其他所得条款的衔接

本章主要涉及对其他所得征税的相关问题。在税收协定中，本条一般包括三款，主要内容包括其他所得征税权的确定和涉及常设机构情况下的征税权问题。

第一节　其他所得条款的适用范围及征税权

一、其他所得条款的适用范围

由于跨国收入的多样性，税收协定不可能包罗万象。“其他所得”适用于未被列入各专项所得条款规定的所有项目，但不应将协定已有的所得项目条款中规定的来源国征税条件的未达部分视为“其他所得”。例如，在执行独立个人劳务条款时，以独立身份来华工作的外籍个人需在华停留超过183天，方构成来华纳税义务。对停留时间不超过183天的外籍个人，即使该项劳务发生于中国并且其收入是从中国境内取得的，也应按照协定的独立个人劳务条款判定为不构成在华纳税义务，而不能对其适用“其他所得”条款来判定是否征税。

二、其他所得征税权的界定

OECD范本对“其他所得”总的征税原则是由居民国征税，与常设机构有实际联系的“其他所得”应并入常设机构的利润征税。

UN范本在接受上述原则的基础上列入了第三款，明确协定未作规定的所得，发生在来源国时也可以在来源国征税。目前我国对外所签协定对此条的处理不尽相同。在早期与大部分发达国家所签的协定中，一般规定为来源地拥有征税权。20世纪90年代中后期，我国开始采用OECD范本的原则，与大部分发展中国家所签的协定，一般规定由居民国对其他所得拥有征税权。也就是说，如果这些协定国居民在我国境内从事上述活动取得报酬，我国无权征税；如果我国居民到这些国家从事活动取得的报酬，对方国家也没有征税权，应由我国征税。

第二节　国内税法与其他所得条款的衔接

一、国内税法与其他所得条款的衔接

对中国有优先征税权的其他所得，应考虑国内法的规定，即必须是国内法规定要征税的所得，如某项所得国内法未规定征税，则不能因协定规定来源国有征税权而征税。

二、案例分析

【基本案情】

2020年6月1日，我国居民企业甲与新加坡居民企业乙签署股权转让合同，约定：甲公司将持有我国境内M公司100%的股权转让给新加坡乙公司，转让价人民币2亿元，股权转让款分两期支付，合同签订日15日内支付70%，2020年12月31日前支付剩余30%，在付清全款后7个工作日内办理股东变更。

乙公司于2020年6月5日支付了1.4亿元。

2020年11月30日，日本居民企业丙与甲公司洽谈，愿意出资人民币3亿元收购M公司100%的股权。由于甲与乙的股权转让合同尚未履行完毕（股东未变更，股权转让款尚未付清），甲公司毁约，要求退还乙公司1.4亿元人民币，并同意按照银行同期贷款利率向乙公司支付资金占用费。

乙公司将甲公司告上法庭，经法院调解，甲、乙解除合同，甲公司向乙公司支付违约金5 000万元。

【要求】

新加坡居民乙企业收到的违约金5 000万元，是否征收企业所得税？

【分析】

《中新协定》第二十一条“其他所得”条款明确规定“凡本协定上述各条未作规定并且发生于缔约国一方的各项所得，可以在该缔约国一方征税”。根据该规定，对新加坡居民企业乙取得的违约金，我国拥有征税权。但根据国税发〔2010〕75号文对《中新协定》第二十一条的解释：“对协定以上条款未涉及的所得规定了一般原则，即来源国有优先征税权。如新加坡居民企业或个人取得发生或来源于中国的其他所得，中国有优先征税权。对其他所得范围的掌握应考虑国内法的规定，并应是国内法规定要征税的所得。如某项所得国内法未规定征税，则不能因协定规定来源国有征税权而征税。”

目前国内法关于收入来源地的判定，唯一的依据是《企业所得税法实施条例》第七条。即《企业所得税法》第三条所称来源于中国境内、境外的所得，按照以下原则确定：

1.销售货物所得，按照交易活动发生地确定。

2.提供劳务所得，按照劳务发生地确定。

3.转让财产所得，不动产转让所得按照不动产所在地确定，动产转让所得按照转让动产的企业或者机构、场所所在地确定，权益性投资资产转让所得按照被投资企业所在地确定。

4.股息、红利等权益性投资所得，按照分配所得的企业所在地确定。

5.利息所得、租金所得、特许权使用费所得，按照负担、支付所得的企业或者机构、场所所在地确定，或者按照负担、支付所得的个人的住所地确定。

6.其他所得，由国务院财政、税务主管部门确定。

依据上述规定，违约金收入应归属于其他所得，但现行税法对其他所得的收入来源地无明确规定。

因此，要求新加坡居民企业乙取得的违约金收入在我国征税依据不足。

第十四章

国内税法与消除双重征税办法条款的衔接

消除双重征税条款一般为税收协定第二十二条或第二十三条，共三款。在对各项所得的税收管辖权进行划分后，税收协定的缔约双方分别规定对各自居民来源于缔约对方并已在缔约对方缴纳税收的所得在计算本国应纳税额时，可通过免税、抵免、扣除或减免等方法处理在境外已缴纳的税款。不同国家消除双重征税的方法不同，税收协定一般将各自国内法所规定的消除双重征税方法直接列出，这些方法如何使用，应当在各自国内法中进行具体规定。本章重点解读我国《企业所得税法》和《个人所得税法》中有关境外所得的抵免办法及操作程序。

第一节 消除双重征税办法条款解读

消除双重征税是税收协定的主要宗旨。消除双重征税主要采用税收抵免法则。税收抵免是国际上消除重复征税、减轻纳税人税收负担的一种重要途径。采用适当的税收抵免办法，对于促进国际资本、技术和人才的交流和全球经济的发展都将产生积极作用。

目前在税收协定中通常采用的消除双重征税方法是抵免法和免税法。《2017年OECD税收协定范本》第五章消除双重征税方法第二十三条规定如下：

（一）免税法	（二）抵免法
1. 缔约国一方居民取得的所得或拥有的财产，按照本协定的规定可以在缔约国另一方征税时（但仅因所得同时系由该缔约国居民取得的所得或仅因财产同时系由该缔约国居民拥有的财产，从而这些规定允许缔约国另一方征税的除外），首先提及的国家应对该项所得或财产给予免税，并遵从第2款和第3款的规定。 2. 缔约国一方居民取得的各项所得，按照第10条和第11条的规定可以在缔约国另一方征税时（但仅因该所得同时系由该缔约国居民取得，从而这些规定允许缔约国另一方征税的除外），首先提及的国家应允许从该居民的所得纳税额中扣除相当于在缔约国另一方所缴纳税款的金额。但该项扣除应不超过扣除前对来自于缔约国另一方的那部分所得计算的税额。 3. 缔约国一方居民取得的所得或拥有的财产，按照本协定的任何规定在该国免税时，该国在计算该居民其余所得或财产的税额时，仍可对免税的所得或财产予以考虑。 4. 缔约国一方居民取得的所得或拥有的财产，如果缔约国另一方已根据本协定的规定对该所得或财产给予免税，或者已将第10条第2款或第11条第2款的规定适用于该所得，则不适用第1款的规定。	1. 缔约国一方居民取得的所得或拥有的财产，按照本协定的规定可以在该缔约国另一方征税时（但仅因所得同时系由该缔约国居民取得的所得或仅因财产同时系由该缔约国居民拥有的财产，从而这些规定允许缔约国另一方征税的除外），首先提及的国家应允许： （1）从该居民的所得征税额中扣除相当于在缔约国另一方缴纳的所得税金额。 （2）从该居民的财产所征税额中扣除相当于在缔约国另一方缴纳的财产税的金额。 但该项扣除，在任何情况下，应不超过扣除前对可以在缔约国另一方征税的那部分所得或财产计算的所得税额或财产征税。 2. 缔约国一方居民取得的所得或拥有的财产，按照本协定的任何规定在该国免税时，该国在计算该居民其余所得或财产的税额时，仍可对免税的所得或财产予以考虑。

与免税法相比，抵免法使用更为广泛，一些国家也将免税法与抵免法配合使用。抵免法又包括直接抵免法和间接抵免法，部分国家还实行税收饶让抵免。我国一直采取抵免法消除双重征税，关于税收抵免如何在程序上适用以及对抵免的具体计算等实际问题，税收协定没有做出规定，应按照国内法规定执行。

一、直接抵免

直接抵免的适用对象为中国居民从缔约国对方取得所得时，按照协定规定在缔约对方国家对该项所得缴纳的税额。比如，我国居民企业从缔约国对方取得利息，该国国内法对非居民所得征税的税率为20%，税收协定规定为10%，则应按10%纳税的税额在国内计税时抵免。

二、间接抵免

间接抵免仅适用于我国居民企业从缔约国对方取得的股息，在符合规定条件的情况下（国内法规定持股20%，现有大多数协定规定持股10%，新谈签的协定通常与国内法保持一致），该企业可以在直接抵免之外享受附加的间接抵免，也就是把股息实现之前与之对应的税前利润，在缔约国对方由其居民企业（我国企业为股东）缴纳的企业所得税税额考虑在内。

三、抵免限额

这也是与国内法规定相同的内容，就是说对境外税收的抵免进行限制，如果境外税收数额超过了同样的所得按照国内税法计算的税额，则不能抵免。但根据国内法规定，可以向以后年度结转。

四、饶让抵免

饶让抵免是税收协定特有的规定，其内容是在缔约国一方本该缴纳但因优惠政策而未缴纳的税款，被视同已经缴纳，回国后照样可以抵免。饶让抵免是为了外资引进国的税收优惠能够切实为企业所享受，而不是转变为另一个国家的税收，这样有助于企业保持对外投资的积极性。在我国现有协定中，有几十个都包括这样的规定，有的是双方互相给予饶让抵免，有的是单方面给予对方饶让抵免，但有些已经到期不再适用。在我国新谈签的协定中，比如与埃塞俄比亚的税收协定中就包括该项内容，且没有规定时限，这对“走出去”的企业无疑是重大利好。

第二节　企业境外所得税收抵免

《企业所得税法》第二十三条、第二十四条规定，居民企业来源于中国境外的应税所得以及非居民企业在中国境内设立机构、场所，取得发生在中国境外但与该机构、场所有实际联系的应税所得已在境外缴纳的所得税税额，可以从其当期应纳税额中抵免，抵免限额为该项所得依照本法规定计算的应纳税额；超过抵免限额的部分，可以在以后5个年度内，用每年度抵免限额抵免当年应抵税额后的余额进行抵补。居民企业从其直接或者间接控制的外国企业分得的来源于中国境外的股息、红利等权益性投资收益，外国企业在境外实际缴纳的所得税税额中属于该项所得负担的部分，可以作为该居民企业的可抵免境外所得税税额，在税法规定的抵免限额内抵免。

关于企业境外所得税收抵免的相关规定主要有《关于企业境外所得税收抵免有关问题的通知》（财税〔2009〕125号）、《企业境外所得税收抵免操作指南》（国家税务总局2010年第1号公告，以下简称《指南》）、《关于完善企业境外所得税收抵免政策问题的通知》（财税〔2017〕84号），操作要点如下：

一、境外所得税收抵免适用范围

居民企业以及非居民企业在中国境内设立的机构、场所（以下统称“企业”）可以在其应纳税额中抵免在境外缴纳的所得税额。

（一）可以适用境外（包括港澳台地区，下同）所得税收抵免的纳税人

包括以下两类：

1. 根据《企业所得税法》第二十三条关于境外税额直接抵免和第二十四条关于境外税额间接抵免的规定，居民企业（包括按境外法律设立但实际管理机构在中国，被判定为中国税收居民的企业，下同）可以就其取得的境外所得直接缴纳和间接负担的境外企业所得税性质的税额进行抵免。

2. 根据《企业所得税法》第二十三条的规定，非居民企业（外国企业）在中国境内设立的机构（场所）可以就其取得的发生在境外、但与其有实际联系的所得直接缴纳的境外企业所得税性质的税额进行抵免。

为缓解由于国家间对所得来源地判定标准的重叠而产生的国际重复征税，我国税法对非居民企业在中国境内分支机构取得的发生于境外的所得所缴纳的境外税额，给予了与居民企业类似的税额抵免待遇。对此类非居民给予的境外税额抵免仅涉及直接抵免。

所谓“实际联系”，是指据以取得所得的权利、财产或服务活动由非居民企业在中国境内的分支机构拥有、控制或实施，如外国银行在中国境内分行以其可支配的资金向中国境外贷款，境外借款人就该笔贷款向其支付的利息，即属于发生在境外与该分行有实际联系的所得。

（二）直接抵免和间接抵免

境外税额抵免分为直接抵免和间接抵免。直接抵免，是指企业直接作为纳税人就其境外所得在境外缴纳的所得税额在我国应纳税额中抵免。直接抵免主要适用于企业就来源于境外的营业利润所得在境外所缴纳的企业所得税，以及就来源于或发生于境外的股息、红利等权益性投资所得、利息、租金、特许权使用费、财产转让等所得在境外被源泉扣缴的预提所得税。

间接抵免，是指境外企业就分配股息前的利润缴纳的外国所得税额中由我国居民企业就该项分得的股息性质的所得间接负担的部分，在我国的应纳税额中抵免。例如，我国居民企业（母公司）的境外子公司在所在国（地区）缴纳企业所得税后，将税后利润的一部分作为股息、红利分配给该母公司，子公司在境外就其应税所得实际缴纳的企业所得税税额中按母公司所得股息占全部税

后利润之比的部分即属于该母公司间接负担的境外企业所得税额。

（三）间接抵免的范围

1.居民企业在按照《企业所得税法》第二十四条规定用境外所得间接负担的税额进行税收抵免时，其取得的境外投资收益实际间接负担的税额，是指根据直接或者间接持股方式合计持股20%以上（含20%，下同）的规定层级的外国企业股份，由此应分得的股息、红利等权益性投资收益中，从最低一层外国企业起逐层计算的属于由上一层企业负担的税额，其计算公式如下：

本层企业所纳税额属于由一家上一层企业负担的税额=（本层企业就利润和投资收益所实际缴纳的税额+符合本通知规定的由本层企业间接负担的税额）×本层企业向一家上一层企业分配的股息（红利）÷本层企业所得税后利润额

2.企业在境外取得的股息所得，在按规定计算该企业境外股息所得的可抵免所得税额和抵免限额时，由该企业直接或者间接持有20%以上股份的外国企业，限于按照财税〔2009〕125号文件第六条规定的持股方式确定的五层外国企业，即：

第一层：居民企业直接持有20%以上股份的外国企业；

第二层至第五层：单一上一层外国企业直接持有20%以上股份，且由该企业直接持有或通过一个或多个符合本条规定持股方式的外国企业间接持有总和达到20%以上股份的外国企业。

二、境外所得税额抵免计算的基本项目

企业取得境外所得，其在中国境外已经实际直接缴纳和间接负担的企业所得税性质的税额，进行境外税额抵免计算的基本项目包括：

1.境内所得的应纳税所得额（以下称“境内应纳税所得额”）和分国（地区）别的境外所得的应纳税所得额（以下称“境外应纳税所得额”）。

2.分国（地区）别的可抵免境外所得税税额。

3.分国（地区）别的境外所得税的抵免限额。

企业不能准确计算上述项目实际可抵免分国（地区）别的境外所得税税额的，在相应国家（地区）缴纳的税收均不得在该企业当期应纳税额中抵免，也不得结转以后年度抵免。

三、境外应纳税所得额的计算

（一）境外子公司抵免税额的计算

根据《企业所得税法实施条例》第七条规定确定的境外所得，在计算适用境外税额直接抵免的应纳税所得额时，应为将该项境外所得直接缴纳的境外所得税额还原计算后的境外税前所得；上述直接缴纳税额还原后的所得中属于股

息、红利所得的，在计算适用境外税额间接抵免的境外所得时，应再将该项境外所得间接负担的税额还原计算，即该境外股息、红利所得应为境外股息、红利税后净所得与就该项所得直接缴纳和间接负担的税额之和。

对上述税额还原后的境外税前所得，应再就计算企业应纳税所得总额时已按税法规定扣除的有关成本费用中与境外所得有关的部分进行对应调整扣除后，计算为境外应纳税所得额。

【例14–1】居民企业A公司申报的境内外所得总额为15 796.25万元，其中取得境外股息所得为5 250万元（已还原向境外直接缴纳10%的预提所得税525万元，但未含应还原计算的境外间接负担的税额），其中甲国（设有子公司B1、B2）2 250万元，乙国（设有子公司B3、B4）3 000万元；

已知甲国可抵免间接负担境外已纳税额为912.5万元（间接负担B1税额120万元+间接负担B2税额792.5万元），乙国可抵免间接负担境外已纳税额为1 291.25万元（间接负担B3税额666.25万元+间接负担B4税额625万元）；

同时假设A公司用于管理四个B子公司的管理费合计为433.75万元，其中用于甲国B1、B2公司的管理费用为184.5万元，用于乙国B3、B4公司的管理费用为249.25万元。应在计算来自两个国家四个B子公司的股息应纳税所得时对应调整扣除。

分析：

（1）境外股息所得应为境外股息净所得与境外直接缴纳税额和间接缴纳税额之和7 453.75万元（5 250+2 203.75），其中：

来源于甲国股息所得3 162.5万元（2 250+912.5）；

来源于乙国股息所得4 291.25万元（3 000+1 291.25）。

（2）境外股息所得对应调整扣除相关管理费后的应纳税所得额为7 020万元（7 453.75–433.75），其中：

来源于甲国股息所得对应调整后应纳税所得额为2 978万元（3 162.5–184.5）；

来源于乙国股息所得对应调整后应纳税所得额为4 042万元（4 291.25–249.25）。

（3）境外间接负担税额还原计算后境内、外应纳税所得总额为：

已还原直接税额的境内外所得总额+可予计算抵免的间接税额=15 796.25+2 203.75=18 000（万元）。

（4）企业应纳税总额为：

应纳税所得总额×适用税率=18 000 ×25%=4 500（万元）。

（5）计算抵免限额为：

①来源于甲国所得的抵免限额为：

应纳税总额×甲国的应纳税所得额÷中国境内、境外应纳税所得总额=4 500×2 978÷18 000=744.5（万元）；

②来源于乙国所得的抵免限额为：

应纳税总额 × 乙国的应纳税所得额 ÷ 中国境内、境外应纳税所得总额=4 500 × 4 042 ÷ 18 000=1 010.5（万元）。

（二）境外分支机构应纳税所得额的计算

居民企业在境外投资设立不具有独立纳税地位的分支机构，其来源于境外的所得，以境外收入总额扣除与取得境外收入有关的各项合理支出后的余额为应纳税所得额。各项收入、支出按《企业所得税法》及其实施条例的有关规定确定。

居民企业在境外设立不具有独立纳税地位的分支机构取得的各项境外所得，无论是否汇回中国境内，均应计入该企业所属纳税年度的境外应纳税所得额。

所称不具有独立纳税地位，是指根据企业设立地法律不具有独立法人地位或者按照税收协定规定不认定为对方国家（地区）的税收居民。

执行上述规定，应注意下列问题：

1.由于分支机构不具有分配利润职能，因此，境外分支机构取得的各项所得，不论是否汇回境内，均应当计入所属年度的企业应纳税所得额。

2.境外分支机构确认应纳税所得额时的各项收入与支出标准，须符合我国《企业所得税法》相关规定。

3.根据《企业所得税法实施条例》第二十七条规定，确定与取得境外收入有关的合理的支出，应主要考察发生支出的确认和分摊方法是否符合一般经营常规和我国税收法律规定的基本原则。企业已在计算应纳税所得总额时扣除的，但属于应由各分支机构合理分摊的总部管理费等有关成本费用应做出合理的对应调整分摊。

境外分支机构合理支出范围通常包括境外分支机构发生的人员工资、资产折旧、利息、相关税费和应分摊的总机构用于管理分支机构的管理费用等。

（三）境外所得确认时间及有关合理支出的扣除

1.《财政部、国家税务总局关于企业境外所得税收抵免有关问题的通知》（财税〔2009〕125号，以下称《通知》）规定，来源于境外的股息、红利等权益性投资收益，应按被投资方作出利润分配决定的日期确认收入实现；来源于境外的利息、租金、特许权使用费、转让财产等收入，应按有关合同约定应付交易对价款的日期确认收入实现。

企业应根据收入确认时间的规定确认境外所得的实现年度及其税额抵免年度。

（1）企业来源于境外的股息、红利等权益性投资收益所得，若实际收到所得的日期与境外被投资方作出利润分配决定的日期不在同一纳税年度的，应按被投资方作出利润分配日所在的纳税年度确认境外所得。

企业来源于境外的利息、租金、特许权使用费、转让财产等收入，若未能在合同约定的付款日期当年收到上述所得，仍应按合同约定付款日期所属的纳税年度确认境外所得。

（2）由居民企业，或者由居民企业和中国居民控制的设立在实际税负明显低于12.5%的国家（地区）的企业，并非由于合理的经营需要而对利润不作分配或者减少分配的，上述利润中应归属于该居民企业的部分，应当计入该居民企业的当期收入。所谓控制，包括：

①居民企业或者中国居民直接或者间接单一持有外国企业10%以上有表决权股份，且由其共同持有该外国企业50%以上股份；

②居民企业，或者居民企业和中国居民持股比例没有达到第①项规定的标准，但在股份、资金、经营、购销等方面对该外国企业构成实质控制。

（3）企业收到某一纳税年度的境外所得已纳税凭证时，凡是迟于次年5月31日汇算清缴终止日的，可以对该所得境外税额抵免追溯计算。

2.居民企业应就其来源于境外的股息、红利等权益性投资收益，以及利息、租金、特许权使用费、转让财产等收入，扣除按照《企业所得税法》及实施条例等规定计算的与取得该项收入有关的各项合理支出后的余额为应纳税所得额。

从境外收到的股息、红利、利息等境外投资性所得一般表现为毛所得，应对在计算企业总所得额时已做统一扣除的成本费用中与境外所得有关的部分，在该境外所得中对应调整扣除后，才能作为计算境外税额抵免限额的境外应纳税所得额。在就境外所得计算应对应调整扣除的有关成本费用时，应对如下成本费用（但不限于）予以特别注意：

（1）股息、红利，应对应调整扣除与境外投资业务有关的项目研究、融资成本和管理费用。

（2）利息，应对应调整扣除为取得该项利息而发生的相应的融资成本和相关费用。

（3）租金，属于融资租赁业务的，应对应调整扣除其融资成本；属于经营租赁业务的，应对应调整扣除租赁物相应的折旧或折耗。

（4）特许权使用费，应对应调整扣除提供特许使用的资产的研发、摊销等费用。

（5）财产转让，应对应调整扣除被转让财产的成本净值和相关费用。

涉及上述所得应纳税所得额中应包含的已间接负担税额的具体还原计算参见本章第六节相关内容。

3.来源于境外利息收入的应纳税所得额的计算。

【例14-2】中国A银行向甲国某企业贷出500万元，合同约定的利率为5%。2009年A银行收到甲国企业就应付利息25万元扣除已在甲国扣缴的预提所得税2.5万元（预提所得税税率为10%）后的22.5万元税后利息。A银行应纳税所得总额为1 000万元，已在应纳税所得总额中扣除的该笔境外贷款的融资成本为本金的4%。

试分析并计算该银行应纳税所得总额中境外利息收入的应纳税所得额。

来源于境外利息收入的应纳税所得额，应为已缴纳境外预提所得税前的就合同约定的利息收入总额，再对应调整扣除相关筹资成本费用等。

境外利息收入总额=税后利息22.5+已扣除税额2.5=25（万元）

对应调整扣除相关成本费用后的应纳税所得额=25−500×4%=5（万元）

该境外利息收入用于计算境外税额抵免限额的应纳税所得额为5万元，应纳税所得总额仍为1 000万元不变，其中境内所得=1 000−25+500×4%=995（万元），境外所得5万元。

（四）非居民企业在中国境内设立机构、场所享受境外税额抵免的计算

非居民企业在中国境内设立机构、场所，在享受境外税额抵免时，也应就其发生在境外但与境内所设机构、场所有实际联系的各项应税所得，按《企业所得税法》和实施条例及《通知》《指南》等相关税收法规规定计算境外所得的应纳税所得额。

（五）境内、境外所得共同支出的分摊

《通知》规定，在计算境外应纳税所得额时，企业为取得境内、境外所得而在境内、境外发生的共同支出，与取得境外应税所得有关的、合理的部分，应在境内、境外［分国（地区）别，下同］应税所得之间，按照合理比例进行分摊后扣除。

所谓“共同支出”，是指与取得境外所得有关但未直接计入境外所得应纳税所得额的成本费用支出，通常包括未直接计入境外所得的营业费用、管理费用和财务费用等支出。

企业应对在计算总所得额时已统一归集并扣除的共同费用，按境外每一国（地区）别数额占企业全部数额的下列一种比例或几种比例的综合比例，在每一国别的境外所得中对应调整扣除，计算来自每一国别的应纳税所得额。

（1）资产比例；

（2）收入比例；

（3）员工工资支出比例；

（4）其他合理比例。

上述分摊比例确定后应报送主管税务机关备案；无合理原因不得改变。

（六）境外分支机构亏损的处理

在汇总计算境外应纳税所得额时，企业在境外同一国家（地区）设立不具有独立纳税地位的分支机构，按照《企业所得税法》及实施条例的有关规定计算的亏损，不得抵减其境内或他国（地区）的应纳税所得额，但可以用同一国家（地区）其他项目或以后年度的所得按规定弥补。

基于分国不分项计算抵免的原则及其要求，对在不同国家的分支机构发生的亏损不得相互弥补，这样规定可以避免出现同一笔亏损重复弥补或须进行烦琐的还原弥补、还原抵免的现象。

企业在同一纳税年度的境内外所得加总为正数的，其境外分支机构发生的亏损，由于上述结转弥补的限制而发生的未予弥补的部分（以下称为“非实际

亏损额”），今后在该分支机构的结转弥补期限不受5年期限制。即：

1.如果企业当期境内外所得盈利额与亏损额加总后和为零或正数，则其当年度境外分支机构的非实际亏损额可无限期向后结转弥补。

2.如果企业当期境内外所得盈利额与亏损额加总后和为负数，则以境外分支机构的亏损额超过企业盈利额部分的实际亏损额，按税法规定的五年期限进行亏损弥补，未超过企业盈利额部分的非实际亏损额仍可无限期向后结转弥补。

企业应对境外分支机构的实际亏损额与非实际亏损额不同的结转弥补情况做好记录。

境外分支机构亏损弥补的计算举例如下：

【例14-3】中国居民A企业2008年度境内外净所得为160万元。其中，境内所得的应纳税所得额为300万元，设在甲国的分支机构当年度应纳税所得额为100万元，设在乙国的分支机构当年度应纳税所得额为-300万元，A企业当年度从乙国取得利息所得（该利息所得与设在乙国的分支机构无实际联系）的应纳税所得额为60万元。调整计算该企业当年度境内、外所得的应纳税所得额如下：

（1）A企业当年度境内外净所得为160万元，但依据当年执行的境外亏损不得在境内或他国盈利中抵减的规定，其发生在乙国分支机构的当年度亏损额300万元，仅可以用从该国取得的利息60万元弥补，未能弥补的非实际亏损额240万元，不得从当年度企业其他盈利中弥补。因此，相应调整后A企业当年境内、境外应纳税所得额为：

境内应纳税所得额=300万元；

甲国应纳税所得额=100万元；

乙国应纳税所得额=-240万元；

A企业当年度应纳税所得总额=400万元。

（2）A企业当年度境外乙国未弥补的非实际亏损共240万元，允许A企业以其来自乙国以后年度的所得无限期结转弥补。

四、关于可予抵免境外所得税额的确认

（一）可抵免的境外所得税税额的基本条件

可抵免的境外所得税税额的基本条件为：

1.企业来源于中国境外的所得依照中国境外税收法律以及相关规定计算而缴纳的税额。

2.缴纳的属于企业所得税性质的税额，而不拘泥于名称。在不同的国家，对于企业所得税的称呼有着不同的表述，如法人所得税、公司所得税等。判定是否属于企业所得税性质的税额，主要看其是否是针对企业净所得征收的税额。

3.限于企业应当缴纳且已实际缴纳的税额。税收抵免旨在解决重复征税问

题，仅限于企业应当缴纳且已实际缴纳的税额（除另有饶让抵免或其他规定外）。

4.可抵免的企业所得税税额，若是税收协定非适用所得税项目，或来自非协定国家的所得，无法判定是否属于对企业征收的所得税税额的，应层报国家税务总局裁定。

（二）不应作为可抵免境外所得税税额的情形

可抵免境外所得税税额，是指企业来源于中国境外的所得依照中国境外税收法律以及相关规定应当缴纳并已实际缴纳的企业所得税性质的税款。但不包括：

1.按照境外所得税法律及相关规定属于错缴或错征的境外所得税税款。即，属于境外所得税法律及相关规定适用错误而且企业不应缴纳而错缴的税额，企业应向境外税务机关申请予以退还，而不应作为境外已交税额向中国申请抵免企业所得税。

2.按照税收协定规定不应征收的境外所得税税款。即，根据中国政府与其他国家（地区）政府签订的税收协定（或安排）的规定不属于对方国家的应税项目，却被对方国家（地区）就其征收的企业所得税，对此，企业应向征税国家申请退还不应征收的税额；该项税额还应包括，企业就境外所得在来源国纳税时适用税率高于税收协定限定税率所多缴纳的所得税税额。

3.因少缴或迟缴境外所得税而追加的利息、滞纳金或罚款。

4.境外所得税纳税人或者其利害关系人从境外征税主体得到实际返还或补偿的境外所得税税款。即，如果有关国家为了实现特定目标而规定不同形式和程度的税收优惠，并采取征收后由政府予以返还或补偿方式退还的已缴税额，对此，企业应从其境外所得可抵免税额中剔除该相应部分。

5.按照我国《企业所得税法》及其实施条例规定，已经免征我国企业所得税的境外所得负担的境外所得税税款。即，如果我国税收法律法规做出对某项境外所得给予免税优惠规定，企业取得免征我国企业所得税的境外所得的，该项所得的应纳税所得额及其缴纳的境外所得税额均应从计算境外所得税额抵免的境外应纳税所得额和境外已纳税额中减除。

6.按照国务院财政、税务主管部门有关规定已经从企业境外应纳税所得额中扣除的境外所得税税款。即，如果我国税法规定就一项境外所得的已纳所得税额仅作为费用从该项境外所得额中扣除的，就该项所得及其缴纳的境外所得税额不应再纳入境外税额抵免计算。

五、货币计量

企业取得的境外所得已直接缴纳和间接负担的税额为人民币以外货币的，在以人民币计算可予抵免的境外税额时，凡企业记账本位币为人民币的，应按企业就该项境外所得记入账内时使用的人民币汇率进行换算；凡企业以人民币以外其他货币作为记账本位币的，应统一按实现该项境外所得对应的我国纳税年度最后一日的人民币汇率中间价进行换算。

六、关于适用间接抵免的外国企业持股比例的计算

除国务院财政、税务主管部门另有规定外，企业在境外取得的股息所得，在按规定计算该企业境外股息所得的可抵免所得税额和抵免限额时，由该企业直接或者间接持有20%以上股份的外国企业，限于按照财税〔2009〕125号文件第六条规定的持股方式确定的五层外国企业，即：

第一层：居民企业直接持有20%以上股份的外国企业；

第二层至第五层：单一上一层外国企业直接持有20%以上股份，且由该企业直接持有或通过一个或多个符合本条规定持股方式的外国企业间接持有总和达到20%以上股份的外国企业。

上述符合规定的“持股条件”是指，各层企业直接持股、间接持股以及为计算居民企业间接持股总和比例的每一个单一持股，均应达到20%的持股比例。

1. 二层持股条件的判定举例如下：

【例14-4】中国居民A企业直接持有甲国B企业20%股份，直接持有乙国C企业16%股份，并且B企业直接持有C企业20%股份，如下图所示：

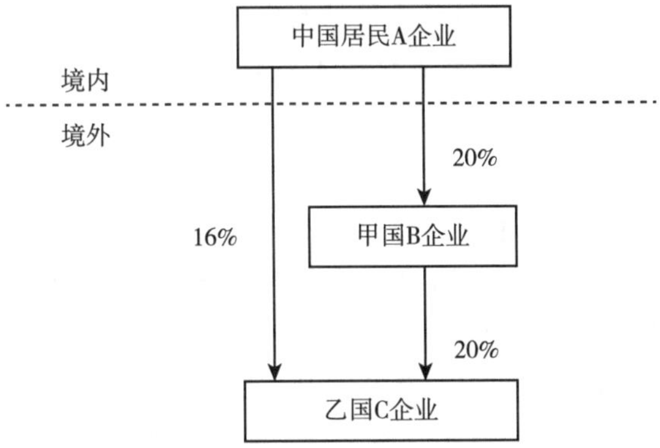

分析：

（1）中国居民A企业直接持有甲国B企业20%股份，满足直接持股20%（含20%）的条件。

（2）中国居民A企业直接持有乙国C企业16%股份，间接持有乙国C企业股份=20%×20%=4%，由于A企业直接持有C企业的股份不足20%，故不能计入A企业对C企业直接持股或间接持股的总和比例之中。

C企业未满足居民企业通过一个或多个符合规定持股条件的外国企业间接持有总和达到20%以上股份的外国企业的规定。

2.多层持股条件的综合判定举例如下：

【例14-5】中国居民企业A分别控股了四家公司甲国B1、甲国B2、乙国B3、乙国B4，持股比例分别为50%、50%、100%、100%；B1持有丙国C1公司30%股份，B2持有丙国C2公司50%股份，B3持有丁国C3公司50%股份，B4持有丁国C4公司50%股份；C1、C2、C3、C4分别持有戊国D公司20%、40%、25%、15%股份；D公司持有戊国E公司100%股份。图示如下：

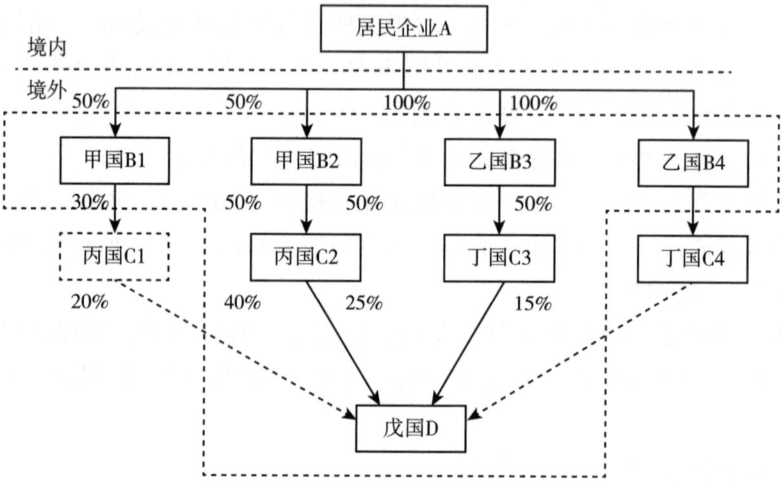

注：____虚线内为判定符合间接持股条件的公司及可就分配的股息计算间接抵免税额的所持股份。

（1）B层各公司间接抵免持股条件的判定：

B1、B2、B3、B4公司分别直接被A公司控股50%、50%、100%、100%，均符合间接抵免第一层公司的持股条件。

（2）C层各公司间接抵免持股条件的判定：

①C1公司虽然被符合条件的上一层公司B1控股30%，但仅受居民企业A间接控股15%（50%×30%），因此，属于不符合间接抵免持股条件的公司（但如果协定的规定为10%，则符合间接抵免条件）；

②C2公司被符合条件的上一层公司B2控股50%，且被居民企业A间接控股达到25%（50%×50%），因此，属于符合间接抵免持股条件的公司；

③C3公司被符合条件的上一层公司B3控股50%，且被居民企业A间接控股达到50%（100%×50%），因此，属于符合间接抵免持股条件的公司；

④C4公司情形与C3公司相同，属于符合间接抵免持股条件的公司。

（3）D公司间接抵免持股条件的判定：

①虽然D公司被C1控股达到了20%，但由于C1属于不符合持股条件的公司，所以，C1对D公司的20%持股也不得再计入D公司间接抵免持股条件的范围，来源于D公司20%部分的所得的已纳税额不能进入居民企业A的抵免范畴。

②D公司被C2控股达到40%，但被A通过符合条件的B2、C2间接持股仅

10%，未达到20%，因此，还不能由此判定D是否符合间接抵免条件。

③D公司被C3控股达到25%，且由A通过符合条件的B3、C3间接控股达12.5%（100%×50%×25%），加上A通过B2、C2的间接控股10%，间接控股总和达到22.5%，因此，D公司符合间接抵免条件，其所纳税额中属于向C2和C3公司分配的65%股息所负担的部分，可进入A公司的间接抵免范畴。

④D公司被C4控股15%。虽然C4自身为符合持股条件的公司，但其对D公司的持股不符合直接控股达20%的持股条件，因此，该C4公司对D公司15%的持股，不能计入居民企业A对D公司符合条件的间接持股总和之中；同时，D公司所纳税额中属于向C4公司按其持股15%分配的股息所负担的部分，也不能进入居民企业A的间接抵免范畴。

七、关于境外所得间接负担税额的计算

居民企业在按照《企业所得税法》第二十四条规定用境外所得间接负担的税额进行税收抵免时，其取得的境外投资收益实际间接负担的税额，是指根据直接或者间接持股方式合计持股20%以上（含20%，下同）的规定层级的外国企业股份，由此应分得的股息、红利等权益性投资收益中，从最低一层外国企业起逐层计算的属于由上一层企业负担的税额，其计算公式如下：

本层企业所纳税额属于由一家上一层企业负担的税额=（本层企业就利润和投资收益所实际缴纳的税额+符合本通知规定的由本层企业间接负担的税额）×本层企业向一家上一层企业分配的股息（红利）÷本层企业所得税后利润额

正确理解上述规定，应注意下列事项：

1.本条规定了境外所得间接负担的符合《通知》第六条规定条件的下层企业税额的计算方式及公式（参见示【例14–6】），公式中：

（1）本层企业，是指实际分配股息（红利）的境外被投资企业；

（2）本层企业就利润和投资收益所实际缴纳的税额，是指本层企业按所在国税法就利润缴纳的企业所得税和在被投资方所在国就分得的股息等权益性投资收益被源泉扣缴的预提所得税；

（3）符合《通知》规定的由本层企业间接负担的税额，是指该层企业由于从下一层企业分回股息（红利）而间接负担的由下一层企业就其利润缴纳的企业所得税税额；

（4）本层企业向一家上一层企业分配的股息（红利），是指该层企业向上一层企业实际分配的扣缴预提所得税前的股息（红利）数额；

（5）本层企业所得税后利润额，是指该层企业实现的利润总额减去就其利润实际缴纳的企业所得税后的余额。

2.每一层企业从其持股的下一层企业在一个年度中分得的股息（红利），若是由该下一层企业不同年度的税后未分配利润组成，则应按该股息（红利）对应的每一年度未分配利润，分别计算就该项分配利润所间接负担的税额；按各

年度计算的间接负担税额之和，即为取得股息（红利）的企业该一个年度中分得的股息（红利）所得所间接负担的所得税额。

3.境外第二层及以下层级企业归属不同国家的，在计算居民企业负担境外税额时，均以境外第一层企业所在国（地区）为国别划分进行归集计算，而不论该第一层企业的下层企业归属何国（地区）。

间接抵免负担税额的计算举例如下：

【例14–6】以【例14–5】中居民企业A集团公司组织架构及其对符合间接抵免持股条件的判定结果为例，对A公司于2010年初申报的2009年度符合条件的各层公司生产经营及分配股息情况，计算A公司可进入抵免（参见【例14–5】分析）的间接负担的境外所得税额如下：

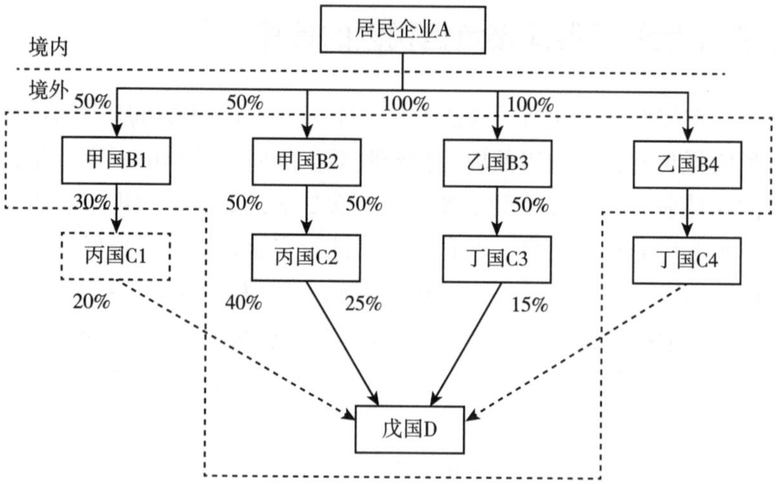

（1）计算甲国B1及其下层各企业已纳税额中属于A公司可予抵免的间接负担税额：

①C1公司及其对D公司20%持股税额的计算：

C1不符合A公司的间接抵免条件，因此，其就利润所纳税额及其按持有D公司20%股份而分得股息直接缴纳的预提所得税及该股息所包含的D公司税额，均不应计算为由A公司可予抵免的间接负担税额。

②B1公司税额的计算：

B1公司符合A公司的间接抵免持股条件。B1公司应纳税所得总额为1 000万元（假设该“应纳税所得总额”中在B1公司所在国计算税额抵免时已包含投资收益还原计算的间接税额，下同），其中来自C1公司的投资收益为300万元，按10%缴纳C1公司所在国预提所得税额为30万元（300万 × 10%），无符合抵免条件的间接税额；

B1公司适用税率为30%，其当年在所在国按该国境外税收抵免规定计算后实际缴纳所在国所得税额为210万元，B1公司当年税前利润为1 000万元，则其当年税后利润为760万元（税前利润1 000万元实际缴纳所在国税额210万元缴纳预提税额30万元），且全部分配；

B1公司向A公司按其持股比例50%分配股息380万元；

将上述数据代入《通知》第五条公式［即：本层企业所纳税额属于由一家上一层企业负担的税额=（本层企业就利润和投资收益所实际缴纳的税额+符合本通知规定的由本层企业间接负担的税额）×本层企业向一家上一层企业分配的股息（红利）÷本层企业所得税后利润额，下同］计算，A公司就从B1公司分得股息间接负担的可在我国应纳税额中抵免的税额为120万元：

（210+30+0）×（380÷760）=120（万元）。

（2）计算甲国B2及其下层各企业已纳税额中属于A公司可予抵免的间接负担税额：

①D公司税额的计算：

D公司符合A公司的间接抵免持股条件。D公司应纳税所得总额和税前会计利润均为1 250万元，适用税率为20%，无投资收益和缴纳预提所得税项目。当年D公司在所在国缴纳企业所得税为250万元，D公司将当年税后利润1 000万元全部分配；

D公司向C2公司按其持股比例40%分配股息400万元；

将上述数据代入《通知》第五条公式计算，D公司已纳税额属于可由C2公司就分得股息间接负担的税额为100万元：

（250+0+0）×（400÷1 000）=100（万元）。

②C2公司税额的计算：

C2公司符合A公司的间接抵免持股条件。C2公司应纳税所得总额为2 000万元，其中从D公司分得股息400万元，按10%缴纳D公司所在国预提所得税额为40万元（400×10%），符合条件的间接负担下层公司税额100万元；

C2公司适用税率为25%，假设其当年享受直接和间接抵免后实际缴纳所在国所得税额为360万元，当年税前利润为2 000万元，则其税后利润为1 600万元（2 000−360−40）；

C2公司将当年税后利润的一半用于分配，C2公司向B2公司按其持股比例50%分配股息400万元（1 600×50%×50%）；同时，将该公司2008年未分配税后利润1 600万元（实际缴纳所得税额为400万元，且无投资收益和缴纳预提所得税项目）一并分配，向B2公司按其持股比例50%分配股息800万元（1 600×50%）；

C2公司向B2公司按其持股比例分配股息1 200万元；

将上述数据代入《通知》第五条公式计算，C2公司已纳税额属于可由B2公司就2009年度分得股息间接负担的税额共计为325万元，其中，以2009年度利润分配股息间接负担的税额125万元［（360+40+100）×（400÷1 600）=125（万元）］，以2008年度利润分配股息间接负担的税额200万元［（400+0+0）×（800÷1 600）=200（万元）］。

③B2公司税额的计算：

B2公司符合A公司的间接抵免持股条件。B2公司应纳税所得总额为5 000万元，其中来自C2公司的投资收益为1 200万元，按10%缴纳C2公司所在国预提所得税额为120万元（1 200 × 10%），符合条件的间接负担下层公司税额325万元；

B2公司适用税率为30%，假设其当年享受直接和间接抵免后实际缴纳所在国所得税额为1 140万元；当年税前利润为5 000万元，则其税后利润为3 740万元（5 000−1 140−120），且全部分配；

B2公司向A公司按其持股比例50%分配股息1 870万元；

将上述数据代入《通知》第五条公式计算，A公司就从B2公司分得股息间接负担的可在我国应纳税额中抵免的税额为792.5万元：

（1 140+120+325）×（1 870 ÷ 3 740）=792.5（万元）。

（3）计算乙国B3及其下层各企业已纳税额中属于A公司可予抵免的间接负担税额：

①D公司税额的计算：

D公司符合A公司的间接抵免持股条件。D公司应纳税所得总额为1 250万元，适用税率为20%，无投资收益和缴纳预提所得税项目。当年D公司在所在国缴纳企业所得税为250万元，D公司将当年税后利润1 000万元全部分配；

D公司向C3公司按其持股比例25%分配股息250万元；

将上述数据代入《通知》第五条公式计算，D公司已纳税额属于可由C3公司就分得股息间接负担的税额为62.5万元：

（250+0+0）×（250 ÷ 1 000）=62.5（万元）。

②C3公司税额的计算：

C3公司符合A公司的间接抵免持股条件。C3公司应纳税所得总额为1 000万元，其中从D公司分得股息250万元，按10%缴纳D公司所在国预提所得税额为25万元（250万 × 10%），符合条件的间接负担下层公司税额62.5万元；

C3公司适用税率为30%，假设其当年享受直接和间接抵免后实际缴纳所在国所得税额为245万元，当年税前利润为1 000万元，则其税后利润为730万元（1 000−245−25），且全部分配；

C3公司向B3公司按其持股比例50%分配股息365万元；

将上述数据代入《通知》第五条公式计算，C3公司已纳税额属于可由B3公司就分得股息间接负担的税额为166.25万元：

（245+25+62.5）×（365 ÷ 730）=166.25（万元）。

③B3公司税额的计算：

B3公司符合A公司的间接抵免持股条件。B3公司应纳税所得总额为2 000万元，其中来自C3公司的投资收益为365万元，按10%缴纳C3公司所在国预提所得税额为36.5万元（365万 × 10%），符合条件的间接负担下层公司税额166.25万元；

B3公司适用税率为30%，假设其当年享受直接和间接抵免后实际缴纳所在国所得税额为463.5万元，当年税前利润为2 000万元，则其税后利润为1 500万元（2 000−463.5−36.5），且全部分配；

B3公司向A公司按其持股比例100%分配股息1 500万元；

将上述数据代入《通知》第五条公式计算，A公司就从B3公司分得股息间接负担的可在我国应纳税额中抵免的税额为666.25万元：

（463.5+36.5+166.25）×（1 500 ÷ 1 500）=666.25（万元）。

（4）计算乙国B4及其下层各企业已纳税额中属于A公司可予抵免的间接负担税额：

①D公司税额的计算：

D公司被C4公司持有的15%股份不符合A公司享受间接抵免的持股比例条件，因此，其所纳税额中属于该15%股息负担的部分不能通过C4等公司计入A公司可予抵免的间接负担税额。

②C4公司税额的计算：

C4公司符合A公司的间接抵免持股条件。C4公司应纳税所得总额为1 000万元，其中从D公司分得股息150万元，其按10%直接缴纳D公司所在国的预提所得税额15万元（150 × 10%）属于可计算A公司间接抵免的税额，无符合条件的间接负担税额；

C4公司适用税率为25%，假设其当年享受直接和间接抵免后实际缴纳所在国所得税额为235万元，当年税前利润为1 000万元，则其税后利润为750万元（1 000−235−15），且全部分配；

C4公司向B4公司按其持股比例50%分配股息375万元；

将上述数据代入《通知》第五条公式计算，C4公司已纳税额属于可由B4公司就分得股息间接负担的税额为125万元：

（235+15+0）×（375 ÷ 750）=125（万元）。

③B4公司税额的计算：

B4公司符合A公司的间接抵免持股条件。B4公司应纳税所得总额为2 000万元，其中来自C4公司的投资收益为375万元，按10%缴纳C4公司所在国预提所得税额为37.5万元（375 × 10%），符合条件的间接负担下层公司税额125万元；

B4公司适用税率为30%，假设其当年享受直接和间接抵免后实际缴纳所在国所得税额为462.5万元，当年税前利润为2 000万元，则其税后利润为1 500万元（2 000−462.5−37.5），且全部分配；

B4公司向A公司按其持股比例100%分配股息1 500万元；

将上述数据代入《通知》第五条公式计算，A公司就从B4公司分得股息间接负担的可在我国应纳税额中抵免的税额为625万元：

（462.5+37.5+125）×（1 500 ÷ 1 500）=625（万元）。

（5）上述计算后，A公司可适用间接抵免的境外所得及间接负担的境外已纳税额分国为：

①可适用间接抵免的境外所得（含直接所缴预提所得税但未含间接负担的税额）为5 250万元，其中：

来自甲国的境外所得为2 250万元（B1股息380+B2股息1 870）；

来自乙国的境外所得为3 000万元（B3股息1 500+B4股息1 500）。

②可抵免的间接负担境外已纳税额为2 203.75万元，其中：

来自甲国的可抵免间接负担境外已纳税额为912.5万元（间接负担B1税额120+间接负担B2税额792.5）；

来自乙国的可抵免间接负担境外已纳税额为1 291.25万元（间接负担B3税额666.25+间接负担B4税额625）。

（6）计算A公司可适用抵免的全部境外所得税额为：

①假设上项境外所得在来源国均按10%税率直接缴纳境外预提所得税合计为525万元，其中：

缴纳甲国预提所得税为225万元（2 250 × 10%）；

缴纳乙国预提所得税为300万元（3 000 × 10%）。

②来自甲乙两国所得的全部可抵免税额分别为：

甲国：直接缴纳225万元+间接负担912.5万元=1 137.5万元；

乙国：直接缴纳300万元+间接负担1 291.25万元=1 591.25万元。

八、关于税收饶让抵免的应纳税额的确定

《通知》规定，居民企业从与我国政府订立税收协定（或安排）的国家（地区）取得的所得，按照该国（地区）税收法律享受了免税或减税待遇，且该免税或减税的数额按照税收协定规定应视同已缴税额在中国的应纳税额中抵免的，该免税或减税数额可作为企业实际缴纳的境外所得税额用于办理税收抵免。

我国《企业所得税法》目前尚未单方面规定税收饶让抵免，但我国与有关国家签订的税收协定规定有税收饶让抵免安排，本条对此进行了重申。居民企业从与我国订立税收协定（或安排）的对方国家取得所得，并按该国税收法律享受了免税或减税待遇，且该所得已享受的免税或减税数额按照税收协定（或安排）规定应视同已缴税额在我国应纳税额中抵免的，经企业主管税务机关确认，可在其申报境外所得税额时视为已缴税额。

1.税收饶让抵免应区别下列情况进行计算：

（1）税收协定规定定率饶让抵免的，饶让抵免税额为按该定率计算的应纳境外所得税额超过实际缴纳的境外所得税额的数额；

（2）税收协定规定列举一国税收优惠额给予饶让抵免的，饶让抵免税额为按协定国家（地区）税收法律规定税率计算的应纳所得税额超过实际缴纳税额的数额，即实际税收优惠额。

2.境外所得采用《通知》第十条规定的简易办法计算抵免额的，不适用饶让抵免。

3.企业取得的境外所得根据来源国税收法律法规不判定为所在国应税所得，而按中国税收法律法规规定属于应税所得的，不属于税收饶让抵免范畴，应全额按中国税收法律法规规定缴纳企业所得税。

【例14-7】中国居民企业A公司，在甲国投资设立了B公司，甲国政府为鼓励境外投资，对B公司第一个获利年度实施了企业所得税免税。按甲国的税法规定，企业所得税税率为20%。A公司获得了B公司免税年度分得的利润2 000万元。根据中国和甲国政府签订税收协定规定，中国居民从甲国取得的所得，按照协定规定在甲国缴纳的税额可以在对居民征收的中国税收中抵免。所缴纳的税额包括假如没有按照该缔约国给予减免税或其他税收优惠而本应缴纳的税额。所缴纳的甲国税收应包括相当于所放弃的甲国税收的数额。

计算如下：

A公司在计算缴纳企业所得税时，B公司的免税额=2 000×20%=400（万元），应计算为由A公司抵免的间接负担的境外税额。

九、关于抵免限额的计算

《通知》规定，企业应按照《企业所得税法》及其实施条例和本通知的有关规定分国（地区）别计算境外税额的抵免限额。

某国（地区）所得税抵免限额=中国境内外所得依照《企业所得税法》及实施条例的规定计算的应纳税总额×来源于某国（地区）的应纳税所得额÷中国境内外应纳税所得总额。

据以计算上述公式中“中国境内、境外所得依照《企业所得税法》及实施条例的规定计算的应纳税总额”的税率，除国务院财政、税务主管部门另有规定外，应为《企业所得税法》规定的基本税率25%。目前，《财政部、国家税务总局关于高新技术企业境外所得适用税率及税收抵免问题的通知》（财税〔2011〕47号）特别规定：“以境内、境外全部生产经营活动有关的研究开发费用总额、总收入、销售收入总额、高新技术产品（服务）收入等指标申请并经认定的高新技术企业，其来源于境外的所得可以享受高新技术企业所得税优惠政策，即对其来源于境外所得可以按照15%的优惠税率缴纳企业所得税，在计算境外抵免限额时，可按照15%的优惠税率计算境内外应纳税总额。”

企业按照《企业所得税法》及其实施条例和本通知的有关规定计算的当期境内、境外应纳税所得总额小于零的，应以零计算当期境内、境外应纳税所得总额，其当期境外所得税的抵免限额也为零。

理解上述规定，应注意下列事项：

1.中国境内外所得依照《企业所得税法》及其实施条例的规定计算的应纳税总额的税率是25%，即使企业境内所得按税收法规规定享受企业所得税优惠的，在进行境外所得税额抵免限额计算中的中国境内外所得应纳税总额所适用的税率也应为25%。今后若国务院财政、税务主管部门规定境外所得与境内所得享受相同企业所得税优惠政策的，应按有关优惠政策的适用税率或税收负担率计算其应纳税总额和抵免限额；简便计算，也可以按该境外应纳税所得额直接乘以其实际适用的税率或税收负担率得出抵免限额。

2.若企业境内所得为亏损，境外分支机构的所得为盈利，且企业已使用同期境外盈利全部或部分弥补了境内亏损，则境内已用境外盈利弥补的亏损不得再用以后年度境内盈利重复弥补。由此，在计算境外所得抵免限额时，形成当期境内、境外应纳税所得总额小于零的，应以零计算当期境内、境外应纳税所得总额，其当期境外所得税的抵免限额也为零。上述境外盈利在境外已纳的可予抵免但未能抵免的税额可以在以后5个纳税年度内进行结转抵免。

3.如果企业境内为亏损，境外盈利分别来自多个国家的分支机构，则弥补境内亏损时，企业可以自行选择弥补境内亏损的境外所得来源国家（地区）顺序。

【例14-8】境内甲公司企业所得税税率25%，甲公司在境外设立的营业机构所在国企业所得税税率30%。2018年境内总机构、境外分支机构利润分别为-100万元、100万元；2019年境内总机构、境外分支机构利润均为100万元。

要求：不考虑其他因素，分析营业机构2018年、2019年在境外已纳税额如何计算抵免？

分析：

2018年应纳税所得额=-100+100=0，抵免限额为0，境外已缴税额结转下一年度抵补余额为30万元。

2019年应纳税所得额=100+100=200（万元）

当年境外所得税税额=30万元

抵免限额=200×25%×［100÷200］=25（万元）（＜30万元）

实际抵免境外所得税额=25万元

留待以后结转抵免税额=30-25+30=35（万元）

为便于直观反映以上抵免计算过程，列表如下：

单位：万元

项目	境内企业	境外营业机构	境外已纳税额	抵免限额	结转以后年度抵免余额
税率	25%	30%	—	—	—
2018利润	-100	100	30	0	30
2019利润	100	100	30	25	35

十、关于实际抵免境外税额的计算

《通知》规定，在计算实际应抵免的境外已缴纳和间接负担的所得税税额时，企业在境外一国（地区）当年缴纳和间接负担的符合规定的所得税税额低于所计算的该国（地区）抵免限额的，应以该项税额作为境外所得税抵免额从企业应纳税总额中据实抵免；超过抵免限额的，当年应以抵免限额作为境外所得税抵免额进行抵免，超过抵免限额的余额允许从次年起在连续5个纳税年度内，用每年度抵免限额抵免当年应抵税额后的余额进行抵补。

理解上述规定，应注意下列事项：

1.本条规定了企业在境外一国（地区）当年缴纳和间接负担的符合规定的企业所得税税额的具体抵免方法，即企业每年应分国（地区）别在抵免限额内据实抵免境外所得税额，超过抵免限额的部分可在以后连续5个纳税年度延续抵免；企业当年境外一国（地区）可抵免税额中既有属于当年已直接缴纳或间接负担的境外所得税额，又有以前年度结转的未逾期可抵免税额时，应首先抵免当年已直接缴纳或间接负担的境外所得税额后，抵免限额有余额的，可再抵免以前年度结转的未逾期可抵免税额，仍抵免不足的，继续向以后年度结转。

2.企业申报抵免境外所得税收（包括按照《通知》第十条规定的简易办法进行的抵免）时应向其主管税务机关提交如下书面资料：

（1）与境外所得相关的完税证明或纳税凭证（原件或复印件）。

（2）不同类型的境外所得申报税收抵免还需分别提供：

①取得境外分支机构的营业利润所得需提供境外分支机构会计报表，境外分支机构所得依照中国境内《企业所得税法》及实施条例的规定计算的应纳税额的计算过程及说明资料，具有资质的机构出具的有关分支机构审计报告等；

②取得境外股息、红利所得需提供集团组织架构图，被投资公司章程复印件，境外企业有权决定利润分配的机构作出的决定书等；

③取得境外利息、租金、特许权使用费、转让财产等所得需提供依照中国境内《企业所得税法》及实施条例规定计算的应纳税额的资料及计算过程，项目合同复印件等。

（3）申请享受税收饶让抵免的还需提供：

①本企业及其直接或间接控制的外国企业在境外所获免税及减税的依据及证明或有关审计报告披露该企业享受的优惠政策的复印件；

②企业在其直接或间接控制的外国企业的参股比例等情况的证明复印件；

③间接抵免税额或者饶让抵免税额的计算过程；

④由本企业直接或间接控制的外国企业的财务会计资料。

（4）采用简易办法计算抵免限额的还需提供：

①取得境外分支机构的营业利润所得需提供企业申请及有关情况说明，来源国（地区）政府机关核发的具有纳税性质的凭证和证明复印件；

②取得符合境外税额间接抵免条件的股息所得需提供企业申请及有关情况说明，符合《企业所得税法》第二十四条条件的有关股权证明的文件或凭证复印件。

（5）主管税务机关要求提供的其他资料。

以上提交备案资料使用非中文的，企业应同时提交中文译本复印件。

上述资料已向税务机关提供的，可不再提供；上述资料若有变更的，须重新提供；复印件须注明与原件一致，译本须注明与原本无异仪，并加盖企业、公章。

3.税务机关、企业在年度企业所得税汇算清缴时，应对结转以后年度抵免的境外所得税额分国别（地区）建立台账管理，准确填写逐年抵免情况。

（1）台账表式：

境外所得税额结转抵免管理台账

企业名称：

所得来源国别（地区）：　　　　单位：人民币（列至角分）

行次	本年度未抵免税额		5年期结转抵扣额及余额									
	税额所属年度	未抵免额	第1年		第2年		第3年		第4年		第5年	
			抵免额	余额	抵免额	余额	抵免额	余额	抵免额	余额	抵免额	不得再结转额
1												
2												
3												
4												
5												

（2）管理台账的编制说明。

填报以前年度境外所得已纳税额未抵免部分的结转、抵扣情况：

①按分国不分项填报结转抵扣额的境外所得税在各年的抵扣情况；

②本年度未抵免税额：填报税额所属年度未抵免结转以后年度抵扣的税额；

③5年结转抵扣额：填报按规定用本期税额扣除限额的余额抵扣以前年度结转的税额及抵扣后的余额。

【例14-9】以【例14-6】对A公司计算的可抵免境外负担税额及【例14-1】对其计算的境外所得应纳税总额和境外税额抵免限额为例，计算其当年度可实际抵免的境外税额。

（1）甲国。

可抵免境外税额=直接税额225+间接负担税额912.5=1 137.5（万元）；

抵免限额=744.5万元（<1 137.5万元）；

当年可实际抵免税额=744.5万元；

可结转的当年度未抵免税额=1 137.5−744.5=393（万元）。

（2）乙国。

可抵免境外税额=直接税额300+间接负担税额1 291.25=1 591.25（万元）；

抵免限额=1 010.5万元（<1 591.25万元）；

当年可实际抵免税额=1 010.5万元；

可结转的当年度未抵免税额=1 591.25-1 010.5=580.75（万元）。

（3）当年度可实际抵免税额合计=744.5+1 010.5=1 755（万元）。

再以此例按《通知》第十二条所列公式计算A公司2010年抵免境外所得税后应纳所得税额为（假设A公司没有适用税法规定的有关设备投资抵免税额等优惠）：

境内外应纳所得税总额-当年可实际抵免境外税额

=18 000×25%-1 755=2 745（万元）。

十一、关于“不分国（地区）不分项”抵免限额及抵免境外税额的计算

根据《财政部、国家税务总局关于完善企业境外所得税收抵免政策问题的通知》（财税〔2017〕84号，自2017年1月1日起执行）规定，企业可以选择按国（地区）别分别计算［即“分国（地区）不分项”］，或者不按国（地区）别汇总计算［即“不分国（地区）不分项”］其来源于境外的应纳税所得额，并按规定的税率，分别计算其可抵免境外所得税税额和抵免限额。抵免方式一经选择，5年内不得改变。

【例14-10】中国居民A企业2017年度境内外净所得为160万元。其中，境内所得的应纳税所得额为300万元，设在甲国的分支机构当年度应纳税所得额为100万元，设在乙国的分支机构当年度应纳税所得额为-300万元，A企业当年度从乙国取得利息所得的应纳税所得额为60万元（假设不考虑其他调整因素）。

（1）当A企业采用分国不分项的抵免方式时：

A企业当年度境内外净所得为160万元，但依据境外亏损不得在境内或他国盈利中抵减的规定，其发生在乙国分支机构的当年度亏损额300万元，仅可以用从该国取得的利息60万元弥补，未能弥补的非实际亏损额240万元，不得从当年度企业其他盈利中弥补。因此，相应调整后A企业当年境内、外应纳税所得额为：

境内应纳税所得额=300（万元）；

甲国应纳税所得额=100（万元）；

乙国应纳税所得额=-240（万元）；

A企业当年度应纳税所得总额=400（万元）。

A企业当年度境外乙国未弥补的非实际亏损共240万元，允许A企业以其来自乙国以后年度的所得无限期结转弥补。

（2）当A企业采用不分国不分项的抵免方式时：

境内应纳税所得额=300（万元）；

甲国应纳税所得额=100（万元）；

乙国应纳税所得额=-240（万元）；

乙国亏损240万元可以抵减甲国100万元盈利，剩余140万元非实际亏损留待以后年度无限期结转。此抵免方式一旦确定，5年内不得改变。

A企业当年度应纳税所得总额=300（万元）。

十二、关于简易办法计算抵免

1.企业从境外取得营业利润所得以及符合境外税额间接抵免条件的股息所得，虽有所得来源国（地区）政府机关核发的具有纳税性质的凭证或证明，但因客观原因无法真实、准确地确认应当缴纳并已经实际缴纳的境外所得税税额的，除就该所得直接缴纳及间接负担的税额在所得来源国（地区）的实际有效税率低于12.5%的国家（地区）外，可按境外应纳税所得额的12.5%作为抵免限额，企业按该国（地区）税务机关或政府机关核发具有纳税性质凭证或证明的金额，其不超过抵免限额的部分，准予抵免；超过的部分不得抵免。

属于本款规定以外的股息、利息、租金、特许权使用费、转让财产等投资性所得，均应按本通知的其他规定计算境外税额抵免。

2.企业从境外取得营业利润所得以及符合境外税额间接抵免条件的股息所得，凡就该所得缴纳及间接负担的税额在所得来源国（地区）的法定税率且其实际有效税率明显高于我国的，可直接以按本通知规定计算的境外应纳税所得额和我国《企业所得税法》规定的税率计算的抵免限额作为可抵免的已在境外实际缴纳的企业所得税税额。

属于本款规定以外的股息、利息、租金、特许权使用费、转让财产等投资性所得，均应按本通知的其他规定计算境外税额抵免。

理解上述规定，应注意下列事项：

（1）采用简易办法应遵循“分国不分项”原则。

（2）本条第一项中“从所得来源国（地区）政府机关取得具有纳税性质的凭证或证明”是指向境外所在国家政府实际缴纳了具有综合税额（含企业所得税）性质的款项的有效凭证。

（3）本条第二项中“实际有效税率”是指实际缴纳或负担的企业所得税税额与应纳税所得额的比率。

法定税率且实际有效税率明显高于我国（税率）的国家，由财政部和国家税务总局列名单公布；各地税务机关不能自行作出判定，发现名单所列国家抵免异常的，应立即向国家税务总局报告。

（4）本条第1项和第2项中“属于本款规定以外的股息、利息、租金、特许权使用费、转让财产等投资性所得”是指，居民企业从境外未达到直接持股20%条件的境外子公司取得的股息所得，以及取得利息、租金、特许权使用费、转让财产等所得，向所得来源国直接缴纳的预提所得税额，应按《通知》有关直接抵免的规定正常计算抵免。

十三、关于境外分支机构与我国对应纳税年度的确定

1.企业在境外投资设立不具有独立纳税地位的分支机构，其计算生产、经营所得的纳税年度与我国规定的纳税年度不一致的，与我国纳税年度当年度相对应的境外纳税年度，应为在我国有关纳税年度中任何一日结束的境外纳税年度。

2.企业取得上款以外的境外所得实际缴纳或间接负担的境外所得税，应在该项境外所得实现日所在的我国对应纳税年度的应纳税额中计算抵免。

企业就其在境外设立的不具有独立纳税地位的分支机构每一纳税年度的营业利润，计入企业当年度应纳税所得总额时，如果分支机构所在国纳税年度的规定与我国规定的纳税年度不一致的，在确定该分支机构境外某一年度的税额如何对应我国纳税年度进行抵免时，境外分支机构按所在国规定计算生产经营所得的纳税年度与其境内总机构纳税年度相对应的纳税年度，应为该境外分支机构所在国纳税年度结束日所在的我国纳税年度。

境外分支机构纳税年度的判定举例如下：

【例14-11】某居民企业在A国的分公司，按A国法律规定，计算当期利润年度为每年10月1日至次年9月30日。

分析：

该分公司按A国规定计算2009年10月1日至次年9月30日期间（即A国2009~2010年度）的营业利润及其已纳税额，应在我国2010年度计算纳税及境外税额抵免。

3.企业取得境外股息所得实现日为被投资方做出利润分配决定的日期，不论该利润分配是否包括以前年度未分配利润，均应作为该股息所得实现日所在的我国纳税年度所得计算抵免。

境外股息所得在我国计算抵免的时间判定举例如下：

【例14-12】某居民企业的境外子公司于2010年5月1日召开股东会决定，将分别属于2008年、2009年的未分配利润共计2 000万元进行分配。

分析：

该2 000万元均属于该居民企业2010年取得的股息，就该股息被扣缴的预提所得税以及该股息间接负担的由境外子公司就其2008年、2009年度利润缴纳的境外所得税，均应按规定的适用条件在该居民企业2010年应纳我国企业所得税中计算抵免。

十四、其他问题

（一）关于境外所得税抵免时应纳所得税额的计算

企业抵免境外所得税额后实际应纳所得税额的计算公式为：

企业实际应纳所得税额=企业境内外所得应纳税总额－企业所得税减免（抵免）优惠税额－境外所得税抵免额

公式中抵免优惠税额是指按《企业所得税法》第三十四条规定，企业购置用于环境保护、节能节水、安全生产等专用设备的投资额，可以按一定比例实行税额抵免。

境外所得税抵免额是指按照《通知》和《指南》计算的境外所得税额在抵免限额内实际可以抵免的税额。

（二）关于不具有独立纳税地位的定义

本通知所称“不具有独立纳税地位”，是指根据企业设立地法律不具有独立法人地位或者按照税收协定规定不认定为对方国家（地区）的税收居民。

1.企业居民身份的判定，一般以国内法为准。如果一个企业同时被中国和其他国家认定为居民（即双重居民），应按中国与该国之间税收协定（或安排）的规定执行。

2.不具有独立纳税地位的境外分支机构特别包括企业在境外设立的分公司、代表处、办事处、联络处，以及在境外提供劳务、被劳务发生地国家（地区）认定为负有企业所得税纳税义务的营业机构和场所等。

（三）关于来源于港、澳、台地区的所得

企业取得来源于中国香港、澳门、台湾地区的应税所得，参照本《通知》执行。

（四）关于税收协定优先原则的适用

中华人民共和国政府同外国政府订立的有关税收的协定与本通知有不同规定的，依照协定的规定办理。

所称有关税收的协定包括内地与中国香港、澳门地区等签订的相关税收安排。

（五）《通知》执行日期

《通知》虽然于2009年12月发布，但仍属于对执行《企业所得税法》及实施条例的解释，因此，与《企业所得税法》及实施条例的执行日期一致，自2008年1月1日起执行。

（六）法定税率明显高于我国的境外所得来源国名单

法定税率明显高于我国的境外所得来源国名单：美国、阿根廷、布隆迪、喀麦隆、古巴、法国、日本、摩洛哥、巴基斯坦、赞比亚、科威特、孟加拉国、叙利亚、约旦、老挝。

此类国家名单，由财政部和国家税务总局适时调整。

十五、纳税申报表填报要点

企业所得税年度申报表中关于境外所得税收抵免的计算逻辑为：按照企业全部利润总额剔除计入会计利润的境外所得及纳税调整、弥补亏损等计算出企业境内的应纳税所得额及应纳所得税额，按照境内所得应纳税额加上境外所得应纳税额，再减去境外所得允许抵免的税额，得到全年应纳税额。主要涉及A108000“境外所得税收抵免明细表”、A108010“境外所得纳税调整后所得明细表”、A108020“境外分支机构弥补亏损明细表”、A108030“跨年度结转抵免境外所得税明细表”，A105000“纳税调整项目明细表”第28行“（十五）境外所得分摊的共同支出”以及主表第14行“减：境外所得”、第29行“加：境外所得应纳所得税额”、第30行“减：境外所得抵免所得税额”的填报。如有用境外盈利弥补境内当期或以前年度亏损的，还涉及A106000“企业所得税弥补亏损明细表”。较之2014年版申报表，2017年版申报表对与境外税收抵免有关的表单未做修订，但由于2017年1月1日后，企业可采用不分国不分项的综合抵免方式，因此，相应表单的填报有一定变化。

2017年版申报表发布后，《国家税务总局关于修订〈中华人民共和国企业所得税年度纳税申报表（A类，2017年版）〉部分表单样式及填报说明的公告》（国家税务总局公告2018年第57号）对A108020“境外分支机构弥补亏损明细表”的表单样式及填报说明、A108000“境外所得税收抵免明细表”的填报说明进行了修订，主要关注以下几点：一是明确选择“不分国（地区）不分项”境外所得抵免方式的纳税人，不再填报“境外所得税收抵免明细表”（A108000）第1列“国家（地区）”；将第14列“本年可抵免以前年度未抵免境外所得税额”的填报规则修订为：“填报表A108030第13列金额”，需注意的是，采用综合抵免法下，主表合并一行填报，附表仍然需要分国别填报。二是根据《财政部、国家税务总局关于延长高新技术企业和科技型中小企业亏损结转年限的通知》（财税〔2018〕76号）等文件将高新技术企业和科技型中小企业亏损结转年限由5年延长至10年的规定，为降低“境外分支机构弥补亏损明细表”（A108020）填报难度，将“以前年度结转尚未弥补的实际亏损额”和“结转以后年度弥补的实际亏损额”项目，由原各6列精简为各1列，不再要求纳税人分年度填报明细情况。三是与“企业所得税亏损弥补明细表”（A106000）表的联系，A106000表第11行第10列=表A108000第10行第6列（抵减境内亏损，包括当年度与以前年度）–表A100000第18行（境外应税所得抵减境内亏损，抵减的是当年度境内亏损）。2017年版A106000表未设计境外所得弥补以前年度境内亏损的栏次，因此，实际填报中，需在表外具体计算当年度境外所得可以弥补的以前年度亏损金额后，直接填列A106000表第11列“可结转以后年度弥补的亏损额”。国家税务总局公告2018年第57号文件修改的A106000表专门有一列“使用境外所得弥补”，使填报更加清晰。

《国家税务总局关于修订企业所得税年度纳税申报表有关问题的公告》(国家税务总局公告2019年第41号)对“中华人民共和国企业所得税年度纳税申报表(A类)”(A100000)第14行“境外所得”行次及“境外所得纳税调整后所得明细表”(A108010)的填报说明进行了修订,需要注意的是,主表第14行“境外所得”行次由之前“填报纳税人取得的境外所得且已计入利润总额的金额”修改为“填报已计入利润总额以及按照税法相关规定已在‘纳税调整项目明细表’(A105000)进行纳税调整的境外所得金额。”即将受控外国企业视同分配的股息红利计入“境外所得”范围,并作为计算抵免限额的基数。

(一)填表要点

1.A108000表。

(1)企业若选择“分国(地区)不分项”的境外所得抵免方式,应根据表A108010、表A108020、表A108030分国(地区)别逐行填报本表;若选择“不分国(地区)不分项”的境外所得抵免方式,应按照税收规定计算可抵免境外所得税税额和抵免限额,并根据表A108010、表A108020、表A108030的合计金额填报本表第1行。

(2)第2列“境外税前所得”根据A108010表第14列金额填报。

(3)第3列“境外所得纳税调整后所得”根据A108010表第18列填报。

(4)第6列“抵减境内亏损”:当企业选择用境外所得弥补境内亏损时,填报境外所得按照税收规定抵减境内的亏损额(包括弥补的当年度境内亏损额和以前年度境内亏损额);当企业选择不用境外所得弥补境内亏损时,填报0。

如果企业选择用境外所得弥补境内亏损,对于境外所得抵减当年度境内亏损的金额,于主表第18行“加:境外应税所得抵减境内亏损”填列;对于境外所得弥补以前年度境内亏损的金额,需在A106000表中填报。

(5)第9列“境外所得应纳税额”,填写境外纳税调整后所得依次减去境外以前年度亏损、弥补的境内亏损(当年度境内亏损及以前年度境内亏损)之后,乘以境内适用税率得出的金额,该列合计金额等于主表第29行“加:境外所得应纳所得税额”。

(6)第19列“境外所得抵免所得税额合计”,填列“本年可抵免境外所得税额”+“本年可抵免以前年度未抵免境外所得税额”+适用简易办法计算的抵免额的合计金额,该列合计金额等于主表第30行“减:境外所得抵免所得税额”。

2.A108010表。

(1)对于境外所得税收抵免方式选择“不分国(地区)不分项”的纳税人,也应按照规定计算可抵免境外所得税税额,并按国(地区)别逐行填报。

(2)第2列至第9列“境外税后所得”,填报纳税人取得的来源于境外的税后所得,包含已计入利润总额以及按照税法相关规定已在《纳税调整项目明细表》(A105000)进行纳税调整的境外税后所得。

（3）第10列至第13列“境外所得可抵免的所得税额”，填报纳税人直接缴纳的所得税额、间接负担的所得税额、享受税收饶让抵免税额。其中，直接缴纳的所得税额填报纳税人来源于境外的营业利润所得在境外所缴纳的企业所得税，以及就来源于或发生于境外的股息、红利等权益性投资所得、利息、租金、特许权使用费、财产转让等所得在境外被源泉扣缴的预提所得税。

（4）第14列“境外税前所得”，填写“境外税后所得”与纳税人在境外“直接缴纳的所得税额”“间接负担的所得税额”的合计金额。这里，“境外税后所得”与“直接缴纳的所得税额”合计金额等于主表第14行“减：境外所得”金额。根据主表第14行的填写说明“‘境外所得’填报纳税人取得的境外所得且已计入利润总额的金额”之要求，概括如下：

境外的股权投资业务实现的股息所得（在外国公司宣告分配时确认），应单独计算应纳税额，在主表第29、第30栏反映。关于境外股权投资业务涉及的会计损益或境外不具备独立纳税人的分支机构的营业利润，凡已构成会计利润总额的（主要是成本法核算的贷方投资收益，以及权益法核算形成的借方或贷方投资收益），需要在主表第14栏填写（投资收益借方金额填写负数）。

对于境内的股权投资业务涉及的股息红利、股权转让的税会差异，无论会计上采取成本法、权益法进行后续计量，均通过纳税调整表解决。

（5）第15列“境外分支机构收入与支出纳税调整额”：填报纳税人境外分支机构收入、支出按照税收规定计算的纳税调整额。

（6）第16列“境外分支机构调整分摊扣除的有关成本费用”：填报纳税人境外分支机构应合理分摊的总部管理费等有关成本费用；第17列“境外所得对应调整的相关成本费用支出”：填报纳税人实际发生与取得境外所得有关但未直接计入境外所得应纳税所得的成本费用支出，第16列与第17列的合计金额需同时体现在A105000表第28行“（十五）境外所得分摊的共同支出”纳税调增金额列次。

（7）第18列“境外所得纳税调整后所得”，填报“境外税前所得”+“境外分支机构收入与支出纳税调整额”−“境外分支机构调整分摊扣除的有关成本费用”−“境外所得对应调整的相关成本费用支出”计算金额。

3.A108020表。

纳税人选择“不分国（地区）不分项”的境外所得抵免方式，在填报本表时，需分析填报企业的境外分支机构发生的实际亏损额和非实际亏损额及其弥补、结转的金额。此表第4列“本年弥补的以前年度非实际亏损额”与第8列“本年弥补的以前年度实际亏损额”合计金额等于A108000表第4列“弥补境外以前年度亏损”。

如果企业当期境内外所得盈利额与亏损额加总后和为零或正数，则其当年度境外分支机构的非实际亏损额可无限期向后结转弥补。

【例14-13】境内所得100万元，境外分支机构亏损80万元，则80万元为非实际亏损，不得抵减境内盈利，但可以用来自该国（分国）或境外（不分国）

的所得无限期结转弥补。

如果企业当期境内外所得盈利额与亏损额加总后和为负数，则以境外分支机构的亏损额超过企业盈利额部分的实际亏损额，在不超过5年的期限内进行亏损弥补，未超过企业盈利额部分的非实际亏损额仍可无限期向后结转弥补。

【例14-14】境内所得90万元，境外分支机构亏损135万元，不得抵减境内盈利，其中45万元为实际亏损，5年内用来自该国（分国）或境外（不分国）的所得弥补，90万元为非实际亏损，无限期结转弥补。

4.A108030表。

本表第13列“本年实际抵免以前年度未抵免的境外已缴所得税额——小计”对应A108000表第14列“本年可抵免以前年度未抵免境外所得税额”。

（二）示例

1.不分国不分项方式境外所得税收抵免填报。

【例14-15】境内居民企业A（税率25%）在甲国设立分支机构B、在乙国设立分支机构C，2017年度B分支机构营业利润100万元，甲国企业所得税税率30%；C分支机构营业利润200万元，乙国企业所得税税率10%。当年A企业境内利润500万元，A企业采用不分国不分项的综合抵免方式，计算并填报A企业当年度应纳税额。

不考虑纳税调整、所得减免等各项因素，计算过程如下：

A企业境内外利润总额=500+100+200=800（万元）；

境外所得应纳税所得额=100+200=300（万元）；

境外所得境外应纳税额（即可抵免税额）=100×30%+200×10%=50（万元）；

境外税后所得=300-50=250（万元）；

境内所得应纳税所得额=500（万元）；

境内所得应纳所得税额=500×25%=125（万元）；

境外所得境内应纳税额=（100+200）×25%=75（万元）；

境外所得境内抵免限额=（800×25%）×（100+200）/800=75（万元）；与境外所得可抵免税额相比，根据孰小原则，实际抵免的境外税额为50万元。

A企业当年应纳税额=境内所得应纳税额+境外所得境内应纳税额-境外所得实际抵免税额=125+75-50=150（万元）。

申报表填列：

① A108010 表：

境外所得纳税调整后境外所得明细表

单位：元

行次	国家（地区）	境外税后所得		境外所得可抵免的所得税额				境外税前所得	境外分支机构收入与支出纳税调整额	境外分支机构调整分摊扣除的有关成本费用	境外所得对应调整的相关成本费用支出	境外所得纳税调整后所得
		分支机构营业利润所得	小计	直接缴纳的所得税额	间接负担的所得税额	享受税收饶让抵免税额	小计					
	1	2	9（2+…+8）	10	11	12	13（10+11+12）	14（9+10+11）	15	16	17	18（14+15-16-17）
1		2 500 000	2 500 000	500 000	0	0	500 000	3 000 000	0	0	0	3 000 000

② A108000 表：

境外所得税抵免明细表

单位：元

行次	国家（地区）	境外税前所得	境外所得纳税调整后所得	弥补境外以前年度亏损	境外应纳税所得额	抵减境内亏损	抵减境内亏损后的境外应纳税所得额	税率	境外所得应纳税额	境外所得可抵免税额	境外所得抵免限额	本年可抵免境外所得税额	未超过境外所得税抵免限额的余额	本年可抵免以前年度未抵免境外所得税额	境外所得抵免所得税额合计
	1	2	3	4	5（3-4）	6	7（5-6）	8	9（7×8）	10	11	12	13（11-12）	14	19（12+14+18）
1		3 000 000	3 000 000	0	3 000 000	0	3 000 000	25%	750 000	500 000	750 000	500 000	250 000	0	500 000

③ A1000000 表：　　中华人民共和国企业所得税年度纳税申报表（A 表）　　单位：元

13		三、利润总额（10+11–12）	8 000 000
14	应纳税所得额计算	减：境外所得（填写 A108010）	3 000 000
18		加：境外应税所得抵减境内亏损（填写 A108000）	0
19		四、纳税调整后所得（13–14+15–16–17+18）	5 000 000
20		减：所得减免（填写 A107020）	0
21		减：弥补以前年度亏损（填写 A106000）	0
22		减：抵扣应纳税所得额（填写 A107030）	0
23		五、应纳税所得额（19–20–21–22）	5 000 000
24	应纳税额计算	税率（25%）	25%
25		六、应纳所得税额（23 × 24）	1 250 000
28		七、应纳税额（25–26–27）	1 250 000
29		加：境外所得应纳所得税额（填写 A108000）	7 50 000
30		减：境外所得抵免所得税额（填写 A108000）	5 00 000
31		八、实际应纳所得税额（28+29–30）	1 500 000

注：如果该企业采用分国不分项的抵免方式，则其在 B 国虽然缴纳 30 万元企业所得税，但仅能抵免 25 万元（抵免限额 =100 × 25%），差额 5 万元结转以后年度抵免；在 C 国缴纳企业所得税 20 万元，抵免限额 =200 × 25%=50（万元），实际抵免 20 万元；A 企业合计抵免 45 万元。就此例而言，A 企业采用不分国不分项的抵免方式更为有利。

2.境外盈利弥补境内以前年度亏损。

【例 14–16】居民企业A（一般企业，税率25%）2019年度纳税调整后所得为50万元（无所得减免项目），在甲国设立分支机构B（税率20%），当年营业利润300万元，已知A企业历年亏损及弥补情况如下：

2014~2018年度分别亏损10万元、20万元、30万元、40万元和50万元。

现A企业选择以境外盈利抵免境内亏损，A企业2019年度应纳税额计算及申报表填列如下（假设不考虑境外机构成本费用分配、境内投资抵扣等相关因素）：

①计算可以弥补的以前年度亏损，并填报A106000表。

A106000 **企业所得税弥补亏损明细表** 单位：万元

行次	项目	年度	当年境内所得额	分立转出的亏损额	合并、分立转入的亏损额		弥补亏损企业类型	当年亏损额	当年待弥补的亏损额	用本年度所得额弥补的以前年度亏损额		当年可结转以后年度弥补的亏损额
					可弥补年限5年	可弥补年限10年				使用境内所得弥补	使用境外所得弥补	
		1	2	3	4	5	6	7	8	9	10	11
1	前10年度	2009						0				0
2	前9年度	2010						0				0
3	前8年度	2011						0				0
4	前7年度	2012						0				0
5	前6年度	2013						0				0
6	前5年度	2014	−10				100	−10	−10	10		0
7	前4年度	2015	−20				100	−20	−20	20		0
8	前3年度	2016	−30				100	−30	−30	20	10	0
9	前2年度	2017	−40				100	−40	−40		40	0
10	前1年度	2018	−50				100	−50	−50		50	0
11	本年度	2019	50	0	0	0		0	0	50	100	0
12	可结转以后年度弥补的亏损额合计											0

②计算境外B分支机构2019年度应纳税额与实际抵免税额。

A企业境内外所得合计50+300=350（万元）；

弥补境内以前年度亏损后，境内所得应纳税所得额=0；境外所得应纳税所得额=300−100=200（万元）；

境外所得应纳税额=200×25%=50（万元）；

境外所得可抵免税额=300×20%=60（万元）；

当年抵免限额=境内外应纳税总额×境外所得÷境内外所得总额=（0+200）×25%×200÷（0+200）=50（万元）；

实际可抵免税额50万元，剩余10万元结转以后年度抵免。

A108000 表　　境外所得税收抵免明细表　　单位：万元

行次	国家（地区）	境外税前所得	境外所得纳税调整后所得	弥补境外以前年度亏损	境外应纳税所得额	抵减境内亏损	抵减境内亏损后的境外应纳税所得额	税率	境外所得应纳税额	境外所得可抵免税额	境外所得抵免限额	本年可抵免境外所得税额	未超过境外所得税抵免限额的余额	本年可抵免以前年度未抵免境外所得税额	境外所得抵免所得税额合计
	1	2	3	4	5(3–4)	6	7（5–6）	8	9（7×8）	10	11	12	13（11–12）	14	19（12+14+18）
1		0	300	0	300	100	200	25%	50	60	50	50	0	0	50

A100000 表　　中华人民共和国企业所得税年度纳税申报表（A 表）　　单位：万元

行次	类别	项目	金额
13		三、利润总额（10+11–12）	350
14	应纳税所得额计算	减：境外所得（填写 A108010）	300
15		加：纳税调整增加额（填写 A105000）	0
16		减：纳税调整减少额（填写 A105000）	0
17		减：免税、减计收入及加计扣除（填写 A107010）	0
18		加：境外应税所得抵减境内亏损（填写 A108000）	0
19		四、纳税调整后所得（13–14+15–16–17+18）	50
20		减：所得减免（填写 A107020）	0
21		减：弥补以前年度亏损（填写 A106000）	50
22		减：抵扣应纳税所得额（填写 A107030）	0
23		五、应纳税所得额（19–20–21–22）	0
24	应纳税额计算	税率（25%）	25%
25		六、应纳所得税额（23×24）	0
29		加：境外所得应纳所得税额（填写 A108000）	50
30		减：境外所得抵免所得税额（填写 A108000）	50
31		八、实际应纳所得税额（28+29–30）	0

注 1：第 18 行“境外应税所得抵减境内亏损”：当纳税人选择不用境外所得抵减境内亏损时，填报 0；当纳税人选择用境外所得抵减境内亏损时，填报境外所得抵减当年度境内亏损的金额，用境外所得弥补以前年度境内亏损的，填报境外所得税收抵免明细表（A108000）。

注 2：根据填表说明，当 A100000 第 13–14+15–16–17 行≥0，第 18 行 =0。

第三节 个人境外所得税收抵免

《中华人民共和国个人所得税法》第七条规定，居民个人从中国境外取得的所得，可以从其应纳税额中抵免已在境外缴纳的个人所得税税额，但抵免额不得超过该纳税人境外所得依照本法规定计算的应纳税额。《财政部、国家税务总局关于境外所得有关个人所得税政策的公告》（财政部、国家税务总局公告2020年第3号）给出了操作指引，分述如下：

一、来源于中国境外所得的判定

下列所得，为来源于中国境外的所得：

1.因任职、受雇、履约等在中国境外提供劳务取得的所得。

2.中国境外企业以及其他组织支付且负担的稿酬所得。

3.许可各种特许权在中国境外使用而取得的所得。

4.在中国境外从事生产、经营活动而取得的与生产、经营活动相关的所得。

5.从中国境外企业、其他组织以及非居民个人取得的利息、股息、红利所得。

6.将财产出租给承租人在中国境外使用而取得的所得。

7.转让中国境外的不动产、转让对中国境外企业以及其他组织投资形成的股票、股权以及其他权益性资产（以下称“权益性资产”）或者在中国境外转让其他财产取得的所得。但转让对中国境外企业以及其他组织投资形成的权益性资产，该权益性资产被转让前3年（连续36个公历月份）内的任一时间，被投资企业或其他组织的资产公允价值50%以上直接或间接来自位于中国境内的不动产的，取得的所得为来源于中国境内的所得。

（1）“被投资企业或其他组织的资产公允价值50%以上直接或间接来自位于中国境内的不动产”，是指公司股份被转让之前（不含转让当月）的连续36个公历月份内任一时间，被转让股份的公司直接或间接持有位于中国的不动产价值占公司全部财产价值的比率在50%以上。公司财产和不动产均应按照当时有效的中国会计制度有关资产（不考虑负债）处理的规定进行确认和计价，但相关不动产所含土地或土地使用权价值额不得低于按照当时可比相邻或同类地段的市场价格计算的数额。纳税人不能按照上款规定进行可靠计算的，相关资产确认和计价由税务机关参照上款规定合理估定。

（2）执行该款规定时还应注意“间接持有”的问题，即除了应考虑被转让公司本身财产构成以外，还应注意被转让股份的公司是否有参股其他公司股份及该参股公司的财产价值构成情况。比如，新加坡居民通过转让境外公司股权间接转让中国境内的股权，如果该中国公司财产价值的不动产部分低于50%，但中国公司又参股其他中国公司，并且其参股的其他中国公司的财产价值主要由在中国的不动产组成，则该被参股的中国公司的财产价值中的一部分（按参股比例计算）应与前面提及的中国公司的不动产合并计算，在计算被转让股份公司的财产价值时，应将后一个被控股公司的不动产价值按参股比例计算的归属部分一并考虑，来确定该中国居民公司财产价值的不动产比例是否达到50%。

【例14-17】新加坡居民公司甲拥有新加坡居民公司乙100%股权，乙拥有中国居民公司丙20%的股份，丙的财产价值为100万元，其中不动产价值为40万元。如果丙又持有中国居民公司丁80%的股份，如丁的财产价值为100万元，其中不动产价值为90万元。计算丙的财产价值时，应将丁财产价值的80%计算在内，即丙直接或间接拥有的财产价值=100+100×80%=180（万元），其中不动产价值=40+90×80%=112（万元），不动产价值比例=112÷180=62.22%。因此，当甲转让乙的股份时，由于丙财产价值中50%以上的价值直接或间接来自于中国的不动产，无论转让股权比例多少，均应在中国缴纳企业所得税。

应纳企业所得税额=（丙公司股权的公允价－乙持有丙公司股权的计税基础）×乙公司持有丙公司股权比例×甲公司转让乙公司股权比例

8.中国境外企业、其他组织以及非居民个人支付且负担的偶然所得。

9.财政部、国家税务总局另有规定的，按照相关规定执行。

二、居民个人当期境内和境外所得应纳税额的计算

1.居民个人来源于中国境外的综合所得，应当与境内综合所得合并计算应纳税额。

2.居民个人来源于中国境外的经营所得，应当与境内经营所得合并计算应纳税额。居民个人来源于境外的经营所得，按照《个人所得税法》及其实施条例的有关规定计算的亏损，不得抵减其境内或他国（地区）的应纳税所得额，但可以用来源于同一国家（地区）以后年度的经营所得按中国税法规定弥补。

3.居民个人来源于中国境外的利息、股息、红利所得，财产租赁所得，财产转让所得和偶然所得（以下称“其他分类所得”），不与境内所得合并，应当分别单独计算应纳税额。

三、居民个人境外所得抵免限额的计算

居民个人在一个纳税年度内来源于中国境外的所得，依照所得来源国家（地区）税收法律规定在中国境外已缴纳的所得税税额允许在抵免限额内从其该纳税年度应纳税额中抵免。

正确计算扣除限额，是确保境外纳税合理抵免的重要一环。由于我国个人

所得税采用的综合与分项相结合税制，对于各个应税所得项目，税法规定了不同的费用扣除标准和适用税率，因此，在计算纳税人境外所得已纳税款的扣除限额时，必须区分不同国家（地区）和不同应税所得项目分别计算。根据这一原则，现行税法明确，在计算扣除限额时，对纳税人从中国境外取得的所得，应区别不同国家或者地区和不同应税项目，依照我国《个人所得税法》所规定的费用扣除标准和适用税率分别计算。考虑到世界上许多国家（地区）的个人所得税采用的综合税制，他们在计算个人所得税税额时，通常是将各项所得综合起来一并计算，因而，很难将纳税人在某国（地区）缴纳的个人所得税税额分解到各个单项应税所得上。针对这种情况，税法进一步规定：同一国家（地区）内不同应税项目的应纳税额之和，即为该国家或者地区的扣除限额。这就是说，在实际扣除境外税额时，实行分国不分项的综合扣除方法。

居民个人来源于一国（地区）的综合所得、经营所得以及其他分类所得项目的应纳税额为其抵免限额，按照下列公式计算：

公式一：来源于一国（地区）综合所得的抵免限额=中国境内和境外综合所得合并计算的应纳税额×来源于该国（地区）的综合所得收入额÷中国境内和境外综合所得收入额合计

公式二：来源于一国（地区）经营所得的抵免限额=中国境内和境外经营所得合并计算的应纳税额×来源于该国（地区）的经营所得应纳税所得额÷中国境内和境外经营所得应纳税所得额合计

公式三：来源于一国（地区）其他分类所得的抵免限额=该国（地区）的其他分类所得应纳税额

公式四：来源于一国（地区）所得的抵免限额=来源于该国（地区）综合所得抵免限额+来源于该国（地区）经营所得抵免限额+来源于该国（地区）其他分类所得抵免限额

四、可抵免境外所得税税额的确定

1.可抵免的境外所得税税额，是指居民个人取得境外所得，依照该所得来源国（地区）税收法律应当缴纳且实际已经缴纳的所得税性质的税额。

居民个人申报境外所得税收抵免时，除另有规定外，应当提供境外征税主体出具的税款所属年度的完税证明、税收缴款书或者纳税记录等纳税凭证，未提供符合要求的纳税凭证，不予抵免。

2.可抵免的境外所得税税额不包括以下情形：

（1）按照境外所得税法律属于错缴或错征的境外所得税税额；

（2）按照我国政府签订的避免双重征税协定以及内地与香港、澳门地区签订的避免双重征税安排（以下统称“税收协定”）规定不应征收的境外所得税税额；

（3）因少缴或迟缴境外所得税而追加的利息、滞纳金或罚款；

（4）境外所得税纳税人或者其利害关系人从境外征税主体得到实际返还或补偿的境外所得税税款；

（5）按照我国《个人所得税法》及其实施条例规定，已经免税的境外所得负担的境外所得税税款。

3.居民个人从与我国签订税收协定的国家（地区）取得的所得，按照该国（地区）税收法律享受免税或减税待遇，且该免税或减税的数额按照税收协定饶让条款规定应视同已缴税额在中国的应纳税额中抵免的，该免税或减税数额可作为居民个人实际缴纳的境外所得税税额按规定申报税收抵免。

4.居民个人一个纳税年度内来源于一国（地区）的所得实际已经缴纳的所得税税额，低于来源于该国（地区）该纳税年度所得的抵免限额的，应以实际缴纳税额作为抵免额进行抵免；超过来源于该国（地区）该纳税年度所得的抵免限额的，应在限额内进行抵免，超过部分可以在以后5个纳税年度内结转抵免。

五、税务管理

（一）纳税申报

1.外币折算。

居民个人取得来源于境外的所得或者实际已经在境外缴纳的所得税税额为人民币以外货币，应当按照《中华人民共和国个人所得税法实施条例》第三十二条折合计算。即所得为人民币以外货币的，按照办理纳税申报或者扣缴申报的上一月最后一日人民币汇率中间价，折合成人民币计算应纳税所得额。年度终了后办理汇算清缴的，对已经按月、按季或者按次预缴税款的人民币以外货币所得，不再重新折算；对应当补缴税款的所得部分，按照上一纳税年度最后一日人民币汇率中间价，折合成人民币计算应纳税所得额。

2.申报时间。

居民个人从中国境外取得所得的，应当在取得所得的次年3月1日至6月30日内申报纳税。居民个人取得境外所得的境外纳税年度与公历年度不一致的，取得境外所得的境外纳税年度最后一日所在的公历年度，为境外所得对应的我国纳税年度。

居民个人已申报境外所得、未进行税收抵免，在以后纳税年度取得纳税凭证并申报境外所得税收抵免的，可以追溯至该境外所得所属纳税年度进行抵免，但追溯年度不得超过5年。自取得该项境外所得的5个年度内，境外征税主体出具的税款所属纳税年度纳税凭证载明的实际缴纳税额发生变化的，按实际缴纳税额重新计算并办理补退税，不加收税收滞纳金，不退还利息。

纳税人确实无法提供纳税凭证的，可同时凭境外所得纳税申报表（或者境外征税主体确认的缴税通知书）以及对应的银行缴款凭证办理境外所得抵免事宜。

3.申报地点。

居民个人取得境外所得，应当向中国境内任职、受雇单位所在地主管税务机关办理纳税申报；在中国境内没有任职、受雇单位的，向户籍所在地或中国境内经常居住地主管税务机关办理纳税申报；户籍所在地与中国境内经常居住地不一致的，选择其中一地主管税务机关办理纳税申报；在中国境内没有户籍的，向中国境内经常居住地主管税务机关办理纳税申报。

4.预扣预缴。

居民个人被境内企业、单位、其他组织（以下称“派出单位”）派往境外工作，取得的工资薪金所得或者劳务报酬所得，由派出单位或者其他境内单位支付或负担的，派出单位或者其他境内单位应按照《个人所得税法》及其实施条例规定预扣预缴税款。

居民个人被派出单位派往境外工作，取得的工资薪金所得或者劳务报酬所得，由境外单位支付或负担的，如果境外单位为境外任职、受雇的中方机构（以下称“中方机构”）的，可以由境外任职、受雇的中方机构预扣税款，并委托派出单位向主管税务机关申报纳税。中方机构未预扣税款的或者境外单位不是中方机构的，派出单位应当于次年2月28日前向其主管税务机关报送外派人员情况，包括：外派人员的姓名、身份证件类型及身份证件号码、职务、派往国家和地区、境外工作单位名称和地址、派遣期限、境内外收入及缴税情况等。

中方机构包括中国境内企业、事业单位、其他经济组织以及国家机关所属的境外分支机构、子公司、使（领）馆、代表处等。

5.法律责任及个人纳税信用管理。

纳税人和扣缴义务人未按本公告规定申报缴纳、扣缴境外所得个人所得税以及报送资料的，按照《中华人民共和国税收征收管理法》和《中华人民共和国个人所得税法》及其实施条例等有关规定处理，并按规定纳入个人纳税信用管理。

六、案例分析

案例（一）居民个人境外综合所得税收抵免

【基本案情】

我国居民个人张某2019年度收入及扣除项目金额如下：

1.境内收入：

（1）张某在某集团公司任职，每月取得工资收入10 000元；

（2）张某到国内某高校讲座一次取得课酬50 000元；

（3）张某国内核心期刊发表论文一篇取得稿酬30 000元。

2.境外收入：

（1）因工作需要，张某被集团派往a国子公司工作8个月，期间，从a国公司取得工资收入120 000元（人民币，下同），在a国缴纳个人所得税6 000元。

（2）张某将其自行研发的专利提供给a国某公司使用，获得报酬50 000元，在a国按税法缴纳个人所得税5 000元。

张某在a国、b国缴纳的个人所得税均取得完税凭证。

3.扣除项目：

每月个人缴纳“三险一金”2 000元，每月需要还2 000元房贷（婚前购买，张某夫妻选择由张某扣除），独生女在小学读书（张某夫妻选择由双方分别按扣除标准的50%扣除），父母尚未退休，全年无其他扣除项目。

【要求】

根据上述资料，不考虑增值税及附加、印花税，计算张某2019年度应纳个人所得税额。

【分析】

（一）计算张某境内外综合所得应纳税额

1.政策依据。

《财政部、国家税务总局关于境外所得有关个人所得税政策的公告》（财政部、国家税务总局公告2020年第3号）规定，居民个人来源于中国境外的综合所得，应当与境内综合所得合并计算应纳税额。

《个人所得税专项附加扣除暂行办法》（国发〔2018〕41号）第五条规定，纳税人的子女接受全日制学历教育的相关支出，按照每个子女每月1 000元的标准定额扣除；父母可以选择由其中一方按扣除标准的100%扣除，也可以选择由双方分别按扣除标准的50%扣除，具体扣除方式在一个纳税年度内不能变更。第十五条规定，夫妻双方婚前分别购买住房发生的首套住房贷款，其贷款利息支出，婚后可以选择其中一套购买的住房，由购买方按扣除标准的100%扣除，也可以由夫妻双方对各自购买的住房分别按扣除标准（每月1 000元）的50%扣除，具体扣除方式在一个纳税年度内不能变更。

2.张某境内外综合所得应纳税所得额合计=境内综合所得+境外综合所得-60 000-“三险一金”专项扣除-专项附加扣除

=（工资薪金收入额+劳务报酬收入额+稿酬收入额）+（a国工资薪金收入额+a国特许权使用费收入额）-6 0000-“三除一金”专项扣除-专项附加扣除

=［（10 000×12+50 000×（1-20%）+30 000×（1-20%）×70%）］+［120 000+50 000×（1-20%）］-60 000-2 000×12-（1 000×12+1 000×50%×12）

=176 800+160 000-60 000-24 000-18 000

=336 800-102 000

=234 800（元）

3.张某境内外综合所得合并计算的应纳税额=234 800×20%-16 920=30 040（元）

4.来源于a国综合所得的抵免限额=中国境内和境外综合所得合并计算的应纳税额×来源于该国（地区）的综合所得收入额÷中国境内和境外综合所得收入额合计=30 040×160 000÷336 800=14 270.78（元）

张某在a国共缴纳个人所得税11 000元（6 000+5 000）

张某2019年综合所得应纳个人所得税额=境内外综合所得合并计算的应纳税额－境外已纳税额抵免额=234 800−11 000=22 3800（元）

案例（二）居民个人境外经营所得及其他分类所得税收抵免

【基本案情】

个体工商户业主谢先生为我国居民，妻子无工作，谢先生为独生子，父亲65岁，赡养老人费用由谢先生按每月2 000元标准定额扣除。谢先生育有一子，读小学，子女教育按每月1 000元标准定额扣除。谢先生2019年度收入情况如下：

1.国内收入：

（1）2019年度经营收入为200万元，准许扣除的当年成本、费用（不含业主工资）及相关税金共计150万元。谢先生每月缴纳“三险一金”1 000元，全年无其他专项扣除项目。

（2）谢先生于2019年1月将其自有建筑面积150平方米的住宅按市场价格出租给杜先生居住。谢先生每月取得租金收入4 500元，全年租金收54 000元。同时当年2月出租住宅因下水道堵塞发生修理费用1 000元，按租赁协议约定由谢先生承担。

（3）谢先生为解决经营资金需要，于2019年7月15日出售其位于海南省三亚市的商品住房一套，售价180万元（含税）。该房产于2015年购置用于度假，发票金额为120万元，缴纳契税（税率3%）3.6万元。

2.国外收入：

（1）谢先生因业务扩张需要，以其投资的境内合伙企业甲参股A国乙企业，合伙企业甲转让乙企业股权获得投资收益，谢先生按合伙比例计算的经营所得为30万元，已在A国缴纳个人所得税折合人民币5万元；同时出租其在A国购买的一套住宅，每月租金折合人民币2万元，全年租金24万元，已在A国缴纳个人所得税折合人民币3万元。

（2）合伙企业甲同时在B国开展咨询等经营业务，当年经营亏损，按《个人所得税法》及其实施条例的有关规定计算的应纳所得额为−10万元；同时当年在B国拍卖其在商店购买的一幅油画，买价为10万元，拍卖价格为18万元，已在B国缴纳个人所得税0.8万元。

以上，谢先生在A国、B国缴纳的个人所得税均取得完税凭证。

【要求】

不考虑房屋出租应纳房产税、城建税及附加，计算谢先生2019年度应纳个人所得税额。

【分析】

（一）计算谢先生境内财产租赁所得应纳税额

1.政策依据。

（1）《国家税务总局关于印发〈征收个人所得税若干问题的规定〉的通知》（国税发〔1994〕089号）规定，纳税义务人出租财产取得财产租赁收入，在计算征税时，除可依法减除规定费用和有关税、费外，还准予扣除能够提供有效、准确凭证，证明由纳税义务人负担的该出租财产实际开支的修缮费用。允许扣除的修缮费用，以每次800元为限，一次扣除不完的，准予在下一次继续扣除，直至扣完为止。

（2）《国家税务总局关于个人转租房屋取得收入征收个人所得税问题的通知》（国税函〔2009〕639号）规定，财产租赁所得个人所得税前扣除税费的扣除次序调整为：①财产租赁过程中缴纳的税费；②向出租方支付的租金；③由纳税人负担的租赁财产实际开支的修缮费用；④税法规定的费用扣除标准。

（3）《财政部、国家税务总局关于营改增后契税、房产税、土地增值税、个人所得税计税依据问题的通知》（财税〔2016〕43号）规定，个人出租房屋的个人所得税应税收入不含增值税，计算房屋出租所得可扣除的税费不包括本次出租缴纳的增值税。免征增值税的，确定计税依据时，租金收入不扣减增值税额。《国家税务总局关于小规模纳税人免征增值税政策有关征管问题的公告》（国家税务总局公告2019年第4号）规定："自2019年1月1日起，《中华人民共和国增值税暂行条例实施细则》第九条所称的其他个人，采取一次性收取租金形式出租不动产取得的租金收入，可在对应的租赁期内平均分摊，分摊后的月租金收入未超过10万元的，免征增值税。"

《营业税改征增值税试点有关事项的规定》（财税〔2016〕36号）规定，个人（含个体工商户）出租住房应纳增值税，按照5%的征收率减按1.5%计算。

（4）《财政部、国家税务总局关于廉租住房、经济适用住房和住房租赁有关税收政策的通知》（财税〔2008〕24号）规定，对个人出租住房取得的所得减按10%的税率征收个人所得税；对个人出租、承租住房签订的租赁合同，免征印花税。

2.计算过程。

（1）2019年2月应纳税所得额=租金收入－相关税费－租金支出－修缮费用－法定扣除费用=4 500－0－0－800－800=2 900（元）。

（2）2019年3月应纳税所得额=（4 500－200）×（1－20%）=3 440（元）。

（3）全年境内财产租赁应纳个人所得税额=［4 500×（1－20%）×10+2 900+3 440］×10%=4 234元≈0.42万元）。

（二）计算谢先生境内财产转让所得应纳税额

1.政策依据。

（1）《财政部、国家税务总局关于营改增后契税、房产税、土地增值税、个人所得税计税依据问题的通知》（财税〔2016〕43号）规定，个人转让房屋的个人所得税应税收入不含增值税，其取得房屋时所支付价款中包含的增值税计入财产原值，计算转让所得时可扣除的税费不包括本次转让缴纳的增值税；免征增值税的，确定计税依据时，成交价格、租金收入、转让房地产取得的收入不扣减增值税额。

（2）《营业税改征增值税试点有关事项的规定》（财税〔2016〕36号）规定，个人将购买不足2年的位于北京市、上海市、广州市和深圳市之外地区的住房对外销售的，按照5%的征收率全额缴纳增值税；个人将购买2年以上（含2年）的住房对外销售的，免征增值税。

（3）《财政部、国家税务总局关于调整房地产交易环节税收政策的通知》（财税〔2008〕137号）规定，对个人销售或购买住房暂免征收印花税；对个人销售住房暂免征收土地增值税。

（4）《财政部、国家税务总局关于个人所得税若干政策问题的通知》（财税字〔1994〕20号）规定，个人转让自用达5年以上，并且是唯一的家庭生活用房取得的所得免征个人所得税。

2.计算过程。

（1）谢先生转让住房免征增值税、土地增值税、印花税，财产原值=房屋购买价+契税=120+3.6=123.6（万元）。

（2）应纳个人所得额=（转让收入–财产原值–相关税费）×20%=（180–123.6）×20%=11.28（万元）。

（三）计算谢先生A国财产租赁所得应纳个人所得税额

《财政部、国家税务总局关于境外所得有关个人所得税政策的公告》（财政部、国家税务总局公告2020年第3号）规定，居民个人来源于中国境外的利息、股息、红利所得，财产租赁所得，财产转让所得和偶然所得（以下称“其他分类所得”），不与境内所得合并，应当分别单独计算应纳税额。

来源于A国财产租赁所得的抵免限额=A国财产租赁所得应纳个人所得税额=［2×（1–20%）］×12×10%=1.92（万元），小于其在A国缴纳的个人所得税3万元，其差额1.08万元在以后5个年度结转抵免。

（四）计算谢先生B国财产转让所得应纳个人所得税额

来源于B国财产转让所得的抵免限额=B国财产转让所得应纳个人所得税额=（18–10）×20%=1.6（万元），大于其在B国缴纳的个人所得税0.8万元，应补交个人所得=1.6–0.8=0.8（万元）

（五）计算谢先生境内外经营所得应纳税额

1.《财政部、国家税务总局关于境外所得有关个人所得税政策的公告》（财政部、国家税务总局公告2020年第3号）规定，居民个人来源于境外的经营所得，按照《个人所得税法》及其实施条例的有关规定计算的亏损，不得抵减其境内或他国（地区）的应纳税所得额，但可以用来源于同一国家（地区）以后年度的经营所得按中国税法规定弥补。

谢先生中国境内和境外经营所得应纳税所得额合计=境内经营所得+A国经营所得-“三险一金”等专项扣除-子女教育等专项附加扣除-业主全年扣除费用=（200-150）+30-0.1×12-（0.1+0.2）×12-6=69.2（万元）

2.谢先生中国境内和境外经营所得合并计算的应纳税额=69.2×35%-6.55=17.67（万元）

3.谢先生来源于A国经营所得的抵免限额=中国境内和境外经营所得合并计算的应纳税额×来源于A国的经营所得应纳税所得额÷中国境内和境外经营所得应纳税所得额合计=17.67×30÷69.2=7.66（万元），大于A国实际缴纳个人所得税5万元，A国已缴个人所得税允许据实抵免。

4.谢先生2019年度经营所得应纳个人所得税=17.67-5=12.67（万元）

综上，谢先生当年应纳个人所得税额=境内财产租赁所得应纳税额+境内财产转让所得应纳税额+境外财产租赁所得应纳税额+境外财产转让所得应纳税额+境内外经营所得应纳税额=0.42+11.28+0+0.8+12.67=25.17（万元）

案例（三）居民个人境外所得税收抵免及申报表填报示例

我国居民个人张某2019年度取得以下收入：

1.取得境内工资薪金所得50万元，专项扣除及专项附加扣除7.2万元；同时在甲国任职，全年在甲国工作90天，取得工资薪金所得30万元，在甲国缴纳个人所得税6万元。

2.投资境内合伙企业，合伙协议约定张某的分配比例为50%。合伙企业2019年度实现境内应纳税所得额50万元；当年转让甲国A公司取得股权转让所得30万元，在甲国缴纳所得税3万元；当年转让乙国B公司股权，股权转让损失20万元。

3.在甲国拥有一套办公用房，2019年12月一次性取得租金收入12万元，在甲国缴纳个人所得税2万元。

4.在丙国发表论文，取得丙国C杂志社支付的稿酬所得1万元，在丙国缴纳个人所得税0.1万元。

不考虑增值税及附加，张某2019年度应纳个人所得税计算及申报表填报如下：

首先，应纳税额计算。

1.境内外所得应纳税额=境内外综合所得应纳税额+境内外经营所得应纳税额+境内外其他分类所得应纳税额

（1）境内外综合所得应纳税额=（综合所得收入额-60 000元-“三险一金”等专项扣除-子女教育等专项附加扣除-依法确定的其他扣除-捐赠）×适用税率-速算扣除数=（境内工资薪金收入+境外工资薪金收入+稿酬收入-法定扣除费用-专项附加扣除）×税率-速算扣除数=（500 000+300 000+10 000×80%×70%-60 000-72 000）×35%-85 920=149 840（元）。

（2）根据3号公告，境外经营所得的亏损，不得抵减其境内或他国（地区）

的应纳税所得额，因此，甲合伙企业转让乙国B公司产生的股权转让损失不得抵减其境内以及甲国的应纳税所得额。另外，因张某6万元减除费用及各项扣除均已在综合所得中扣除，故计算经营所得时不再扣除。

境内外经营所得应纳税额=（500 000+300 000）×50%×30%−40 500=79 500（元）。

（3）财产租赁所得应纳税额=120 000×80%×20%=19 200（元）。

境内外所得应纳税额=149 840+79 500+19 200=248 540（元）。

2.抵免限额与抵免税额计算。

（1）甲国。

①来源于甲国综合所得的抵免限额=中国境内和境外综合所得合并计算的应纳税额×来源于甲国的综合所得收入额÷中国境内和境外综合所得收入额合计=149 840×300 000÷805 600=55 799.40（元）

②来源于甲国经营所得的抵免限额=中国境内和境外经营所得合并计算的应纳税额×来源于甲国的经营所得应纳税所得额÷中国境内和境外经营所得应纳税所得额合计=79 500×150 000÷400 000=29 812.50（元）

③来源于甲国财产租赁所得的抵免限额=财产租赁所得×20%=120 000×80%×20%=19 200（元）

④来源于甲国所得的抵免限额合计=①+②+③=55 799.40+29 812.50+19 200=104 811.90（元）

甲国实际已纳税额=60 000+30 000+20 000=110 000（元）

实际抵免税额为104 811.90元，超过部分5 188.10元可在以后5个纳税年度内结转。

（2）乙国。

无抵免税额，20万元股权转让损失可用该国未来5个纳税年度的经营所得弥补。

（3）丙国。

在丙国仅有稿酬所得，因此，来源于丙国的抵免限额=中国境内和境外综合所得合并计算的应纳税额×来源于丙国的综合所得收入额÷中国境内和境外综合所得收入额合计149 840×5 600÷805 600=1 041.59（元）

丙国实际已纳税额=1 000元

实际抵免税额为1 000元。

综上，张某当年度实际应纳税额=境内外应纳税额−允许抵免的境外已纳税额=248 540−104 811.90−1 000=142 728.10（元）。

其次，境外所得个人所得税抵免明细表的填报。

境外所得个人所得税抵免明细表第54行“本年抵免额（境外所得已纳所得税抵免额）”金额于个人所得税年度自行纳税申报表（B表）第75行“境外所得已纳所得税抵免额”中填报。

境外所得个人所得税抵免明细表

税款所属期：2019年1月1日至2019年12月31日

纳税人姓名：张某

纳税人识别号：□□□□□□□□□□□□□□□□□□□□□-□□　　金额单位：人民币元（列至角分）

本期境外所得抵免限额计算							
列次			A	B	C	D	E
项目		行次	金额				
国家（地区）		1	境内	境外			合计
				甲国	乙国	丙国	
一、综合所得	（一）收入	2	500 000	300 000		10 000	810 000
	其中：工资、薪金	3	500 000	300 000			800 000
	劳务报酬	4					
	稿酬	5				10 000	10 000
	特许权使用费	6					
	（二）费用	7				2 000	2 000
	（三）收入额	8	500 000	300 000		5 600	805 600
	（四）应纳税额	9	—	—	—	—	149 840
	（五）减免税额	10	—	—	—	—	
	（六）抵免限额	11	—	55 799.40		1 041.59	
二、经营所得	（一）收入总额	12	—				
	（二）成本费用	13	—				
	（三）应纳税所得额	14	250 000	150 000			400 000
	（四）应纳税额	15	—	—	—	—	79 500
	（五）减免税额	16	—	—	—	—	
	（六）抵免限额	17	—	29 812.50			29 812.50
三、利息、股息、红利所得	（一）应纳税所得额	18	—				
	（二）应纳税额	19	—				
	（三）减免税额	20	—				
	（四）抵免限额	21	—				
四、财产租赁所得	（一）应纳税所得额	22	—	120 000			
	（二）应纳税额	23	—	19 200			
	（三）减免税额	24	—				
	（四）抵免限额	25	—	19 200			
五、财产转让所得	（一）收入	26	—				
	（二）财产原值	27	—				
	（三）合理税费	28	—				
	（四）应纳税所得额	29	—				

续表

本期境外所得抵免限额计算							
列次			A	B	C	D	E
项目		行次	金额				
国家（地区）		1	境内	境外			合计
				甲国	乙国	丙国	
五、财产转让所得	（五）应纳税额	30	—				
	（六）减免税额	31	—				
	（七）抵免限额	32	—				
六、偶然所得	（一）应纳税所得额	33	—				
	（二）应纳税额	34	—				
	（三）减免税额	35	—				
	（四）抵免限额	36	—				
七、股权激励	（一）应纳税所得额	37					
	（二）应纳税额	38	—	—	—	—	
	（三）减免税额	39	—	—	—	—	
	（四）抵免限额	40	—				
八、其他境内、境外所得	（一）应纳税所得额	41					
	（二）应纳税额	42					
	（三）减免税额	43					
	（四）抵免限额	44	—				
九、本年可抵免限额合计（第45行=第11行+第17行+第21行+第25行+第32行+第36行+第40行+第44行）		45	—	104 811.90		1 041.59	
本期实际可抵免额计算							
一、以前年度结转抵免额（第46行=第47行+第48行+第49行+第50行+第51行）		46	—				
其中：前5年		47	—				
前4年		48	—				
前3年		49	—				
前2年		50	—				
前1年		51	—				
二、本年境外已纳税额		52	—	110 000		1 000	
其中：享受税收饶让抵免税额（视同境外已纳）		53	—				
三、本年抵免额（境外所得已纳所得税抵免额）		54	—	104 811.90		1 000	105 811.90
四、可结转以后年度抵免额（第55行=第56行+第57行+第58行+第59行+第60行）		55	—	5 188.10			—

续表

本期境外所得抵免限额计算						
列次		A	B	C	D	E
项目	行次	金额				
国家（地区）	1	境内	境外			合计
			甲国	乙国	丙国	
其中：前4年	56	—				—
前3年	57	—				—
前2年	58	—				—
前1年	59	—				—
本年	60	—	5 188.10			—
备注						

谨声明：本表是根据国家税收法律法规及相关规定填报的，本人对填报内容（附带资料）的真实性、可靠性、完整性负责。

纳税人签字：

年　月　日

经办人签字： 经办人身份证件类型： 经办人身份证件号码： 代理机构签章： 代理机构统一社会信用代码：	受理人： 受理税务机关（章）： 受理日期：　　　　年　月　日

第十五章

国内税法与享受协定优惠资格判定条款的衔接

为防止协定滥用，税收协定纳入“享受协定优惠的资格判定”条款，即“主要目的测试”（PPT规则）。

第一节 享受协定优惠资格判定条款解读

一、协定（安排）中“享受协定优惠的资格判定”条款

在我国2015年与智利签订税收协定之前，对外签订的税收协定（安排）中基本没有专门的“享受协定优惠的资格判定”条款，仅在股息、利息、特许权使用费中规定了防止协定滥用规则。之后，我国对外签订的协定有时会纳入专门的“享受协定优惠的资格判定”条款，即PPT规则。

比如，《国家税务总局关于〈中华人民共和国政府和新西兰政府对所得消除双重征税和防止逃避税的协定〉及议定书生效执行的公告》（国家税务总局公告2019年第50号）第二十三条规定：“虽有本协定其他条款的规定，如果在考虑了所有相关事实与情况后，可以合理地认定就某项所得获取本协定某项优惠是直接或间接产生该优惠的安排或交易的主要目的之一，则不应对该项所得给予该优惠，除非能够证明在此种情形下给予该优惠符合本协定相关规定的宗旨和目的。”

又如，《国家税务总局关于〈内地和香港特别行政区关于对所得避免双重征税和防止偷漏税的安排〉第五议定书生效执行的公告》（国家税务总局公告2019年第51号），删除了第四议定书中关于股息、利息、特许权使用费、财产收益的“主要目的测试”的规定，在《安排》中增列“享受安排优惠的资格判定”条款，即适用于所有安排和交易的“主要目的测试”，如果纳税人相关安排或交易的主要目的之一是获得《安排》优惠待遇，则不得享受《安排》优惠待遇。

二、BEPS《防止税收协定优惠的不当授予》计划

BEPS第6项行动计划《防止税收协定优惠的不当授予》建议在税收协定中加入“主要目的测试”（PPT规则），当特定交易或安排的主要目的之一是取得税收协定优惠，并且在这种情况下取得该优惠有悖于协定相关条款的宗旨和目标时，协定优惠则不应再适用。

【例15-1】T国居民公司TCo拥有在S国证券交易所上市的SCo公司的股份。T国与S国没有税收协定，因此根据S国国内法，SCo支付给TCo的股息需代扣代缴25%的预提所得税。而在R国与S国的税收协定中，由缔约国一方居民公司向缔约国另一方居民公司，亦即受益所有人，所支付的股息不需要代扣代缴预提所得税。TCo与R国的独立居民金融机构RCo达成了一项约定，即TCo将获得SCo已经宣告但尚未支付的股息款项的权益转移给RCo。

本例中，在无相反的事实证据的情况下，认为TCo将获得股息款项的权益

转移给RCo这一安排的主要目的之一是让RCo取得R国与S国税收协定所提供的免除股息红利预提所得税的优惠，这一结论是合理的。如果对这种择协避税安排给予优惠，则违背了该协定的宗旨和目的。

【例15-2】R国居民公司RCo是一家生产电子设备的公司，其业务正在迅速扩张。该公司现正考虑在一个发展中国家设立一个制造基地以受益于较低的生产成本。在初步审核后，该公司确认了三个不同国家的选择。这三个国家有相似的经济政治环境。考虑到S国是这些国家中唯一与R国有税收协定的国家，该公司做出了在该国建厂的决定。在本例中，虽然该在S国投资的决定基于R国与S国的税收协定所提供的优惠而作出，但是，显然该公司作出该投资和建厂的主要目的是与RCo的经营扩张以及该国较低的生产成本有关。

在此例中并不能合理地认为建厂的主要目的之一是取得协定优惠。

此外，考虑到税收协定的一般宗旨即为鼓励双边跨境投资，RCo就其在S国投资建设工厂获得R国与S国的税收协定优惠符合该协定条款的宗旨与目的。

第二节　国内税法与享受协定优惠资格判定条款的衔接

为防止税收协定优惠的不当享受，国内法方面，也出台了具体文件予以规定。如《国家税务总局关于税收协定中“受益所有人”有关问题的公告》（国家税务总局公告2018年第9号）规定，申请人虽具有“受益所有人”身份，但主管税务机关发现需要适用税收协定主要目的测试条款或国内税收法律规定的一般反避税规则的，适用一般反避税相关规定。又如，《国家税务总局关于发布〈非居民纳税人享受协定待遇管理办法〉的公告》（国家税务总局公告2019年第35号）规定，非居民纳税人自行判断，申报享受适用税收协定做出的声明中，要求声明相关安排和交易的主要目的不是为了获取税收协定待遇。同时，该文规定主管税务机关在后续管理过程中，发现需要适用税收协定主要目的测试条款或国内税收法律规定中的一般反避税规则的，适用一般反避税相关规定。

第十六章

国内税法与非歧视待遇条款的衔接

非歧视待遇条款（或无差别待遇条款）主要协调国与国之间的税收权利和财政利益以及避免税收歧视，一般包括国籍非歧视、常设机构非歧视、支付非歧视（扣除非歧视）、资本非歧视等四个方面的内容相关定义的解释和保留条款。《〈中华人民共和国政府和新加坡共和国政府关于对所得避免双重征税和防止偷漏税的协定〉及议定书条文解释》（国税发〔2010〕75号，以下称“75号文”）对非歧视条款作了解释。

第一节 非歧视待遇条款的解读

75号文指出："我国对外所签协定有关条款规定与《中新协定》条款规定内容一致的，《中新协定》条文解释规定同样适用于其他协定相同条款的解释及执行；《中新协定》条文解释与此前下发的有关税收协定解释与执行文件不同的，以《中新协定》条文解释为准。"本章以75号文为依据解读非歧视条款。

一、非歧视待遇条款适用的税种范围

在我国，非歧视待遇条款适用于企业所得税和个人所得税。

二、国籍非歧视

本条确立的原则是对拥有缔约国国籍的个人在税收上不能有歧视待遇，即缔约国一方国民在缔约国另一方应与该缔约国另一方国民在相同情况下，获得同等的税收待遇。本款（国籍非歧视）扩大了协定第一条规定本协定适用的人仅为缔约国居民的范围。

同时，本款规定不应被理解为要求缔约国一方将给予其公共团体或公共服务机构的税收优惠，以及从事本国公益活动的非营利私人机构的特别税收优惠，也给予缔约国另一方的相同组织或类似机构。

以《中新协定》为例，按照本款规定，即使新加坡国民在某一时期失去新加坡居民身份，仍然可以享受非歧视待遇，特别是在该新加坡国民与比照待遇的中国国民居民身份相同时。

三、常设机构非歧视

本款规定，缔约国一方对另一方企业设在本国的常设机构的征税，不应比本国进行同样活动的企业更重。这样的同等待遇主要体现在税率、费用扣除、计提折旧、亏损结转、财产收益以及税收抵免等方面。但应当注意的是，常设机构从事的活动应与比照的居民企业所从事的活动相同。

本条不应理解为缔约国一方负有以下义务：

1.缔约国一方给予本国居民的任何个人扣除、优惠和减税也必须给予缔约国另一方居民。

2.缔约国一方给予不在本国居住的国民或在本国税法中指定的其他人的个人扣除。优惠和减税也必须给予缔约国另一方的国民。另外还规定：缔约国各方为促进本国社会或经济发展，根据国家政策和标准给予其国民的税收优惠，不应被理解为构成本条款意义上的歧视待遇。

四、支付非歧视

我国对外签订的协定（安排）中，支付非歧视一般表述为：除适用第九条、第十一条第七款或第十二条第六款规定外，缔约国一方企业支付给缔约国另一方居民的利息、特许权使用费和其他款项，在确定该企业应纳税利润时，应与在同样情况下支付给该缔约国一方居民同样予以扣除。我国与新加坡的税收协定中，约定了支付非歧视的例外条款，即税收非歧视待遇并不意味着中国一定有义务给予新加坡居民或国民个人以相当于中国居民或国民个人所能享受的税收优惠、扣除和减免等待遇。

五、资本非歧视

本款规定，缔约国一方不能对资本全部或部分、直接或间接由缔约国另一方一个或多个居民拥有或控制的企业，在税收上给予歧视待遇。以《中新协定》为例，对由新加坡居民投资的中国居民企业在税收待遇上应与类似的中国居民企业一致。

第二节　国内税法与非歧视待遇条款的衔接

税收协定非歧视待遇，不能影响国内财政经济政策的贯彻执行，即不应包括基于公民地位或家庭负担和国内政策等原因，给予本国居民、企业的减免税照顾以及其他特案减免税优惠。另外，税收协定非歧视待遇的适用是以居民和非居民的划分为前提的。由于居民和非居民的纳税义务不同，而税收非歧视待遇又要求基于相同情况进行比较，这表示非居民通常不能在来源国主张给予当地居民的全部优惠。

我国目前对外商投资企业和非外商投资企业的企业所得税政策除区域优惠（如西部大开发）适用的鼓励类产业目录不同外，税收政策完全相同。而且，我国对外籍人士通常给予特别优惠，比如，《财政部、国家税务总局关于个人所得税若干政策问题的通知》（财税〔1994〕20号）、《国家税务总局关于外籍个人取得有关补贴征免个人所得税执行问题的通知》（国税发〔1997〕54号）和《财政部、国家税务总局关于外籍个人取得港澳地区住房等补贴征免个人所得税的通知》（财税〔2004〕29号）规定，外籍个人从外商投资取得的股息红利所得免征个人所得税。此外，外籍个人可以享受住房补贴、伙食补贴、内外出差补贴、搬迁费、探亲费、洗衣费、语言训练费、子女教育经费等八项免税优惠。对我国的税收居民个人给予赡养老人、子女教育、继续教育、住房贷款、住房租金、大病医疗等专项附加扣除，同时规定，2019年1月1日至2021年12月31日期间，外籍个人符合居民个人条件的，可以选择享受个人所得税专项附加扣除，也可以选择继续执行八项扣除，但不得同时享受。外籍个人一经选择，在一个纳税年度内不得变更。这些规定都不违反非歧视待遇原则。

《税收协定相互协商程序实施办法》（国家税务总局公告2013年第56号）第九条规定，中国居民有下列情形之一的，可以申请启动相互协商程序：

1. 中国居民违反税收协定非歧视待遇（无差别待遇）条款的规定，可能或已经形成税收歧视的。

2. 中国国民认为缔约对方违背了税收协定非歧视待遇（无差别待遇）条款的规定，对其可能或已经形成税收歧视时，可以申请启动相互协商程序。

第十七章

相互协商程序

作为专业性和技术性很强的国际法文件，税收协定各条款的规定尽可能做到表述清晰，意思明确，但尽管如此仍有许多概念和表述难以避免地存在产生理解歧义的空间。为了解决税收协定理解或解释上的问题，防止或纠正违反税收协定规定的征税措施，确保税收协定执行的有效性和一致性，切实避免重复征税，税收协定中规定了解决这些问题的国际协调机制，即相互协商程序条款。相应地，为规范税务机关的相互协商工作，维护中国居民（国民）的合法利益，国家税务总局发布了《税收协定相互协商程序实施办法》（国家税务总局公告2013年第56号），对协商的范围和操作步骤等提供了操作指引。

第一节 相互协商程序条款解读

一、相互协商程序条款解读

我国对外签署的税收协定相互协商程序条款内容基与OECD范本基本一致。《2017年OECD范本》第二十五条 相互协商程序第一款规定："如有人认为，缔约国一方或者双方所采取的措施，导致或将导致对其的征税不符合本协定的规定时，可以不考虑各缔约国国内法律的救济办法，将案情提交该人为其居民的缔约国主管当局。"

本款明确了提起申请的条件和时限。相互协商程序应由纳税人提出申请，条件是缔约国一方或双方的征税措施已经违背或将要违背税收协定的规定，而且应在第一次被通知该征税措施之日起3年之内提起申请。接受申请的税务机关为纳税人为其居民的主管当局。特别需要指出的是，纳税人提起相互协商的申请，不以是否已经或将要通过该国国内法规定的救济渠道进行申诉为条件，而且提起申请也不会妨碍纳税人随后通过国内法寻求救济。

第二款规定："上述主管当局如果认为所提意见合理，又不能单方面圆满解决时，应设法同缔约国另一方主管当局相互协商解决，以避免不符合本协定的征税。达成的协议应予执行，而不受各缔约国国内法律的时间限制。"

本款明确了主管当局的责任。主管当局收到纳税人的申请后，经过审查，如果认为合理合法，且单方面不能解决，就应向缔约国对方主管当局正式提起相互协商，争取尽快解决。双方主管当局通过相互协商达成的协议，应该严格执行，不受任何一方国内法关于时限规定的限制。这样，就使得在国际法框架内达成的主管当局之间的具体协议，具备了优越于国内法规定的效力。

第三款规定："缔约国双方主管当局应通过相互协商尽力解决在解释或实施本协定时所发生的困难或疑义，也可以对本协定未作规定的消除双重征税问题进行协商。"

本款明确了相互协商程序的适用范围。除了第一款规定的违反协定规定的征税措施外，第三款还规定，虽然没有违反协定规定的征税措施存在，如果对协定条款的解释产生歧义或理解困难，双方主管当局也应该通过相互协商澄清、确定和解决。最后还特别指出，对于税收协定没有规定的双重征税问题，双方主管当局也可以通过协商解决。

第四款规定："缔约国双方主管当局为达成前述条款的协议，可以相互直接联系，包括通过由他们或他们指派的代表组成的联合委员会进行联系。"

第五款规定："在根据第1款规定，一个人以缔约国一方或双方的行为已造成对其的征税违反本协定为由，将案件提交给缔约国一方主管当局，并且双方主管当局自其为解决该案件所要求的所有信息已经提交给双方主管当局之日起2年内，无法依照第2款达成协议解决该案件的情况下，如果当事人书面请求，该案件产生的任何未解决之问题应交付仲裁。然而，若缔约国任何一方的法院或行政裁判庭已对这些未解决之问题做出裁定，则这些问题不应提交仲裁。除非受该案件直接影响的当事人不接受实施仲裁裁决的相互协议，该仲裁裁决应对缔约国双方有约束力，且应不受缔约国双方国内法上任何时效的影响而予以执行。缔约国双方主管当局应通过相互协议确定适用本款的方式。”

2001年UN范本对此款补充为：“为执行本条规定的相互协商程序，主管当局应通过协商确定适当的双边程序、条件、方法和技术。此外，主管当局可以设法采取适当的单方面程序、条件、方法和技术，以促进上述双边行动和相互协商程序的执行。”

上述条款是对主管当局的授权。由于税收协定属于政府间的协议，如果没有特别授权，相互协商程序就应该按照国际惯例通过外交渠道进行，这不利于提高工作效率。所以，为了使有关案件得以及时解决，该款授权主管当局可以直接联系，口头交换意见，或者通过联合委员会进行相互协商。

二、BEPS《使争议解决机制更有效》行动计划

BEPS第14项行动计划《使争议解决机制更有效》目的在于加强相互协商程序（MAP）的效力和效率，围绕确保与MAP相关的协定义务被全面而善意的履行，且MAP案件得到及时解决，确保行政程序的执行促进协定相关争议的预防和及时解决，确保纳税人在符合条件时可以申请启动MAP三项目标，从17个方面制定了最低标准，同时提出了一系列与最低标准三项总体目标相关的11项最佳实践。参加BEPS项目的所有国家都表示将致力于落实最低标准，许多国家还声明将在双边税收协定中设置具有强制约束力的MAP仲裁条款，以保证协定争议在一定时限内予以解决。

行动计划的这些措施通过保证税收协定一致且适当的执行，包括通过MAP及时、有效地解决与协定解释或应用相关的争议，从而尽可能地减少不确定性以及双重征税的风险。这些措施受有力的政治承诺支持，从而通过相互协商程序来保证实现税收协定一致且适当地执行，并且进一步推进争端的迅速解决。

第二节　税收协定相互协商程序实施办法

为正确适用税收协定，解决国际税收争议，规范税务机关的相互协商工作，维护中国居民（国民）的合法利益，国家税务总局于2005年7月7日发布了《中国居民（国民）申请启动税务相互协商程序暂行办法》（国税发〔2005〕115号）。随着国内税收政策的调整，以及我国的国际经济交往在深度和广度上的推进，

税收协定的作用日显重要，在解释和适用税收协定时出现的分歧或争议也逐渐增多，提请启动相互协商程序解决争议案件（含对方主管当局和我国居民提请的相互协商）的数量明显上升。而现有规则不够完整，有些规定不细致、欠具体，难以保证相互协商案件处理的统一性、规范性和高效率。这种状况既不利于提高税务机关的工作效率，也不能有效维护国家税收权益和纳税人的合法利益。因此国家税务总局在原办法的基础上，重新起草发布了《税收协定相互协商程序实施办法》（国家税务总局公告2013年第56号，以下简称《办法》），自2013年11月1日起施行。

一、相互协商程序的定义

《办法》所称相互协商程序，是指为确保税收协定正确和有效适用，切实避免双重征税，消除缔约双方对税收协定的解释或适用产生的分歧，我国主管当局根据税收协定有关条款规定，与缔约对方主管当局之间，通过协商共同处理涉及税收协定解释和适用问题的过程。

二、相互协商程序的范围

相互协商的事项限于税收协定适用范围内的事项，但超出税收协定适用范围，且会造成双重征税后果或对缔约一方或双方利益产生重大影响的事项，经我国主管当局和缔约对方主管当局同意，也可以进行相互协商。

根据该规定，《办法》的适用范围包括缔约对方提请的相互协商案件和中国税务机关主动提请的相互协商案件，但不包括涉及特别纳税调整相互协商案件。

三、中国居民（国民）申请启动的相互协商程序

（一）中国居民申请启动相互协商程序的情形

我国负责相互协商工作的主管当局为国家税务总局（以下简称“税务总局”）；处理相互协商程序事务的税务总局授权代表为税务总局国际税务司司长或副司长，以及税务总局指定的其他人员。省、自治区、直辖市和计划单列市税务局（以下简称“省税务机关”）及以下各级税务机关负责协助税务总局处理相互协商程序涉及的本辖区内事务。

如果中国居民（国民）认为，缔约对方所采取的措施，已经或将会导致不符合税收协定所规定的征税行为，可以按本《办法》的规定向省税务机关提出申请，请求税务总局与缔约对方主管当局通过相互协商程序解决有关问题。申请人向省税务机关提起相互协商程序申请的，填报或提交的资料应采用中文文本。相关资料原件为外文文本且税务机关根据有关规定要求翻译成中文文本的，

申请人应按照税务机关的要求翻译成中文文本。

中国居民有下列情形之一的，可以申请启动相互协商程序：

1.对居民身份的认定存有异议，特别是相关税收协定规定双重居民身份情况下需要通过相互协商程序进行最终确认的。

2.对常设机构的判定，或者常设机构的利润归属和费用扣除存有异议的。

3.对各项所得或财产的征免税或适用税率存有异议的。

4.违反税收协定非歧视待遇（无差别待遇）条款的规定，可能或已经形成税收歧视的。

5.对税收协定其他条款的理解和适用出现争议而不能自行解决的。

6.其他可能或已经形成不同税收管辖权之间重复征税的。

中国国民认为缔约对方违背了税收协定非歧视待遇（无差别待遇）条款的规定，对其可能或已经形成税收歧视时，可以申请启动相互协商程序。

（二）税务机关启动相互协商程序需满足的条件

税务机关受理申请人申请，启动相互协商程序的条件设定为以下5项：

1.申请人属于可以申请启动相互协商请求的七种情形之一的中国居民或中国国民。

2.提出申请的时间没有超过税收协定规定的时限。

3.申请协商的事项为缔约对方已经或有可能发生的违反税收协定规定的行为。

4.申请人提供的事实和证据能够证实或者不能合理排除缔约对方的行为存在违反税收协定规定的嫌疑。

5.申请相互协商的事项不存在下列情形：

（1）申请人故意隐瞒重要事实，或在提交的资料中弄虚作假的；

（2）申请人拒绝提供税务机关要求的、与案件有关的必要资料的；

（3）因各种原因，申请人与税务机关均无法取得必要的证据，导致相关事实或申请人立场无法被证明，相互协商程序无法继续进行的；

（4）缔约对方主管当局单方拒绝或终止相互协商程序的；

（5）其他导致相互协商程序无法进行，或相互协商程序无法达到预期目标的。

发生上述情形之一的，税务总局可以决定终止相互协商程序，并以书面形式告知省税务机关，省税务机关应告知申请人。

对于不符合上款规定全部条件的申请，税务机关认为涉及严重双重征税或损害我国税收权益、有必要进行相互协商的，也可以决定受理。

（三）操作步骤

1.受理申请的省税务机关应在15个工作日内，将申请上报税务总局，并将情况告知申请人，同时通知省以下主管税务机关。因申请人提交的信息不全等而导致申请不具备启动相互协商程序条件的，省税务机关可以要求申请人补充材料。申请人补充材料后仍不具备启动相互协商程序条件的，省税务机关可以拒绝受理，并以书面形式告知申请人。

申请人对省税务机关拒绝受理的决定不服的，可在收到书面告知之日起15个工作日内向省税务机关或税务总局提出异议申请，省税务机关收到异议后，应在5个工作日内将申请人的材料，连同省税务机关的意见和依据上报税务总局。

2.税务总局收到省税务机关上报的申请后，应在20个工作日内按下列情况分别处理：

（1）申请具备启动相互协商程序条件的，决定启动相互协商程序，并将情况告知受理申请的省税务机关，省税务机关应告知申请人；

（2）申请已超过税收协定规定的期限，或申请人的申请明显缺乏事实法律依据，或出现其他不具备相互协商条件情形的，不予启动相互协商程序，并以书面形式告知受理申请的省税务机关，省税务机关应告知申请人；

（3）因申请人提交的信息不全等而导致申请不具备启动相互协商程序条件的，通过受理申请的省税务机关要求申请人补充材料或说明情况，在申请人补充材料或说明情况后，再按前两项规定处理。

3.税务总局启动相互协商程序后，可通过受理申请的省税务机关要求申请人进一步补充材料或说明情况，申请人应在规定的时间内提交，并确保材料的真实与全面。对于紧急案件，税务总局可以直接与申请人联系。

4.在两国主管当局达成一致意见之前，申请人可以以书面方式撤回相互协商申请。申请人撤回申请或者拒绝接受缔约双方主管当局达成一致的相互协商结果的，税务机关不再受理基于同一事实和理由的申请。

5.对于相互协商结果，税务总局应以书面形式告知受理申请的省税务机关，省税务机关应告知申请人。

四、缔约对方主管当局请求启动的相互协商程序

（一）税务总局接受缔约对方主管当局相互协商请求的范围

税务总局接受缔约对方主管当局的相互协商请求的范围参见中国居民申请启动相互协商程序的情形执行。

发生下列情形之一的，税务总局可以拒绝缔约对方主管当局启动相互协商程序的请求，或者要求缔约对方主管当局补充材料：

1.请求相互协商的事项不属于税收协定适用范围的。

2.纳税人提出相互协商的申请超过了税收协定规定时限的。

3.缔约对方主管当局的请求明显缺乏事实或法律依据的。

4.缔约对方主管当局提供的事实和材料不完整、不清楚，使税务机关无法进行调查或核实的。

虽属于上款规定的一种或多种情形，但税务总局认为有利于避免双重征税、维护我国税收权益或促进经济合作的，仍可决定接受缔约对方启动相互协商程

序的请求。

（二）操作步骤

1.税务总局在收到缔约对方启动相互协商程序的函后，查清事实，决定是否同意启动相互协商程序，并书面回复对方。在做出是否同意启动相互协商程序决定前，认为需要征求相关省税务机关意见的，可以将相关情况和要求告知省税务机关，省税务机关应在税务总局要求的时间内予以回复。

税务总局在收到缔约对方主管当局提出的启动相互协商程序的请求时，相关税务机关的处理决定尚未做出的，税务总局应将对方提起相互协商程序的情况告知相关税务机关。相互协商程序不影响相关税务机关对有关案件的调查与处理，但税务总局认为需要停止调查和处理的除外。

2.相互协商程序进行期间，不停止税务机关已生效决定的执行，税务机关或者税务总局认为需要停止执行的除外。

3.在相互协商过程中，如果缔约对方主管当局撤回相互协商请求，或出现其他情形致使相互协商程序无法进行的，税务总局可以终止相互协商程序。

4.税务总局决定启动相互协商程序后，如有必要，可将缔约对方主管当局提交的相互协商请求所涉及的案件基本情况、主要证据等以书面形式下达给相关省税务机关，要求其在规定期限内完成核查。

5.接受任务的省税务机关应组织专人对案件进行核查，并在税务总局要求的期限内将核查结果以公文形式上报税务总局。对复杂或重大的案件，不能在期限内完成核查的，应在核查期限截止日期前5个工作日内向税务总局提出延期申请，经税务总局同意后，上报核查结果的时间可适当延长，但延长时间不超过一个月。

6.接受任务的省税务机关认为核查缔约对方主管当局提交的案件需要对方补充材料或就某一事项做出进一步说明的，应及时向税务总局提出。税务总局同意向缔约对方主管当局提出补充要求的，等待对方回复的时间不计入核查时间。缔约对方主管当局在回复中改变立场，或提出新的请求的，核查时间重新计算。

7.省税务机关上报的核查结果，应包括案件调查的过程、对所涉案件的观点、事实根据和法律依据等内容。

五、税务总局主动向缔约对方请求启动的相互协商程序

税务总局在下列情况下可以主动向缔约对方主管当局提出相互协商请求：

1.发现过去相互协商达成一致的案件或事项存在错误，或有新情况需要变更处理的。

2.对税收协定中某一问题的解释及相关适用程序需要达成一致意见的。

3.税务总局认为有必要与缔约对方主管当局对其他税收协定适用问题进行相互协商的。

省以下税务机关在适用税收协定时，发现上述情形，认为有必要向缔约对方主管当局提起相互协商请求的，应层报税务总局。

六、协议的执行及法律责任

1.双方主管当局经过相互协商达成一致意见的，分别按不同情况处理如下：

（1）双方就协定的某一条文解释或某一事项的理解达成共识的，税务总局应将结果以公告形式发布；

（2）双方就具体案件的处理达成共识，需要涉案税务机关执行的，税务总局应将结果以书面形式通知相关税务机关。

2.经双方主管当局相互协商达成一致的案件，涉及我国税务机关退税或其他处理的，相关税务机关应在收到通知之日起3个月内执行完毕，并将情况报告税务总局。

3.纳税人、扣缴义务人、代理人等在税务机关对相互协商案件的核查中弄虚作假，或有其他违法行为的，税务机关应按《税收征管法》等有关规定处理。

4.省税务机关在相互协商程序实施过程中存在下列情形之一的，税务总局除发文催办或敦促补充核查、重新核查外，还应视具体情况予以通报：

（1）未按规定程序受理，或未在规定期限内向税务总局上报我国居民（国民）相互协商请求的；

（2）未按规定时间上报相互协商案件核查报告的；

（3）上报的核查报告内容不全、数据不准，不能满足税务总局对外回复需要的；

（4）未按规定时间执行相互协商达成的协议的。

附件1：启动税收协定相互协商程序申请表

启动税收协定相互协商程序申请表

申请人基本情况	在缔约对方	姓名或名称（中英文）			
		详细地址（中英文）			
		纳税识别号或登记号		邮编	
		联系人（中英文）			
		联系方式 （电话、传真、电邮）			
		主管税务机关 及其地址（中英文）			

续表

<table>
<tr><td rowspan="5">申请人基本情况</td><td rowspan="5">在中国</td><td>姓名或名称</td><td colspan="3"></td></tr>
<tr><td>详细地址</td><td></td><td>邮编</td><td></td></tr>
<tr><td>联系人</td><td colspan="3"></td></tr>
<tr><td>联系方式
（电话、传真、电邮）</td><td colspan="3"></td></tr>
<tr><td>主管税务机关</td><td colspan="3"></td></tr>
<tr><td colspan="3">缔约对方名称（中英文）</td><td colspan="3"></td></tr>
<tr><td rowspan="4">申请相互协商事由概述</td><td colspan="5">案件事实：</td></tr>
<tr><td colspan="5">争议焦点：</td></tr>
<tr><td colspan="3">申请人对争议焦点的观点以及依据</td><td colspan="2">缔约对方对争议焦点的观点以及依据</td></tr>
<tr><td colspan="3"></td><td colspan="2"></td></tr>
</table>

附件清单（共　　件）：

声明：我谨郑重声明，本申请及其附件所提供的信息是真实的、完整的和准确的。我所提交的一切资料，除特别声明以外，均可以向缔约对方主管当局出示。我了解并同意，相互协商过程仅在缔约双方主管当局授权代表间进行，我仅在缔约双方主管当局授权代表邀请时才可以参与。

声明人签章：

年　月　日

（注：申请人是个人的，由个人签字；申请人是法人或其他组织的，由法定代表人或负责人签字，并加盖单位印章）

续表

以下由税务机关填写
省税务机关受理意见 经办人：　　复核人： （签章） 年　月　日

填表说明：1. 本表一式三份，申请人、省税务机关、税务总局各存一份；2. 案件事实应包括：案件涉及的国家（地区）、相关经济活动的内容、纳税年度、所得（收入）类型、税种、税额、缔约对方税务机关第一次发出征税通知的时间和内容；3. 如有可能，申请人可将了解到的在缔约对方发生的相关、类似或相同案件的判例作为附件的一部分报省税务机关。4. 上述各栏，可另附书面材料。

附件2：税收协定相互协商程序异议申请表

税收协定相互协商程序异议申请表

申请人信息	姓名或名称	
	联系方式 （电话、传真、电邮）	
	主管税务机关	
提出异议理由		
申请人签章： 年　月　日		
以下由税务机关填写		
省税务机关接受异议申请时间：　年　月　日 省税务机关对异议申请的意见与依据： 省税务机关将异议申请上报税务总局时间：　年　月　日 经办人签章：		

说明：上述各栏，可另附书面资料。

第十八章

税收情报交换

信息交换（也称“情报交换”）的目的是加强缔约国双方主管当局之间在税收征管方面的合作，共同应对跨国纳税人逃避税收的行为。全球金融危机爆发之后，一些发达国家的财政状况持续恶化，社会对跨国公司加强税收征管的呼声更大，措施更严，也不断发现一些有名的大公司或富豪个人通过筹划进行逃税或避税的案例。为此，由OECD首倡并引领，国际社会对各国税务主管当局之间加强信息交换、增加透明度、防范税基侵蚀和利润转移的要求更加强烈，其主要措施之一就是修订了税收协定的信息交换条款，强化了缔约国双方进行信息交换的义务。我国对此表示赞同，并在协定谈签工作中及时跟进。截至2018年12月31日，我国已经与巴哈马、英属维尔京、马恩岛、根西、泽西、百慕大、阿根廷、开曼、圣马力诺、列支敦士登等10个国家（地区）签署了税收情报交换协定。

第一节　税收协定信息交换条款解读

信息交换一般为税收协定的第二十六条，主要规定情报交换的基本规则和对情报交换的主要原则的限制。我国对外签订的税收协定依据OECD范本第二十六条规定的内容而设计。

一、信息交换的原则

《2017年OECD范本》第二十六条信息交换第一款规定："缔约双方主管当局应交换可预见的与本协定规定的实施相关的信息，以及可预见的与缔约国、其所属行政区及地方当局所征收的税收的有关国内法的实施或执行相关的信息（以根据这些国内法征税与本协定不相抵触为限）。信息交换不受第1条和第2条的限制。"

该款规定，缔约国双方主管当局应该交换可以预见的与协定执行相关的信息，以及对国内各种税收进行税收征管所需要的信息，不论这些信息是关于缔约国双方居民还是非居民，也不论是关于所得税还是其他税收方面。

二、信息的保密

第二款规定："缔约国一方根据第1款收到的任何信息应视同根据该国国内法所得到的信息予以保密，应仅对与第1款所述税收的评估、征收、执行、起诉、上诉的裁决有关的人员或当局（包括法院和行政机关）或其监督部门披露。上述人员或当局应仅为上述目的使用该项信息，但可以在公开法庭程序或法院判决中披露有关信息。虽有前述规定，当该信息可以在缔约国双方法律下为其他目的而使用且提供国主管当局准许如此使用时，缔约国一方收到的信息可以为其他目的而使用。"

该款规定，请求并获得信息的缔约国一方具有保密义务。

三、信息交换的限制

第三款规定："在任何情况下，第一款和第二款的规定不应被理解为缔约国一方有以下义务：

（1）采取与该缔约国一方或缔约国另一方的法律和行政惯例相违背的行政措施；

（2）提供按照该缔约国一方或缔约国另一方的法律或正常行政渠道无法得到的信息；

（3）提供泄露任何贸易、经营、工业、商业或专业秘密或贸易过程的信息，或者其披露违反公共政策（公共秩序）的信息。”

该款规定，被请求交换信息的缔约国一方可以在某些情况下，摆脱提供信息的义务。这些情况仅限于三类，即需要采取与本国或缔约国对方的法律和行政惯例相违背的行政措施；按照本国或缔约国对方的法律或正常行政渠道不能得到这些信息；提供这些信息将会泄露商业或专业秘密，或者违反公共政策（公共秩序）。

第四款规定：“缔约国一方根据本条向缔约国另一方请求信息，缔约国另一方应使用其信息收集手段去获取所请求的信息，即使缔约国另一方为其自身的税收目的并不需要这些信息。上述义务受第三款的限制，但是，这种限制在任何情况下均不应被理解为允许缔约国一方仅因这些信息与本国利益无关而拒绝提供。”

该款规定，被请求交换信息的缔约国一方应该努力通过各种手段收集信息，且不能因为本国的税收征管不需要该信息，或者该信息对国内利益没有帮助而拒绝提供。

第五款规定：“在任何情况下，第三款的规定不应被理解为允许缔约国仅因信息由银行、其他金融机构、被指定人或以代理人或受托资格行事的人所持有，或者由于信息与人的所有权利益有关而拒绝提供信息。”

该款规定，对第三款不能理解为仅由于信息被银行或代理人等持有，而拒绝提供信息。这项内容主要是为了应对一些国家关于银行等机构应为客户保守秘密的国内法规定而特别设定的，以强化信息交换的义务，加大信息交换力度。

第二节 国际税收情报交换工作规程

税收情报交换是我国作为税收协定缔约国承担的一项国际义务，也是我国与其他国家（地区）税务主管当局之间进行国际税收征管合作以及保护我国合法税收权益的重要方式。为有效保护我国税收权益，正确履行税收协定的义务，保证税收情报交换工作的规范和统一，国家税务总局于2001年和2002年分别印发了《税收情报交换管理规程（试行）》（国税发〔2001〕3号，下称《规程（试行）》）和《税收情报交换工作保密规则》（国税函〔2002〕931号，下称《保密规则》），有效保证了我国税收情报交换工作的开展。

近几年来，随着经济全球化以及国际反恐、反腐斗争形势的发展，国际社会对税收情报交换工作越来越重视，并制定了一些新规则，以拓宽税收情报交换的广度。在此背景下，我国的《规程（试行）》和《保密规则》中的某些规定不再适应新的形势，有的条款如不修改将严重影响税收情报交换工作的开展。为了使情报交换工作跟上国际形势的发展，进一步提高我国国际税收情报交换工作的质量和效率，国家税务总局在充分调研、讨论并借鉴国际规则的基础上，对《规程（试行）》进行了修订，并整合了《规程（试行）》和《保密规则》，制定了《国际税收情报交换工作规程》（国税发〔2006〕70号，下称《规程》），并于2006年5月18日发布。

一、税收情报交换的概念、类型和范围

（一）税收情报交换的概念

《规程》所称情报交换，是指我国与相关税收协定缔约国家（以下简称“缔约国”）的主管当局为了正确执行税收协定及其所涉及税种的国内法而相互交换所需信息的行为。

（二）税收情报交换的类型

情报交换的类型包括专项情报交换、自动情报交换、自发情报交换以及同期税务检查、授权代表访问和行业范围情报交换等。

1.专项情报交换，是指缔约国一方主管当局就国内某一税务案件提出具体问题，并依据税收协定请求缔约国另一方主管当局提供相关情报，协助查证的行为。包括：获取、查证或核实公司或个人居民身份，收取或支付价款、费用，转让财产或提供财产的使用等与纳税有关的情况、资料、凭证等。

2.自动情报交换，是指缔约国双方主管当局之间根据约定，以批量形式自动提供有关纳税人取得专项收入的税收情报的行为。专项收入主要包括：利息、股息、特许权使用费收入；工资薪金，各类津贴、奖金，退休金收入；佣金、劳务报酬收入；财产收益和经营收入等。

3.自发情报交换，是指缔约国一方主管当局将在税收执法过程中获取的其认为有助于缔约国另一方主管当局执行税收协定及其所涉及税种的国内法的信息，主动提供给缔约国另一方主管当局的行为。包括公司或个人收取或支付价款、费用，转让财产或提供财产使用等与纳税有关的情况、资料等。

4.同期税务检查，是指缔约国主管当局之间根据同期检查协议，独立地在各自有效行使税收管辖权的区域内，对有共同或相关利益的纳税人的涉税事项同时进行检查，并互相交流或交换检查中获取的税收情报的行为。

5.授权代表访问，是指缔约国双方主管当局根据授权代表的访问协议，经双方主管当局同意，相互间到对方有效行使税收管辖权的区域进行实地访问，以获取、查证税收情报的行为。

6.行业范围情报交换，是指缔约国双方主管当局共同对某一行业的运营方式、资金运作模式、价格决定方式及偷税方法等进行调查、研究和分析，并相互交换有关税收情报的行为。

（三）情报交换的范围

除缔约国双方另有规定外，情报交换的范围一般为：

1. 国家范围应仅限于与我国正式签订含有情报交换条款的税收协定并生效执行的国家。

2. 税种范围应仅限于税收协定规定的税种，主要为具有所得（和财产）性质的税种。

3. 人的范围应仅限于税收协定缔约国一方或双方的居民。

4. 地域范围应仅限于缔约国双方有效行使税收管辖权的区域。

（四）可以拒绝缔约国情报请求的情形

有下列情况之一的，总局可以拒绝缔约国主管当局的情报请求：

1. 情报请求与税收目的无关。

2. 情报请求缺乏针对性。

3. 情报请求未经缔约国主管当局或者其授权代表签字。

4. 请求的税收情报超出税收协定规定的人、税种、地域等范围。

5. 缔约国一方为执行其国内法有关规定请求提供情报，但该国内法规定与税收协定相抵触。

6. 提供情报可能损害我国的国家利益。

7. 提供情报可能导致泄露商业秘密。

8. 提供情报可能导致我国公民或居民受到歧视待遇。

9. 按照我国法律法规、正常行政程序无法取得所请求的情报。

10. 在缔约国国内可以通过正常行政程序、经过努力获得所请求的情报。

11. 总局认定的其他违反税收协定情报交换条款规定的情形。

（五）不得拒绝提供情报的情形

省以下税务机关不得以下述理由拒绝向总局提供情报，总局不得以下述理由拒绝向缔约国提供情报：

1. 情报请求与我国的税收利益无关。

2. 缔约国双方情报交换在数量、质量上不对等。

3. 税务机关对纳税人的信息有保密义务。

4. 银行对储户的信息有保密义务。

5. 税收情报由代理人、中介机构或其他第三方所掌握。

6. 总局认定的其他类似情形。

（六）需要缔约国提供税收情报的情形

省以下税务机关为执行税收协定及其所涉及税种的国内法，需要相关缔约国主管当局协助提供税收情报时，可以提出专项情报交换请求，逐级上报总局：

1. 需要获取或核实交易另一方或国外分支机构保存的账册凭证，而交易另一方或国外分支机构在缔约国另一方的。

2. 需要获取或核实纳税人与境外公司交易或从境外取得收入过程中支付款项使用的银行账号、金额、资金往来记录等，而该金融机构在缔约国另一方的。

3.需要获取或核实交易另一方等的纳税申报资料，而交易另一方在缔约国另一方的。

4.需要了解纳税人或与纳税人交易、取得收入有关的另一方的基本情况，包括个人或公司的实际地址及居民身份、公司注册地、公司控股情况等，而这些资料在缔约国另一方的。

5.需要证实纳税人提供的与纳税有关的资料的真实性和合法性。

6.需要证实纳税人与境外关联企业的关联关系，以及获取纳税人境外关联企业的基本资料，包括非上市关联企业的合同、章程、财务报表、申报表、会计师查账报告，以及纳税人与其关联企业的交易情况等。

7.需要了解纳税人从境外取得或向境外支付股息、利息、特许权使用费、财产收益、津贴、奖金、佣金等各种收入款项的性质和金额等情况。

8.需要核实纳税人与境外公司交易价格和金额的真实性。

9.需要核实纳税人申报的收入或费用的真实性。

10.需要证实纳税人境外纳税的真实性和合法性。

11.需要获取税务机关在涉税案件调查或征管中所必需且可能存在于缔约国另一方的其他资料。

提出专项情报交换请求应采取书面形式，并附送英文函；同时，一并报送电子文档。

二、税收情报的保密及管理

1.税收情报应作密件处理。制作、收发、传递、使用、保存或销毁税收情报，应按照《中华人民共和国保守国家秘密法》《中共中央保密委员会办公室、国家保密局关于国家秘密载体保密管理的规定》《经济工作中国家秘密及其密级具体范围的规定》以及有关法律法规的规定执行。

2.税收情报一般应确定为秘密级，属以下情形的，应确定为机密级：

（1）税收情报事项涉及偷税、骗税或其他严重违反税收法律法规的行为；

（2）缔约国主管当局对税收情报有特殊保密要求的。税收情报事项涉及最重要的国家秘密，泄露会使国家的安全和利益遭受特别严重的损害，应确定为绝密级。

税收情报的内容涉及其他部门或行业的秘密事项，按有关主管部门的保密范围确定密级。对于难以确定密级的情报，主管税务机关应逐级上报总局决定。

3.在确定密级时，应该同时确定保密期限。绝密级情报保密期限一般为30年，机密级情报保密期限一般为20年，秘密级情报保密期限一般为10年。

对保密期限有特殊要求或者需要变更密级或保密期限的，主管税务机关应报送上一级税务机关批准，并在税收情报密件中标明。

4.税务机关在调查、收集、制作税收情报时，遇有纳税人、扣缴义务人或其他当事人申明被调查的事项涉及国家秘密并拒绝提供有关资料的，税务机关应要求其提供由国家保密主管部门出具的国家秘密鉴定证明。税务机关在上报税收情报时，应对上述情况作出说明。

5.税收情报的收发必须设置密件登记簿，逐件编号、登记。

收到绝密级情报后，必须按照规定的范围阅读和使用，并对接触和知悉绝密级税收情报内容的人员作出文字记载。传递绝密级税收情报，必须通过机要交通、机要通信递送。

6.传递税收情报，应当包装密封，并按有关保密规定传递。包装密封税收情报，应在封套上加盖密级章、标明编号和收发单位名称等内容。

7.对制发的税收情报和相关文件，应指定专人负责保管。保存税收情报等秘密载体，应当选择安全保密的场所和部位，并配备必要的保密设备。绝密级税收情报，须在机要室存放并由专人保管。

8.需要归档的税收情报和相关文件，应当按照国家有关档案法律规定归档。需要销毁的税收情报和相关文件，应经本级税务机关主管领导批准后由保密部门按密件销毁规定销毁。

9.税收情报工作人员要严格遵守保密纪律，履行保密义务，并在上岗前接受保密教育和保密培训。离岗、离职前，情报工作人员应将所保管的税收情报全部清理、移交。移交应履行正式移交手续，移交人员和接任人员须在情报清单上签字。

10.税收情报必须由专人使用专用计算机制作、处理和存储，并对计算机设备采取访问控制、数据加密等有效的保密措施。

11.税收情报的翻译应由税收情报工作人员承担。因特殊情况需由税务部门以外的专业机构或人员翻译的，应与其订立保密协议或采取其他保密措施，确保税收情报不被泄露。

12.税务机关可以将收集情报的目的、情报的来源和内容告知相关纳税人、扣缴义务人或其他当事人，以及执行税收协定所含税种相应的国内法有关的部门或人员，并同时告知其保密义务。虽有前款规定，有下列情形之一的，未经总局批准，税务机关不得告知：

（1）纳税人、扣缴义务人或其他当事人有重大税收违法犯罪嫌疑，告知后会影响案件调查的；

（2）缔约国一方声明不得将情报的来源和内容告知纳税人、扣缴义务人或其他当事人的。

13.税收情报在诉讼程序中作为证据使用时，税务机关应根据行政诉讼法等法律规定，向法庭申请不在开庭时公开质证。

14.除税收协定另有规定外，缔约国双方交换的税收情报不得转交或透露给与税收无关的其他人员或部门。国家审计部门、纪律检查部门、反金融犯罪部门需要相关税收情报的，应经总局批准后方可提供。

15.各级税务机关不得在税收情报涉及的税收违法案件公告、通告，以及“税务处理决定书”或“税务处罚决定书”等税务文书中披露税收情报的来源和内容。

16.对情报交换的一般性工作和利用税收情报查处的税收违法案件，一般不在广播、电视、网站和刊物等各种新闻媒体上宣传报道；如确有必要进行宣传报道的，必须逐级上报总局批准，且不得在宣传材料中披露税收情报的来源和内容。

三、情报交换的管理程序

（一）专项情报、自动情报、自发情报管理程序

1.总局向缔约国主管当局请求、提供或者总局收到缔约国主管当局提供、请求的专项情报、自动情报或自发情报（以下统称三类情报），管理程序包括登记建档、分类审核、转发查证、请求（提供）情报。

2.对省以下税务机关上报的提供给缔约国的专项情报核查报告和英文函，总局应进行认真审核。对没有按照缔约国专项情报请求事项要求查实的情报，应退回核查单位重新核查。

审核的内容主要包括：提供该专项情报是否具有法律依据；是否满足专项情报请求函提及的内容要求，包括：来函编号、日期以及要求调查的人等；根据专项情报请求事项所提供的相关信息以及资料，如合同、财务报表、发票、完税凭证复印件等进行核查处理过程中，是否对有关国内法律、法规予以适当解释并提供相关法律、法规名称、生效日期和相关条款；专项情报所请求的事项没有满足的，是否列明未满足事项及说明未满足的原因；是否注明货币和计量单位；涉及纳税情况时，是否已说明在我国纳税情况，包括税率、缴纳或扣缴税额等；是否注明纳税年度或期间；是否说明同意将交换的情报（证明文件或支持材料）全部或部分告知情报接收方纳税人或其他相关当事人；是否说明需要对方将情报的使用情况反馈给我方；是否加盖英文保密章。

3.省以下税务机关收到缔约国请求、提供或者我国向缔约国请求、提供的三类情报后，办理程序包括登记建档、分类审核、调查使用、异地转发、协查联查、请求（提供）情报。

4.我国与缔约国主管当局在使用三类情报过程中需要进一步向对方核实确认有关情报的，适用本《规程》。

5.请求情报的税务机关收到总局转发的情报后，对线索不清楚、需要向缔约国主管当局进一步请求相关情报信息的，应将请求事项、原因和要求回复的日期等，逐级书面上报总局，同时附送英文函件。对于缔约国未按要求内容或期限回复的，总局应及时发函催办。

6.省以下税务机关在三类情报调查和使用完毕，包括在纳税评估、涉外税务审计以及其他税源管理工作中利用三类情报后，应对调查和使用情况加以总结，并形成书面文字存档备查。对总局要求上报调查和使用情况的，应以正式

文件逐级上报总局。上报内容主要包括与情报相关的纳税人收入及纳税情况、处理结论及相关证明文件资料等。同时，随附英文回复函。对于三类情报核查、处理过程中所涉及的当事人已经离境或因其他原因无法直接接触的，可将《税务事项告知书》交其同住成年家属或其代理人签收。

（二）其他情报管理程序

1.对缔约国主管当局提出的同期税务检查、授权代表访问或行业范围情报交换请求等，由总局决定并组织、指导实施。

2.省以下税务机关确因税款征收、管理和检查的需要，需向缔约国主管当局提出同期税务检查、授权代表访问或行业范围税收情报交换请求的，应逐级上报总局批准。

3.总局应对申请事项的必要性和可行性进行调查研究，并履行审批手续。申请获得批准的，由总局与缔约国主管当局协商组织实施。需要省以下税务机关参与的，由总局确定。申请未获批准的，总局应给省以下税务机关发文说明理由。

第三节　金融账户涉税信息交换

受二十国集团（G20）委托，经济合作与发展组织（OECD）于2014年7月发布金融账户涉税信息自动交换标准（以下简称“标准”），获得当年G20布里斯班峰会的核准，为各国加强国际税收合作、打击跨境逃避税提供了强有力的信息工具。在G20的大力推动下，目前已有100个国家（地区）承诺实施“标准”。

经国务院批准，我国向G20承诺实施“标准”，首次对外交换信息的时间为2018年9月。2015年7月，《多边税收征管互助公约》由十二届全国人大常委会第十五次会议批准，于2016年2月对我国生效，为我国实施“标准”奠定了多边法律基础。2015年12月，国家税务总局签署《金融账户涉税信息自动交换多边主管当局间协议》，为我国与其他国家（地区）间相互交换金融账户涉税信息提供了操作层面的依据。

为切实履行金融账户涉税信息自动交换国际义务，规范金融机构对非居民金融账户涉税信息尽职调查行为，国家税务总局、财政部、人民银行、原银监会、证监会、原保监会于2017年5月9日发布了《非居民金融账户涉税信息尽职调查管理办法》（2017年第14号公告，以下简称《管理办法》），并于同年12月8日由中国人民银行、国家税务总局、国家外汇管理局发布了《银行业存款类金融机构非居民金融账户涉税信息尽职调查细则》（银发〔2017〕278号）。《管理办法》旨在将国际通用的“标准”转化成适应我国国情的具体要求，为我国实施“标准”提供法律依据和操作指引，既是我国积极推动“标准”实施的重要举措，也是我国履行国际承诺的具体体现。

一、“标准”的主要内容

“标准”由主管当局间协议和统一报告标准两部分内容组成。主管当局间协议是规范各国（地区）税务主管当局之间开展金融账户涉税信息自动交换的操作性文件。统一报告标准规定了金融机构识别、收集和报送非居民个人和机构账户信息的相关要求和程序。

根据“标准”开展金融账户涉税信息自动交换，首先由一国（地区）金融机构通过尽职调查程序识别另一国（地区）税收居民个人和企业在该金融机构开立的账户，按年向金融机构所在国（地区）主管部门报送账户持有人名称、纳税人识别号、地址、账号、账户余额或价值、利息、股息以及出售金融资产（不包括实物资产）的收入等信息，再由该国（地区）税务主管当局与账户持有人的居民国税务主管当局开展信息交换，最终为各国（地区）进行跨境税源监管提供信息支持。

二、“标准”与美国《海外账户税收合规法案》的关系

2010年，美国颁布《海外账户税收合规法案》（FATCA），要求外国金融机构向美国国内收入局报告美国税收居民（包括美国公民、绿卡持有者）账户的信息，否则外国金融机构在接收来源于美国的特定收入时将被扣缴30%的惩罚性预提所得税。FATCA主要采用双边信息交换机制，即美国与其他国家（地区）根据双边政府间协定开展信息交换。

“标准”是以FATCA政府间协定为蓝本设计的多边信息交换机制，可以说是全球版的FATCA。“标准”与FATCA内容上大体相同，但是在细节上存在一些差异，包括报送对象、个人账户的尽职调查门槛、免予报送信息的金融机构类别、处罚措施等。《管理办法》旨在识别“标准”所要求的非居民账户，并不适用于FATCA所要求的美国税收居民账户。鉴于我国政府正与美国政府积极商谈有关FATCA政府间协定事宜，金融机构可以考虑在操作层面将“标准”与FATCA统筹，包括根据自身业务需求将两者的声明文件进行整合等。

三、已经承诺实施“标准”的国家（地区）名单

（一）2017年首次交换信息的国家（地区）共50个
安圭拉、阿根廷、比利时、百慕大、英属维尔京群岛、保加利亚、开曼群岛、哥伦比亚、克罗地亚、塞浦路斯、捷克、丹麦、爱沙尼亚、法罗群岛、芬兰、法国、德国、直布罗陀、希腊、格陵兰、根西岛、匈牙利、冰岛、印度、爱尔兰、马恩岛、意大利、泽西岛、韩国、拉脱维亚、列支敦士登、立陶宛、卢森堡、马耳他、墨西哥、蒙特塞拉特、荷兰、挪威、波兰、葡萄牙、罗马尼亚、圣马力诺、塞舌尔、斯洛伐克、斯洛文尼亚、南非、西班牙、瑞典、特克斯和凯科斯群岛、英国

续表

（二）2018 年首次交换信息的国家（地区）共 50 个
安道尔、安提瓜和巴布达、阿鲁巴、澳大利亚、奥地利、巴哈马、巴林、巴巴多斯、伯利兹、巴西、文莱达鲁萨兰国、加拿大、智利、中国、库克群岛、哥斯达黎加、库拉索岛、多米尼克、加纳、格林纳达、中国香港、印度尼西亚、以色列、日本、科威特、黎巴嫩、马绍尔群岛、中国澳门、马来西亚、毛里求斯、摩纳哥、瑙鲁、新西兰、纽埃、巴拿马、卡塔尔、俄罗斯、圣基茨和尼维斯、萨摩亚、圣卢西亚、圣文森特和格林纳丁斯、沙特阿拉伯、新加坡、圣马丁、瑞士、特立尼达和多巴哥、土耳其、阿拉伯联合酋长国、乌拉圭、瓦努阿图

预计未来将有更多国家（地区）承诺实施“标准”。对于一直不承诺实施“标准”的国家（地区），国际社会可能采取联合反制措施，促使其承诺实施“标准”，提高税收透明度。长远来看，“标准”在全球范围内的实施是大势所趋，金融账户涉税信息自动交换终将覆盖绝大部分国家（地区）。

四、《管理办法》影响的人群

《管理办法》主要对在中国境内开立账户的非居民或者有非居民控制人的消极非金融机构影响较大。这里所称“非居民”，是指中国税收居民以外的个人和企业（包括其他组织），但不包括政府机构、国际组织、中央银行、金融机构或者在所在地政府认可和监管的证券市场上市交易的公司及其关联机构。

如果一家非金融机构取得的大部分收入是股息、利息、租金、特许权使用费等消极经营活动收入，则该机构属于消极非金融机构，如设立在某避税地、仅持有子公司股权的中间控股公司。由于消极非金融机构容易被当作跨境逃避税的工具，金融机构需要识别出这些机构及其背后的实际控制人。如果消极非金融机构的控制人是非居民，金融机构则需要收集并报送控制人相关信息。

非居民或者有非居民控制人的消极非金融机构在开立金融账户时，需要详细填写账户持有人或控制人的税收居民身份声明文件，包括姓名（名称）、现居地址、税收居民国（地区）、居民国（地区）纳税人识别号、出生地、出生日期等信息，并应确保信息真实、准确。

上述信息报送到相关部门后，由国家税务总局按照我国对外签订的协议交换给账户持有人居民国税务主管当局。

当前，账户持有人为中国税收居民个人的，金融机构不会收集和报送相关账户信息，也不会交换给其他国家（地区）。账户持有人同时构成中国税收居民和其他国家（地区）税收居民的，其中国境内的账户信息将会交换给相应税收居民国（地区）的税务当局，其境外的账户信息交换给国家税务总局。

五、开展尽职调查金融机构的范围

《管理办法》所定义的金融机构与通常经济生活中理解的金融机构不一样。例如，某公司按照国民经济行业分类属于“金融业”，但并不一定属于《管理办法》所称金融机构。

依法在我国境内设立的存款机构、托管机构、投资机构和特定的保险机构等金融机构，需要按照《管理办法》的规定开展尽职调查。商业银行、农村信用合作社等吸收公众存款的金融机构以及政策性银行，证券公司，期货公司，证券投资基金管理公司、私募基金管理公司，从事私募基金管理业务的合伙企业，开展有现金价值的保险或者年金业务的保险公司、保险资产管理公司，信托公司以及其他符合条件的机构均属于前述金融机构范畴。

金融资产管理公司、财务公司、金融租赁公司、汽车金融公司、消费金融公司、货币经纪公司、证券登记结算机构以及其他不符合条件的机构，不属于《管理办法》规定的金融机构，因此不需要开展尽职调查。

六、尽职调查的主要账户

从2017年7月1日起，我国境内金融机构将对存款账户、托管账户、投资机构的股权权益或债权权益以及具有现金价值的保险合同或年金合同开展尽职调查。这些账户不论金额大小，都应通过尽职调查识别账户持有人是否为非居民。

在实践中，某些金融账户被用来跨国逃避税的风险较低，因此，《管理办法》参照国际标准也规定了一些免予尽职调查的账户，如符合条件的退休金账户、社会保障类账户、定期人寿保险合同、休眠账户以及其他符合条件的账户等。相关条件在《管理办法》中均有具体规定。

七、各类账户尽职调查程序

《管理办法》将账户分为个人和机构两类账户，每类账户又分为新开账户和存量账户。不同类别账户的尽职调查要求和程序有所不同。简单来说，新开账户尽职调查要求相对严格，需要开户人提供其税收居民身份声明文件，金融机构根据开户资料进行合理性审核。存量账户尽职调查程序相对简易，金融机构主要依据留存资料进行检索。有条件的金融机构可以选择将新开账户尽职调查要求适用于存量账户。具体要求详见下表：

<table>
<tr><th colspan="3">账户类别</th><th>描述</th><th>尽职调查程序</th><th>时间要求</th></tr>
<tr><td rowspan="3">个人</td><td colspan="2">新开</td><td>2017年7月1日以后开立</td><td>声明文件+合理性审核</td><td>2017年7月1日开始</td></tr>
<tr><td rowspan="2">存量</td><td>低净值</td><td>截至2017年6月30日账户加总余额≤100万美元</td><td>检索留存资料（电子）</td><td>2018年12月31日完成</td></tr>
<tr><td>高净值</td><td>截至2017年6月30日账户加总余额＞100万美元</td><td>检索留存资料（电子+纸质）+询问客户经理</td><td>2017年12月31日完成</td></tr>
<tr><td rowspan="3">机构</td><td colspan="2">新开</td><td>2017年7月1日以后开立</td><td>声明文件+合理性审核</td><td>2017年7月1日开始</td></tr>
<tr><td rowspan="2">存量</td><td>小额</td><td>截至2017年6月30日账户加总余额≤25万美元</td><td>无须处理</td><td>无</td></tr>
<tr><td>其他</td><td>截至2017年6月30日账户加总余额＞25万美元</td><td>检索留存资料+部分账户声明文件</td><td>2018年12月31日完成</td></tr>
</table>

八、我国居民个人在境外开立账户的注意事项

在已承诺实施“标准”的国家（地区）设立的金融机构，都需要识别非居民账户，并向所在地税务当局报送账户相关信息。我国税收居民个人在这些国家（地区）开立金融账户时，需要提供税收居民身份信息，包括我国纳税人识别号。根据我国相关规定，对于以中国居民身份证为有效身份证明的个人，其纳税人识别号为其居民身份证号码。由于金融机构可能需要核验账户持有人相关证件，我国居民个人在境外开立账户请带好本人居民身份证。对于以外国护照等其他证件作为有效身份证明的个人，其纳税人识别号规则请参见国家税务总局网站（http：//www.chinatax.gov.cn/aeoi_index.html）。

九、《管理办法》后续配套措施

相关部门将制定配套的金融机构信息报送规定，明确报送渠道、格式和相关技术规范，以便于金融机构将通过尽职调查收集的信息报送给相关部门。为方便金融机构和社会公众深入了解有关金融账户涉税信息自动交换的内容，国家税务总局网站上开设了专题网页（http：//www.chinatax.gov.cn/aeoi_index.html），集中发布参考资料，包括各国（地区）税收居民身份认定规则、纳税人识别号编码规则、常见问题等，供金融机构和社会公众学习、参考。

第十九章

国内税法与外交代表和领事官员条款的衔接

外交代表和领事官员条款可视为政府服务条款的特殊规定，旨在保障外交代表和领事官员享受不同于普通政府服务人员的税收特权。该条款的核心内容是保证两国签订的税收协定不影响外交使团和领事馆的成员享受《维也纳外交关系公约》和《维也纳领事关系公约》中规定的税收特权。在我国对外签订的税收协定中，外交代表和领事官员条款内容基本一致。内地与香港、澳门特别行政区签署的税收安排不含本条款。

第一节 外交代表和领事官员条款的解读与执行

本条款只有一款，一般表述为“本协定应不影响按国际法一般规则或特别协定规定的外交代表或领事官员的税收特权”，即本协定应不影响按国际法一般规则或特别协定规定的外交代表或领事官员的税收特权。

一、外交代表的含义及免税范围

根据《维也纳外交关系公约》和《中华人民共和国外交特权与豁免条例》规定，“外交代表”，是指使馆馆长或者使馆外交人员；“使馆馆长”，是指派遣国委派担任此项职位的大使、公使、代办以及其他同等级别的人；“使馆外交人员”，是指具有外交官衔的使馆工作人员。

外交代表的免税及不免税范围如下表所示：

外交代表的免税及不免税范围表

	《维也纳外交关系公约》	《外交特权与豁免条例》
免税规定	外交代表免纳一切对人或对物课征之国家、区域或地方性捐税	外交代表免纳捐税 使馆运进的公务用品，外交代表运进的自用物品，按照中国政府的有关规定免纳关税和其他捐税 与外交代表共同生活的配偶及未成年子女，如果不是中国公民，也享有同外交代表同样的税收特权
不免税规定	通常计入商品或劳务价格内之间接税	通常计入商品价格或者服务价格内的捐税
	为其提供给特定服务所收费用	为其提供特定服务所收的费用
	对于自接受国内获致之私人所得课税之捐税，以及对于在接受国内商务事业上所为投资课征之资本税	对来源于中国境内的私人收入所征的捐税
	接受国课征之遗产税、遗产取得税或继承税，但以不抵触第三十九条第四项之规定为限	有关遗产的各种捐税，但外交代表亡故，其在中国境内的动产不在此限
	对于接受国境内私有不动产课征之捐税，但其代表派遣国为使馆用途而置有之不动产不在此列	
	关于不动产之登记费、法院手续费或记录费、抵押税及印花税	

二、领事官员的含义及免税范围

根据《维也纳外交关系公约》和《中华人民共和国外交特权与豁免条例》规定，“领事官员”，是指总领事、副总领事、副领事、领事随员或者领事代理人。

领事官员的免税及不免税范围如下表所示：

领事官员的免税及不免税范围表

	《维也纳外交关系公约》	《外交特权与豁免条例》
免税规定	领事官员及领馆雇员以及与其构成同一户口之家属免纳一切对人或对物课程之国家、区域或地方性捐赠	领事官员免纳捐税 领事馆运进的公务用品，领事官员运进的自用物品包括安家物品，免纳关税和其他捐税，但保管、运输及类似服务费用除外。领馆馆舍和馆长寓所免纳捐税，但为其提供特定服务所收的费用不在此限 领事官员共同生活的配偶及未成年子女，如果不是中国公民或中国永久居留者的，享受同等待遇
不免税规定	通常计人商品或劳务价格内之间接税	通常计人商品价格或者服务价格内的捐税
	为其提供给特定服务所收费用	为其提供特定服务所收的费用
	对于自接受境内私有不动产课征之捐税，但第三十二条之规定不在此限	对在中国境内私有不动产所征的捐赠，但用作领馆馆舍的不在此限
	接受国课征之遗产税、遗产取得税或继承税及让与税，但第五十一条第（二）项之规定不在此限	有关遗产的各种捐税不免税，但领事官员亡故，其在中国境内的动产不在此限
	对于自接受国内获致之私人所得，包括资本收益在内，所课征之捐税以及对于在接受国内商务或金融事业上所为投资课征之资本税	对来源于中国境内的私人收入所征的捐赠
	登记费、法院手续费或记录费、抵押税及印花税	

第二节　国内税法与外交代表和领事官员条款的衔接

《维也纳外交关系公约》和《中华人民共和国外交特权与豁免条例》规定了外交代表和领事官员免税及不免税的具体范围。国内有关规定如下：

一、个人所得税

1.《个人所得税法》第四条及《个人所得税法实施条例》第十二条规定，依照《中华人民共和国外交特权与豁免条例》和《中华人民共和国领事特权与豁免条例》规定应予免税的各国驻华使馆、领事馆的外交代表、领事官员和其他人员的所得，免征个人所得税。

2.《国家税务总局关于国际组织驻华机构、外国政府驻华使领馆和驻华新闻机构雇员个人所得税征收方式的通知》（国税函〔2004〕808号）规定：

（1）根据国际惯例，在国际组织驻华机构、外国政府驻华使领馆中工作的非外交官身份的外籍雇员，如是“永久居留”者，亦应在驻在国缴纳个人所得税，但由于我国税法对“永久居留”者尚未作出明确的法律定义和解释，因此，对于仅在国际组织驻华机构和外国政府驻华使领馆中工作的外籍雇员，暂不征收个人所得税。

（2）在中国境内，若国际驻华机构和外国政府驻华使领馆中工作的外交人员、外籍雇员在该机构或使领馆之外，从事非公务活动所取得的收入，应缴纳个人所得税。

（3）根据《维也纳外交关系公约》和国际组织有关章程规定，对于在国际组织驻华机构、外国政府驻华使领馆中工作的中方雇员和在外国驻华新闻机构的中外籍雇员，均应按照《中华人民共和国个人所得税法》规定缴纳个人所得税。税收管理方面：

①根据《中华人民共和国个人所得税法》规定，对于在国际组织驻华机构和外国政府驻华使领馆中工作的中方雇员的个人所得税，应以直接支付所得的单位或者个人作为代扣代缴义务人，考虑到国际组织驻华机构和外国政府驻华使领馆的特殊性，各级税务机关可暂不要求国际组织驻华机构和外国政府驻华使领馆履行个人所得税代扣代缴义务。

②鉴于北京外交人员服务局和各省（市）省级人民政府指定的外事服务单位等机构，通过一定途径能够掌握在国际组织驻华机构、外国政府驻华使领馆工作的中方雇员受雇情况，根据《中华人民共和国税收征收管理法实施细则》第四十四条规定，各主管税务机关可委托外交人员服务机构代征上述中方雇员的个人所得税。各主管税务机关要加强与外事服务单位联系，及时办理国际组织驻华机构和外国政府驻华使领馆中方雇员个人所得税委托代征手续。

③接受委托代征个人所得税的各外事服务单位应采取有效措施，掌握国际组织驻华机构和外国政府驻华使领馆中方雇员受雇及收入情况，严格依照法律规定征收解缴税款，并按月向主管税务机关通报有关信息。

④北京、上海、广东、四川等有外国驻当地新闻媒体机构的省（市）税务局应定期向省级人民政府外事办公室索要《外国驻华新闻媒体名册》，了解、掌握外国驻当地新闻媒体机构以及外籍人员变动情况，并据此要求上述驻华新闻机构做好中外籍记者、雇员个人所得税扣缴工作。

二、外国驻华使（领）馆及其馆员在华购买货物和服务增值税退税政策

根据《维也纳外交关系公约》《维也纳领事关系公约》《中华人民共和国外交特权与豁免条例》《中华人民共和国领事特权与豁免条例》《中华人民共和国增值税暂行条例》和《财政部、国家税务总局关于全面推开营业税改征增值税试点的通知》（财税〔2016〕36号）等有关规定，财政部、国家税务总局于2016年4月29日发布了《关于外国驻华使（领）馆及其馆员在华购买货物和服务增值税退税政策的通知》（财税〔2016〕51号），于2017年9月29日发布了《财政部、国家税务总局中关于外国驻华使（领）馆及其馆员在华购买货物和服务增值税退税政策有关问题的补充通知》（财税〔2017〕74号），执行要点如下：

1.中华人民共和国政府在互惠对等原则的基础上，对外国驻华使（领）馆

及其馆员在中华人民共和国境内购买的货物和服务，实行增值税退税政策。

享受增值税退税政策的货物和服务，是指按规定征收增值税、属于合理自用范围内的生活办公类货物和服务。生活办公类货物和服务，是指为满足日常生活、办公需求购买的货物和服务。工业用机器设备、金融服务以及其他财政部和国家税务总局规定的货物和服务，不属于生活办公类货物和服务。

2.外国驻华使（领）馆及其馆员申请增值税退税的生活办公类货物和服务，应符合以下要求：

（1）除自来水、电、燃气、暖气、汽油、柴油外，购买货物申请退税单张发票的销售金额（含税价格）应当超过800元（含800元）人民币；购买服务申请退税单张发票的销售金额（含税价格）应当超过300元（含300元）人民币。

（2）非增值税免税货物和服务。

3.享受增值税退税政策的馆员，是指外国驻华使（领）馆的外交代表（领事官员）及行政技术人员，但是中国公民的或在中国永久居留的除外。外交代表（领事官员）和行政技术人员是指《中华人民共和国外交特权与豁免条例》第二十八条第（五）、（六）项和《中华人民共和国领事特权与豁免条例》第二十八条第（四）、（五）项规定的人员。

各国际组织驻华代表机构及其人员按照有关协定享有免税待遇的，可参照执行上述政策。

三、车辆购置税法

《中华人民共和国车辆购置税法》第九条第（一）项规定，依照法律规定应当予以免税的外国驻华使馆、领事馆和国际组织驻华机构及其有关人员自用的车辆，免征车辆购置税。

《国家税务总局关于车辆购置税征收管理有关事项的公告》（国家税务总局公告2019年第26号）规定，外国驻华使馆、领事馆和国际组织驻华机构及其有关人员自用车辆在办理车辆购置税免税时，应当如实填报“车辆购置税纳税申报表”，同时提供车辆合格证明和车辆相关价格凭证，以及机构证明和外交部门出具的身份证明。

四、车船税

《车船税法》第三条规定，依照法律规定应当予以免税的外国驻华使领馆、国际组织驻华代表机构及其有关人员的车船，免征车船税。

五、船舶吨税

《船舶吨税法》第九条规定，依照法律规定应当予以免税的外国驻华使领馆、国际组织驻华代表机构及其有关人员的船舶，免征吨税。

第二十章

国内税法与生效及终止条款的衔接

生效及终止条款主要内容包括明确税收协定在签订后，得以生效或终止执行需履行的国内法程序以及通过何种途径通知缔约国另一方。生效条款规定了使得协定发生效力需履行的缔约国双方国内法律程序，协定生效的前提及生效日期；终止条款规定了协定效力的期限及终止条件，提出终止需经由的途径及时间要求。协定其他各条款，均需在协定按生效条款规定的效力期间内有效，且按协定要求终止失效。

国内税法与本条款的衔接方面，主要是税收协定生效及终止前后的税务处理。

第一节 生效及终止条款的解读

一、生效条款的规定

生效条款的规定分为两个层面。一是在何种情况下何时生效。目前我国与其他国家（地区）签订的税收协定（安排）中，首先明确在履行国内所需履行的法定程序后生效，该部分内容在任何一个协定或安排中均作出规定。二是对协定生效后具体执行时间的规定。在我国目前签订并生效执行的协定中，具体执行时间分为三种情形：

1.“本协定自最后一方的通知发生之日起后第30天生效。本协定将适用于协定生效年度的次年1月1日或以后开始的会计年度中取得的所得”，这是我国与大多数国家签订的协定中做出的普通规定。

2.对源泉扣缴税收和财产及其他税收作出具体的生效时间规定，且规定同时适用于缔约国双方。该类型的生效规定通常表述为：

“本协定适用于：

（1）对本协定生效年度的次年1月1日或以后取得的所得源泉扣缴的税收；

（2）对本协定生效年度的次年1月1日或以后开始的纳税年度中对所得征收的其他税收和对财产征收的税收。”

3.对协定在缔约国双方的生效时间分别作出具体规定。

二、终止条款的规定

与生效条款一样，终止条款的规定也分为两个层面：一是对协定终止程序和时间的规定。在我国与其他国家（地区）签订的税收协定（安排）中，终止条款首先规定了协定应长期有效，且均规定了5年的最低生效年限。除了科威特、中国香港和中国澳门外，与其他缔约国均要求通过外交途径书面通知对方终止协定。二是协定终止后，停止执行的具体时间规定。在我国目前签订并生效执行的协定中，具体的执行时间也有三种情形：

1.我国与大多数国家的协定，规定为“本协定对终止通知发出后次年1月1日以或以后开始的纳税年度中取得的所得停止有效”。

2.对缔约国双方终止有效时间分别做出规定。

3.对缔约国双方终止协定的具体时间同时作出规定，且区分源泉扣缴和其他税收。

第二节 国内税法与生效及终止条款的衔接

国内税法与生效及终止条款的衔接方面，主要是协定生效及终止前后的税务处理。以《中新协定》为例，第二十八条生效条款第二款规定“本协定将自上述通知的后一方发出之日起生效，在中国，本协定生效年度次年1月1日或以后开始的纳税年度取得的所得”。第二十九条终止条款第一款规定“本协定应长期有效，直到缔约国一方终止该协定。缔约国任何一方可以自本协定生效之日起满五年后任何日历年度终了前至少6个月，通过外交途径通知对方终止本协定。在中国，终止通知发出年度的次年1月1日或以后开始的纳税年度中取得的所得”。

实务中，应注意所得实现的时间。例如，国内法规定，股息所得实现的时间在实际支付日，与宣告分派的时间和利润归属年度无关。如果外商投资企业向缔约国居民股东分配股息，分配时间在协定生效前，实际支付股息的时间在协定生效后，应当适用协定的规定。

第二十一章

服务贸易等项目对外支付税务备案管理

自2008年《国家外汇管理局、国家税务总局关于服务贸易等项目对外支付提交税务证明有关问题的公告》（汇发〔2008〕64号）施行以来，对外支付税务证明成为税务机关加强跨境税源管理的重要手段。随着近几年我国服务贸易外汇收支规模的不断增长，境内机构和个人对外汇支付便利性的需求不断提高。为加强跨境税源管理，进一步便利境内机构和个人对外支付，国家税务总局、国家外汇管理局于2013年7月9日发布了《关于服务贸易等项目对外支付税务备案有关问题的公告》（国家税务总局、国家外汇管理局公告2013年第40号，以下简称《公告》）。

《公告》主要解决三个方面问题：一是为境内机构和个人对外付汇提供便利；二是督促纳税人和扣缴义务人依法履行申报纳税和源泉扣缴义务；三是督促各级税务机关主动挖掘非居民税源，拓展信息渠道，不断提升非居民税收征管水平。同时，税务部门和外汇管理部门将进一步加强税务信息和外汇信息的监管和共享，对发现的异常、可疑线索及时沟通，共同打击各种骗汇和逃避税行为。

《公告》整合了此前关于对外支付的相关文件，取消了对外支付开具税务证明的要求，保留了部分无须进行备案的情形，增加了督促履行法定义务、依法加强监管等内容。

第一节 对外支付税务备案程序

一、对外支付需要税务备案的情形

境内机构和个人向境外单笔支付等值5万美元以上（不含等值5万美元，下同）下列外汇资金，除《公告》第三条规定的无须办理和提交“备案表”情形外，均应向所在地主管税务机关进行备案：

1.境外机构或个人从境内获得的包括运输、旅游、通信、建筑安装及劳务承包、保险服务、金融服务、计算机和信息服务、专有权利使用和特许、体育文化和娱乐服务、其他商业服务、政府服务等服务贸易收入。

2.境外个人在境内的工作报酬，境外机构或个人从境内获得的股息、红利、利润、直接债务利息、担保费以及非资本转移的捐赠、赔偿、税收、偶然性所得等收益和经常转移收入。

3.境外机构或个人从境内获得的融资租赁租金、不动产的转让收入、股权转让所得以及外国投资者其他合法所得。

此外，外国投资者以境内直接投资合法所得在境内再投资单笔5万美元以上的，应按照本规定进行税务备案。

由此可见，境内机构和个人向境外单笔支付等值5万美元以上（不含等值5万美元）外汇资金，以及外国投资者境内合法所得汇出或以境内合法所得在境内再投资，除了规定的无须备案的情形外，均须进行备案。

为方便税务机关、付汇银行以及备案人对支付项目的理解，《公告》第一条对需要进行税务备案的情形做了正面列举，但应注意，这些列举不是穷尽的，究竟哪些支付项目不需进行税务备案，还要看第三条的除外情形。

二、对外支付不需要税务备案的情形

《公告》第三条规定，境内机构和个人对外支付下列外汇资金，无须办理和提交“备案表”：

1.境内机构在境外发生的差旅、会议、商品展销等各项费用。

2.境内机构在境外代表机构的办公经费，以及境内机构在境外承包工程的工程款。

3.境内机构发生在境外的进出口贸易佣金、保险费、赔偿款。

4.进口贸易项下境外机构获得的国际运输费用。

5.保险项下保费、保险金等相关费用。

6.从事运输或远洋渔业的境内机构在境外发生的修理、油料、港杂等各项费用。

7.境内旅行社从事出境旅游业务的团费以及代订、代办的住宿、交通等相关费用。

8.亚洲开发银行和世界银行集团下属的国际金融公司从我国取得的所得或收入，包括投资合营企业分得的利润和转让股份所得、在华财产（含房产）出租或转让收入以及贷款给我国境内机构取得的利息。

9.外国政府和国际金融组织向我国提供的外国政府（转）贷款［含外国政府混合（转）贷款］和国际金融组织贷款项下的利息。本项所称国际金融组织是指国际货币基金组织、世界银行集团、国际开发协会、国际农业发展基金组织、欧洲投资银行等。

10.外汇指定银行或财务公司自身对外融资如境外借款、境外同业拆借、海外代付以及其他债务等项下的利息。

11.我国省级以上国家机关对外无偿捐赠援助资金。

12.境内证券公司或登记结算公司向境外机构或境外个人支付其依法获得的股息、红利、利息收入及有价证券卖出所得收益。

13.境内个人境外留学、旅游、探亲等因私用汇。

14.境内机构和个人办理服务贸易、收益和经常转移项下退汇。

15.国家规定的其他情形。

三、对外支付税务备案程序

1.境内机构和个人（以下称“备案人”）在办理对外支付税务备案时，应向主管税务机关提交加盖公章的合同（协议）或相关交易凭证复印件（外文文本应同时附送中文译本），并填报“服务贸易等项目对外支付税务备案表”（以下称“备案表”）。同一笔合同需要多次对外支付的，备案人须在每次付汇前办理税务备案手续，但只需在首次付汇备案时提交合同（协议）或相关交易凭证复印件。

备案人可在主管税务机关办税服务厅窗口领取“备案表”或者从主管税务机关官方网站下载“备案表”。

境外个人办理服务贸易、收益和经常转移项下对外支付，还需遵循个人外汇管理的相关规定，参见《个人外汇管理办法》（中国人民银行令2006年第3号）、《个人外汇管理办法实施细则》（汇发〔2007〕1号）等文件。

2.备案人提交的资料齐全、“备案表”填写完整的，主管税务机关无须当场进行纳税事项审核，应编制“备案表”流水号，在“备案表”上盖章，1份当场退还备案人，1份留存。“备案表”流水号具体格式为：年份（2位）+税务机关代码（6位）+顺序号（6位）。“年份”指公历年度后两位数字，“顺序号”为本年度的自然顺序号。

3.备案人完成税务备案手续后，持主管税务机关盖章的“备案表”，按照外汇管理的规定，到外汇指定银行办理付汇审核手续。

由此可见,《公告》进一步规范和简化对外支付税务备案程序。首先，备案人仅需向所在地主管税务机关进行备案，以进一步简化程序，减轻纳税人负担。其次，简化备案人应提供的资料。境内机构和个人进行对外支付税务备案时，仅需向税务机关提供加盖公章的合同（协议）复印件；如果没有合同（协议）的（如合格境外投资者对外支付其投资收益等项目），可提供相关交易凭证复印件。此外,《公告》明确规定税务机关当场无须对纳税事项进行审核，而只在“备案表”上盖章，“备案表”中也不体现有关纳税事项的内容。这样既可保证对外付汇的效率，也可使税务机关及税务人员打消承担失察责任的顾虑。

为深入推进“放管服”改革，进一步优化营商环境，促进贸易投资便利化，自2020年1月1日起，服务贸易等项目对外支付税务备案电子化在全国范围内启动。以江苏省为例,《国家税务总局江苏省税务局 国家外汇管理局江苏省分局关于实施服务贸易等项目对外支付税务备案联合电子化的通知》规定，自2019年11月30日起，备案人向所在地税务机关进行税务备案时，可通过互联网登录“国家税务总局江苏省电子税务局”（http：//etax.jiangsu.chinatax.gov.cn）（以下简称“电子税务局”），选择对外支付税务备案模块，填写相关备案信息，上传加盖公章的合同（协议）或相关交易凭证复印件，电子税务局自动生成备案编号（并发送短信至备案人预留的手机号码）。备案人凭备案编号及相关的业务资料在银行办理付汇业务。银行根据备案人提供的纳税人识别号和备案编号进行税务备案信息的查询、核对和验证。银行验证通过后，可下载、打印并留存加盖电子公章的税务备案表，为企业办理付汇业务。

第二节　对外支付事实管理与事后审核

一、对外支付事前管理和事后审核的内容

税务机关要加强对备案事项的事前管理和事后审核。税务机关应转变工作思路，在管理非居民税源时，不应仅仅依赖对外支付信息，而应在日常管理中下大功夫，做到非居民税收管理专业化、常规化。在此基础上，不断拓展信息渠道，研究更加行之有效的非居民税收征管手段。同时，对于备案事项，加大事后审核力度，如发现对外支付项目未按规定缴纳税款的，除依法追缴税款外，还应按《税收征管法》的有关规定予以处理。

《公告》第八条要求，主管税务机关应自收到“备案表”后15个工作日内，对备案人提交的“备案表”及所附资料进行审查，并可要求备案人进一步提供相关资料。审查的内容包括：

1. 备案信息与实际支付项目是否一致。

2. 对外支付项目是否已按规定缴纳各项税款。

3. 申请享受减免税待遇的，是否符合相关税收法律法规和税收协定（安排）的规定。

各级税务部门、外汇管理部门应当密切配合，加强信息交换工作。主管税务机关审查发现对外支付项目未按规定缴纳税款的，应书面告知纳税人或扣缴义务人履行申报纳税或源泉扣缴义务，依法追缴税款，按照税收法律法规的有关规定实施处罚。

二、执行中应注意的问题

首先，税务机关应在备案人提交“备案表”时当场盖章，不做有关纳税事项的审核，这既是方便付汇的要求，也是提醒税务机关不能仅依赖于对外支付信息监控非居民税源，而应注重加强备案事项的事前管理和事后审核。

其次，境内机构和个人对外支付国际运输收入亦应遵从本《公告》。为统一和规范各类对外支付的税务管理，取消了原对国际运输业务对外支付的相关规定，统一遵从本《公告》的规定。

再次，付汇的境内机构和个人要自觉遵从税收法律法规，依法履行申报纳税、源泉扣缴或资料报告义务。这体现了优化纳税服务的宗旨，信任纳税人能够自我遵从，自行申报。对外支付的境内机构和个人不应存有侥幸心理，税务机关不当场审核纳税事项不等于不履行管理职责，而是把审核工作转移到备案之后。备案人在未履行法定的税务登记、申报纳税、源泉扣缴或资料报告义务的情况下，进行对外支付税务备案，将面临承担法律责任的风险。税务机关发现备案事项未依法履行纳税义务的，将严格按照《税收征管法》的有关规定追缴税款并实施处罚。

最后，各级税务机关要充分利用好备案信息，加强对“备案表”的管理，及时统计对外支付备案情况及税收征管情况，按年度层报税务总局。

附1：服务贸易等项目对外支付税务备案表

服务贸易等项目对外支付税务备案表

编号：

一、基本情况（由支付人填写）				
境内支付人	机构名称或个人姓名			
	纳税识别号			
	地址或住所			
	付汇银行		付汇账号	
	联系人		联系电话	
	主管地税机关		地税机关管理码	

续表

<table>
<tr><td rowspan="3">境外收款人</td><td>名称</td><td colspan="2"></td><td colspan="2">所属国家或地区</td><td></td></tr>
<tr><td>地址</td><td colspan="2"></td><td colspan="2">境内外机构是否关联</td><td></td></tr>
<tr><td>收汇银行</td><td colspan="2"></td><td colspan="2">收汇账号</td><td></td></tr>
<tr><td>合同名称</td><td colspan="3"></td><td colspan="2">合同号</td><td></td></tr>
<tr><td colspan="2">合同总金额（或支付标准）</td><td colspan="2"></td><td>币种</td><td colspan="2"></td></tr>
<tr><td>已付金额</td><td colspan="3"></td><td>币种</td><td colspan="2"></td></tr>
<tr><td>本次付汇金额</td><td></td><td>币种</td><td></td><td colspan="2">付 汇 日 期</td><td></td></tr>
<tr><td>合同执行期限</td><td colspan="6">自 年 月 日 至 年 月 日</td></tr>
<tr><td>声 明</td><td colspan="6">我谨在此声明：以上呈报事项准确无误，如有不实，愿承担相应的法律责任。
备案人签名或盖章：________</td></tr>
<tr><td colspan="7">二、告知事项</td></tr>
<tr><td colspan="7">本表仅适用于服务贸易等项目对外支付税务备案。以上付汇金额应向主管税务局进行纳税申报或做出必要说明。上述呈报如有不实，主管税务机关有权依据税收法律法规及相关规定进行处理。
主管税务机关盖章
年 月 日
说明：2、本表一式两份，一份交备案人，一份留存税务机关。</td></tr>
</table>

说明：

①“已付金额”一栏填写在同一合同项下涉及多笔对外支付时，办理第一笔支付之日起至今已支付的外汇总金额。

②本表一式三份，一份交备案人，二份留存国税机关。

③对外支付项目仅有交易凭证或协议的，“合同名称”一栏应填写相关凭证或协议的名称，“合同号”一栏可不填。

附2：服务贸易等项目对外支付税务备案情况年度统计表

服务贸易等项目对外支付税务备案情况年度统计表

填报机关：__________ 年度：__________ 单位：元

<table>
<tr><td rowspan="2">项目</td><td rowspan="2">《备案表》份数</td><td colspan="7">备案后查补税款金额</td></tr>
<tr><td>企业
所得税</td><td>增值税</td><td>个人
所得税</td><td>其他税种</td><td>滞纳金</td><td>罚款</td><td>合计</td></tr>
<tr><td>本年数</td><td></td><td></td><td></td><td></td><td></td><td></td><td></td><td></td></tr>
<tr><td>上年数</td><td></td><td></td><td></td><td></td><td></td><td></td><td></td><td></td></tr>
<tr><td>增减数</td><td></td><td></td><td></td><td></td><td></td><td></td><td></td><td></td></tr>
</table>

第二十二章

税收协定待遇管理

我国对非居民纳税人享受税收协定待遇管理经历了三个阶段，一是从2009年10月1日起施行的《非居民享受税收协定待遇管理办法（试行）》（国税发〔2009〕124号），要求非居民享受协定待遇需报经主管税务机关审批；二是从2015年11月1日起施行的《非居民纳税人享受税收协定待遇管理办法》（国家税务总局公告2015年第60号），取消非居民享受协定待遇的审批，规定非居民纳税人在申报时自行享受协定待遇，同时按要求向税务机关报送资料，并接受税务机关的后续管理；三是为深化"放管服"改革，进一步优化税收营商环境，提高非居民纳税人享受协定待遇的便捷性，国家税务总局于2019年10月14日发布了《非居民纳税人享受协定待遇管理办法》（国家税务总局公告2019年第35号，以下简称"办法"），将非居民纳税人享受协定待遇资料由申报时报送改为留存备查。新办法从2020年1月1日起施行。

第一节 非居民纳税人享受税收协定待遇操作办法

一、《非居民纳税人享受税收协定待遇操作办法》(以下简称《办法》)出台的目的与依据

《办法》第一条明确了出台的目的与依据，即为执行我国政府对外签署的避免双重征税协定（含与香港、澳门特别行政区签署的税收安排，以下统称“税收协定”)，我国对外签署的航空协定税收条款、海运协定税收条款、汽车运输协定税收条款、互免国际运输收入税收协议或换函（以下统称“国际运输协定”)，规范非居民纳税人享受协定待遇管理，根据《中华人民共和国企业所得税法》(以下简称《企业所得税法》)及其实施条例、《中华人民共和国个人所得税法》及其实施条例、《中华人民共和国税收征收管理法》(以下简称《税收征管法》)及其实施细则（以下统称“国内税收法律规定”）的有关规定，制定本办法。

《办法》对非居民纳税享受税收协定待遇的方式、概念及范围、备查资料、后续管理等问题进行了明确。

二、非居民纳税人享受协定待遇的管理方式

《办法》第三条规定，非居民纳税人享受协定待遇，采取“自行判断、申报享受、相关资料留存备查”的方式办理。非居民纳税人自行判断符合享受协定待遇条件的，可在纳税申报时，或通过扣缴义务人在扣缴申报时，自行享受协定待遇，同时按照本《办法》的规定归集和留存相关资料备查，并接受税务机关后续管理。

三、非居民纳税人享受协定待遇的相关概念

1.享受协定待遇的非居民纳税人，是指按照税收协定居民条款规定应为缔约对方税收居民的纳税人。

2.本《办法》所称“协定”，包括税收协定和国际运输协定。国际运输协定包括中华人民共和国政府签署的航空协定、海运协定、道路运输协定、汽车运输协定、互免国际运输收入税收协议或换函以及其他关于国际运输的协定。

3.本《办法》所称“协定待遇”，是指按照协定可以减轻或者免除按照国内税收法律规定应当履行的企业所得税、个人所得税纳税义务。

4.本《办法》所称“扣缴义务人”，是指按国内税收法律规定，对非居民纳

税人来源于中国境内的所得负有扣缴税款义务的单位或个人，包括法定扣缴义务人和《企业所得税法》规定的指定扣缴义务人。

5.本《办法》所称“主管税务机关”，是指按国内税收法律规定，对非居民纳税人在中国的纳税义务负有征管职责的税务机关。

四、协定适用和纳税申报

1.非居民纳税人自行申报的，自行判断符合享受协定待遇条件且需要享受协定待遇，应在申报时报送“非居民纳税人享受协定待遇信息报告表”，并按照本办法第七条的规定归集和留存相关资料备查。

2.在源泉扣缴和指定扣缴情况下，非居民纳税人自行判断符合享受协定待遇条件且需要享受协定待遇的，应当如实填写“非居民纳税人享受协定待遇信息报告表”，主动提交给扣缴义务人，并按照本办法第七条的规定归集和留存相关资料备查。

3.扣缴义务人收到“非居民纳税人享受协定待遇信息报告表”后，确认非居民纳税人填报信息完整的，依国内税收法律规定和协定规定扣缴，并如实将“非居民纳税人享受协定待遇信息报告表”作为扣缴申报的附表报送主管税务机关。

4.非居民纳税人未主动提交“非居民纳税人享受协定待遇信息报告表”给扣缴义务人或填报信息不完整的，扣缴义务人依国内税收法律规定扣缴。

5.《办法》第七条规定，本办法所称留存备查资料包括：

（1）由协定缔约对方税务主管当局开具的证明非居民纳税人取得所得的当年度或上一年度税收居民身份的税收居民身份证明；享受税收协定国际运输条款或国际运输协定待遇的，可用能够证明符合协定规定身份的证明代替税收居民身份证明。

（2）与取得相关所得有关的合同、协议、董事会或股东会决议、支付凭证等权属证明资料。

（3）享受股息、利息、特许权使用费条款协定待遇的，应留存证明“受益所有人”身份的相关资料。证明“受益所有人”身份的相关资料是指《国家税务总局关于税收协定中“受益所有人”有关问题的公告》（国家税务总局公告2018年第9号）第七条、第八条规定的资料。

（4）非居民纳税人认为能够证明其符合享受协定待遇条件的其他资料。

6.非居民纳税人对“非居民纳税人享受协定待遇信息报告表”填报信息和留存备查资料的真实性、准确性、合法性承担法律责任。

7.非居民纳税人发现不应享受而享受了协定待遇，并少缴或未缴税款的，应当主动向主管税务机关申报补税。

8.非居民纳税人可享受但未享受协定待遇而多缴税款的，可在《税收征管法》第五十一条规定的3年期限内自行或通过扣缴义务人向主管税务机关要求退还多缴税款，同时提交本办法第七条规定的资料。主管税务机关应当自接到非居民纳税人或扣缴义务人退还多缴税款申请之日起30日内查实，对符合享受协定待遇条件的多缴税款办理退还手续。

查实时间不包括非居民纳税人或扣缴义务人补充提供资料、个案请示、相互协商、情报交换的时间。税务机关因上述原因延长查实时间的，应书面通知退税申请人相关决定及理由。

9.按照《税收征管法实施细则》第二十九规定，非居民纳税人享受协定待遇留存备查资料应当保存10年，法律、行政法规另有规定的除外。

第二节 非居民纳税人享受协定待遇的后续管理

各级税务机关应当对非居民纳税人享受协定待遇开展后续管理，准确执行协定，防范协定滥用和逃避税风险。执行要点如下：

1.主管税务机关在后续管理时，可要求非居民纳税人限期提供留存备查资料。

本办法规定的资料原件为外文文本的，按照主管税务机关要求提供时，应当附送中文译本，并对中文译本的准确性和完整性负责。非居民纳税人、扣缴义务人可以向主管税务机关提供资料复印件，但是应当在复印件上标注原件存放处，加盖报告责任人印章或签章。主管税务机关要求报验原件的，应报验原件。

2.税务机关发现不符合协定待遇条件的处理方法。

（1）主管税务机关在后续管理或税款退还查实工作过程中，发现依据本办法第七条规定的资料不足以证明非居民纳税人符合享受协定待遇条件，或非居民纳税人存在逃避税嫌疑的，可要求非居民纳税人或扣缴义务人限期提供相关资料并配合调查。

（2）非居民纳税人、扣缴义务人应配合主管税务机关进行非居民纳税人享受协定待遇的后续管理与调查。非居民纳税人、扣缴义务人均未按照税务机关要求提供相关资料，或逃避、拒绝、阻挠税务机关进行后续调查，主管税务机关无法查实其是否符合享受协定待遇条件的，应视为不符合享受协定待遇条件。

3.非居民纳税人和扣缴义务人责任划分。

（1）非居民纳税人自行判断是否符合享受协定待遇条件，符合条件且需要享受协定待遇的，主动向扣缴义务人提交报表要求享受协定待遇。如果非居民纳税人判断有误，不符合协定待遇条件而享受了协定待遇且未缴或少缴税款的，除因扣缴义务人未按本办法第六条规定扣缴申报外，视为非居民纳税人未按照规定申报缴纳税款，主管税务机关依法追缴税款并追究非居民纳税人延迟纳税责任。在扣缴情况下，税款延迟缴纳期限自扣缴申报享受协定待遇之日起计算。

（2）扣缴义务人应在收到报表后确认非居民纳税人填报信息完整，然后按照非居民纳税人要求享受的协定待遇进行扣缴申报。如果扣缴义务人未按本《办法》第六条规定扣缴申报，或者未按本《办法》第十三条规定提供相关资料，发生不符合享受协定待遇条件的非居民纳税人享受协定待遇且未缴或少缴税款情形的，主管税务机关依据有关规定追究扣缴义务人责任，并责令非居民纳税人限期缴纳税款。

4.税款追缴。

依据《企业所得税法》第三十九条规定，非居民纳税人未依法缴纳税款的，主管税务机关可以从该非居民纳税人在中国境内其他收入项目的支付人应付的款项中，追缴该非居民纳税人的应纳税款。

5.纳税争议的处理。

主管税务机关在后续管理或税款退还查实工作过程中，发现不能准确判定非居民纳税人是否可以享受协定待遇的，应当向上级税务机关报告；需要启动相互协商或情报交换程序的，按有关规定启动相应程序。

6.反避税。

主管税务机关在后续管理过程中，发现需要适用税收协定主要目的测试条款或国内税收法律规定中的一般反避税规则的，适用一般反避税相关规定。

税收协定主要目的测试条款是指税收协定中有如下表述或者类似表述的条款：虽有本协定其他条款的规定，如果在考虑了所有相关事实与情况后，可以合理地认定就某项所得获取本协定某项优惠是直接或间接产生该优惠的安排或交易的主要目的之一，则不应对该项所得给予该优惠，除非能够证明在此种情形下给予该优惠符合本协定相关规定的宗旨和目的。

7.纳税信用管理。

主管税务机关应当对非居民纳税人不当享受协定待遇情况建立信用档案，并采取相应后续管理措施。

附：

非居民纳税人享受协定待遇信息报告表

Information Reporting Form for Non-resident Taxpayers Claiming Treaty Benefits

单位：人民币元（列至角分）

Monetary unit：RMB Yuan（Keep two decimal places）

非居民纳税人填写第 1 项至第 17 项信息，并对填报信息的真实性、准确性、合法性承担法律责任。 Non-resident Taxpayers fill in the blanks of item 1 to 17 and take legal responsibility for the authenticity, accuracy and legitimacy of the information.			
1. 中文名称 Name in Chinese		2. 在中国的纳税人识别号（统一社会信用代码） Tax identification number in China （Uniform social credit code）	
3. 在居民国（地区）名称 Name in resident jurisdiction		4. 在居民国（地区）的纳税人识别号 Tax identification number in resident jurisdiction	
5. 在中国的联系地址、邮政编码 Contact address and zip code in China		6. 在中国的联系电话 Telephone number in China	
7. 在居民国（地区）的联系地址、邮政编码 Contact address and zip code in resident jurisdiction		8. 在居民国（地区）的联系电话 Telephone number in resident jurisdiction	

续表

9. 居民国（地区） Resident jurisdiction		10. 电子邮箱 E-mail address	
11. 享受协定名称 The applicable treaty		12. 适用协定条款名称 Applicable articles of the treaty	
13. 非居民纳税人是否取得缔约对方税务主管当局开具的证明非居民纳税人取得所得的当年度或上一年度税收居民身份的税收居民身份证明 Whether the non-resident taxpayer obtained the tax resident certificate issued by the competent tax authority of the other contracting jurisdiction to prove the residence status of non-resident taxpayer for the year or its previous year during which the payment is received			□是 Yes □否 No
14. 享受协定待遇所得金额 Amount of the income with respect to which tax treaty benefits are claimed		15. 享受协定待遇减免税额 Amount of tax reduced or exempted	

16. 适用股息、利息、特许权使用费条款时，非居民纳税人为“受益所有人”的政策依据是《国家税务总局关于税收协定中“受益所有人”有关问题的公告》（国家税务总局公告 2018 年第 9 号）的：
□第二条；□第三条第（一）项；□第三条第（二）项；□第四条；□其他：请说明________
If the article of dividends, interest or royalties is applied, the policy basis for non-resident taxpayer to be the “beneficial owner” is the □ Article 2; □ Item 1 of Article 3; □ Item 2 of Article 3; □ Article 4; □ Others: Please specify ________ of the *Public Notice of the State Taxation Administration on “Beneficial Owner” set forth in Double Taxation Agreements* (Public Notice [2018] No.9 of the State Taxation Administration).

17. 我谨声明：根据缔约对方法律法规和税收协定居民条款，我为缔约对方税收居民，相关安排和交易的主要目的不是为了获取税收协定待遇。我自行判断符合协定待遇条件，自行享受协定待遇，承担相应法律责任。我将按规定归集和留存相关资料备查，接受税务机关后续管理。
I hereby declare: According to the laws, regulations of the other contracting jurisdiction and the article of resident of the tax treaty, I am a resident of the other contracting jurisdiction, the principal purpose of the relevant arrangement and transaction is not to obtain tax treaty benefits. Through self-assessment, I believe that I am in conformity with the conditions for claiming tax treaty benefits, so I will enjoy tax treaty benefits. Therefore, I take due legal responsibilities. I will collect and retain relevant materials for review in accordance with the regulations, and accept the follow-up administration of the tax authority.

非居民纳税人签章或签字　　　　　　　　年　月　日
Seal or signature of non-resident taxpayer　　　　　　　　Y　M　D

以下信息不需要非居民纳税人填写
Non-resident taxpayers do not need to fill in the following blanks

18. 扣缴义务人名称 Name of withholding agent	

19. 扣缴义务人纳税人识别号（统一社会信用代码）：□□□□□□□□□□□□□□□□□□□□
Tax identification number of withholding agent (Uniform social credit code)

经办人签字： Signature of the case handler: 经办人身份证件号码： ID number of the case handler: 扣缴义务人签章： Seal of the withholding agent:	经办人签字： Signature of the case handler: 经办人身份证件号码： ID number of the case handler: 代理机构签章： Seal of the tax agent: 代理机构统一社会信用代码： Uniform social credit code of the tax agent:	受理人： Received by: 受理税务机关（章）： Tax authority in charge (Seal): 受理日期：年　月　日 Date of case acceptance: Y　M　D

国家税务总局监制

附　录

税收协定解释与执行测试题

一、单项选择题（共30题）

1.有关合伙企业适用税收协定的问题，下列表述错误的是：

A.依照中国法律在中国境内成立的合伙企业，其合伙人为税收协定缔约对方居民的，该合伙人在中国负有纳税义务的所得被缔约对方视为其居民的所得的部分，可以在中国享受协定待遇

B.依照外国（地区）法律成立的合伙企业，其实际管理机构不在中国境内，但在中国境内设立机构、场所的，或者在中国境内未设立机构、场所，但有来源于中国境内所得的，是中国企业所得税的非居民企业纳税人。除税收协定另有规定的以外，只有当该合伙企业是缔约对方居民的情况下，其在中国负有纳税义务的所得才能享受协定待遇

C.依照外国（地区）法律成立的合伙企业，其实际管理机构不在中国境内，但在中国境内设立机构、场所的，或者在中国境内未设立机构、场所，但有来源于中国境内所得的，是中国企业所得税的非居民企业纳税人。当根据缔约对方国内法，合伙企业取得的所得被视为合伙人取得的所得，该合伙企业在中国负有纳税义务的所得可以享受协定待遇

D.合伙企业根据《非居民纳税人享受税收协定待遇管理办法》（国家税务总局公告2019年第35号发布）第七条规定留存备查的资料中由缔约对方税务主管当局开具的税收居民身份证明，应能证明其根据缔约对方国内法，因住所、居所、成立地、管理机构所在地或其他类似标准，在缔约对方负有纳税义务

2.下列各项中，属于税收协定税种范围的是：

A.个人所得税　　　　B.土地增值税

C.印花税　　　　D.社会保险费

3.下列各项中，不属于《中新协定》“不动产所得”条款中不动产范围的是：

A.附属于不动产的财产　　　　B.农业和林业所使用的牲畜和设备

C.飞机和船舶　　　　D.不动产的用益权

4.下列各项中，不属于国际运输收入的是：

A.程租、期租、湿租业务

B.为其他国际运输企业代售客票取得的收入

C.从市区至机场运送旅客取得的收入

D.光租、干租业务

5.下列申请人从中国取得的所得为股息时，不能直接判定申请人具有“受

益所有人”身份的是：

A.缔约对方政府

B.在缔约对方上市的公司

C.缔约对方居民个人

D.被缔约对方居民个人直接持有100%股份（在取得股息前连续12个月以内任何时候均达到100%）

6.对香港市场投资者（包括企业和个人）投资深交所上市A股取得的股息红利所得，下列说法正确的是：

A.可适用股息红利差别化税收待遇

B.投资者取得的股息红利所得适用10%的税率

C.投资者取得的股息红利所得可申请适用税收协定税率

D.上市公司在深交所主管税务机关代扣代缴税款

7.境外投资者从中国境内居民企业分配的利润，用于境内直接投资暂不征收预提所得税，其中，直接投资不包括：

A.新增或转增中国境内居民企业实收资本或者资本公积

B.转增上市公司股份

C.以分得的利润补缴其在境内居民企业已经认缴的注册资本

D.从非关联方收购中国境内居民企业股权

8.下列各项中，属于《中新协定》“特许权使用费”条款范畴的是：

A.设备所有权最终转移给用户的有关融资租赁协议涉及的支付款项中被认定为利息的部分

B.服务提供方在提供服务过程中使用了某些专门知识和技术，但并不许可这些技术使用权

C.转让专有技术所有权，并派人员为该项技术的应用提供有关支持、指导等服务，且相关服务不构成常设机构

D.使用有关工业、商业、科学经验的情报取得的所得

9.根据《非居民金融账户涉税信息尽职调查管理办法》，下列各项中，不属于金融资产范畴的是：

A.不动产非债直接权益　　　B.合伙权益

C.大宗商品　　　D.年金合同

10.新加坡居民王某同时受雇于境外母公司和境内子公司，且非境内高管人员。2019年1月1日入境，2021年2月28日与境内子公司终止雇用关系，回国担任母公司高管。2019年1月1日至2021年2月28日在国内停留时间为：2019年1月1日至2019年6月15日共166天；2020年12月1日至2021年2月28日共90天，其他时间在国外。根据《中新协定》，王某从境内外取得的薪酬在我国的纳税义务错误的是：

A. 2019年仅就来源于境内且由境内雇主支付的收入征税

B. 2020年仅就来源于境内且由境内雇主支付的收入征税

C. 2021年仅就来源于境内且由境内雇主支付的收入征税

D.2019年、2020年、2021年应就来源于境内的全部收入征税

11. 下列各项中，适用税收协定“不动产所得”条款的是：

A. 境外A公司出租境内不动产取得的租金收入

B. 境外B公司转让境内不动产取得的收入

C. 境外C公司取得来源于不动产抵押的利息收入

D. 境外D公司出租境内不动产并派专人全年于境内管理

12. 新加坡A企业将其某专利技术授权境内B企业使用，并派遣专家W至境内提供技术服务，专家W提供服务的时间已构成常设机构，B企业共支付专利技术使用费1 000万元，其中归属于常设机构部分的服务收入400万元，下列各项关于协定条款的适用，正确的是：

A. 1 000万元均按特许权使用费条款处理

B. 1 000万元均按常设机构条款处理

C. 400万元按常设机构条款处理，600万元按特许权使用费条款处理

D. 专家W从A企业取得的报酬不征个人所得税

13. 下列各项中，关于“受益所有人”的判断及其税务处理正确的是：

A. 香港居民个人a直接投资内地居民企业并取得股息，如果个人a持有内地居民企业25%以上股份，可以享受5%的优惠税率待遇

B. 香港居民企业b投资内地居民企业并取得股息时，香港居民个人a通过香港居民企业c间接持有香港居民企业b的100%股份，可直接判定香港居民企业b具有“受益所有人”身份

C. 香港居民企业b投资内地居民企业并取得股息时，香港居民个人a通过新加坡居民企业c间接持有香港居民企业b的100%股份，可直接判定香港居民企业b具有“受益所有人”身份

D. 香港居民企业d投资内地居民企业并取得股息，直接持有香港居民d的100%股份的境外c企业在香港上市，可直接判定香港居民d具有“受益所有人”身份

14. 当个人同时属于两个国家（地区）的税收居民时，下列按“加比规则”判定税收居民身份的顺序正确的是：

A. 重要利益中心、永久性住所、习惯性居所、国籍、协商解决

B. 习惯性居所、永久性住所、重要利益中心、国籍、协商解决

C. 永久性住所、重要利益中心、习惯性居所、国籍、协商解决

D. 永久性住所、重要利益中心、国籍、习惯性居所、协商解决

15. 新加坡A企业将其大型医疗检测设备出租给境内B企业使用，B企业向其支付租金时，应适用税收协定的条款是：

A. 不动产所得条款

B. 特许权使用费条款

C. 其他所得条款

D.不适用税收协定，应《企业所得税法》关于租金的相关规定

16.对于非居民企业间接转让中国应税财产取得的所得，下列各项中，可直接判定为具有合理商业目的，在我国不予征税的情形是：

A.境外企业股权仅少部分价值直接或间接来自中国应税财产

B.境外企业的收入主要直接或间接来源于境外

C.境外企业及其下属企业具有经济实质

D.境外企业在公开市场买入并卖出同一上市境外企业股权取得间接转让中国应税财产所得

17.某新加坡居民个人2018年5月1日来华从事独立个人劳务，2019年11月30日离境。2018年5月1日至2019年4月30日的12个月期间在华累计停留100天；2018年12月1日至2019年11月30日的12个月期间停留250天，经具体计算，该个人2018年在华停留天数合计60天，2019年在华停留天数合计190天。对于该个人在华提供独立个人劳务，根据税收协定相关条款，下列说法正确的是：

A.2018年度在华无纳税义务，2019年度在华有纳税义务

B.2018年度在华有纳税义务，2019年度在华无纳税义务

C.2018年度、2019年度在华均无纳税义务

D.2018年度、2019年度在华均有纳税义务

18.无住所个人为缔约国对方税收居民，其取得的工资薪金所得可享受境内受雇所得协定待遇的，可不缴纳个人所得税。工资薪金收入额计算公式为：

A.当月工资薪金收入额=当月境内外工资薪金总额×（当月工资薪金所属工作期间境内工作天数÷当月工资薪金所属工作期间公历天数）

B.当月工资薪金收入额=当月境内外工资薪金总额×（当月工资薪金所属工作期间境内工作天数÷当月工资薪金所属工作期间公历天数）×（当月境内支付工资薪金数额÷当月境内外工资薪金总额）

C.当月工资薪金收入额=当月境内外工资薪金总额×［1-（当月工资薪金所属工作期间境外工作天数÷当月工资薪金所属工作期间公历天数）×（当月境外支付工资薪金数额÷当月境内外工资薪金总额）］

D.当月工资薪金收入额=当月境内外工资薪金总额×（当月境内工资支付工资薪金数额÷当月境内外工资薪金总额）

19.2019年，新加坡居民个人张某于2019年至北京大学留学2年，在华留学期间，为维持生活，张某为新加坡A公司提供中英文翻译服务（按市场价每千字2 000元人民币收费），并在校图书馆做临时工，其取得的下列收入能适用税收协定享受免税待遇的是：

A.每月取得校图书馆支付的酬劳3 000元人民币

B.取得北京大学给予的奖学金5万元人民币

C.取得新加坡某协会给予的助学金10万元人民币

D.取得A公司支付的翻译服务费7万元人民币

20.关于非居民税收协定待遇的适用，下列各项中说法错误的是：

A.能够享受协定待遇的非居民纳税人，是指按国内税收法律规定不属于中国税收居民的纳税人

B.非居民纳税人享受协定待遇，采取“自行判断、申报享受、相关资料留存备查”的方式办理

C.在源泉扣缴和指定扣缴情况下，非居民纳税人自行判断符合享受协定待遇条件且需要享受协定待遇的，应当如实填写“非居民纳税人享受协定待遇信息报告表”，主动提交给扣缴义务人，并将相关资料留存备查

D.非居民纳税人对“非居民纳税人享受协定待遇信息报告表”填报信息和留存备查资料的真实性、准确性、合法性承担法律责任

21.下列各项中，不应认定为常设机构的是：

A.某非居民企业的主营业务是为客户提供采购服务并收取服务费，该企业在中国设立办事处，为其在中国进行采购活动

B.某非居民企业在中国境内设立固定场所，维修、保养该企业销售给中国客户的机器设备，或专为中国客户提供零配件

C.某非居民企业在中国设立从事宣传活动的办事处，该办事处不仅为本企业进行业务宣传，同时也为其他企业进行业务宣传

D.某非居民企业在中国设立办事处，专门负责集团内部高管至中国的商务接待

22.英国A公司在我国设立分公司B，分公司B向新加坡C公司支付特许权使用费，在特许权使用费与分公司B有实际联系的情况下，该笔业务适用：

A.英国与新加坡的协定

B.中国与新加坡的协定

C.中国与英国的协定

D.适用中国国内法，不适用税收协定

23.境外A企业分三次投资境内B企业，第一次投资100万元，取得10%的股权，第二次投资200万元，取得10%的股权，第三次投资240万元，取得12%的股权，合计投资成本540万元，持有B企业32%的股权。2020年1月，A企业将其持有的B企业20%股权转让给境内C企业，股权转让收入1 000万元。该笔股权转让业务应纳税所得额是：

A.700万元　　B.680万元

C.662.5万元　　D.600万元

24.境外A企业持有境内B企业50%股权，初始投资成本300万元，截至转让前最后一期财务报表，A企业享有B企业留存收益200万元。2019年12月A企业将持有的B企业股权全部转让给境内C企业，股权转让收入1 000万元，分三期收取，2020年1月收取200万元，2020年2月收取300万元，2020年3月收取500万元。下列各项中说法正确的是：

A.A企业2020年1月取得的200万元视为股权转让成本的部分收回；2020

年2月取得的300万元中100万元属于股权转让成本的收回，200万元属于股权转让收益；2020年3月取得的500万元全部属于股权转让收益

B.A企业2020年1月取得的200万元视为股权转让成本的部分收回；2020年2月取得的300万元中100万元属于股权转让成本的收回，200万元属于留存收益分配；2020年3月取得的500万元全部属于股权转让收益

C.A企业2020年1月取得的200万元属于留存收益分配；2020年2月取得的300万元视为股权转让成本的收回；2020年3月取得的500万元全部属于股权转让收益

D.C企业三期收取的股权转让款合计1 000万元均属于股权转让收益

25.境外A企业2016年取得境内B企业100%股权，初始投资成本200万美元（当时美元汇率1∶6)。2019年12月，A企业将股权转让给境内C企业，转让价500万美元。扣缴义务发生之日人民币汇率中间价为1∶7，填开税收缴款书之日前一日人民币汇率中间价为1 ∶ 6.8。C企业需代扣代缴企业所得税金额是：

A.2 300万元人民币　　B.2 200万元人民币

C.2 100万元人民币　　D.2 040万元人民币

26.境外A企业持有境外B企业100%股权，境外企业B持有中国应税财产和非中国应税财产两项资产。A企业转让B企业100%股权取得1 000万元，其中归属于中国应税财产对应的所得为1 200万元，归属于非中国应税财产的所得对应为-200万元，现该笔股权转让业务因不具有合理商业目的被确认为直接转让中国应税财产，我国可以征税的所得金额是：

A.1 000万元　　B.1 200万元

C.800万元　　D.0

27.日本某居民个人2018年1月1日来华，担任境内A企业技术总监一职，任期2018年1月1日至2019年12月31日，在华任职期间的受雇所得一部分由A企业支付，一部分由A企业的日本母公司支付。2018年度，该个人在华境内停留200天，2019年在华居住300天，2020年4月1日离华。关于该个人任职受雇所得征税权的判定，下列各项中不正确的是：

A.我国无权对该个人2018年、2019年在华期间取得的日本母公司支付的工资薪金所得征税

B.我国有权对该个人2018年、2019年在华期间取得的A企业支付的工资薪金所得征税

C.我国无权对该个人2020年1月1日至4月1日在华期间取得的日本母公司支付的工资薪金所得征税

D.该个人代表境外母公司在境内子公司提供服务的时间已符合常设机构标准，日本母公司支付的薪酬应在我国缴纳个人所得税

28.新加坡居民王某同时受雇于境外母公司和境内子公司，且非境内高管人员。2019年1月1日入境，2021年2月28日与境内子公司终止雇用关系，回国担任母公司高管。2019年1月1日至2021年2月28日在国内停留时间为：2019

年1月1日 至2019年6月15日 共166天；2020年8月1日 至2021年2月28日 共212天，其他时间在国外。依据《中新协定》，王某在我国的纳税义务下列说法错误的是：

A. 2019年仅就来源于境内且由境内支付的薪酬征税

B. 2020年仅就来源于境内的薪酬征税

C. 2021年仅就来源于境内且由境内支付的薪酬征税

D. 2019年、2020年、2021年来源于境内的薪酬均需征税

29. 境外演员W在境内取得的下列收入，根据税收协定“艺术家和运动员”条款，我国不享有征税权的是：

A. 参加电影宣传、广告拍摄取得的收入

B. 在商业活动中进行具有演出性质的演讲取得的收入

C. 演员W在境内参加演出活动，由其经纪公司收取演出收入支付给个人的部分

D. 从演出活动音像制品销售收入中按5%比例取得的分配收入

30. 下列各项中，可以适用税收协定“教师和研究人员”条款的是：

A. 境外A大学教授受境内某培训学校邀请至境内授课

B. 境外B大学教授受指派赴境内为B大学与境内机构的合作项目（未成立独立教育机构）授课

C. 境外D大学教授受境内某大学聘用至境内授课3年，并兼任学院MBA课程项目策划主管一职

D. 境外C大学教授以个人身份至境内某院校做课题研究

二、多项选择题（共20题）

1. 下列各项中，属于我国税收居民的是：

A. 境内注册的甲公司，实际管理机构在境内

B. 境外注册的乙公司，被认定为境外注册中资控股居民企业

C. 非居民企业在境立设立的机构、场所

D. 境外丁银行在境内的分公司

E. 境内戊银行在境外的分公司

2. 根据税收协定，同一人如果构成双重税收居民，判断其最终居民身份归属的因素包括：

A. 永久性住所

B. 实际居住天数

C. 重要利益中心

D. 习惯性居住

E. 国籍

3. 常设机构是指一个相对固定的营业场所，下列各项中，属于常设机构特点的有：

A. 营业场所是实质存在的

B. 营业场所是相对固定的

C.营业场所不可移动

D.全部或部分的营业活动是通过该营业场所进行的

E.营业场所在时间上具有相对的持久性

4.下列因素中，不利于对申请人“受益所有人”身份判定的是：

A.申请人有义务在收到所得的12个月内将所得的50%以上支付给第三国（地区）居民

B.申请人从事的经营活动不构成实质性经营活动

C.缔约对方国家（地区）对有关所得不征税或免税，或征税但实际税率极低

D.在利息据以产生和支付的贷款合同之外，存在债权人与第三人之间的其他贷款或存款合同

E.在特许权使用费据以产生和支付的版权、专利、技术等使用权转让合同之外，不存在申请人与第三人之间在有关版权、专利、技术等的使用权或所有权方面的转让合同

5.下列各项中，属于税收协定中“股息”范畴的是：

A.利润分配

B.红股、红利

C.配股

D.清算收入中包含股息的部分

E.按防止资本弱化的规定调整为股息的“利息”

6.根据《中新协定》，下列属于协定中“人的范围”的有：

A.新加坡籍张某　　B.新加坡企业Y

C.新加坡企业Y在中国的分公司　　D.中国A慈善基金会

E.中国B合伙企业

7.新加坡个人张某至英国从事劳务活动，依据英国税收法律以及英国与新加坡之间的税收协定，张某构成英国税收居民。张某在英国从事劳务期间，与中国发生业务往来，并从中国取得所得，关于该笔所得的税收协定适用问题，下列说法错误的是：

A.适用中国与新加坡的协定　　B.适用新加坡与英国的协定

C.适用中国与英国的协定　　D.不适用税收协定，适用英国国内法

E.不适用税收协定，适用中国国内法

8.下列各项中，可能成为常设机构的有：

A.市场中的一个摊位　　B.宾馆中的一个房间

C.生产车间的一台设备　　D.互联网平台在某地的用户群体

E.仓库

9.非居民企业取得来源于境内的下列收入，不征企业所得税的情形是：

A.以湿租形式出租飞机（包括所有设备、人员及供应）取得的租赁收入

B.通过货车从事货仓至机场、码头或者后者至购货者间的运输，以及直接将货物发送至购货者所取得的运输所得

C.向境内企业提供国际运输服务的同时，出租集装箱（相关收入占2019年度国际运输业务总收入的12%）

D.转让从事国际运输的船舶所有权取得的收入

E.非专门从事国际运输业务的企业，以其拥有的船舶或飞机经营国际运输业务取得的收入属于国际运输收入

10.下列各项中，属于税收协定“利息”条款范畴的是：

A.国内外汇指定银行境外同业拆借对外支付利息项目

B.不满足资本化条件的在建工程、进口设备支付的利息

C.附属债券取得的所得，如发行债券的溢价和奖金构成利息

D.债券持有者出售债券发生的盈亏

E.融资租赁业务出租方收取的租赁费扣除设备、物件价款后的差价款

11.下列各项中，可适用税收协定股息条款的业务有：

A.新加坡A公司购买境内B公司发行的永续债并取得B公司支付的利息，B公司对该永续债选择按股息红利进行税务处理

B.新加坡C信托公司股权投资境内D公司，双方约定，投资期限内无论D公司生产经营情况如何，C公司每年可取得投资成本8%的固定收益

C.新加坡E公司向境内F公司提供贷款并取得F公司支付的利息，双方约定，该贷款的偿还次于其他贷款人的债权或股息的支付

D.新加坡G公司向境内H公司提供贷款并取得H公司支付的利息，双方约定，利息的支付水平取决于H公司的利润

E.新加坡I公司投资境内J公司，J公司破产清算，向I公司分配留存收益3 000万元

12.我国A公司购买新加坡B公司设计的企业管理软件，A公司可凭用户名与密码在B公司官网上下载使用该软件，该软件永久使用，A公司一次性支付软件使用费300万元。另外，使用期间，A公司每年需向B公司支付后续维护费30万元。后续维护包括软件升级、应A公司要求提供技术参数修改、技术指导等服务，所有相关服务均在新加坡提供。对于该笔业务，下列各项说法中错误的有：

A.A公司向B公司一次性支付软件使用费按特许权使用费征税

B.A公司向B公司一次性支付软件使用费按销售软件处理

C.A公司向B公司支付的后续维护费按特许权使用费征税

D.A公司向B公司支付后续维护费按营业利润征税

E.B公司需就取得的软件使用费按营业利润征税

13.根据中国与新加坡签订的税收协定，下列各项中，关于财产转让征税权表述正确的有：

A.新加坡某企业将其在A国的土地使用权转让给C国某企业，征税权在新加坡

B.新加坡某企业在A国设立常设机构，常设机构转让相关财产取得的收入，

征税权在新加坡

C.新加坡某企业转让其从事国际运输的飞机给我国某企业，征税权在新加坡

D.新加坡某企业转让其经营的国际运输船舶上附属的动产给我国某企业，征税权在新加坡

E.新加坡某企业将其一项专利技术所有权转让给我国某企业，征税权在我国

14.中国与新加坡签订的税收协定财产收益条款中，新加坡居民直接或间接参与一个中国居民公司的资本的情形包括：

A.新加坡居民直接参与该中国居民公司的资本

B.新加坡居民通过其他名义参与人参与中国居民公司的资本，并享有固定收益

C.新加坡居民通过具有10%以上（含10%）直接资本关系的单层公司间接参与该中国居民公司的资本

D.新加坡居民通过具有10%以上（含10%）直接资本关系的多层公司间接参与该中国居民公司的资本

E.控股新加坡居民51%股份的母公司直接参与该中国居民公司的资本

15.下列间接转让境内股权业务，假设间接转让交易后可能再次发生的间接转让交易相比在未发生本次间接转让交易情况下的相同或类似间接转让交易，其中国所得税负担不会减少，可直接认定为具有合理商业目的是：

A.境外A企业分别持有境外B、C企业75%股权，境外B企业持有境内D企业100%股权，境外A企业将其持有的境外B企业股权转让至C企业，C企业以自身的股权作为对价支付

B.境外A企业分别持有境外B、C企业各80%股权，境外C企业持有境外D企业100%股权，境外D企业持有境内E企业100%股权，境外C企业将其持有的境外D企业股权转让至A企业，A企业以其持有的其他子公司股权作为对价支付

C.境外A企业分别持有境外B、C企业90%股权，境外B企业持有境内D企业100%股权，境外A企业将其持有的境外B企业股权转让C企业，C企业以其持有的上市公司股权作为对价支付

D.境外A企业分别持有境外B、C企业100%股权，境外B企业持有境内D企业100%股权（且B企业股权70%的价值由境内不动产构成），境外A企业将其持有的境外B企业股权转让至C企业，C企业以自身的股权作为对价支付

E.境外A企业分别持有境外B、C企业100%股权，境外B企业持有境内D企业100%股权（且B企业股权70%的价值由境内不动产构成），境外A企业将其持有的境外B企业股权转让至C企业，C企业以其持有的上市公司股权作为对价支付

16.我国A公司聘请英国J教授做产品咨询，J教授认为其至境内提供的是独立个人劳务，经仔细审核J教授与A公司之间签订的劳务合同，下列合同条款中，不利于判断其具有独立身份的有：

A.合同期间，未经A公司批准，不得接受其他同类公司的聘任

B.劳务报酬不按项目结算，按月支付固定金额

C.A公司每年给J教授1万英镑的补偿，用于其购买英国的医疗保险

D.J教授不享受A公司给予员工的带薪年假

E.J教授具体从事的产品咨询工作，不需要A公司其他人员的配合

17.下列情形中，中国居民可以申请启动相互协商程序的有：

A.对居民身份的认定存有异议，构成双重居民身份

B.对各项所得或财产的征免税或适用税率存有异议的

C.对税收协定其他条款的理解和适用出现争议而不能自行解决的

D.已经形成不同税收管辖权之间重复征税情形

E.违反税收协定非歧视待遇（无差别待遇）条款的规定形成税收歧视的

18.下列各项构成关联关系的是：

A.甲公司持有乙公司股权比例50%，乙公司持有丙公司股权比例30%，甲公司与丙公司之间构成关联关系

B.张某与其父各持有甲公司20%的股份，张某与其母分别持有乙公司30%、15%的股份，甲公司与乙公司构成关联关系

C.张某持有甲公司50%股权，其妻子李某持有乙公司30%股权，甲公司与乙公司之间构成关联关系

D.甲公司与乙公司50%以上的董事均由国资委委派，甲公司与乙公司之间构成关联关系

E.甲公司持有乙公司15%股权，持有丙公司20%股权，乙公司生产中所需的核心专利技术均由丙公司提供，乙公司与丙公司之间构成关联关系

19.下列各项中，属于关联交易的是：

A.转让商品所有权　　　　B.股息分配

C.转让客户名单　　　　D.集团资金池业务

E.提供营销策划服务

20.年度关联交易金额符合下列条件之一的企业，应当准备本地文档：

A.有形资产所有权转让金额（来料加工业务按照年度进出口报关价格计算）超过1亿元

B.金融资产转让金额超过1亿元

C.无形资产所有权转让金额超过1亿元

D.无形资产使用权转让金额超过1亿元

E.其他关联交易金额合计超过4 000万元

三、判断题（共40题）

1.《中新协定》中“人”这一用语包括“个人、公司和其他团体”。这里所说的“其他团体”包括各种协会、基金会、信托计划。

2.华侨属于我国的居民。

3.非独立代理人可以是个人，也可以是办事处、公司或其他任何形式的组

织，必须被企业正式授予代表权，或者是企业的雇员。

4.不动产租金所得发生地主管税务机关为负担、支付所得的单位或个人的所得税主管税务机关。

5.新加坡A企业在境内提供经营性劳务活动，取得境内B企业支付的劳务费，如A企业在境内未构成常设机构，B企业支付该笔费用时需按10%代扣代缴预提所得税。

6.在计算常设机构利润时，为该常设机构发生的费用，不论发生于何处，都应允许扣除。包括总机构向常设机构分摊的行政和一般管理费用等。

7.申请人申请“受益所有人”身份时，如果申请人从事的是具有实质性的投资控股管理活动，可以构成实质性经营活动。

8.若股息受益所有人是缔约国一方居民，在缔约国另一方拥有常设机构，或者通过固定基地从事独立个人劳务，且支付股息的股份构成常设机构或固定基地资产的一部分，或与该机构或固定基地有其他方面的实际联系，则来源国可将股息并入常设机构的利润予以征税。

9.对合格境外机构投资者（QFII）、人民币合格境外机构投资者（RQFII）持有创新企业cdr取得的股息红利所得，视同持有据以发行创新企业cdr的基础股票取得的股息红利所得免征企业所得税。

10.对香港投资者通过基金互认从内地基金分配取得的收益，由内地基金向投资者分配收益时，对香港市场投资者按照7%的税率代扣所得税。

11.甲公司持有乙公司股权比例25%，乙公司持有丙公司股权比例100%，在判定关联股权比例时，应视为甲公司持有丙公司股权比例25%，因此甲公司与丙公司构成关联方关系。

12.2019年1月1日至8月31日，甲公司持有乙公司30%的股权，2019年9月1日，甲公司转让其持有的乙公司股权给丙公司，丙公司将该股权持有至2019年12月31日，不考虑其他可能构成关联关系的情形，甲公司与乙公司、乙公司与丙公司在2019年1月1日至12月31日间均构成关联关系。

13.境内居民企业甲为跨国企业集团的最终控股企业，因其上一会计年度个别财务报表中的各类收入金额合计未超过55亿元，故不需要在年度企业所得税申报时填报国别报告。

14.境内居民企业甲将债权低价打包转让给境内关联方乙企业，甲企业与乙企业实际税负相同，则对于甲企业低价打包转让债权的行为，原则上不作特别纳税调整。

15.境内居民企业甲向境外关联方支付利息，被税务机关实施特别纳税调整的，除另有规定者外，不调整已扣缴的税款。

16.税务机关实施转让定价调查时，应当进行可比性分析，可比性分析包括经济环境、经营策略等分析。

17.境内居民企业甲与居民个人张某共同控制境外乙企业，乙企业实际税负低于15%，乙企业存在并非出于合理经营需要对利润不作分配的情形，对于乙企业利润中属于张某的部分，可以视同股息红利分配征收个人所得税。

18.国际运输业务，是指非居民企业以自有或者租赁的船舶、飞机、舱位，运载旅客、货物或者邮件等进出中国境内口岸的经营活动以及兼营装卸、仓储等业务活动。

19.境外投资者享受税后利润直接再投资暂不征收预提所得税政策待遇后，被投资企业发生重组不符合特殊性重组条件，并实际按照一般性重组进行税务处理的，需补缴所递延的税款。

20.我国A企业委托新加坡B企业在境外进行某项新技术的研发，双方签订了委托研发合同，合同约定新技术研发成功后，B企业保留技术的所有权，A企业有权使用该项技术，A企业向B企业支付委托研发费用时不需要按“特许权使用费”代扣代缴预提所得税。

21.新加坡居民公司甲拥有中国居民公司乙20%的股份，乙的财产价值为100万元，其中不动产价值为40万元。乙又持有中国居民公司丙80%的股份，丙的财产价值为100万元，其中不动产价值为90万元，剔除乙、丙之间内部交易的影响。当甲转让乙的股份时，我国税务机关对此项转让收益拥有征税权。

22.新加坡居民甲拥有第三方居民公司乙50%股份，乙拥有中国居民公司丙50%股份，另外，甲同时直接拥有丙5%的股份，当甲转让该5%的股份时，我国不具有征税权。

23.境内居民张某转让中国境外A企业股权，该股权被转让前12个月内资产公允价值50%以上间接来自位于中国境内的不动产，张某取得的所得为来源于中国境内的所得。

24.新加坡某居民个人至境内于其自有写字楼中提供个人心理咨询服务，连续12个月内停留时间未超过183天，我国对其取得的所得没有征税权。

25.无住所居民个人为对方税收居民个人，其取得的特许权使用费所得、稿酬所得或者劳务报酬所得可享受特许权使用费或者技术服务费协定待遇的，在取得当月按照税收协定规定的计税所得额和征税比例计算应纳税额，并预扣预缴税款。年度汇算清缴时，该个人取得的已享受特许权使用费或者技术服务费协定待遇的所得需纳入年度综合所得合并计算应纳税额及补退税额。

26.无住所个人一个纳税年度内在中国境内累计居住天数，按照个人在中国境内累计停留的天数计算，抵、离日当日不足24小时的不计入中国境内居住天数。税收协定计算的受雇个人境内实际停留天数应包括在中国境内的所有天数，包括抵、离日当日等不足一天的任何天数及周末、节假日，以及从事该项受雇活动之前、期间及以后在中国度过的假期等。

27.对于存量个人低净值账户，2017年6月30日之后任一公历年度末账户加总余额超过100万美元时，金融机构应当在次年12月31日前，按照规定程序完成对账户的尽职调查。金融机构在计算账户加总余额时，账户币种为非美元的，应当按照计算日当日中国人民银行公布的外汇中间价折合为美元计算。折合美元时，可以根据原币种金额折算，也可以根据该金融机构记账本位币所记录的金额进行折算。

28.新加坡居民企业A在中国设立的分公司，向日本国居民企业支付利息，我国对利息收入征收所得税时，适用新加坡与日本国之间的税收协定。

29.新加坡居民企业A至境内为B企业提供安装工程服务，工程承包合同于2019年8月1日签署，9月1日派人来境内作前期施工准备，实施动工时间为2019年10月10日，竣工验收日期为2020年2月20日。B企业将部分承包工程分包给新加坡居民企业C，C企业于2019年8月10日派人来境内作相关准备，9月1日开始实施分包工程，11月10日分包工程结束。A、C在境内的施工活动均不构成常设机构。

30.香港居民企业G投资内地居民并取得股息，新加坡居民企业I持有香港居民G100%的股份，如果香港居民企业G不符合“受益所有人”条件，但新加坡居民企业I符合“受益所有人”条件，应认为香港居民G具有“受益所有人”身份，香港居民G可凭其取得所得的上一年度税收居民身份证明，申请享受税收协定待遇。

31.新加坡居民企业A通过香港某信托公司投资境内居民企业股权，A企业通过信托公司从境内取得的股息所得。如果该所得在逐级返回至A企业的过程中所得性质未发生改变，且有凭据证明该所得实际返回至A企业，信托公司每年收取固定金额的服务费，同时按照实际收到境内股息金额的20%收取服务费，则可以认定A企业为该笔所得的受益所有人。

32.韩国A银行在中国境内设立B分行，B分行在其经营过程中拆借的资金有部分来源于韩国C银行新加坡D分行，因此，需要向韩国C银行新加坡D分行支付资金拆借利息，新加坡分行取得的利息可以适用《中新协定》享受免税待遇。

33.我国A银行新加坡分行在境内开展业务取得利息收入，利息支付方向新加坡分行支付利息时，可适用《中新协定》，按7%的税率代扣代缴预提所得税。

34.境外A公司向境内B公司转让专有技术使用权，并派员至境内B公司为该专有技术的使用提供技术指导，提供服务的时间已在境内构成常设机构，B公司应就向A公司支付的全部价款按特许权使用费代扣代缴预提所得税。

35.A国居民个人至境内甲企业担任高管（A国与我国的税收协定董事费条款适用高层管理人员），2019年度累计境内居住时间为40天，其取得境内A企业支付的工资薪金所得计算个人所得税适用的公式为：当月工资薪金收入额=当月境内外工资薪金总额 ×（当月工资薪金所属工作期间境内工作天数 ÷ 当月工资薪金所属工作期间公历天数）。

36.境内A企业作为主办方邀请境外乙乐团至境内演出，具体演出成员是该乐团的雇员，A企业支付乙乐团300万元演出费，乙乐团需要境内缴纳企业所得税，同时对乙乐团支付给成员的属于该次演出的报酬按“工资薪金所得”在境内申报扣缴个人所得税。

37. 除税收协定另有明确规定外，税收协定教师和研究人员条款仅适用于与中国境内的学校或研究机构（简称“境内机构”）有聘用关系的教师和研究人员。

38.新加坡居民在新加坡受雇于某企业，其退休后定居在中国并构成中国居民，根据《中新协定》，中国对该个人从新加坡企业取得的退休金有独占征税权，同时，根据国内法，该个人取得的退休金可免征个人所得税。

39.新加坡J居民受雇于新加坡政府在中国设立的办事机构，退休后，J定居于中国并构成中国居民（未入中国籍），对于新加坡政府支付给J的退休金，中国有独占征税权。

40.按照《中新协定》关于新加坡单方面饶让抵免的规定，境内A企业在新加坡取得所得适用减免税优惠时，相应减免税额在境内不得计算抵免。

四、案例分析题（共10题）

1.2017年1月，境内A大学法学院与美国B大学法学院共同合作成立法学硕士项目部，项目部设在A大学法学院，主要在境内开展法学硕士研究生培养，通过论文答辩的学员可获得双学位。项目部独立核算，盈利由双方按5∶5分成。美国B大学法学院指派本院专职教授X担任该项目授课教师，X教授除讲课外，还担任该项目部副主任，负责一部分教务管理工作。X教授自2017年1月1日入境至今一直居住在中国，未曾回国，境内工作期间的报酬由项目部支付。项目部还以A大学法学院名义聘请了美国C大学Y教授兼任该项目一门课程的授课教授，每学年来境内上课15天，按1万美元/日计酬，往返交通费、境内食宿费由项目部承担。

《中美协定》“教师和研究人员”条款规定：“任何个人是、或者在直接前往缔约国一方之前曾是缔约国另一方居民，主要由于在该缔约国一方的大学、学院、学校或其他公认的教育机构和科研机构从事教学、讲学或研究的目的暂时停留在该缔约国一方，其停留时间累计不超过三年的，该缔约国一方应对其由于教学、讲学或研究取得的报酬，免予征税。”

根据上述资料，结合《中美协定》，回答下列问题（不考虑增值税）：

（1）税收协定“教师和研究人员”条款中，大学、学院、学校或其他公认的教育机构和科研机构包括：

A.幼儿园　　B.私立大学

C.外籍人员子女学校　　D.公立大学

E.培训机构

（2）税收协定教师和研究人员条款规定的教学、讲学或研究包括：

A.受聘用单位安排在境内进行各类教学、讲学或研究

B.受聘用单位安排在境外进行各类教学、讲学或研究

C.受聘用单位安排仅从事规划、咨询和行政管理的活动

D.受聘用单位安排在承担教学、讲学或研究活动的同时，承担的相关规划、咨询和行政管理等活动

E.受聘用单位安排仅从事规划、咨询和行政管理的活动，但偶尔会进行讲座

（3）关于X教授在境内的纳税义务，下列各项中说法正确的是：

A.X教授来源于项目部的收入可适用“教师和研究人员”条款，就其取得的教学报酬免征个人所得税

B.X教授不适用“教师和研究人员”条款，应适用“独立个人劳务”条款征免个人所得税

C. X教授不适用“教师和研究人员”条款，应按“非独立个人劳务”条款征收个人所得税

D.X教授自入境日开始计算，3年内可适用中美协定“教师和研究人员”条款，就其取得的教学报酬免征个人所得税，自第四年的第一“起，不再适用免税待遇

E.以上均不对

（4）关于Y教授在境内的纳税义务，下列各项中说法正确的是：

A.Y教授可适用《中美协定》的“教师和研究人员”条款，就其取得的境内支付的教学报酬免征个人所得税

B.Y教授不适用《中美协定》的“教师和研究人员”条款，应按“独立个人劳务”条款免征个人所得税

C.Y教授不适用《中美协定》的“教师和研究人员”条款，应按“独立个人劳务”条款征收个人所得税

D.Y教授不适用《中美协定》的“教师和研究人员”条款，应按“非独立个人劳务”条款征收个人所得税

E.Y教授不适用《中美协定》的“教师和研究人员”条款，应按“非独立个人劳务”条款免征个人所得税

（5）关于法学硕士项目部，下列各项中说法正确的是：

A.项目部构成美国B大学在我国境内的常设机构

B.项目部属于独立法人

C.美国B大学法学院从项目部取得的分配按“营业利润”征收企业所得税

D.项目部支付给Y教授的课酬按工资薪金所得缴纳个人所得税，税款由项目部代扣代缴

E.以上均不对

2.香港居民企业A向境内全资子公司B提供借款1亿元，利率15%（假设B公司按独立交易原则确认的利率参照同期同类金融企业贷款利率10%），借款期限为2019年1月1日至2020年12月31日，按年付息，到期还本。2019年度，B公司支付A公司利息1 500万元，按债资比例计算允许扣除的利息为800万元。

内地与香港签署的《安排》第十一条规定：“发生于一方而支付给另一方居民的利息，可以在该另一方征税。然而，这些利息也可以在该利息发生的一方，按照该一方的法律征税。但是，如果利息受益所有人是另一方的居民，则所征税款不应超过利息总额的7%。由于支付利息的人与受益所有人之间或者他们与其他人之间的特殊关系，以致支付的利息数额不论何种原因超出支付人与受

益所有人在没有上述关系时所能同意的数额时，本条规定应仅适用于后来提及的数额。在这种情况下，对该支付款项的超出部分，仍应按各方的法律征税，但应对本安排其他规定予以适当注意。”

根据上述资料，结合国内税法，回答下列问题（不考虑增值税）：

（1）关于关联方之间利息支出税前扣除，下列各项中正确的是：

A.企业实际支付给关联方的利息支出，超过金融企业同期同类贷款利率的部分不得扣除

B.企业实际支付给关联方的利息支出，不超过金融企业同期同类贷款利率，且符合债资比例要求的部分准予扣除

C.企业实际支付给关联方的利息支出，除符合独立交易原则的以外，其关联债资比必须在以下范围内，金融企业2∶1，其他企业5∶1

D.企业实际支付给关联方的利息支出，按税法规定不得在当年税前扣除的金额，允许结转到以后年度扣除

E.企业实际支付给关联方的利息支出，符合独立交易原则的，可不受债资比例限制，允许在税前扣除

（2）《中新协定》规定，在股息受益所有人是公司，并直接拥有支付股息公司至少25%资本的情况下，限制税率为5%。下列理解正确的是：

A.当向公司以提供贷款或其他形式的出资产生的所得，已按规定被当作股息处理时，这种贷款或出资也将被视为“资本”

B.非居民直接拥有中国居民公司资本比例在宣告分配股息前连续12个月以内任何时候均至少达到25%的

C.非居民直接拥有中国居民公司资本比例在实际支付股息前连续12个月以内任何时候均至少达到25%的

D.如分配的股息涉及12个月以前的企业未分配利润，需考虑股息受益所有人在所分配利润所属年度的持股比例是否满足要求

E.只有受益所有人为公司，且符合上述条件的，才能适用5%的限制税率；受益所有人为个人或其他主体的，不适用本条款

（3）B公司支付A公司利息1 500万元，应代扣代缴预提所得税：

A.91万元　　B.105万元

C.120万元　　D.126万元

E.150万元

（4）B公司可于税前扣除的利息金额是：

A.0　　B.800万元

C.1 000万元　　D.1 500万元

E.以上均不对

（5）关于不超过债资比率计算的利息，下列各项说法中，正确的是：

A.如果B公司实际税负不高于A公司，其实际支付给A公司的利息支出，在计算应纳税所得额时准予扣除

B.B公司实际支付给境外关联方的超过债资比例计算的利息，适用利息条款，但不能享受安排规定的优惠税率

C.B公司实际支付给境外关联方的超过债资比例计算的利息应视同分配的股息，但不得享受优惠税率

D.B公司实际支付给境外关联方的超过债资比例计算的利息应视同分配的股息，按照股息和利息分别适用的所得税税率差计算应补退税款

E.B公司实际支付给境外关联方的超过债资比例计算的利息应视同分配的股息，按照股息和利息分别适用的所得税税率差补征企业所得税。如B公司已扣缴的所得税税款多于按股息计算的应征所得税税款，多出的部分不予退税。

3.境内某集团持有香港B公司90%的股权，新加坡居民企业A持有香港B公司10%股权。香港B公司主管税务机关被认定为境外注册中资控股居民企业。A持有B10%股权的初始投资成本5 000万港元（购买日汇率为1：0.7）。2020年1月，A公司将持有B公司10%的股权转让给境内C公司，转让价15 000万港元，股权转让前12个月内，B公司股权比例未发生变动。其他资料如下：

（1）B公司2019年12月31日资产情况如下表所示：

单位：万元

资产	账面价值	公允价
银行存款	3 000	30 00
土地使用权	2 000	4 000
长期股权投资——境内D公司（持股比例50%）	2 000	4 000
无形资产	600	1 000
长期应收款	1 000	1 000
房屋、建筑物	2 000	3 000
合计	10 600	16 000

（2）境内D公司资产总额账面价1亿元，其中土地使用权账面价2 000万元，公允价6 000万元，无其他不动产。

（3）对于该笔股权转让业务，境内C公司未扣缴预提所得税，新加坡A公司亦未进行纳税申报。

根据上述资料，结合《中新协定》的相关规定，回答下列问题：

（1）境外中资企业同时符合以下条件的，应判定其为实际管理机构在中国境内的居民企业：

A.企业负责实施日常生产经营管理运作的高层管理人员及其高层管理部门履行职责的场所主要位于中国境内

B.企业的财务决策（如借款、放款、融资、财务风险管理等）由位于中国境内的机构或人员决定，或需要得到位于中国境内的机构或人员批准

C.企业的人事决策（如任命、解聘和薪酬等）由位于中国境内的机构或人员

决定，或需要得到位于中国境内的机构或人员批准

D.企业的主要财产、会计账簿、公司印章、董事会和股东会议纪要档案由中资股东实际控制

E.企业1/2（含1/2）以上有投票权的股东经常居住于中国境内

（2）B公司持有的位于中国的不动产价值占股份价值的比例是：

A.66.03%　　B.56.60%

C.51.14%　　D.48.54%

E.37.74%

（3）关于新加坡A公司转让香港B公司股权，下列各项中说法正确的是：

A.新加坡A公司转让香港B公司股权，在不构成间接转让中国境内股权的情况下，我国不具有征税权

B.香港B公司被认定为境外注册中资控股居民企业，新加坡A公司转让香港B公司股权属于转让中国居民企业股权，但因股权转让前12个月内，A公司直接或间接持有B公司股权均未达25%，根据《中新协定》，我国不具有征税权

C.香港B公司被认定为境外注册中资控股居民企业，新加坡A公司转让香港B公司股权属于转让中国居民企业股权，B公司股份价值50%以上直接或间接由位于中国的不动产组成，根据《中新协定》，我国具有征税权

D.新加坡居民企业A通过转让香港B公司10%的股权间接转让境内D公司5%的股权，适用一般反避税规定，需要我国境内缴纳企业所得税

（4）假设A公司转让B公司股权，需要在我国缴纳企业所得税，因境内C公司未扣缴预提所得税，新加坡A公司亦未进行纳税申报，主管税务机关责令A公司限期缴纳（填开税收缴款书之日前一日人民币汇率中间价人民币兑港元汇率为1：0.8），A公司应缴纳企业所得税：

A.700万元　　B.800万元

C.850万元　　D.1 750万元

E.以上均不对

（5）关于该笔股权转让业务，下列说法正确的是：

A.境内C公司扣缴预提所得税应在B公司实际管理机构所在地主管税务机关缴纳

B.境内C公司扣缴预提所得税应在C公司主管税务机关缴纳

C.如果C公司未按规定扣缴预提所得税，A公司应在B公司实际管理机构所在地主管税务机关申报缴纳企业所得税

D.如果C公司未按规定扣缴预提所得税，A公司应分别在B公司实际管理机构所在地主管税务机关、D公司主管税务机关申报缴纳企业所得税

E.扣缴义务人应扣未扣预提所得税的，由扣缴义务人所在地主管税务机关责令扣缴义务人补扣税款，并依法追究扣缴义务人责任，同时向纳税人追缴税款

4.境内A集团公司购买新加坡B公司法规库查询软件10个供十家子公司使用，A集团公司可自购买之日起三年内凭用户名与密码在B公司官网上下载使

用该软件，下载次数不限，A公司向B公司支付软件使用费30万元。使用期间，B公司会于境外远程提供软件升级等后续服务，A公司每年支付服务费2万元。

根据上述资料，回答下列问题：

（1）B公司自A公司取得的软件使用费是否需要按特许权使用费征税？

（2）B公司自A公司取得的后续服务费是否需要按特许权使用费征税？

5.新加坡A公司将其所有的一批玉石工艺品出租给境内B公司展览使用，租期一个月，B公司支付A公司租金30万元人民币。《中新协定》第二十一条“其他所得”条款规定：“凡本协定上述各条未作规定并且发生于缔约国一方的各项所得，可以在该缔约国一方征税。”

根据上述资料，结合《中新协定》，回答下列问题：

（1）B公司支付A公司租金是否需要代扣代缴预提所得税？

（2）如需扣缴，预提所得税金额是多少？

6.新加坡A公司向境内销售医疗设备，2019年派驻工程师王某、张某至境内各大医院提供设备使用指导咨询服务，每家医院咨询时间大约3天左右，A公司分别与境内80家医院签订咨询服务协议。2019年度，工程师王某累计在境内停留时间200天，工程师张某累计在境内停留时间205天。

根据上述资料，回答下列问题：

新加坡A公司是否在境内构成常设机构？

7.新加坡A公司主营净水处理设备，与境内B销售公司（非关联方）签订独家代理协议，约定由B公司负责中国地区净水设备的销售，具体模式为：B公司向A公司进口设备，并以B公司的名义对外销售，货物由A公司在境内在境内租用的仓库直接发出，B公司的销售价格执行A公司确定的标准，未经A公司书面许可，B公司不得擅自进行折扣等促销活动，如涉及质量问题方面的违约责任，由A公司负责质量检修及退换货。鉴于净水设备专业性较强，A公司派其技术员王某担任B公司技术总监（分管技术的公司副总经理），主要负责指导B公司销售员或客户如何使用产品，以及向客户解释净水设备使用说明书等工作。B公司除代理A公司净水设备外，经A公司同意，还代理其他两家外国品牌水处理设备在中国地区的销售，B公司2019年90%以上的收入来源于A公司的设备销售。技术总监王某2019年1月至12月多次往返于两地，并同时在A、B公司取得报酬。

根据上述资料，结合《中新协定》，回答下列问题：

（1）境内B公司是否构成新加坡A公司在境内的常设机构？

（2）分析王总在我国的纳税义务。

8.新加坡居民企业A公司持有香港B公司100%股权，初始投资成本2 000万元人民币，香港B公司持有境内C公司100%股权，初始投资成本2 000万元人民币。B公司自成立开始，共有3名员工，其中2名员工任A公司高管，除持有境内C公司股权之外，仅有少量现金用于日常开支，且未从事C公司以外的其他投资项目，无其他生产运营业务。截至2018年12月31日，B公司持有C公司股权资产占资产总额的比例为95%，2019年8月，新加坡A公司将其持有的B公司100%股权转让给境内D公司（非关联方），股权转让收入5 000万元人民币（归属于中国的股权价值为4 000万元人民币）。

根据上述资料，回答下列问题：

（1）分析新加坡A公司转让香港B公司100%股权是否适用一般反避税管理？

（2）如A公司需缴纳预提所得税，应纳税额如何计算？

（3）假设2021年B公司将持有境内C公司100%对外转让，允许扣除的投资资产计税基础是多少？

9.新加坡A运输公司拥有多艘国际运输船舶，所有船舶均委托新加坡全资子公司B负责运营管理，所有从事运输的人员包括船长、舵手、船工等均由B提供，A公司每年根据船舶承运情况向B公司支付船舶运营管理服务费。境内C公司与船舶A公司签订定期租船合同，租用船舶从事国际运输业务，租期10年，自2019年1月1日至2028年12月31日。租赁期间船舶的坞修费由A公司承担。A公司租金按年收取，在每年末12月31日前支付，A公司年租金按下列公式计算：

当年租金金额=船舶固定资产原值×10%+实际发生的坞修费×（1+10%）

租赁期满，C公司按A公司船舶原值的70%支付给A公司取得船舶所有权。

根据上述资料，回答下列问题：

（1）C公司与A公司之间的船舶租赁业务是否构成融资租赁？

（2）C公司与A公司之间的船舶租赁业务能否适用《中新协定》“海运和空运”条款？

（3）10年租期届满，C公司向A公司购买船舶所有权，是否要代扣代缴企业所得税？

10.香港居民企业A上市公司持有新加坡B公司100%股权，新加坡B公司（新加坡居民企业）持有香港C公司（香港居民企业）100%股权，香港C公司持有内地D公司（中国居民企业）100%股权。上述股权持有时间均超过12个月。

新加坡B公司是A公司亚太地区总部，负责亚太地区的产品运营、投资管理、品牌维护等工作，B公司拥有商务办公楼及100名员工。香港C公司负责内地的投资管理活动，共有3名员工，均在新加坡B公司任职，C公司的资产负债表仅有D公司一项长期股权投资及少量现金，无应付账款项目，其日常运营资金均由B公司提供。C公司自境内D公司取得的股息红利，80%需在一个月内支付给B公司。

2020年2月，D公司向香港C公司分配2019年度股息红利1 000万元。

根据上述资料，回答下列问题：

（1）哪些因素不利于香港C公司受益所有人身份的直接判定？

（2）香港C公司是否适用安全港规则？

（3）香港C公司是否符合受益所有人身份，对其取得的股息红利适用协定优惠税率？

参考答案及答案解析

一、单项选择题（共30题）

1.参考答案：C

【答案解析】根据《国家税务总局关于税收协定执行若干问题的公告》（国家税务总局公告2018年第11号），依照外国（地区）法律成立的合伙企业，其实际管理机构不在中国境内，但在中国境内设立机构、场所的，或者在中国境内未设立机构、场所，但有来源于中国境内所得的，是中国企业所得税的非居民企业纳税人。除税收协定另有规定的以外，只有当该合伙企业是缔约对方居民的情况下，其在中国负有纳税义务的所得才能享受协定待遇。

2.参考答案：A

【答案解析】根据国家税务总局关于印发《〈中华人民共和国政府和新加坡共和国政府关于对所得避免双重征税和防止偷漏税的协定〉及议定书条文解释》的通知（国税发〔2010〕75号），本协定是缔约双方对所得订立的避免双重征税和防止偷漏税的条约，因此适用的税种为所得税类税种。第二款对所得税做出了定义。在中国，资本利得属于本协定第二条第二款所称“全部所得”的范围。一般来说，有关收费，如与个人福利有直接联系的社会保险费等，不视为对所得征收的税收。

3.参考答案：C

【答案解析】根据《中华人民共和国政府和新加坡共和国政府关于对所得避免双重征税和防止偷漏税的协定》第六条第二款规定：“‘不动产’一语应当具有财产所在地的缔约国的法律所规定的含义。该用语在任何情况下应包括附属于不动产的财产，农业和林业所使用的牲畜和设备，有关地产的一般法律规定所适用的权利，不动产的用益权以及由于开采或有权开采矿藏、水源和其他自然资源取得的不固定或固定收入的权利。船舶和飞机不应视为不动产。”

4.参考答案：D

【答案解析】根据《国家税务总局关于税收协定执行若干问题的公告》（国家税务总局公告2018年第11号），企业从事以光租形式出租船舶或以干租形式出租飞机，以及使用、保存或出租用于运输货物或商品的集装箱（包括拖车和运输集装箱的有关设备）等租赁业务取得的收入不属于国际运输收入。

5.参考答案：B

【答案解析】根据《国家税务总局关于税收协定中“受益所有人”有关问题的公告》（国家税务总局公告2018年第9号），下列申请人从中国取得的所得为股息时，直接判定申请人具有“受益所有人”身份：①缔约对方政府；②缔约对方居民且在缔约对方上市的公司；③缔约对方居民个人；④申请人被第1~3项中的一人或多人直接或间接持有100%股份（在取得股息前连续12个月以内任何时候均达到100%），且间接持有股份情形下的中间层为中国居民或缔约对方居民。

6.参考答案：C

【答案解析】根据《财政部、国家税务总局、证监会关于深港股票市场交易互联互通机制试点有关税收政策的通知》（财税〔2016〕127号），对香港市场投资者（包括企业和个人）投资深交所上市A股取得的股息红利所得，在香港中央结算有限公司（以下简称“香港结算”）不具备向中国结算提供投资者的身份及持股时间等明细数据的条件之前，暂不执行按持股时间实行差别化征税政策，由上市公司按照10%的税率代扣所得税，并向其主管税务机关办理扣缴申报。对于香港投资者中属于其他国家税收居民且其所在国与中国签订的税收协定规定股息红利所得税率低于10%的，企业或个人可以自行或委托代扣代缴义务人，向上市公司主管税务机关提出享受税收协定待遇退还多缴税款的申请，主管税务机关查实后，对符合退税条件的，应按已征税款和根据税收协定税率计算的应纳税款的差额予以退税。

7.参考答案：B

【答案解析】根据《财政部、国家税务总局、国家发展改革委、商务部关于扩大境外投资者以分配利润直接投资暂不征收预提所得税政策适用范围的通知》（财税〔2018〕102号），境外投资者以分得利润进行的直接投资，包括境外投资者以分得利润进行的增资、新建、股权收购等权益性投资行为，但不包括新增、转增、收购上市公司股份（符合条件的战略投资除外）。

8.参考答案：D

【答案解析】根据国家税务总局关于印发《〈中华人民共和国政府和新加坡共和国政府关于对所得避免双重征税和防止偷漏税的协定〉及议定书条文解释》的通知（国税发〔2010〕75号），特许权使用费还包括使用或有权使用有关工业、商业、科学经验的情报取得的所得。对该项所得应理解为专有技术，一般是指进行某项产品的生产或工序复制所必需的、未曾公开的、具有专有技术性质的信息或资料。

9.参考答案：A

【答案解析】根据《国家税务总局、财政部、人民银行、银监会、证监会、保监会关于发布〈非居民金融账户涉税信息尽职调查管理办法〉的公告》（国家税务总局、财政部、人民银行、银监会、证监会、保监会公告2017年第14号），本办法所称金融资产包括证券、合伙权益、大宗商品、掉期、保险合同、年金合同或者上述资产的权益，前述权益包括期货、远期合约或者期权。金融资产不包括实物商品或者不动产非债直接权益。

10.参考答案：D

【答案解析】根据国家税务总局关于印发《〈中华人民共和国政府和新加坡共和国政府关于对所得避免双重征税和防止偷漏税的协定〉及议定书条文解释》的通知（国税发〔2010〕75号）第十五条非独立个人劳务条款：“新加坡居民

个人因受雇来源于我国境内企业的收入需要缴纳个人所得税，但如果同时具备下列条件的，不征税：（一）收款人在任何十二个月中在该缔约国另一方停留连续或累计不超过一百八十三天；（二）该项报酬由并非该缔约国另一方居民的雇主支付或代表该雇主支付；（三）该项报酬不是由雇主设在该缔约国另一方的常设机构或固定基地所负担。”

本题中，2019年境内居住天数164天，2020年境内居住天数30天，2021年境内居住天数58天。按国内法，2019年、2020年、2021年每年在境内居住时间均小于183天，均为非居民纳税义务，仅就来源于境内的所得征税，但2020年、2021年境内居住天数小于90天，故2020年、2021年仅就来源于境内且由境内支付的收入征税。

因2019年1月1日至2021年2月28日期间任何连续的12个月在境内停留时间均未超过183天，可享受协定优惠，故王某2019年、2020年、2021年在我国的纳税义务均为来源于境内且由境内雇主支付的收入征税。

11.参考答案：A

【答案解析】根据国家税务总局关于印发《〈中华人民共和国政府和新加坡共和国政府关于对所得避免双重征税和防止偷漏税的协定〉及议定书条文解释》的通知（国税发〔2010〕75号），“不动产所得”，是指在不动产所有权不转移的情况下，使用不动产所获得的收益，包括直接使用、出租或者以任何其他形式使用该不动产取得的所得。而对不动产所有权转移产生的所得，应适用协定第十三条的规定。此外，有一些所得的取得尽管与不动产有关，但不属于此款“不动产所得”的范围。比如，来源于房地产抵押的利息收入属于本协定第十一条利息范围。《国家税务总局关于非居民企业所得税管理若干问题的公告》（国家税务总局公告2011年第24号）规定，如果非居民企业委派人员在中国境内或者委托中国境内其他单位或个人对上述不动产进行日常管理的，应视为其在中国境内设立机构、场所，非居民企业应在税法规定的期限内自行申报缴纳企业所得税。

12.参考答案：C

【答案解析】根据《国家税务总局关于税收协定有关条款执行问题的通知》（国税函〔2010〕46号），转让专有技术使用权涉及的技术服务活动应视为转让技术的一部分，由此产生的所得属于税收协定特许权使用费范围。但根据协定关于特许权使用费受益所有人通过在特许权使用费发生国设立的常设机构进行营业，并且据以支付该特许权使用费的权利与常设机构有实际联系的相关规定，如果技术许可方派遣人员到技术使用方为转让的技术提供服务，并提供服务时间已达到按协定常设机构规定标准，构成了常设机构的情况下，对归属于常设机构部分的服务收入应执行协定第七条营业利润条款的规定，对提供服务的人员执行协定非独立个人劳务条款的相关规定；对未构成常设机构的或未归属于常设机构的服务收入仍按特许权使用费规定处理。此外，只要构成常设机构，则A企业支付给专家W的报酬属于由常设机构负担，视为来源于境内的收人，需要在我国征收个人所得税。

13.参考答案：B

【答案解析】根据《国家税务总局关于税收协定中“受益所有人”有关问题的公告》（国家税务总局公告2018年第9号），下列申请人从中国取得的所得为股息时，直接判定申请人具有“受益所有人”身份：①缔约对方政府；②缔约对方居民且在缔约对方上市的公司；③缔约对方居民个人；④申请人被第1~3项中的一人或多人直接或间接持有100%股份（在取得股息前连续12个月以内任何时候均达到100%），且间接持有股份情形下的中间层为中国居民或缔约对方居民。

14.参考答案：C

【答案解析】中国与绝大多数国家的税收协定采用“加比规则”，并按“永久性住所→重要利益中心→习惯性居所→国籍→协商解决”的顺序来判定此人究竟为哪一国税收居民。《中新协定》采用了加比规则，执行中应注意这些规则的使用是按降序排列的。

15.参考答案：B

【答案解析】根据国家税务总局关于印发《〈中华人民共和国政府和新加坡共和国政府关于对所得避免双重征税和防止偷漏税的协定〉及议定书条文解释》的通知（国税发〔2010〕75号），特许权使用费也包括使用或有权使用工业、商业、科学设备取得的所得，即设备租金。

16.参考答案：D

【答案解析】根据《国家税务总局关于非居民企业间接转让财产企业所得税若干问题的公告》（国家税务总局公告2015年第7号），“与间接转让中国应税财产相关的整体安排符合以下情形之一的，不适用本公告第一条的规定：（一）非居民企业在公开市场买入并卖出同一上市境外企业股权取得间接转让中国应税财产所得；（二）在非居民企业直接持有并转让中国应税财产的情况下，按照可适用的税收协定或安排的规定，该项财产转让所得在中国可以免予缴纳企业所得税。”

17.参考答案：D

【答案解析】根据国家税务总局关于印发《〈中华人民共和国政府和新加坡共和国政府关于对所得避免双重征税和防止偷漏税的协定〉及议定书条文解释》的通知（国税发〔2010〕75号），个人以独立身份从事劳务活动取得所得的征税原则，即一般情况下仅在该个人为其居民的国家征税，但该居民个人在任何12个月中在缔约国另一方停留连续或累计达到或超过183天的，来源国有征税权。

18.参考答案：B

【答案解析】根据《财政部、税务总局关于非居民个人和无住所居民个人有关个人所得税政策的公告》（财政部、国家税务总局联合公告2019年第35号），无住所个人为对方税收居民个人，其取得的工资薪金所得可享受境内受雇所得协定待遇的，可不缴纳个人所得税。工资薪金收入额计算适用公式一，即：

当月工资薪金收入额=当月境内外工资薪金总额 ×（当月工资薪金所属工作期间境内工作天数 ÷ 当月工资薪金所属工作期间公历天数）×（当月境内支付工资薪金数额 ÷ 当月境内外工资薪金总额）。

19.参考答案：C

【答案解析】根据国家税务总局关于印发《〈中华人民共和国政府和新加坡共和国政府关于对所得避免双重征税和防止偷漏税的协定〉及议定书条文解释》的通知（国税发〔2010〕75号），学生和企业学徒由于接受教育、培训或获取技术经验的目的，而暂时居住在缔约国另一方，对其为了生活、学习所取得的来源于缔约国另一方以外的所得，该缔约国另一方应予免税。本条仅适用于学生或实习人员为了生活、教育或培训的目的而收到的款项，不适用于第十四、十五条所涵盖的服务报酬。但如果学生或实习人员有工作收入，则应区分服务报酬和为生存、教育或培训所获得的款项。如果报酬数目与提供类似服务的企业员工所获得的报酬金额相当，一般可表明该报酬是服务报酬，应根据服务性质分别适用协定第十四或第十五条的规定。

20.参考答案：A

【答案解析】根据《国家税务总局关于发布〈非居民纳税人享受协定待遇管理办法〉的公告》（国家税务总局公告2019年第35号），非居民纳税人是指按照税收协定居民条款规定应为缔约对方税收居民的纳税人，包括两类，一类是仅为缔约对方税收居民的纳税人，另外一类是缔约对方税收居民同时按我国税收法律规定为我国税收居民，但按照税收协定居民条款规定应为缔约对方税收居民的纳税人。

21.参考答案：D

【答案解析】根据国家税务总局关于印发《〈中华人民共和国政府和新加坡共和国政府关于对所得避免双重征税和防止偷漏税的协定〉及议定书条文解释》的通知（国税发〔2010〕75号），“营业”一语的实际含义不仅仅包括生产经营活动，还包括非营利机构从事的业务活动，为该机构进行准备性或辅助性的活动除外。

22.参考答案：B

【答案解析】根据国家税务总局关于印发《〈中华人民共和国政府和新加坡共和国政府关于对所得避免双重征税和防止偷漏税的协定〉及议定书条文解释》的通知（国税发〔2010〕75号），某第三国设在中国的常设机构支付给新加坡居民的特许权使用费，在特许权使用费与该常设机构有实际联系的情况下，应认为该特许权使用费发生于中国，由中国根据《中新协定》行使优先征税权。如果新加坡居民是该项特许权使用费的受益所有人，则可享受本协定待遇。

23.参考答案：C

【答案解析】根据《国家税务总局关于非居民企业所得税源泉扣缴有关问题的公告》（国家税务总局公告2017年第37号），股权转让收入减除股权净值后的余额为股权转让所得应纳税所得额，多次投资或收购的同项股权被部分转让的，从该项股权全部成本中按照转让比例计算确定被转让股权对应的成本。应纳税所得额＝股权转让收入－股权净值=1 000－（100+200+240）×20%÷32%=1 000－337.5=662.5（万元）。

24.参考答案：A

【答案解析】根据《国家税务总局关于非居民企业所得税源泉扣缴有关问题的公告》（国家税务总局公告2017年第37号），企业在计算股权转让所得时，不得扣除被投资企业未分配利润等股东留存收益中按该项股权所可能分配的金额。非居民企业采取分期收款方式取得应源泉扣缴所得税的同一项转让财产所得的，其分期收取的款项可先视为收回以前投资财产的成本，待成本全部收回后，再计算并扣缴应扣税款。

25.参考答案：C

【答案解析】根据《国家税务总局关于非居民企业所得税源泉扣缴有关问题的公告》（国家税务总局公告2017年第37号），财产转让收入或财产净值以人民币以外的货币计价的，分扣缴义务人扣缴税款、纳税人自行申报缴纳税款和主管税务机关责令限期缴纳税款三种情形，先将以非人民币计价项目金额比照本公告第四条规定折合成人民币金额；再按《企业所得税法》第十九条第二项及相关规定计算非居民企业财产转让所得应纳税所得额。扣缴义务人扣缴企业所得税的，应当按照扣缴义务发生之日人民币汇率中间价折合成人民币，计算非居民企业应纳税所得额。

26.参考答案：B

【答案解析】根据《国家税务总局关于非居民企业所得税源泉扣缴有关问题的公告》（国家税务总局公告2017年第37号），如果一项间接转让中国应税财产交易因不具有合理商业目的被调整定性为直接转让中国应税财产交易，则按照《企业所得税法》及其实施条例和《公告》规定可以就间接转让中国应税财产所得征收企业所得税。但如果被转让境外企业股权价值来源包括中国应税财产因素和非中国应税财产因素，则需按照合理方法将转让境外企业股权所得划分为归属于中国应税财产所得和归属于非中国应税财产所得，只需就归属于中国应税财产所得按照公告调整征税。

27.参考答案：A

【答案解析】根据《中华人民共和国政府和日本国政府关于对所得避免双重征税和防止偷漏税的协定》第十五条非独立个人劳务条款，虽有第一款的规定，缔约国一方居民在缔约国另一方受雇取得的报酬，同时具有以下三个条件的，应仅在该缔约国一方征税：①收款人在有关历年中在该缔约国另一方停留连续或累计不超过183天；②该项报酬由并非该缔约国另一方居民的雇主支付或代表该雇主支付；③该项报酬不是由雇主设在该缔约国另一方的常设机构或固定基地所负担。

28.参考答案：D

【答案解析】根据国家税务总局关于印发《〈中华人民共和国政府和新加坡

共和国政府关于对所得避免双重征税和防止偷漏税的协定〉及议定书条文解释》的通知（国税发〔2010〕75号）第十五条非独立个人劳务条款，新加坡居民个人因受雇来源于我国境内企业的收入需要缴纳个人所得税，但如果同时具备下列条件的，不征税：①收款人在任何十二个月中在该缔约国另一方停留连续或累计不超过一百八十三天；②该项报酬由并非该缔约国另一方居民的雇主支付或代表该雇主支付；③该项报酬不是由雇主设在该缔约国另一方的常设机构或固定基地所负担。

本例2019年境内居住天数164天，2020年境内居住天数152天，2021年境内居住天数58天。

按国内法，2019年、2020年、2021年每年在境内居住时间均小于183天，均为非居民纳税义务，仅就来源于境内的所得征税，但2021年境内居住天数小于90天，故2021年仅就来源于境内且由境内支付的收入征税。

因2020年8月1日~2021年2月28日在境内停留时间大于183天，故2020年、2021年不能享受协定优惠（来源于境内的所得中国有征税权），但2019年在境内停留时间不超过183天，可享受《中新协定》优惠待遇，即境内所得中不是由境内雇主支付的部分不需缴纳个人所得税，但境内雇主支付的薪酬须缴纳个人所得税。

综上，王某的纳税义务如下：2019年仅就来源于境内且由境内支付的收入征税；2020年、2021年按国内法执行，其中2020年仅就来源于境内的所得征税，2021年境内居住天数小于90天，仅就来源于境内且由境内支付的收入征税。

29.参考答案：D

【答案解析】根据《国家税务总局关于税收协定执行若干问题的公告》（国家税务总局公告2018年第11号），对于从演出活动音像制品出售产生的所得中分配给演艺人员或运动员的所得，以及与演艺人员或运动员有关的涉及版权的所得，按照中新税收协定第十二条（特许权使用费）的规定处理。

30.参考答案：C

【答案解析】根据《国家税务总局关于执行税收协定教师和研究人员条款有关问题的公告》（国家税务总局公告2011年第42号），凡与境内机构没有上述聘用关系，而以独立身份或者以非境内机构的雇员身份在中国境内从事教学、讲学或研究活动的人员，以及受境外教育机构的指派为该境外教育机构与境内机构的合作项目开展相关教学活动的人员，不适用税收协定教师和研究人员条款的规定。上述合作项目指境外教育机构与境内机构以各自名义合作开展的相关教学活动项目，不包括中外教育机构联合在中国境内成立的独立教育机构。

二、多项选择题（共20题）

1.参考答案：ABE

【答案解析】根据国家税务总局关于印发《〈中华人民共和国政府和新加坡共和国政府关于对所得避免双重征税和防止偷漏税的协定〉及议定书条文解释》

的通知（国税发〔2010〕75号），分支机构是设立该机构的企业的组成部分与之属于同一法律实体，其居民身份与该企业的居民身份一致。

2.参考答案：ACDE

【答案解析】根据国家税务总局关于印发《〈中华人民共和国政府和新加坡共和国政府关于对所得避免双重征税和防止偷漏税的协定〉及议定书条文解释》的通知（国税发〔2010〕75号），根据第一款的规定，同一人有可能同时为中国和新加坡居民。为了解决这种情况下个人最终居民身份的归属，第二款进一步规定了确定标准。需特别注意的是，这些标准的使用是有先后顺序的，只有当使用前一标准无法解决问题时，才使用后一的标准。顺序如下：①永久性住所；②重要利益中心；③习惯性居处；④国籍。

3. 参考答案：ABDE

【答案解析】根据国家税务总局关于印发《〈中华人民共和国政府和新加坡共和国政府关于对所得避免双重征税和防止偷漏税的协定〉及议定书条文解释》的通知（国税发〔2010〕75号），对某些经常在相邻的地点之间移动的营业活动，虽然营业场所看似不固定，但如果这种在一定区域内的移动是该营业活动的固有性质，一般可认定为存在单一固定场所。

4.参考答案：ABC

【答案解析】根据《国家税务总局关于税收协定中“受益所有人”有关问题的公告》（国家税务总局公告2018年第9号），一般来说，下列因素不利于对申请人“受益所有人”身份的判定：①申请人有义务在收到所得的12个月内将所得的50%以上支付给第三国（地区）居民，“有义务”包括约定义务和虽未约定义务但已形成支付事实的情形。②申请人从事的经营活动不构成实质性经营活动。③缔约对方国家（地区）对有关所得不征税或免税，或征税但实际税率极低。④在利息据以产生和支付的贷款合同之外，存在债权人与第三人之间在数额、利率和签订时间等方面相近的其他贷款或存款合同。⑤在特许权使用费据以产生和支付的版权、专利、技术等使用权转让合同之外，存在申请人与第三人之间在有关版权、专利、技术等的使用权或所有权方面的转让合同。

5.参考答案：ABDE

【答案解析】根据国家税务总局关于印发《〈中华人民共和国政府和新加坡共和国政府关于对所得避免双重征税和防止偷漏税的协定〉及议定书条文解释》的通知（国税发〔2010〕75号），股息支付不仅包括每年股东会议所决定的利润分配，也包括其他货币或具有货币价值的收益分配，如红股、红利、清算收入以及变相利润分配。股息还包括缔约国按防止资本弱化的规定调整为股息的“利息”。

6.参考答案：ABCDE

【答案解析】根据国家税务总局关于印发《〈中华人民共和国政府和新加坡共和国政府关于对所得避免双重征税和防止偷漏税的协定〉及议定书条文解释》的通知（国税发〔2010〕75号），“人”这一用语包括“个人、公司和其他团体”。这里所说的“其他团体”具有广泛的含义，包括各种协会、基金会等。根据协定议定书第一条的规定，如果缔约国一方国内法把信托视为该国的税收居民，则“其他团体”也包括在缔约国一方建立的信托。

7.参考答案：ABDE

【答案解析】根据国家税务总局关于印发《〈中华人民共和国政府和新加坡共和国政府关于对所得避免双重征税和防止偷漏税的协定〉及议定书条文解释》的通知（国税发〔2010〕75号），新加坡个人到第三国从事劳务活动，凡依照第三国税收法律以及第三国与新加坡之间的税收协定已构成第三国居民的，其在第三国从事劳务活动时如与中国发生业务往来并从中国取得的所得则不再适用本协定规定，应适用该第三国与中国的税收协定的规定。如果该第三国与中国没有税收协定，则适用中国国内法规定。

8.参考答案：ABCE

【答案解析】根据国家税务总局关于印发《〈中华人民共和国政府和新加坡共和国政府关于对所得避免双重征税和防止偷漏税的协定〉及议定书条文解释》的通知（国税发〔2010〕75号），该营业场所是实质存在的。但这类场所没有规模或范围上的限制，如机器、仓库、摊位等。用户群体不具有实质存在、固定性等特征，不属于现行协定规定的常设机构范畴。

9.参考答案：ABDE

【答案解析】根据《国家税务总局关于税收协定执行若干问题的公告》（国家税务总局公告2018年第11号），企业从事以光租形式出租船舶或以干租形式出租飞机，以及使用、保存或出租用于运输货物或商品的集装箱（包括拖车和运输集装箱的有关设备）等租赁业务取得的收入不属于国际运输收入，但根据中新税收协定第八条第四款，附属于国际运输业务的上述租赁业务收入应视同国际运输收入处理。在一个会计年度内，企业从事附属业务取得的收入占其国际运输业务总收入的比例原则上不超过10%。

10.参考答案：ABCE

【答案解析】根据国家税务总局关于印发《〈中华人民共和国政府和新加坡共和国政府关于对所得避免双重征税和防止偷漏税的协定〉及议定书条文解释》的通知（国税发〔2010〕75号），附属债券取得的所得，如发行债券的溢价和奖金构成利息，但债券持有者出售债券发生的盈亏不属于利息范围。

11.参考答案：AE

【答案解析】根据国家税务总局关于印发《〈中华人民共和国政府和新加坡共和国政府关于对所得避免双重征税和防止偷漏税的协定〉及议定书条文解释》的通知（国税发〔2010〕75号），股息和利息在某些特定情况下较难判定，通常应遵循实质重于形式的原则。一般情况下，各类债券所得不应视为股息。然而，如果贷款人确实承担债务人公司风险，其利息可被视为股息。对贷款人是否分担企业风险的判定通常可考虑如下因素：①该贷款大大超过企业资本中的其他投资形式，并与公司可变现资产严重不符；②债权人将分享公司的任何利润；③该贷款的偿还次于其他贷款人的债权或股息的支付；④利息的支付水平取决于公司的利润；⑤所签订的贷款合同没有对具体的偿还日期做出明确的规定。存在上述情况时，借款人所在国可根据资本弱化的国内法规定将利息作为股息处理。本例中，对于CD两项，仅凭已知条件不能判定为股息。

12.参考答案：ACDE

【答案解析】《中华人民共和国政府和新加坡共和国政府关于对所得避免双重征税和防止偷漏税的协定》的“特许权使用费”条款包括使用或有权使用计算机软件。本例中，A公司有权使用B公司设计的软件产品，但无权使用与该软件著作权有关的权利，因此，B公司自A公司取得的300万元软件产品销售收入，取得的后续维护服务属于劳务收入，在不构成常设机构的情况下，我国无征税权。

13.参考答案：CD

【答案解析】根据国家税务总局关于印发《〈中华人民共和国政府和新加坡共和国政府关于对所得避免双重征税和防止偷漏税的协定〉及议定书条文解释》的通知（国税发〔2010〕75号），转让不动产取得的收益应由不动产所在国征税，对企业常设机构用于营业的财产中的动产；转让这类财产所取得的收益可以在常设机构所在国征税；对于转让各款所述财产以外的财产而取得的收益，按第六款转让“其他财产”处理，即仅在转让者为其居民的国家征税。

14.参考答案：ACD

【答案解析】《国家税务总局关于税收协定中财产收益条款有关问题的公告》（国家税务总局公告2012年第59号）规定：“新加坡居民直接或间接参与一个中国居民公司的资本包括以下几种情况：（一）该新加坡居民直接参与该中国居民公司的资本。如果该新加坡居民通过其他名义参与人（含个人、公司和其他实体）参与中国居民公司的资本，且该新加坡居民对于该名义参与人参与的资本享有排他性资本参与利益，并实质承担资本参与风险，该名义参与人参与的该中国居民公司资本可以视同该新加坡居民直接参与该中国居民公司的资本；（二）该新加坡居民通过具有10%以上（含10%）直接资本关系的单层或多层公司或其他实体（含单个或多个参与链）间接参与该中国居民公司的资本。间接参与的资本按照每一参与链中各公司或其他实体的资本比例乘积计算；（三）与该新加坡居民具有显著利益关系的关联集团内其他成员在该中国居民公司直接参与或者通过具有10%以上（含10%）直接资本关系的单层或多层公司或其他实体（含单个或多个参与链）间接参与该中国居民公司的资本。间接参与的资本按照每一参与链中各公司或其他实体的资本比例乘积计算，但在汇总计算该关联集团直接或间接参与该中国居民公司总资本份额时，符合前述规定的每一参与链所参与的资本份额不重复计算。上述与新加坡居民具有显著利益关系的关联集团内成员包括：1.在该新加坡居民为个人的情况下，与该新加坡个人居民具有相同资本参与利益的个人（包括其配偶、父母及父母以上前辈直系亲属、子女及子女以下后辈直系亲属）；2.在该新加坡居民为公司或其他实体的情况下，直接或间接拥有该新加坡居民100%资本的个人（包括与其配偶、父母及父母以上前辈直系亲属、子女以及子女以下后辈直系亲属共同拥有的情形）、公司或其他实体。”

15.参考答案：BD

【答案解析】根据《国家税务总局关于非居民企业间接转让财产企业所得税若干问题的公告》（国家税务总局公告2015年第7号），间接转让中国应税财产同时符合以下条件的，应认定为具有合理商业目的：（1）交易双方的股权关系具有下列情形之一：①股权转让方直接或间接拥有股权受让方80%以上的股权；②股权受让方直接或间接拥有股权转让方80%以上的股权；③股权转让方和股权受让方被同一方直接或间接拥有80%以上的股权。境外企业股权50%以上（不含50%）价值直接或间接来自于中国境内不动产的，本条第（1）项第①、②、③目的持股比例应为100%。上述间接拥有的股权按照持股链中各企业的持股比例乘积计算。（2）本次间接转让交易后可能再次发生的间接转让交易相比在未发生本次间接转让交易情况下的相同或类似间接转让交易，其中国所得税负担不会减少。（3）股权受让方全部以本企业或与其具有控股关系的企业的股权（不含上市企业股权）支付股权交易对价。

16.参考答案：ABC

【答案解析】根据国家税务总局关于印发《〈中华人民共和国政府和新加坡共和国政府关于对所得避免双重征税和防止偷漏税的协定〉及议定书条文解释》的通知（国税发〔2010〕75号），个人要求执行税收协定独立个人劳务条款规定的，应根据下列条件判断其是否具有独立身份：（1）职业证明，包括登记注册证件和能证明其身份的证件，或者由其为居民的缔约国税务当局在出具的居民身份证明中就其现时从事职业的说明。（2）与有关公司签订的劳务合同表明其与该公司的关系是劳务服务关系，不是雇主与雇员关系，具体包括：①医疗保险、社会保险、假期工资、海外津贴等方面不享受公司雇员待遇；②其从事劳务服务所取得的报酬，是按相对的小时、周、月或一次性计算支付；③其劳务服务的范围是固定的或有限的，并对其完成的工作负有质量责任；④其为提供合同规定的劳务所相应发生的各项费用，由其个人负担。

17.参考答案：ABCDE

【答案解析】根据《国家税务总局关于发布〈税收协定相互协商程序实施办法〉的公告》（国家税务总局公告2013年第56号）规定，“中国居民有下列情形之一的，可以申请启动相互协商程序：（一）对居民身份的认定存有异议，特别是相关税收协定规定双重居民身份情况下需要通过相互协商程序进行最终确认的；（二）对常设机构的判定，或者常设机构的利润归属和费用扣除存有异议的；（三）对各项所得或财产的征免税或适用税率存有异议的；（四）违反税收协定非歧视待遇（无差别待遇）条款的规定，可能或已经形成税收歧视的；（五）对税收协定其他条款的理解和适用出现争议而不能自行解决的；（六）其他可能或已经形成不同税收管辖权之间重复征税的。”

18. 参考答案：ABCE

【答案解析】根据《国家税务总局关于完善关联申报和同期资料管理有关事项的公告》（国家税务总局公告2016年第42号）第三条规定，“仅因国家持股或者由国有资产管理部门委派董事、高级管理人员而存在本公告第二条第（一）至（五）项关系的，不构成本公告所称关联关系。”

19. 参考答案：ACDE

【答案解析】根据《国家税务总局关于完善关联申报和同期资料管理有关事项的公告》（国家税务总局公告2016年第42号）第四条规定，“关联交易主要包括：（一）有形资产使用权或者所有权的转让。有形资产包括商品、产品、房屋建筑物、交通工具、机器设备、工具器具等。（二）金融资产的转让。金融资产包括应收账款、应收票据、其他应收款项、股权投资、债权投资和衍生金融工具形成的资产等。（三）无形资产使用权或者所有权的转让。无形资产包括专利权、非专利技术、商业秘密、商标权、品牌、客户名单、销售渠道、特许经营权、政府许可、著作权等。（四）资金融通。资金包括各类长短期借贷资金（含集团资金池）、担保费、各类应计息预付款和延期收付款等。（五）劳务交易。劳务包括市场调查、营销策划、代理、设计、咨询、行政管理、技术服务、合约研发、维修、法律服务、财务管理、审计、招聘、培训、集中采购等。”

20. 参考答案：BCDE

【答案解析】根据《国家税务总局关于完善关联申报和同期资料管理有关事项的公告》（国家税务总局公告2016年第42号）第十三条规定，“年度关联交易金额符合下列条件之一的企业，应当准备本地文档：（一）有形资产所有权转让金额（来料加工业务按照年度进出口报关价格计算）超过2亿元。（二）金融资产转让金额超过1亿元。（三）无形资产所有权转让金额超过1亿元。（四）其他关联交易金额合计超过4000万元。”

三、判断题（共40题）

1. 参考答案：×

【答案解析】根据国家税务总局关于印发《〈中华人民共和国政府和新加坡共和国政府关于对所得避免双重征税和防止偷漏税的协定〉及议定书条文解释》的通知（国税发〔2010〕75号），“人”这一用语包括“个人、公司和其他团体”。这里所说的“其他团体”具有广泛的含义，包括各种协会、基金会等。根据协定议定书第一条的规定，如果缔约国一方国内法把信托视为该国的税收居民，则“其他团体”也包括在缔约国一方建立的信托。

2. 参考答案：×

【答案解析】根据《国家税务总局关于明确个人所得税若干政策执行问题的通知》（国税发〔2009〕12号）规定，华侨虽然已取得住在国的居留权，但未加入住在国的国籍，仍然持有中国护照，不是外籍人员。华侨定居在海外，在境内没有住所，是无住所个人，应按照一个纳税年度内在中国境内居住天数判定居民身份。

3. 参考答案：×

【答案解析】根据国家税务总局关于印发《〈中华人民共和国政府和新加坡共和国政府关于对所得避免双重征税和防止偷漏税的协定〉及议定书条文解释》的通知（国税发〔2010〕75号），非独立代理人可以是个人，也可以是办事处、公司或其他任何形式的组织，不一定被企业正式授予代表权，也不一定是企业的雇员或部门。

4. 参考答案：√

【答案解析】根据《国家税务总局关于非居民企业所得税源泉扣缴有关问题的公告》（国家税务总局公告2017年第37号），所得发生地主管税务机关按以下原则确定：（四）利息所得、租金所得、特许权使用费所得，为负担、支付所得的单位或个人的所得税主管税务机关。

5. 参考答案：×

【答案解析】根据国家税务总局关于印发《〈中华人民共和国政府和新加坡共和国政府关于对所得避免双重征税和防止偷漏税的协定〉及议定书条文解释》的通知（国税发〔2010〕75号），缔约国一方企业在缔约国另一方的营业活动只有在构成常设机构前提下，缔约国另一方才能征税，并且只能就归属于常设机构的利润征税。即使构成常设机构也应按"营业利润"征税，而不适属于预提所得税范畴。

6. 参考答案：√

【答案解析】根据国家税务总局关于印发《〈中华人民共和国政府和新加坡共和国政府关于对所得避免双重征税和防止偷漏税的协定〉及议定书条文解释》的通知（国税发〔2010〕75号），在计算常设机构利润时，为该常设机构发生的费用，不论发生于何处，都应允许扣除。包括有些不是直接体现为常设机构实际发生的费用，如总机构向常设机构分摊的行政和一般管理费用等。

7. 参考答案：√

【答案解析】根据《国家税务总局关于税收协定中"受益所有人"有关问题的公告》（国家税务总局公告2018年第9号），申请人从事的具有实质性的投资控股管理活动，可以构成实质性经营活动；申请人从事不构成实质性经营活动的投资控股管理活动，同时从事其他经营活动的，如果其他经营活动不够显著，不构成实质性经营活动。

8. 参考答案：√

【答案解析】根据国家税务总局关于印发《〈中华人民共和国政府和新加坡共和国政府关于对所得避免双重征税和防止偷漏税的协定〉及议定书条文解释》的通知（国税发〔2010〕75号），若股息受益所有人是缔约国一方居民，在缔约国另一方拥有常设机构，或者通过固定基地从事独立个人劳务，且支付股息的股份构成常设机构或固定基地资产的一部分，或与该机构或固定基地有其他方面的实际联系，则来源国可将股息并入常设机构的利润予以征税。

9. 参考答案：×

【答案解析】根据《财政部、税务总局、证监会关于创新企业境内发行存托凭证试点阶段有关税收政策的公告》(财政部、国家税务总局、证监会公告2019年第52号),对合格境外机构投资者(QFII)、人民币合格境外机构投资者(RQFII)转让创新企业cdr取得的差价所得和持有创新企业cdr取得的股息红利所得,视同转让或持有据以发行创新企业cdr的基础股票取得的权益性资产转让所得和股息红利所得征免企业所得税。

10. 参考答案:×

【答案解析】根据《财政部、国家税务总局、证监会关于内地与香港基金互认有关税收政策的通知》(财税〔2015〕125号),对香港市场投资者(包括企业和个人)通过基金互认从内地基金分配取得的收益,由内地上市公司向该内地基金分配股息红利时,对香港市场投资者按照10%的税率代扣所得税;或发行债券的企业向该内地基金分配利息时,对香港市场投资者按照7%的税率代扣所得税,并由内地上市公司或发行债券的企业向其主管税务机关办理扣缴申报。该内地基金向投资者分配收益时,不再扣缴所得税。

11. 参考答案:×

【答案解析】根据《国家税务总局关于完善关联申报和同期资料管理有关事项的公告》(国家税务总局公告2016年第42号),一方直接或者间接持有另一方的股份总和达到25%以上,构成关联关系。如果一方通过中间方对另一方间接持有股份,只要其对中间方持股比例达到25%以上,则其对另一方的持股比例按照中间方对另一方的持股比例计算。判断关联关系时,甲公司对丙公司的持股比例为100%。

12. 参考答案:×

【答案解析】根据《国家税务总局关于完善关联申报和同期资料管理有关事项的公告》(国家税务总局公告2016年第42号),关联关系年度内发生变化的,关联关系按照实际存续期间认定。甲公司与乙公司在2019年1月1日至2019年8月31日期间构成关联关系,乙公司与丙公司在2019年9月1日至2019年12月31日期间构成关联关系。

13. 参考答案:×

【答案解析】根据《国家税务总局关于完善关联申报和同期资料管理有关事项的公告》(国家税务总局公告2016年第42号),该居民企业为跨国企业集团的最终控股企业,且其上一会计年度合并财务报表中的各类收入金额合计超过55亿元,应当在报送年度关联业务往来报告表时,填报国别报告。

14. 参考答案:√

【答案解析】根据《国家税务总局关于2008年反避税工作情况的通报》(国家税务总局公告2017年第6号)第三十八条规定,实际税负相同的境内关联方之间的交易,只要该交易没有直接或者间接导致国家总体税收收入的减少,原则上不作特别纳税调整。

15. 参考答案:√

【答案解析】根据《国家税务总局关于2008年反避税工作情况的通报》（国家税务总局公告2017年第6号）第四十二条规定，税务机关对企业实施特别纳税调整，涉及企业向境外关联方支付利息、租金、特许权使用费的，除另有规定外，不调整已扣缴的税款。

16.参考答案：√

【答案解析】根据《国家税务总局关于2008年反避税工作情况的通报》（国家税务总局公告2017年第6号）第十五条规定，税务机关实施转让定价调查时，应当进行可比性分析，可比性分析一般包括以下五个方面。税务机关可以根据案件情况选择具体分析内容：交易资产或者劳务特性；交易各方执行的功能、承担的风险和使用的资产；合同条款；经济环境；经营策略。

17.参考答案：×

【答案解析】受控外国企业是指根据所得税法第四十五条的规定，由居民企业，或者由居民企业和居民个人控制的设立在实际税负低于《企业所得税法》定税率50%（含）的国家（地区），并非出于合理经营需要对利润不作分配或减少分配的外国企业。

18.参考答案：×

【答案解析】根据《国家税务总局关于发布〈非居民企业从事国际运输业务税收管理暂行办法〉的公告》（国家税务总局公告2014年第37号）第二条规定，本办法所称从事国际运输业务，是指非居民企业以自有或者租赁的船舶、飞机、舱位，运载旅客、货物或者邮件等进出中国境内口岸的经营活动以及相关装卸、仓储等附属业务。

19.参考答案：√

【答案解析】根据《财政部、税务总局、国家发展改革委、商务部关于扩大境外投资者以分配利润直接投资暂不征收预提所得税政策适用范围的通知》（财税〔2018〕102号），境外投资者享受本通知规定的暂不征收预提所得税政策待遇后，被投资企业发生重组符合特殊性重组条件，并实际按照特殊性重组进行税务处理的，可继续享受暂不征收预提所得税政策待遇，不按本通知第六条规定补缴递延的税款。

20.参考答案：×

【答案解析】根据国家税务总局关于印发《〈中华人民共和国政府和新加坡共和国政府关于对所得避免双重征税和防止偷漏税的协定〉及议定书条文解释》的通知（国税发〔2010〕75号），在服务合同中，如果服务提供方提供服务形成的成果属于特许权使用费定义范围，并且服务提供方仍保有该项成果的所有权，服务接受方对此成果仅有使用权，则此类服务产生的所得属于特许权使用费。

21.参考答案：√

【答案解析】根据国家税务总局关于印发《〈中华人民共和国政府和新加坡共和国政府关于对所得避免双重征税和防止偷漏税的协定〉及议定书条文解释》的通知（国税发〔2010〕75号），新加坡居民转让其在中国居民公司的股份取得的收益，被转让公司股份价值50%以上直接或间接由位于中国的不动产组成时，我国税务机关有征税权。执行该款规定时还应注意“间接持有”的问题，即除了应考虑被转让公司本身财产构成以外，还应注意被转让股份的公司是否有参股其他公司股份及该参股公司的财产价值构成情况。

22.参考答案：×

【答案解析】根据《国家税务总局关于税收协定中财产收益条款有关问题的公告》（国家税务总局公告2012年第59号），新加坡居民直接或间接参与一个中国居民公司的资本包括该新加坡居民通过具有10%以上（含10%）直接资本关系的单层或多层公司或其他实体（含单个或多个参与链）间接参与该中国居民公司的资本。本例甲合计持有丙公司30%的股权超过了协定规定的25%。

23.参考答案：√

【答案解析】根据《财政部、税务总局关于境外所得有关个人所得税政策的公告》（财政部、国家税务总局公告2020年第3号），转让中国境外的不动产、转让对中国境外企业以及其他组织投资形成的股票、股权以及其他权益性资产（以下称“权益性资产”）或者在中国境外转让其他财产取得的所得为来源于中国境外的所得。但转让对中国境外企业以及其他组织投资形成的权益性资产，该权益性资产被转让前三年（连续36个公历月份）内的任一时间，被投资企业或其他组织的资产公允价值50%以上直接或间接来自位于中国境内的不动产的，取得的所得为来源于中国境内的所得。

24.参考答案：×

【答案解析】根据国家税务总局关于印发《〈中华人民共和国政府和新加坡共和国政府关于对所得避免双重征税和防止偷漏税的协定〉及议定书条文解释》的通知（国税发〔2010〕75号），个人以独立身份从事劳务活动取得所得的征税原则，即一般情况下仅在该个人为其居民的国家征税，但该缔约国居民个人为从事独立个人劳务为目的在缔约国另一方设立了经常使用的固定基地的，来源国有征税权。

25.参考答案：×

【答案解析】根据《财政部、税务总局关于非居民个人和无住所居民个人有关个人所得税政策的公告》（财政部、国家税务总局联合公告2019年第35号），无住所居民个人为对方税收居民个人，其取得的特许权使用费所得、稿酬所得或者劳务报酬所得可享受特许权使用费或者技术服务费协定待遇的，可不纳入综合所得，在取得当月按照税收协定规定的计税所得额和征税比例计算应纳税额，并预扣预缴税款。年度汇算清缴时，该个人取得的已享受特许权使用费或者技术服务费协定待遇的所得不纳入年度综合所得，单独按照税收协定规定的计税所得额和征税比例计算年度应纳税额及补退税额。

26.参考答案：√

【答案解析】根据国家税务总局关于印发《〈中华人民共和国政府和新加坡共和国政府关于对所得避免双重征税和防止偷漏税的协定〉及议定书条文解释》

的通知（国税发〔2010〕75号），计算实际停留天数应包括在中国境内的所有天数，包括抵、离日当日等不足一天的任何天数及周末、节假日，以及从事该项受雇活动之前、期间及以后在中国渡过的假期等。《财政部、税务总局关于在中国境内无住所的个人居住时间判定标准的公告》（财政部、国家税务总局联合公告2019年第34号），无住所个人一个纳税年度内在中国境内累计居住天数，按照个人在中国境内累计停留的天数计算。在中国境内停留的当天满24小时的，计入中国境内居住天数，在中国境内停留的当天不足24小时的，不计入中国境内居住天数。

27.参考答案：√

【答案解析】《国家税务总局、财政部、人民银行、银监会、证监会、保监会关于发布〈非居民金融账户涉税信息尽职调查管理办法〉的公告》（国家税务总局、财政部、人民银行、银监会、证监会、保监会公告2017年第14号）

28.参考答案：×

【答案解析】根据国家税务总局关于印发《〈中华人民共和国政府和新加坡共和国政府关于对所得避免双重征税和防止偷漏税的协定〉及议定书条文解释》的通知（国税发〔2010〕75号），常设机构不是所在国的税收居民，而是其总机构所在国的居民，因此，对于常设机构和他国进行的交易，适用其总机构所在国与其进行交易的国家的税收协定，但这一原则有两个例外，即利息或特许权使用费的支付人无论是否为缔约国一方的居民，只要其在缔约国一方拥有常设机构或固定基地，并且支付的利息或特许权使用费由该常设机构或固定基地负担，则认为利息或特许权使用费来源地应是该常设机构或固定基地所在缔约国。新加坡居民企业A在中国设立的分公司，向日本国居民企业支付利息，我国对利息收入征收所得税时，应适用中日协定。

29.参考答案：×

【答案解析】根据国家税务总局关于印发《〈中华人民共和国政府和新加坡共和国政府关于对所得避免双重征税和防止偷漏税的协定〉及议定书条文解释》的通知（国税发〔2010〕75号），如果企业将承包工程作业的一部分转包给其他企业，分包商在建筑工地施工的时间应算作总包商在建筑工程上的施工时间。如果分包商实施合同的日期在前，可自分包商开始实施合同之日起计算该企业承包工程作业的连续日期。同时，不影响分包商就其所承担的工程作业单独判定其是否构成常设机构。本题中C分包工程不构成常设机构，A提供施工劳务时间为2019年8月10日至2020年2月20日，超过6个月，构成常设机构。

30.参考答案：√

【答案解析】根据《国家税务总局关于税收协定中“受益所有人”有关问题的公告》（国家税务总局公告2018年第9号），申请人从中国取得的所得为股息时，虽不符合“受益所有人”条件，但直接或间接持有申请人100%股份（在取得股息前连续12个月以内任何时候均达到100%）的人可根据五项因素判定为“受益所有人”，并且属于以下两种情形之一的，应认为申请人具有“受益所有人”身份：

（1）上述符合五项因素的“受益所有人”为申请人所属居民国（地区）居民；

（2）上述符合五项因素的“受益所有人”虽不为申请人所属居民国（地区）居民，但该人和间接持有股份情形下的中间层从中国取得的所得为股息时，根据中国与其所属居民国（地区）签署的税收协定可享受的税收协定待遇，和申请人可享受的税收协定待遇相同或更为优惠。

申请人需要证明具有“受益所有人”身份的，需提供取得所得的当年度或上一年度的税收居民身份证明。

31.参考答案：×

【答案解析】根据《国家税务总局关于委托投资情况下认定受益所有人问题的公告》（国家税务总局公告2014年第24号），委托投资情况下，如果投资链条上除该非居民以外的各方收取的费用或取得的报酬与股息、利息有关，则该非居民不是该部分费用或报酬的受益所有人，该部分费用或报酬不得享受税收协定股息和利息条款规定的待遇。

32.参考答案：×

【答案解析】根据《国家税务总局关于境外分行取得来源于境内利息所得扣缴企业所得税问题的通知》（国税函〔2010〕266号），税收协定列名的免税外国金融机构设在第三国的非法人分支机构与其总机构属于同一法人，除税收协定中明确规定只有列名金融机构的总机构可以享受免税待遇情况外，该分支机构取得的利息可以享受中国与其总机构所在国签订的税收协定中规定的免税待遇。本题应适用中韩协定。

33.参考答案：×

【答案解析】根据《国家税务总局关于境内机构向我国银行的境外分行支付利息扣缴企业所得税有关问题的公告》（国家税务总局公告2015年第47号）第一条，本公告所称境外分行是指我国银行在境外设立的不具备所在国家（地区）法人资格的分行。境外分行作为中国居民企业在境外设立的分支机构，与其总机构属于同一法人。境外分行开展境内业务，并从境内机构取得的利息，为该分行的收入，计入分行的营业利润，按《财政部、国家税务总局关于企业境外所得税收抵免有关问题的通知》（财税〔2009〕125号）的相关规定，与总机构汇总缴纳企业所得税。境内机构向境外分行支付利息时，不代扣代缴企业所得税。

34.参考答案：×

【答案解析】根据《国家税务总局关于税收协定有关条款执行问题的通知》（国税函〔2010〕46号），转让专有技术使用权涉及的技术服务活动应视为转让技术的一部分，由此产生的所得属于税收协定特许权使用费范围。但根据协定关于特许权使用费受益所有人通过在特许权使用费发生国设立的常设机构进行营业，并且据以支付该特许权使用费的权利与常设机构有实际联系的相关规定，如果技术许可方派遣人员到技术使用方为转让的技术提供服务，并提供服务时间已达到按协定常设机构规定标准，构成了常设机构的情况下，对归属于常设机构部分的服务收入应执行协定第七条营业利润条款的规定，对提供服务的人员执行协定非独立个人劳务条款的相关规定；对未构成常设机构的或未归属于常设机构的服务收入仍按特许权使用费规定处理。

35.参考答案：×

【答案解析】根据《财政部、税务总局关于非居民个人和无住所居民个人有关个人所得税政策的公告》（财政部、国家税务总局公告2019年第35号）第四条第（三）项："对方税收居民个人为高管人员，该个人取得的高管人员报酬按照税收协定董事费条款规定可以在境内征收个人所得税的，应按照有关工资薪金所得或者劳务报酬所得规定缴纳个人所得税。"同时，根据35号公告第二条第（三）项："在一个纳税年度内，在境内累计居住不超过90天的高管人员，其取得由境内雇主支付或者负担的工资薪金所得应当计算缴纳个人所得税；不是由境内雇主支付或者负担的工资薪金所得，不缴纳个人所得税。当月工资薪金收入额为当月境内支付或者负担的工资薪金收入额。"

36.参考答案：√

【答案解析】根据《国家税务总局关于税收协定执行若干问题的公告》（国家税务总局公告2018年第11号），在演艺人员或运动员直接或间接取得所得的情况下，依据《中新税收协定》第十七条第一款规定，演出活动发生的缔约国一方可以根据其国内法，对演艺人员或运动员取得的所得征税，不受到《中新税收协定》第十四条（独立个人劳务）和第十五条（非独立个人劳务）规定的限制。

37.参考答案：√

【答案解析】《国家税务总局关于执行税收协定教师和研究人员条款有关问题的公告》（国家税务总局公告2011年第42号）规定，除税收协定另有明确规定外，税收协定教师和研究人员条款仅适用于与中国境内的学校或研究机构（简称境内机构）有聘用关系的教师和研究人员。聘用关系是指相关教师或研究人员与境内机构间签有聘用合同，或虽未有明确的聘用合同，但其在境内机构担任职务并且实际从事的教学、讲学或研究活动的内容、方式、时间等均由境内机构安排或控制的情况。

38.参考答案：√

【答案解析】根据国家税务总局关于印发《〈中华人民共和国政府和新加坡共和国政府关于对所得避免双重征税和防止偷漏税的协定〉及议定书条文解释》的通知（国税发〔2010〕75号），居民国对退休金独占征税权，不论取得退休金的人以前的工作地点如何，取得退休金时该个人为其居民的国家对该项退休金拥有征税权。

39.参考答案：×

【答案解析】根据国家税务总局关于印发《〈中华人民共和国政府和新加坡共和国政府关于对所得避免双重征税和防止偷漏税的协定〉及议定书条文解释》的通知（国税发〔2010〕75号），即一般情况下政府部门或从其建立的基金中支付给向其提供服务的个人的退休金，无论支付时该个人在何处居住，支付国都独占征税权。但当该个人是缔约国另一方的居民且为国民时，由该个人为其居民及国民的国家独占征税权。

40.参考答案：√

【答案解析】根据国家税务总局关于印发《〈中华人民共和国政府和新加坡共和国政府关于对所得避免双重征税和防止偷漏税的协定〉及议定书条文解释》的通知（国税发〔2010〕75号），消除双重征税条款中，第三款是关于新加坡单方面饶让抵免的规定，即新加坡居民按中国国内法享受到的减税或免税的优惠，在新加坡视同已按中国国内法纳税给予抵免。

四、案例分析题（其10题）

案例1

（1）参考答案：ABCD

【答案解析】根据《国家税务总局关于进一步完善税收协定中教师和研究人员条款执行有关规定的公告》（国家税务总局公告2016年第91号），税收协定该条款所称“大学、学院、学校或其他政府承认的教育机构”，在我国是指实施学前教育、初等教育、中等教育、高等教育、特殊教育的学校，具体包括幼儿园、普通小学、成人小学、普通初中、职业初中、普通高中、成人高中、中专、成人中专、职业高中、技工学校、特殊教育学校、外籍人员子女学校、普通高校、高职（专科）院校和成人高等学校。培训机构不属于学校。

（2）参考答案：ABD

【答案解析】根据《国家税务总局关于执行税收协定教师和研究人员条款有关问题的公告》（国家税务总局公告2011年第42号），税收协定教师和研究人员条款规定的教学、讲学或研究，包括按照聘用单位要求在境内外进行的各种教学、讲学或研究活动，以及在承担教学、讲学或研究活动的同时，承担的相关规划、咨询和行政管理等活动。但不包括仅从事规划、咨询和行政管理的活动。在承担此类规划、咨询和行政管理活动中偶尔从事的讲座活动不应视为承担了教学、讲学或研究活动。

（3）参考答案：C

【答案解析】根据《国家税务总局关于执行税收协定教师和研究人员条款有关问题的公告》（国家税务总局公告2011年第42号），除税收协定另有明确规定外，受境外教育机构的指派为该境外教育机构与境内机构的合作项目开展相关教学活动的人员，不适用税收协定教师和研究人员条款的规定。

（4）参考答案：E

【答案解析】根据《国家税务总局关于执行税收协定教师和研究人员条款有关问题的公告》（国家税务总局公告2011年第42号），除税收协定另有明确规定外，凡与境内机构没有聘用关系，而以独立身份或者以非境内机构的雇员身份在中国境内从事教学、讲学或研究活动的人员不适用税收协定教师和研究人员条款的规定。

（5）参考答案：AC

【答案解析】根据《国家税务总局关于税收协定执行若干问题的公告》（国家税务总局公告2018年第11号），不具有法人资格的中外合作办学机构，以及中外合作办学项目中开展教育教学活动的场所构成税收协定缔约对方居民在中国的常设机构。另外，Y教授是C大学的教授，其从项目取得的课酬，适用非独立劳务条款，因不具备固定基地、停留时间不超过183天，故来源于境内的报酬免予征税。

案例2

（1）参考答案：ABE

【答案解析】根据《财政部、国家税务总局关于企业关联方利息支出税前扣除标准有关税收政策问题的通知》（财税〔2008〕121号），“一、在计算应纳税所得额时，企业实际支付给关联方的利息支出，不超过以下规定比例和税法及其实施条例有关规定计算的部分，准予扣除，超过的部分不得在发生当期和以后年度扣除。企业实际支付给关联方的利息支出，除符合本通知第二条规定外，其接受关联方债权性投资与其权益性投资比例为：（一）金融企业，为5∶1；（二）其他企业，为2∶1。

二、企业如果能够按照税法及其实施条例的有关规定提供相关资料，并证明相关交易活动符合独立交易原则的，或者该企业的实际税负不高于境内关联方的，其实际支付给境内关联方的利息支出，在计算应纳税所得额时准予扣除。”

（2）参考答案：ACE

【答案解析】参见《中新协定》、国税发〔2010〕75号、《国家税务总局关于执行税收协定股息条款有关问题的通知》（国税函〔2009〕81号）、《国家税务总局关于非居民企业所得税源泉扣缴有关问题的公告》（国家税务总局公告2017年第37号）。

（3）参考答案：A

【答案解析】根据国税发〔2010〕75号文件对股息条款的解释，股息包括因资本弱化而调整的利息。因此，超过关联债资比例的利息适用股息条款。应扣缴预提所得税=800×7%+700×5%=91（万元）。

（4）参考答案：B

【答案解析】根据《财政部、国家税务总局关于企业关联方利息支出税前扣除标准有关税收政策问题的通知》（财税〔2008〕121号），在计算应纳税所得额时，企业实际支付给关联方的利息支出，不超过以下规定比例和税法及其实施条例有关规定计算的部分，准予扣除，超过的部分不得在发生当期和以后年度扣除。

（5）参考答案：E

【答案解析】根据《财政部、国家税务总局关于企业关联方利息支出税前扣除标准有关税收政策问题的通知》(财税〔2008〕121号),企业如果能够按照税法及其实施条例的有关规定提供相关资料,并证明相关交易活动符合独立交易原则的;或者该企业的实际税负不高于境内关联方的,其实际支付给境内关联方的利息支出,在计算应纳税所得额时准予扣除。《特别纳税调整实施办法(试行)》(国税发〔2009〕2号)第八十八条规定:"B公司实际支付给境外关联方的超过债资比例计算的利息应视同分配的股息,按照股息和利息分别适用的所得税税率差补征企业所得税,如已扣缴的所得税税款多于按股息计算的应征所得税税款,多出的部分不予退税。"

案例3

(1)参考答案:ABC

【答案解析】根据《国家税务总局关于境外注册中资控股企业依据实际管理机构标准认定为居民企业有关问题的通知》(国税发〔2009〕82号)第二条,境外中资企业同时符合以下条件的,根据《企业所得税法》第二条第二款及其《实施条例》第四条的规定,应判定其为实际管理机构在中国境内的居民企业,并实施相应的税收管理,就其来源于中国境内、境外的所得征收企业所得税。①企业负责实施日常生产经营管理运作的高层管理人员及其高层管理部门履行职责的场所主要位于中国境内;②企业的财务决策(如借款、放款、融资、财务风险管理等)和人事决策(如任命、解聘和薪酬等)由位于中国境内的机构或人员决定,或需要得到位于中国境内的机构或人员批准;③企业的主要财产、会计账簿、公司印章、董事会和股东会议纪要档案等位于或存放于中国境内;④企业1/2(含1/2)以上有投票权的董事或高层管理人员经常居住于中国境内。

(2)参考答案:C

【答案解析】B公司扣除内部抵销后的资产价值=土地使用权公允价+其他资产(不含对B公司的长期股权投资)账面价=4 000+(3 000+600+1 000+2 000)=10 600(万元)

B公司不动产价值=土地使用权公允价+房屋、建筑物的账面价

=4 000+2 000=6 000(万元)

D公司财产价值=土地使用权公允价+其他资产账面价

=6 000+8 000=14 000万元

D公司不动产价值=土地使用权公允价=6 000万元。

B公司直接及间接持有不动产占资产总额的比例=(6 000+6 000×50%)÷(10 600+14 000×50%)=9 000÷17 600=51.14%

(3)参考答案:C

【答案解析】根据国家税务总局关于印发《〈中华人民共和国政府和新加坡共和国政府关于对所得避免双重征税和防止偷漏税的协定〉及议定书条文解释》的通知(国税发〔2010〕75号),新加坡居民转让其在中国居民公司的股份取得的收益,在满足以下任一条件时,中国税务机关有权征税:①被转让公司股份价值50%以上直接或间接由位于中国的不动产组成;②新加坡居民在转让其中

国公司股份行为发生前12个月内曾直接或间接参与该中国公司至少25%资本。

根据《国家税务总局关于税收协定中财产收益条款有关问题的公告》(国家税务总局公告2012年第59号),《中新税收协定》第十三条第四款以及“国税发〔2010〕75号所附条文解释”所述的公司财产和不动产均应按照当时有效的中国会计制度有关资产(不考虑负债)处理的规定进行确认和计价,但相关不动产所含土地或土地使用权价值额不得低于按照当时可比相邻或同类地段的市场价格计算的数额。

(4)参考答案:B

【答案解析】根据《国家税务总局关于非居民企业所得税源泉扣缴有关问题的公告》(国家税务总局公告2017年第37号)第五条,财产转让收入或财产净值以人民币以外的货币计价的,分扣缴义务人扣缴税款、纳税人自行申报缴纳税款和主管税务机关责令限期缴纳税款三种情形,先将以非人民币计价项目金额比照本公告第四条规定折合成人民币金额;再按《企业所得税法》第十九条第二项及相关规定计算非居民企业财产转让所得应纳税所得额。财产净值或财产转让收入的计价货币按照取得或转让财产时实际支付或收取的计价币种确定。

股权转让收入=15 000×0.8=12 000(万元),股权转让成本=5 000×0.8=4 000(万元)。根据《企业所得税法》及其实施条例,非居民企业转让境内股权减按10%税率征收企业所得税,应纳税额=(12 000−4 000)×10%=800(万元)。

(5)参考答案:BCE

【答案解析】根据《国家税务总局关于非居民企业所得税源泉扣缴有关问题的公告》(国家税务总局公告2017年第37号)第十六条,扣缴义务人所在地主管税务机关为扣缴义务人所得税主管税务机关。对《企业所得税法》实施条例第七条规定的不同所得,所得发生地主管税务机关按以下原则确定:①不动产转让所得,为不动产所在地税务机关国税机关。②权益性投资资产转让所得,为被投资企业的所得税主管税务机关。③股息、红利等权益性投资所得,为分配所得企业的所得税主管税务机关。④利息所得、租金所得、特许权使用费所得,为负担、支付所得的单位或个人的所得税主管税务机关。

案例4

(1)参考答案:A公司仅有权使用法规库软件产品,并无权行使与该软件相关的修改、复制、公布、发行等著作权权利,仅使用软件产品本身所支付的价款并不构成特许权使用费,B公司自A公司取得的300万元应理解为软件产品销售收入,不征企业所得税。

【答案解析】《中新协定》第十二条第三款,特许权使用费是指使用或有权使用文学、艺术或科学著作,包括电影影片、无线电或电视广播使用的胶片、磁带的版权,任何计算机软件,专利,商标、设计或模型,图纸、秘密配方或秘密程序所支付的作为报酬的各种款项。因不涉及版权使用权,故不属于特许权使用费范畴。

（2）参考答案：B公司为A公司在境内外提供的软件升级等后续服务取得的收入，属于劳务收入，因不构成常设机构，故不征企业所得税。

【答案解析】《〈中华人民共和国政府和新加坡共和国政府关于对所得避免双重征税和防止偷漏税的协定〉及议定书条文解释》（国税发〔2010〕75号），在服务合同中，如果服务提供方在提供服务过程中使用了某些专门知识和技术，但并不许可这些技术使用权，则此类服务不属于特许权使用费范围。如果服务提供方提供服务形成的成果属于特许权使用费定义范围，并且服务提供方仍保有该项成果的所有权，服务接受方对此成果仅有使用权，则此类服务产生的所得属于特许权使用费。本例因后续服务在境外提供，升级费属于来源于境外的收入，不予征税。

案例5

（1）参考答案：根据《中新协定》，B公司支付给新加坡A公司玉石工艺品的租金，不属于特许权使用费“使用或有权使用工业、商业、科学设备”范畴，应适用“其他所得”条款，来源国有优先征税权。根据《企业所得税法实施条例》第七条收入来源地的判定原则，租金所得按照负担、支付所得的企业或者机构、场所所在地确定，即中国有征税权。

【答案解析】根据国家税务总局关于印发《〈中华人民共和国政府和新加坡共和国政府关于对所得避免双重征税和防止偷漏税的协定〉及议定书条文解释》的通知（国税发〔2010〕75号），对协定以上条款未涉及的所得规定了一般原则，即来源国有优先征税权。如新加坡居民企业或个人取得发生或来源于中国的其他所得，中国有优先征税权。对其他所得范围的掌握应考虑国内法的规定，并应是国内法规定要征税的所得。如某项所得国内法未规定征税，则不能因协定规定来源国有征税权而征税。

（2）答：应扣缴预提所得税金额=30×10%=3（万元）。

【答案解析】《企业所得税法实施条例》第九十一条，非居民企业取得《企业所得税法》第二十七条第（五）项规定的所得，减按10%的税率征收企业所得税。

案例6

参考答案：A公司为境内各大医院提供设备咨询服务，合同与客户分别签订，且不在一个总合同里，虽然服务内容相同，且由相同的人员实施，但由于客户之间不具有关联性，每个合同的实施与否均不影响其他合同的履行。因此，每一份合同均应作为一个独立的项目。由于每个项目的服务时间仅为3天左右，故不构成常设机构。

【答案解析】根据国家税务总局关于印发《〈中华人民共和国政府和新加坡共和国政府关于对所得避免双重征税和防止偷漏税的协定〉及议定书条文解释》的通知（国税发〔2010〕75号），缔约国一方企业派其雇员或其雇佣的其他人员到缔约对方提供劳务，仅以任何12个月内这些人员为从事劳务活动在对方停留连续或累计超过183天的，构成常设机构。在判断若干个项目是否为关联项目时，应考虑的因素包括：这些项目是否被包含在同一个总合同里；如果这些项目分属于不同的合同，这些合同是否与同一人或相关联的人所签订，且前一项目的实施是否是后一项目实施的必要条件；这些项目的性质是否相同；这些项目是否由相同的人员实施，等等。

案例7

（1）参考答案：B公司在法律上和经济上独立于A公司。第一，B公司的商务活动具有较大自由度，B公司通过自身的努力招揽客户，A公司对B公司对外销售价格的约定，只是为了维护其产品市场价格的稳定，A公司派技术员在B公司担任技术总监，并不构成对B公司的日常经营全面控制。第二，B公司商务活动的风险由B公司承担，B公司如果卖不出商品却发生了较大的管理费用、营销费用导致亏损，A公司不承担补偿责任。第三，最重要的是，B公司对外签订的合同及其他商务活动均以B公司自己名义，无须征求A公司意见，A公司除授权B公司在中国境内独家代理销售产品外，并未授权B公司代表A公司对外签约。这些事实都表明B具有独立代理人身份。第四，A公司派技术员王某担任B公司技术总监，实际工作主要是指导B公司销售员或客户如何使用产品，所谓的技术在市场公开说明书均有说明，故不构成对A公司专业知识的依存度，或者说依赖程度不高。如果将王某的活动理解为只为A企业服务，说明王某并不从事独立的经营活动，且王某的服务活动不构成企业整体活动基本的或重要的组成部分。这些事实表明王某在境内的活动具有“辅助性”。如果将王某的活动理解为只为B企业服务，正说明王某与B公司构成受雇关系。综合上述因素，技术员王某的服务不构成A公司在我国境内的常设机构。第五，A公司在境内租用的仓库，属于“准备性或辅助性”场所，不具有营利性。至于A公司是否允许B公司代理其他公司产品，以及B公司的收入是否主要源于销售A公司产品的收入，都不是判断B公司是否具有独立代理人的必要条件。

综合上述因素,B公司符合独立代理人身份，不构成A公司在境内的常设机构。

【答案解析】根据国家税务总局关于印发《〈中华人民共和国政府和新加坡共和国政府关于对所得避免双重征税和防止偷漏税的协定〉及议定书条文解释》的通知（国税发〔2010〕75号），代理人的活动同时符合下列两个条件的，才属于本款规定的独立代理人，即不构成被代理企业的常设机构。

①该代理人在法律上和经济上独立于被代理企业。在判定独立性时，可考虑如下几个因素：

A.代理人商务活动的自由度。如果代理人在被代理企业的具体指导和全面控制下为企业进行商务活动，而不是自行决定工作方式，那么该代理人一般不具有独立地位。

B.代理人商务活动的风险由谁承担。如果由被代理企业承担而非由代理人承担，则该代理人一般不能被认为具有独立地位。

C.代理人代表的企业的数量。如果在相当长一段经营期或时间内，代理人全部或几乎全部仅为一家企业进行活动，该代理人很可能不是独立代理人。

D.被代理企业对代理人专业知识的依赖程度。一般来说，独立代理人具备独立从事商务活动的专门知识或技术，不需要依赖企业的帮助。相反，被代理企业通常借助代理人的专门知识或技术扩展自己的业务或推销自己的产品。

②独立代理人在代表企业进行活动时，一般按照常规进行自身业务活动，不从事其他经济上归属于被代理企业的活动。例如，某销售代理人以自己的名义出售某企业的货物或商品，这一行为是销售代理人的常规经营业务。如果该销售代理人在从事上述活动的同时，还经常作为企业的有权签约的代理人进行活动，那么因为这些活动已在自身贸易或营业常规之外，代理人将被视为被代理企业的非独立代理人而构成企业的常设机构。

（2）参考答案：技术总监因在境内任职，适用《中新协定》非独立个人劳务条款，结合国内法规定，王某在B公司担任高管，其从B公司取得的薪酬均需在我国缴纳个人所得税，从A公司取得的薪酬，区别情况处理：如果在一个纳税年度中在境内停留连续不超过183天，不予征税；超过183天，仅就境内工作期间由境外A公司支付的薪酬缴纳个人所得税。

【答案解析】《关于非居民个人和无住所居民个人有关个人所得税政策的公告》（国家税务总局公告2019年第35号）第一条第（三）项规定，对于担任境内居民企业的董事、监事及高层管理职务的个人，无论是否在境内履行职务，取得由境内居民企业支付或者负担的董事费、监事费、工资薪金或者其他类似报酬，属于来源于境内的所得。

案例8

（1）参考答案：香港B公司持有境内C公司100%的股权价值占B公司100%股权价值的比例为：4 000 ÷ 5 000=80%，超过了75%。

新加坡A公司转让香港B公司股权前一年内，B公司持有C公司股权价值占B公司资产总额的比例达95%，超过了90%。

B公司自成立开始，共有3名员工，其中2名员工任A公司高管，除持有境内C公司股权之外，仅有少量现金用于日常开支，且未从事C公司以外的其他投资项目，无其他生产运营。B公司不具有经济实质。

根据新加坡国内法，A公司转让B公司取得的股权转让所得不征企业所得税，而A公司直接转让境内C公司股权需要在我国缴纳预提所得税10%。

综上，根据《国家税务总局关于非居民企业间接转让财产企业所得税若干问题的公告》（国家税务总局公告2015年第7号），新加坡A公司转让中国香港B公司不具有合理商业目的，可视为直接转让中国境内企业股权，需在我国缴纳企业所得税。

【答案解析】根据《国家税务总局关于非居民企业间接转让财产企业所得税若干问题的公告》（国家税务总局公告2015年第7号）第四条，除本公告第五条和第六条规定情形外，与间接转让中国应税财产相关的整体安排同时符合以下情形的，无需按本公告第三条进行分析和判断，应直接认定为不具有合理商业目的：

①境外企业股权75%以上价值直接或间接来自中国应税财产；

②间接转让中国应税财产交易发生前一年内任一时点，境外企业资产总额（不含现金）的90%以上直接或间接由在中国境内的投资构成，或间接转让中国应税财产交易发生前一年内，境外企业取得收入的90%以上直接或间接来源于中国境内；

③境外企业及直接或间接持有中国应税财产的下属企业虽在所在国家（地区）登记注册，以满足法律所要求的组织形式，但实际履行的功能及承担的风险有限，不足以证实其具有经济实质；

④间接转让中国应税财产交易在境外应缴所得税税负低于直接转让中国应税财产交易在中国的可能税负。

（2）参考答案：A公司应纳税额=（4 000-2 000）×10%=200（万元）

【答案解析】A公司应仅就归属于境内的财产转让收益在我国缴纳企业所得税。A公司应纳税额=（归属于中国的股权价值-B公司持有境内C公司股权的计税基础）×税率=（4 000-2 000）×10%=200（万元）

（3）参考答案：A公司间接转让境内股权被纳税调整后，B公司持有C公司股权的计税基础应按照4 000万元确定，以后B公司转让C公司100%股权时，按照4 000万元计算扣除。

【答案解析】关联交易一方被实施转让定价调查调整的，应允许另一方做相应调整，以消除双重征税。

案例9

（1）参考答案：A公司每年均对船舶进行坞修，说明10年后，船舶能够正常使用，A公司按照原值的70%转让给C公司，可以理解为按公允价值转让给C公司。而融资租赁的承租人支付的租金基本涵盖租赁物的全部价值，租赁期满无须支付价或只需支付相当于租赁物残值的价款即取得所有权。由此可见，上述船舶租赁业务不属于融资租赁的定义。

【答案解析】融资租赁的基本特征是分期付款购买固定资产，不涉及运输服务，本例中，A公司与C公司之间应按照"先运输""后转让"两笔业务进行税务处理。

（2）参考答案：虽然船舶运营管理公司B和A公司不是同一家公司，但B公司的运营管理费是由A公司支付，即A公司向C公司提供租赁服务符合"出租人配备船员"，属于期租业务，租赁期间支付的费用可以适用《中新协定》"海运和空运"条款，我国不予征税。

【答案解析】根据《国家税务总局关于发布〈非居民企业从事国际运输业务税收管理暂行办法〉的公告》（国家税务总局公告2014年第37号）规定，非居民企业以程租、期租、湿租的方式出租船舶、飞机取得收入的经营活动属于国际运输业务。《国家税务总局关于税收协定执行若干问题的公告》（国家税务总局公告2018年第11号），缔约国一方企业以船舶或飞机从事国际运输业务从缔约国另一方取得的收入，在缔约国另一方免予征税。从事国际运输业务取得的收入，是指企业以船舶或飞机经营客运或货运取得的收入，以及以程租、期租形式出租船舶或以湿租形式出租飞机（包括所有设备、人员及供应）取得的租赁收入。

（3）参考答案：租赁期满后A公司向C公司转让船舶，对于A公司取得的转让收入，适用《中新协定》第十三条“财产收益”条款，可免征企业所得税，C公司无扣缴义务。

【答案解析】《新加坡共和国政府和中华人民共和国政府关于对所得避免双重征税和防止偷漏税的协定》第十三条“财产收益”条款，缔约国一方居民转让从事国际运输的船舶或飞机，或者转让属于经营上述船舶、飞机的动产取得的收益，应仅在该缔约国征税。

案例10

（1）参考答案：①香港C公司虽然负责内地的投资管理活动，但仅有3名员工，且均在新加坡B公司任职，C公司的资产负债表仅有D公司一项长期股权投资及少量现金，无应付账款项目，其日常运营资金均由B公司提供，意味着C公司无独立运营、投资、融资能力。

②C公司自境内D公司取得的股息红利，80%需在1个月内支付给B公司。

上述两项因素不利于香港C公司受益所有人身份的直接判定。

【答案解析】根据《国家税务总局关于税收协定中“受益所有人”有关问题的公告》（国家税务总局公告2018年第9号）第二条，判定需要享受税收协定待遇的缔约对方居民（以下简称“申请人”）“受益所有人”身份时，应根据本条所列因素，结合具体案例的实际情况进行综合分析。一般来说，下列因素不利于对申请人“受益所有人”身份的判定：

①申请人有义务在收到所得的12个月内将所得的50%以上支付给第三国（地区）居民，“有义务”包括约定义务和虽未约定义务但已形成支付事实的情形。

②申请人从事的经营活动不构成实质性经营活动。实质性经营活动包括具有实质性的制造、经销、管理等活动。申请人从事的经营活动是否具有实质性，应根据其实际履行的功能及承担的风险进行判定。

申请人从事的具有实质性的投资控股管理活动，可以构成实质性经营活动；申请人从事不构成实质性经营活动的投资控股管理活动，同时从事其他经营活动的，如果其他经营活动不够显著，不构成实质性经营活动。

③缔约对方国家（地区）对有关所得不征税或免税，或征税但实际税率极低。

④在利息据以产生和支付的贷款合同之外，存在债权人与第三人之间在数额、利率和签订时间等方面相近的其他贷款或存款合同。

⑤在特许权使用费据以产生和支付的版权、专利、技术等使用权转让合同之外，存在申请人与第三人之间在有关版权、专利、技术等的使用权或所有权方面的转让合同。

（2）参考答案：香港A上市公司通过新加坡B公司间接持有香港C公司100%

股权，新加坡B公司不是我国内地税收居民，也不是我国香港税收居民，因此，香港C公司不适用安全港规则。

【答案解析】根据《国家税务总局关于税收协定中“受益所有人”有关问题的公告》(国家税务总局公告2018年第9号)第三条规定，下列申请人从中国取得的所得为股息时，可不根据本公告第二条规定的因素进行综合分析，直接判定申请人具有“受益所有人”身份：①缔约对方政府；②缔约对方居民且在缔约对方上市的公司；③缔约对方居民个人；④申请人被第①至③项中的一人或多人直接或间接持有100%股份，且间接持有股份情形下的中间层为中国居民或缔约对方居民。

(3)参考答案：香港C公司符合下列条件：

①新加坡B公司直接持有香港C公司100%股份，且取得股息前的12个月任何时候均达100%。

②新加坡B公司取得的股息红利无支付义务；且B公司负责产品运营、投资管理、品牌维护等工作，拥有商务办公楼及100名员工，B公司“构成实质经营活动”。因此，新加坡B公司符合受益所有人身份。

③新加坡B公司虽不是香港居民，但新加坡C公司如果从中国取得股息，按照《中新协定》可享受的税收协定待遇与内地与香港签署的双边安排规定的待遇相同，预提所得税税率均为5%。

综上，香港C公司具有“受益所有人”身份，可适用《内地和香港特别行政区关于对所得避免双重征税和防止偷漏税的安排》第十条股息规定的优惠税率5%。

【答案解析】根据《国家税务总局关于税收协定中“受益所有人”有关问题的公告》(国家税务总局公告2018年第9号)第三条，申请人从中国取得的所得为股息时，申请人虽不符合“受益所有人”条件，但直接或间接持有申请人100%股份的人符合“受益所有人”条件，并且属于以下两种情形之一的，应认为申请人具有“受益所有人”身份：

①上述符合“受益所有人”条件的人为申请人所属居民国(地区)居民；

②上述符合“受益所有人”条件的人虽不为申请人所属居民国(地区)居民，但该人和间接持有股份情形下的中间层均为符合条件的人。

“符合‘受益所有人’条件”，是指根据本公告第二条的规定，综合分析后可以判定具有“受益所有人”身份。

“符合条件的人”，是指该人从中国取得的所得为股息时根据中国与其所属居民国(地区)签署的税收协定可享受的税收协定待遇和申请人可享受的税收协定待遇相同或更为优惠。

参考文献

［1］《中华人民共和国政府对外签署的避免双重征税协定（含内地与香港、澳门特别行政区签署的税收安排）》。

［2］《中国避免双重征税协定执行指南》（国家税务总局国际税务司编写，中国税务出版社2013年7月第1版）。

［3］国家税务总局国际税务司编：《国际税收政策及解读汇编》，中国税务出版社2019年5月第1版。

［4］梁若莲编著：《税收协定解读与应用》，中国税务出版社2012年8月版。

［5］段从军编著：《国际税收实务与案例》，中国市场出版社2016年5月版。

［6］（奥地利）维罗尼卡·道尔著：《税收协定与发展中国家》，熊伟、毛杰译，商务印书馆2018年9月版。

［7］饶友玲、李月平、张志超主编：《国际税收》，首都经济贸易大学出版社2018年5月版。

［8］《OECD税收协定范本（2017年版）》

［9］雷霆编著：《国际税收实务与协定适用指南》，法律出版社2018年6月版。

［10］《OECD/G20税基侵蚀和利润转移项目2015年最终报告（中文版）》（OECD2015年版，2015年10月10日发布）。

［11］徐晓华主编：《G20/OECD税基侵蚀和利润转移行动计划基础与实务》，中国市场出版社2019年9月版。